U0480855

·四川大学精品立项教材·

（第二版）

运动营养学

主　编　吕晓华（四川大学）
编　委　（按姓氏拼音顺序排序）：
陈超刚（中山大学孙逸仙纪念医院）
李　硕（西部战区空军医院）
李　岩（四川大学）
吕晓华（四川大学）
沈　华（成都体育学院）
史仍飞（上海体育大学）

四川大學出版社
SICHUAN UNIVERSITY PRESS

图书在版编目（CIP）数据

运动营养学 / 吕晓华主编．— 2版．— 成都：四川大学出版社，2023.6

四川大学精品立项教材

ISBN 978-7-5690-6063-8

Ⅰ．①运… Ⅱ．①吕… Ⅲ．①体育卫生－营养学－高等学校－教材 Ⅳ．①G804.32

中国国家版本馆CIP数据核字（2023）第057068号

书　　名：运动营养学
　　　　　Yundong Yingyangxue
主　　编：吕晓华
丛 书 名：四川大学精品立项教材

选题策划：李天燕　许　奕
责任编辑：许　奕
责任校对：张　澄
装帧设计：墨创文化
责任印制：王　炜

出版发行：四川大学出版社有限责任公司
　　　　　地址：成都市一环路南一段24号（610065）
　　　　　电话：（028）85408311（发行部）、85400276（总编室）
　　　　　电子邮箱：scupress@vip.163.com
　　　　　网址：https://press.scu.edu.cn
印前制作：四川胜翔数码印务设计有限公司
印刷装订：成都市新都华兴印务有限公司

成品尺寸：185mm×260mm
印　　张：20.75
字　　数：476千字

版　　次：2005年12月 第1版
　　　　　2023年10月 第2版
印　　次：2023年10月 第1次印刷
定　　价：76.00元

扫码获取数字资源

四川大学出版社
微信公众号

前言

健康中国，营养先行；健康中国，运动先行。

运动营养学是营养学的一个分支，也是运动医学的重要组成部分。运动营养学是研究人体在运动过程中的营养需要及其与运动能力、机能适应和恢复之间关系的学科。运动营养的核心是科学运动与合理营养有机结合，注重营养补充的时效性。

最早的运动营养研究是20世纪30年代末在瑞典进行的碳水化合物和脂肪代谢研究。自20世纪60年代起，人们开始对运动员的营养需求及其原因进行有针对性的研究，这类研究帮助人们更好地理解肌肉如何产生力量和速度。20世纪60年代末，瑞典科学家开始研究与长期运动相关的肌肉糖原储备、使用和再合成，同时开发了测量人体组织对运动反应的技术。

20世纪70年代，世界各地，尤其是美国的运动生理学家（如鲍尔州立大学的大卫·科斯蒂尔博士）开始在大学建立运动生理学实验室，以受过训练的运动员为研究对象。因为长跑运动员和自行车运动员的糖原储备有耗尽的危险，而且在实验室可以使用跑步机和固定自行车轻松模拟这些运动，所以对这些运动员的研究最为频繁。与此同时，军事和宇航员训练中心的研究设施也得到了发展，因为这些特殊职业人群需要保持良好的身体状况。最初的研究大多集中于碳水化合物的使用。运动营养实验及理论渐渐成为大众关注的热点。

因为蛋白质存在于人体的不同部位，研究蛋白质比研究碳水化合物更困难。健美运动员开始通过个人试验来了解营养，他们特别感兴趣的是骨骼肌如何获得最大量的蛋白质和最高的蛋白质合成速率。

运动饮料最早出现于美国，1965 年佛罗里达大学的 Florida Gators 橄榄球队为迎接秋季赛事加紧训练，湿热天气增加了训练的难度。美国肾脏及电解质研制中心的 Robert Cade 博士为此设计了一款含有水、碳水化合物和矿物质的饮料，对训练帮助很大。这种饮料能够使人体从剧烈运动的体液流失及疲劳中恢复过来。最终 Florida Gators 橄榄球队一举夺魁。此后，这款饮料被命名为“Gatorade”并投入市场。

20 世纪 80 年代，运动营养学开始作为一门专业学科出现。最初重点研究耐力运动员。通常耐力运动员主要关注碳水化合物的摄入，力量运动员主要关注蛋白质的摄入。20 世纪 80 年代末，一些研究机构、高校和专业团队开始雇用注册营养师，以获得相关咨询。

20 世纪 90 年代，运动训练取得了长足发展。许多以力量为主的运动员开始在训练中加入更多的有氧运动。力量性项目运动员更仔细地考虑碳水化合物的摄入，耐力性项目运动员则加强对蛋白质摄入的考虑。运动员开始比过去更加刻苦地训练，训练时间更长。

科学的营养支持被公认为支持训练和加快康复的有效措施。竞技体育发展到今天，运动成绩越来越接近人体的能力极限。要想创造一个新的成绩，就必须进行超过极限的训练。没有强大的营养基础，就不可能达到预期目标。现代运动营养的主要任务是为精英运动员科学训练、优化机体适应、维持健康和预防损伤提供保障，最终使运动员获得理想的体形和体重，延缓疲劳及取得优异成绩。

随着我国经济的发展和健康水平的提高，在《全民健身计划（2021—2025 年）》的指导下，我国的健身运动蓬勃开展，越来越多的人参与运动，管理健康。运动营养学对促进人体正常生长发育、维护健康、提高机体生理机能、增强体质和防治疾病具有重要意义。

2005 年《运动营养学》第一次出版。为了反映当前运动营养发展前沿，涵盖运动生理学、运动训练学、运动创伤和运动康复等方面的研究成果，在四川大学立项建设教材项目的资助下，《运动营养学》修订再版。

全书分为基础篇、运动竞赛与营养篇、疾病防控篇、营养补充与兴奋剂篇四部分。本书针对运动营养领域的热点问题，突出重点，帮助运动员避免伤病困扰，使其在运动场上有良好的表现，超越自我；帮助运动参与者掌握基本运动营养技能，使其享受运动乐趣，促进健康。这是本书的编写目的。

本书适用于相关专业研究生、本科生学习，以及相关领域的人员培训，也可在日常生活中作为科普读物提高公众的运动营养知识水平和技能。

我们只是知识的搬运工，感谢在运动营养领域孜孜不倦探索研究的前辈和后来人。

编　者

2023 年 6 月

目录

基础篇

运动竞赛与营养篇

疾病防控篇

营养补充与兴奋剂篇

基 础 篇

第一章 营养素

食物是人类赖以生存的物质基础，供给人体必需的各类营养素（nutrient），不同的食物所含营养素的数量与质量不同。因此，膳食中的食物组成是否合理，即提供营养素的数量与质量是否适宜、比例是否合适，对于维持机体的生理功能、生长发育、促进健康及预防疾病至关重要。

第一节 概述

一、食物成分

（一）营养素的种类及分类

营养素是为维持机体繁殖、生长发育和生存等一切生命活动和过程，需要从外界环境中摄取的物质。来自食物的营养素种类繁多，人类所需营养素有40多种，根据化学性质和生理作用分为五大类，即蛋白质（protein）、脂类（lipids）、碳水化合物（carbohydrate）、矿物质（mineral）和维生素（vitamin）。根据人体的需要量或体内含量，营养素可分为宏量营养素（macronutrients）和微量营养素（micronutrients）。

1. 宏量营养素：人体对宏量营养素需要量较大，宏量营养素包括碳水化合物、脂类和蛋白质，这三种营养素经体内氧化可以释放能量，又称为产能营养素。碳水化合物是机体的重要能量来源，成人所需能量的50%～65%应由食物中的碳水化合物提供。脂肪作为能源物质在体内氧化时释放的能量较多，可在机体大量储存。一般情况下，人体主要利用碳水化合物和脂类氧化供能，在机体所需能源物质供能不足时，可将蛋白质氧化分解获得能量。

2. 微量营养素：相对宏量营养素来说，人体对微量营养素需要量较少，微量营养素包括矿物质和维生素。根据在体内的含量，矿物质可分为常量元素（macroelements）和微量元素（microelements）。维生素则可分为脂溶性维生素和水溶性维生素。

（二）水及其他膳食成分

1. 水：不仅构成身体成分，还具备调节生理功能的作用。人体离不开水，一旦失去体内水分的10%，生理功能就会严重紊乱；失去体内水分的20%，人很快就会死亡。由于水在自然界中广泛分布，一般无缺乏的危险，所以营养学专著中多不把水列为必需营养素，但从科学意义上讲水是营养素。

2. 食物中的生物活性成分：大量的流行病学研究结果表明，除了某些营养素的作用，在植物性食物中还有一些生物活性成分，它们具有保护人体、预防心血管疾病和肿瘤等慢性非传染性疾病（简称慢性病）的作用，这些生物活性成分现已统称为植物化学物，主要包括类胡萝卜素、植物固醇、皂苷、芥子油苷、酚类化合物、蛋白酶抑制剂、单萜类、植物雌激素、有机硫化物、植酸等。

3. 天然食物中还存在一些在人类营养过程中具有特定作用的有机化合物，如肉碱、半胱氨酸、牛磺酸、谷氨酰胺等。这些物质中有的合成原料是必需营养素，如肉碱合成的前体物是必需氨基酸赖氨酸和蛋氨酸；蛋氨酸和丝氨酸通过转硫作用可生成半胱氨酸，半胱氨酸是合成辅酶 A、牛磺酸和无机硫的前体。这些有机物大多数可以在人体内合成，但在某些特殊条件下，其合成的数量和速度不能满足人体需要，仍需要从食物中补充。

二、营养需要

（一）营养素的代谢及生理功能

1. 营养素的代谢：物质代谢的主要形式是营养素代谢，指生物体与外界环境之间物质交换和生物体内物质转变的过程。生物在生命活动中不断从外界环境中摄取营养素，转化为机体的组织成分，称为同化作用；同时机体本身的物质也在不断分解成代谢产物，排出体外，称为异化作用。在生物体内，碳水化合物、脂类和蛋白质这三类物质的代谢是同时进行的，它们之间既相互联系，又相互制约，形成一个协调统一的过程。

营养素代谢可分为三个阶段。①消化吸收：进入消化道的食物营养素，除水、矿物质、维生素和单糖等小分子物质可被机体直接吸收外，碳水化合物、蛋白质、脂类及核酸等都必须经消化，分解成比较简单的水溶性或脂溶性物质，才能被吸收到体内。②中间代谢：食物经消化吸收后，由血液及淋巴液运送到各组织中参加代谢，在相互配合的各种酶类催化下，进行分解和合成代谢，细胞内外物质进行交换和能量转变。③排泄：物质经过中间代谢过程产生多种终产物，这些终产物再经肾、肠、肝及肺等器官随尿、粪便、胆汁及呼气等排出体外。

2. 营养素的生理功能。

（1）提供能量：维持体温并满足各种生理活动及体力活动对能量的需要。能量来自三大产能营养素，即蛋白质、脂类和碳水化合物。

（2）构成细胞组织，提供生长、发育和自我更新所需的材料：蛋白质、脂类、碳水化合物与某些矿物质经代谢、同化作用可构成细胞组织，以满足生长发育与新陈代谢的需要。

（3）调节机体生理活动：营养素在机体各种生理活动与生物化学变化中起调节作用，使之均衡协调地进行。

（二）人群的营养需要

1. 合理营养：人体每天从食物中摄入的能量和各种营养素的数量及其比例，能满足不同生理阶段、不同劳动环境及不同劳动强度的需要，并使机体处于良好的健康状态。各种不同的营养素在机体代谢过程中均有其独特的功能，一般不能互相替代，因此，营养素的种类应该齐全；同时，数量要充足，能满足机体对各种营养素及能量的需要。各种营养素彼此有密切的联系，起着相辅相成的作用，因此，各种营养素之间还要有一个适宜的比例。

2. 营养不良：由一种或一种以上营养素缺乏或过剩所造成的机体健康异常或疾病状态。营养不良包括营养缺乏和营养过剩。

3. 膳食营养素参考摄入量（dietary reference intakes，DRIs）：为了保证人体合理摄入营养素，避免缺乏和过量，在推荐膳食营养素供给量（recommended dietary allowance，RDA）的基础上发展起来的每日平均膳食营养素摄入量的一组参考值。制定 RDA 的目的是预防营养缺乏病。2000 年制定的 DRIs 把 RDA 的单一概念发展为包括平均需要量（estimated average requirement，EAR）、推荐摄入量（recommended nutrient intake，RNI）、适宜摄入量（adequate intake，AI）、可耐受最高摄入量（tolerable upper intake level，UL）在内的一组概念，其目的是预防营养缺乏病和防止营养素摄入过量对健康的危害。中国营养学会修订的 2013 版 DRIs 增加了与慢性病有关的三个参考摄入量：宏量营养素可接受范围（acceptable macronutrient distribution ranges，AMDR）、预防慢性病的建议摄入量（proposed intakes for preventing non－communicable chronic diseases，PI－NCD）和特定建议值（specific proposed levels，SPL）。

三、合理膳食

（一）合理膳食的概念

合理膳食又称为平衡膳食，是指能满足合理营养要求的膳食，从食物中摄入的能量和营养素在一个动态过程中能达到平衡，避免某些营养素缺乏或过量引起机体对营养素需要和利用的不平衡。合理膳食是合理营养的物质基础，是达到合理营养的唯一途径，也是反映现代人类生活质量的一个重要标志。

（二）合理膳食的要求

1. 食物种类齐全，数量充足，比例合适：人类需要的基本食物一般可分为谷薯类、蔬菜水果类、畜禽鱼蛋乳类、大豆坚果类和油脂类五大类，不同食物中的营养素及有益膳食成分的种类和含量不同。除供 6 月龄内婴儿的母乳外，没有任何一种食物可以提供人体所需的全部能量及营养素。因此，只有多种食物组成的膳食才能满足人体对能量和各种营养素的需要。食物多样是平衡膳食模式的基本原则。每日膳食应包含五大类食物，平均每天摄入 12 种以上食物，每周25 种以上食物，而且在数量上要达到各类食物适宜的摄入量。动物性食物与植物性食物之间或之内的比例要适宜，从而保证能量与营养素之间的比例适宜。从食物种类的角度讲，除了摄入量，种类的比例也要达到几个平衡：①植物性食物与动物性食物比例的平衡；②植物性食物中谷类、薯类、豆类、坚果类、蔬菜水果类等之间比例的平衡；③动物性食物中畜禽肉类、鱼类、蛋类、乳类之间比例的平衡。从能量和营养素的角度讲，有几个比例也要达到平衡：①产能营养素供能比例的平衡；②与能量代谢有关的B族维生素与能量消耗比例的平衡；③优质蛋白质与总蛋白质平衡，以保证必需氨基酸比例的平衡；④必需脂肪酸与总能量摄入比例的平衡；⑤饱和脂肪酸、单不饱和脂肪酸及多不饱和脂肪酸比例的平衡；⑥复合碳水化合物与总碳水化合物比例的平衡；⑦钙与磷的比例，及其他矿物质比例的平衡。

2. 保证食品安全：食物不得含有对人体造成危害的各种因素且应保持食物新鲜卫生，以确保居民的生命安全。食品中的微生物及其毒素、食品添加剂、化学物质以及农药残留等均应符合食品安全国家标准的规定。一旦食物受到有害物质污染或腐败变质，食物中的营养素就会受到破坏，不仅不能满足机体的营养需要，还会造成人体急、慢性中毒，甚至致癌。

3. 科学地烹调加工：科学地烹调加工的目的在于消除食物中的抗营养因子和有害微生物、提高食物的消化率、改变食物的感观性状和增进食欲。因此，烹调加工时，应最大限度地减少营养素的损失，提高食物的消化吸收率，改善食物的感官性状，增进食欲，消除食物中的抗营养因子、有害微生物。

4. 合理的进餐制度和良好的饮食习惯：根据不同人群的生理条件、劳动强度以及作业环境，对进餐制度给予合理安排。合理的进餐制度有助于增进食欲和促进消化液定时分泌，使食物能得到充分消化、吸收和利用。成人应采用一日三餐制，并养成不挑食、不偏食、不暴饮暴食的良好饮食习惯。

第二节　消化系统与营养

一、消化系统与营养的关系

营养素具有维持机体正常生理功能、生命活动和生长发育的作用，主要由食物提供。消化道是运载食物进入机体组织细胞的唯一通道，在天然食物中，除水以外，营养素大都以大分子或结合形式存在，不能被人体直接吸收利用，必须先消化。食物在消化道内主要进行物理性或化学性改造，以利于营养素的吸收。食物中的营养素，水、矿物质和维生素可直接被吸收，碳水化合物、脂肪和蛋白质由于分子较大，必须在消化道中借消化酶催化水解成小分子后才能被肠壁细胞吸收。食物的消化、吸收和食物残渣的排泄都是在消化系统内完成的。如果消化道不健康，机体对营养素的摄入将大受影响。因此了解消化系统的结构、功能以及消化系统的保健知识，对提高人体健康水平非常重要。

二、消化系统的结构与功能

消化系统包括口腔、咽、食管、胃、小肠、大肠等消化器官和牙齿、舌、唾液腺、肝、胆囊、胰腺等组织和附属腺体。正常成人整条消化管道从口腔到肛门长 7.5～9.0m，与身高成正比。

（一）口腔、咽、食管

口腔为消化道的起始部位，有吸吮、咀嚼、吞咽、辨味和初步消化食物等功能。食物在口腔内以机械性消化为主，即通过咀嚼磨碎食物。咀嚼是咀嚼肌群的有序收缩、牙的咬切和研磨、舌的搅拌，使食物与唾液混合成食物团的过程。经过咀嚼的食物便于吞咽，且利于化学性消化的进行。咀嚼不仅对食物进行机械加工，而且还能引起消化道下段消化腺的分泌活动和胃、肠道的蠕动，为食物的进一步消化做好准备。

唾液由唾液腺分泌，pH 值约 6.8，其中含水 99.5%，其余为消化酶、黏蛋白和少量矿物质。唾液中的消化酶包括舌脂肪酶和唾液淀粉酶。唾液淀粉酶可水解淀粉和糖原，但在 pH 值 4 以下时该酶迅速失活。正常人每日分泌唾液 1.0～1.5L。唾液中的唾液淀粉酶能催化淀粉水解成麦芽糖，是口腔内唯一的化学性消化。由于食物在口腔停留的时间很短，因此唾液淀粉酶对淀粉的消化主要在胃中进行，直到胃液中的盐酸渗入食团内部，使唾液淀粉酶失活为止，持续 15～30 分钟。

咽是消化道与呼吸道的交叉部位，其下端前方通喉，后方通食管。食管为一肌性管道，食管下端穿过膈肌与胃的贲门相连接。

食物经咀嚼形成食团后通过舌的翻卷被推入咽部，刺激咽部的感觉神经末梢，引起咽部一系列肌肉反射性收缩：软腭上升，咽壁向前突出，封闭鼻腔和咽的通道；喉向上提，使会厌封闭咽与气管的通路，呼吸暂时停止，使食物不致误入气管；食管上口张开，食团立即从咽部被挤入食管。食团进入食管引起食管蠕动，食团被逐步送入胃内。食管长约 25cm，有 3 个狭窄处。食团通过食管约需 7 秒，食管对食团没有消化作用。

（二）胃

胃是消化道中一个袋状的膨大部分。新生儿的胃容积约为 7mL，1 岁时可增至 300mL。成人的胃可容纳 3L 的食物和水。胃壁含有胃腺，分泌胃液。胃液是一种透明、淡黄色液体，含盐酸 0.2%～0.5%，pH 值约 1.0，胃液中水占 97%～99%，其余为黏蛋白、矿物质、胃蛋白酶、凝乳酶及胃脂肪酶。胃壁由以下三种细胞组成。

1. 主细胞：又称胃酶细胞，能分泌胃蛋白酶原。胃蛋白酶原没有活性，被盐酸激活后变成有活性的胃蛋白酶。胃蛋白酶能将蛋白质进行初步水解，生成脲、胨、肽和少量氨基酸。

2. 壁细胞：也叫盐酸细胞，能分泌盐酸（常称胃酸）。盐酸的作用：①激活胃蛋白酶原变成有活性的胃蛋白酶，并能为胃蛋白酶创造适宜的酸性环境；②杀死胃内的细菌，防御病菌侵袭；③盐酸进入小肠后可刺激胰液、胆汁和小肠液的分泌；④盐酸造成的酸性环境有利于小肠对铁和钙的吸收。因此胃内盐酸不足会影响营养素的消化吸收。

壁细胞还能分泌一种称为“内因子”的物质，能促进维生素 B_{12} 的吸收。

3. 颈黏液细胞：正常情况下，胃黏膜表面覆盖的一层黏液就是由颈黏液细胞分泌的。黏液呈弱碱性，可中和盐酸，减弱胃蛋白酶对胃黏膜的作用，使胃黏膜免受盐酸和胃蛋白酶的损伤。同时黏液还具有润滑作用，可减少胃内容物对胃壁的机械损伤，对胃有保护作用。

婴儿的胃液中还含有凝乳酶，具有强烈的凝乳作用，能使酪蛋白凝固，对酪蛋白有一定的消化作用。

（三）小肠

小肠是食物消化吸收的主要部位。成人小肠长 5～6m，是消化道最长的一段。小肠上接幽门，下达盲肠。小肠可分为十二指肠、空肠和回肠三部分，各部分无明显界限。十二指肠位于上腹部，紧贴腹后壁，呈“C”字形弯曲，包绕胰头。空肠和回肠迂回盘旋于腹腔中下部，借肠系膜固定于腹后壁。空肠长度约占全长的 2/5，回肠约占全长的 3/5。回肠末端开口于盲肠，其黏膜折叠成结肠瓣，有阻止盲肠内容物反流入回肠的作用。食糜在小肠中停留 3～8 小时，可与肠内各种消化液充分混合，并被充分消化和吸收。

小肠的消化液有三个来源。

1. 肠液：由小肠黏膜内小肠腺分泌，呈弱碱性。成人每日分泌 1～3L。小肠液中含有多种消化酶，包括氨基肽酶、麦芽糖酶、α 糊精酶、乳糖酶、蔗糖酶、海藻糖酶、磷酸酶、多核苷酸酶、核苷酶及磷脂酶。淀粉酶催化淀粉水解为麦芽糖，脂肪酶催化脂肪水解为甘油和脂肪酸，肽酶使多肽水解为氨基酸。

2. 胰液：由胰腺分泌的一种水性碱性液体，正常人每日分泌 1～2L。胰液水含量与唾液相当，pH 值为 7.5～8.0 或更高。胰液中的主要无机离子有 Na^+、K^+、HCO^- 及 Cl^-，另有少量的 Ca^{2+}、Zn^{2+}、HPO^{2-} 和 $SO_4{}^{2-}$。胰液中含有大量碳酸氢钠，可中和胃酸，使肠内保持弱碱性，以维持肠内消化酶的活性。胰液含 20～30g“消化剂”，其中含多种消化酶，主要有胰蛋白酶、糜蛋白酶、弹性蛋白酶、羧肽酶、胰淀粉酶、胰脂肪酶、胆固醇酯酶、核糖核酸酶、脱氧核糖酸酶及磷脂酶 A_2。胰淀粉酶、胰脂肪酶和胰蛋白酶分别催化淀粉、脂肪和蛋白质水解成相应的产物。胰液经胰腺管流入十二指肠乳头。

3. 胆汁：由肝细胞分泌的一种黏稠而带苦味的液体，肝胆汁的组成不同于胆囊胆汁，具体组成见表 1-1。它通过胆总管流入十二指肠。胆总管由肝总管和胆囊管汇合而成，开口于十二指肠乳头。开口处有平滑肌环绕。在非消化期间，胆道口括约肌处于收缩状态，生成的胆汁经胆囊管流入胆囊内储存，且因胆囊吸收水分而浓缩。消化食物时，胆囊收缩，胆道口括约肌舒张，胆汁流入十二指肠。

表 1-1 肝胆汁和胆囊胆汁的组成

项目		肝胆汁（%）	胆囊胆汁（%）
成分	水	96.50	86.65
	固体	3.50	13.35
	胆汁酸	1.93	9.14
	黏蛋白和色素	0.53	2.98
	胆固醇	0.06	0.26
	脂肪酸	0.14	0.32
	无机盐	0.84	0.65
比重		1.01	1.04
pH 值		7.1～7.3	6.9～7.7

成人每日分泌胆汁 0.8～1.0L。胆汁的主要成分（除水外）为胆盐、胆色素等。胆色素是胆红素分解产物。胆盐对脂肪的消化和吸收起重要的作用：①胆盐能显著降低油相与水相之间的表面张力，在肠道中这种特性可使脂肪乳化，变成脂肪微滴，增加与脂肪酶的接触面积，有利于脂肪的水解和吸收；②胆盐可激活胰脂肪酶，加速脂肪水解；③胆盐可与脂肪酸结合形成水溶性复合物，促进脂肪酸的吸收；④胆盐也可促进脂溶性维生素的吸收，增加脂肪酸及不溶于水的脂肪酸盐的溶解性。因此，肠道中胆盐的存在对消化过程的完成、脂肪以及脂溶性维生素的吸收都具有重要作用。当脂肪消化不良时，其他食物也很难消化，因为脂肪可覆盖在食物颗粒的表面，使酶很难发挥作用。食物进入大肠，肠道细菌发酵食物，产生气体。

除乳化作用外，胆汁的另一作用是中和来自胃的酸性食糜，使其适应肠道的消化。

食物的消化吸收主要在小肠完成，小肠吸收营养物质的面积有 200～400m^2，食物在小肠内充分消化和吸收。胃只能吸收少量酒精和水分。

（四）大肠

大肠上接回肠，止于肛门，长约 1.5m。大肠的主要功能是吸收水分，把食物残渣形成粪便并排出体外。大肠可分为盲肠、升结肠、横结肠、降结肠、乙状结肠和直肠，盲肠连接阑尾。大肠表面有三条纵行的结肠带，各结肠带附近有许多大小不等的脂肪垂，各带间有由横沟隔成的囊状结肠带。

大肠壁结构与小肠不同，黏膜无绒毛及皱襞。大肠上皮有很多杯状细胞，肠腺亦较发达。杯状细胞和肠腺可分泌黏液，以润滑肠腔，保护肠黏膜。

食物经过小肠的充分消化吸收后，剩下的残渣进入大肠。大肠液中不含或仅含少量消化酶，因此没有明显的消化作用。大肠主要吸收食物残渣中残余的水分，每天重吸收水分约 3L，并暂时储存粪便。

由于大肠酸碱度和温度适宜，细菌可大量繁殖。大肠内细菌所含的酶能分解食物残渣和纤维素，分解糖类和脂肪产生乳酸、二氧化碳（CO_2）、甲烷、脂肪酸等。蛋白质分解产物包括硫化氢、胺和吲哚等有臭味和毒性的物质。这些物质如被吸收需运至肝脏进行解毒后再排出体外，一些细菌还能利用大肠内容物合成维生素 B_{12} 和维生素 K，对补充机体营养素有一定生理意义。经细菌分解后，食物残渣及其分解产物、肠黏膜分泌物和肠上皮细胞以及大量细菌构成粪便。此外，粪便中还包括肝脏排出的胆色素衍生物，这些物质决定粪便的颜色。粪便中的细菌占粪便总固体物质的 20%～30%。

大肠蠕动缓慢，与其暂时储存粪便的机能相适应。通常从横结肠开始还有一种强烈的蠕动。这种蠕动速度快、移动距离远，把大肠内容物迅速推至降结肠或乙状结肠，甚至推至直肠，引起排便的感觉。这种蠕动每日 3～4 次，多发生于饭后。

排便是一种反射活动。粪便进入直肠后，对直肠壁的感受器产生压力刺激，通过传入神经传到低级排便中枢，并上达大脑皮层引起便意。如环境条件允许，则排便。养成定时排便的习惯对于维持正常消化功能非常重要。

粪便在大肠中停留过久，水分被吸收而变得干硬，不易排出，这是产生便秘的原因。便秘患者由于肠内气体不能及时排出体外，便产生胀气、腹痛等症状。

第三节　蛋白质

蛋白质（protein）一词来源于希腊语的“proteios”，意思是“第一”或“最重要的”。一切生命的产生、生存和死亡都与蛋白质有关。蛋白质是一切细胞组织的物质基础。没有蛋白质，就没有生命。

一、蛋白质的组成

蛋白质是一类化学结构非常复杂的有机化合物，基本成分是碳、氢、氧、氮四种元素。有的蛋白质还含有硫、磷、铁、碘等其他元素。与碳水化合物和脂肪相比，蛋白质元素组成的最大特点是含氮。脂肪和碳水化合物在体内可以互相转化，而含氮的蛋白质必须直接从食物摄取。尽管不同蛋白质的分子大小可相差几千倍，但它们的氮含量却比较恒定，约为 16%。

组成蛋白质的基本单位是氨基酸。在人体和自然界中，常见的氨基酸有 20 多种。这 20 多种氨基酸以不同的数量和不同的排列顺序连接构成种类繁多、千差万别的蛋白质。它们不仅化学结构不同，生理功能也各不相同。

人体对蛋白质的需要，实际上是对氨基酸的需要。食物中的蛋白质只有经过胃肠道的消化分解成氨基酸后，才能被吸收。人体只有在获得各种氨基酸后，才能合成自身特有的蛋白质。

（一）必需氨基酸和非必需氨基酸

从营养角度，20 多种氨基酸可分为两大类——必需氨基酸和非必需氨基酸。

1. 必需氨基酸（essential amino acid，EAA）：一些人体自身不能合成或合成速度不能满足人体需要，必须从食物中获取的氨基酸。这一类氨基酸对成人来说有 8 种，即赖氨酸、蛋氨酸、亮氨酸、异亮氨酸、苏氨酸、缬氨酸、色氨酸和苯丙氨酸。对于婴幼儿来说，组氨酸也是必需氨基酸。

2. 非必需氨基酸：种类较多，包括丙氨酸、精氨酸、天门冬氨酸、半胱氨酸、脯氨酸、酪氨酸等。“非必需”并非人体不需要这些氨基酸，而是人体可以通过自身合成或其他氨基酸的转化得到它们，不一定非从食物摄取不可。有些非必需氨基酸的摄入量还可影响必需氨基酸的需要量，例如，当膳食中半胱氨酸和酪氨酸充裕时，可分别减少对蛋氨酸和苯丙氨酸的需要。因此，半胱氨酸和酪氨酸又叫作半必需氨基酸或条件必需氨基酸。

氨基酸分类见表 1－2。

表 1－2　氨基酸分类

<table>
<tr><th>必需氨基酸</th><th>半必需氨基酸</th><th>非必需氨基酸</th></tr>
<tr><td>缬氨酸</td><td rowspan="5">半胱氨酸</td><td>甘氨酸</td></tr>
<tr><td>亮氨酸</td><td>丙氨酸</td></tr>
<tr><td>异亮氨酸</td><td>丝氨酸</td></tr>
<tr><td>赖氨酸</td><td>天门冬氨酸</td></tr>
<tr><td>蛋氨酸</td><td>天冬酰胺</td></tr>
<tr><td>苏氨酸</td><td rowspan="4">酪氨酸</td><td>谷氨酸</td></tr>
<tr><td>苯丙氨酸</td><td>谷氨酰胺</td></tr>
<tr><td>色氨酸</td><td>精氨酸</td></tr>
<tr><td>组氨酸（为婴儿所必需）</td><td>脯氨酸</td></tr>
</table>

人体需要蛋白质实际上是需要氨基酸，尤其是必需氨基酸。人体对蛋白质和必需氨基酸的需要量（按 kg 体重计算），随年龄增长而减少，必需氨基酸的需要量减少更明显。

世界卫生组织（WHO）推荐的不同人群氨基酸需要量见表 1－3。

表 1－3　世界卫生组织（WHO）推荐的不同人群氨基酸需要量（mg/g 蛋白质）

氨基酸	年龄					
	0.5 岁	1～2 岁	3～10 岁	11～14 岁	15～18 岁	＞18 岁
异亮氨酸	32	31	31	30	30	30
亮氨酸	66	63	61	60	60	59
赖氨酸	57	52	48	48	47	45
蛋氨酸＋半胱氨酸	28	26	24	23	23	22
苯丙氨酸＋酪氨酸	52	46	41	41	40	38
苏氨酸	31	27	25	25	24	23

续表1－3

氨基酸	年龄					
	0.5岁	1～2岁	3～10岁	11～14岁	15～18岁	＞18岁
缬氨酸	43	42	40	40	40	39
色氨酸	8.5	7.4	6.6	6.5	6.3	6.0
组氨酸	20	18	16	16	16	15

引自：WHO/FAO/UNU. Protein and Amino Acid Requirements in Human Nutrition [R]. WHO World Health Organ Tech Rep Ser 935，2007：180.

（二）氨基酸模式和限制氨基酸

机体在蛋白质代谢过程中，一般以含量最少的一种氨基酸为基点，按比例地利用其他各种氨基酸来合成组织蛋白质。因此，膳食蛋白质中某一种氨基酸过多或过少都会影响其他氨基酸的利用。为满足蛋白质合成的需要，一方面要满足人体对必需氨基酸的需要，另一方面要注意各种必需氨基酸之间的构成比例。膳食蛋白质中必需氨基酸既要在数量上满足机体的需要，又要在构成比例上符合机体的要求。

氨基酸模式（amino acid pattern）是指某种蛋白质中各种必需氨基酸的构成比例。其计算方法是将该种蛋白质中的色氨酸含量计为1，分别计算出其他必需氨基酸的相应比值，这一系列比值就是该蛋白质的氨基酸模式。食物蛋白质氨基酸模式与人体蛋白质越接近，必需氨基酸被机体利用的程度越高，食物蛋白质的营养价值越高。

绝大多数动物蛋白质和大豆蛋白质的必需氨基酸种类齐全，氨基酸含量及模式与人体蛋白质较为接近，通常将它们称为优质蛋白质，又称完全蛋白质。鸡蛋蛋白质的氨基酸含量及模式与人体蛋白质最接近，在实验中常被作为参考蛋白质（reference protein）。

食物蛋白质中一种或几种必需氨基酸相对含量较低，导致其他必需氨基酸在体内不能被充分利用而浪费，造成其蛋白质营养价值降低，蛋白质中这些含量相对较低、与理想氨基酸模式相比最感不足的必需氨基酸称为限制氨基酸（limiting amino acid）。其中含量最低的称第一限制氨基酸，余以此类推。正是这些限制氨基酸严重影响机体对蛋白质的利用，降低蛋白质的质量。植物性蛋白质往往相对缺乏赖氨酸、蛋氨酸、苏氨酸、色氨酸等必需氨基酸，所以营养价值相对较低。如大米和面粉蛋白质中赖氨酸含量较低。

为了提高植物性蛋白质的营养价值，往往将两种或两种以上食物混合食用，而达到以多补少的目的，提高膳食蛋白质的营养价值。将多种富含蛋白质的食物混合食用，使食物中相对不足的必需氨基酸互相取长补短，接近理想氨基酸模式，从而提高食物的营养价值，称为蛋白质互补作用（complementary action of protein）。如将大豆制品和米面同时食用，大豆蛋白质可弥补米面蛋白质中赖氨酸的不足，米面也可在一定程度上补充大豆蛋白质中蛋氨酸的不足，起到互补作用。

二、蛋白质的分类

蛋白质可按照其营养价值分为三类：完全蛋白质、半完全蛋白质和不完全蛋白质。

（一）完全蛋白质

完全蛋白质所含必需氨基酸种类齐全、数量充足、比例适当。人体对这类蛋白质的利用率高，其不仅可以维持成人的健康，还可促进儿童的生长发育。这类蛋白质也称优质蛋白质，包括奶、蛋、鱼、肉中的蛋白质和大豆蛋白质。

（二）半完全蛋白质

半完全蛋白质所含必需氨基酸虽然种类齐全，但其中某些氨基酸的数量与人体所需的数量有一定差距。这类蛋白质可以维持生命，但不能促进生长发育，因而被称为半完全蛋白质。半完全蛋白质中，数量相对不足的氨基酸为限制氨基酸。例如，小麦中的麦胶蛋白便属于半完全蛋白质，其中的限制氨基酸是赖氨酸。

（三）不完全蛋白质

不完全蛋白质虽然可提供部分氨基酸，但所含的必需氨基酸种类不全，既不能促进生长发育，也不能维持生命。例如，玉米中的胶蛋白和肉皮中的明胶蛋白便属于此类。

三、蛋白质的消化吸收

蛋白质的消化首先在胃内开始，胃液中的胃蛋白酶可催化蛋白质水解生成胨、胨。胨进入小肠内，在胰液和肠液中的蛋白酶作用下，逐步水解成肽，最后水解成氨基酸。

氨基酸被小肠上部黏膜细胞吸收。黏膜细胞表面有一种载体，这种载体在黏膜上皮细胞外表面与氨基酸结合，然后穿过细胞膜到达细胞表面，把氨基酸释放到细胞内，载体重新回到外表面进行另一个氨基酸的运转。氨基酸与载体结合或分离均需要特异的酶来催化，转运过程需要消耗能量。这种转运过程称为主动转运或主动吸收。被吸收的氨基酸经门静脉进入肝脏，再经血液循环输送到身体各组织。

氨基酸通过小肠黏膜细胞需要三种主动运输系统，分别转运中性氨基酸、酸性氨基酸和碱性氨基酸。具有相似结构的氨基酸在使用同一种转运系统时相互之间具有竞争，竞争的结果使含量高的氨基酸吸收较多，从而保证肠道能按比例吸收食物中的氨基酸。如果膳食中某一种氨基酸过多，会造成使用同一种转运系统的其他氨基酸吸收减少。如亮氨酸、异亮氨酸和缬氨酸有共同的转运系统，若食物中亮氨酸过多，异亮氨酸和缬氨酸吸收就会减少，从而造成食物蛋白质的营养价值下降。例如高粱、玉米中过多的亮氨酸可影响结构相似的异亮氨酸的利用，从而影响食物蛋白质的营养价值。氨基酸的平衡在对食物进行营养强化时尤为重要。

四、蛋白质的生理功能

（一）构成机体组织

蛋白质是组织细胞的重要组成部分，成人体内平均蛋白质含量约为18%，仅次于水，其中一半左右分布在肌肉，约1/5在骨骼和软骨，约1/10在皮肤，其余分布在其他组织和体液中。从表1—4中可见，除脂肪和骨骼外，其他组织的蛋白质含量比碳水化合物和脂类都多。蛋白质是构成各种组织的主要有机成分。在三大营养素中，蛋白质是人体组织氮的主要来源，其具有更为重要的生理意义，碳水化合物和脂肪都不可替代。细胞是蛋白质、脂肪、碳水化合物共同组成的胶体系统，如果长期缺乏蛋白质，这种胶体系统会受到破坏，细胞就会受到损害，甚至死亡。总之，蛋白质是人体不可缺少的成分。

表1—4　成人的组成成分

组织器官	占体重百分比（%）	占组织器官百分比（%）				
		水	蛋白质	脂类	碳水化合物	矿物质
肌肉	40.0	70	22	7	微量	1.0
骨骼	18.0	23	20	25	微量	26.0
血液	8.0	79	20	<1	微量	微量
皮肤	6.0	57	27	14	微量	0.6
神经	3.0	75	12	12	微量	微量
肝	2.5	71	22	3	变动	1.4
心	0.5	63	17	16	微量	0.6
脂肪	11.0	23	6	72	微量	微量
完整人体	100.0	59	18	18	微量	4.0

（二）构成体内各种重要的生理活性物质，调节生理功能

1. 酶：一类具有特异性生物活性的蛋白质，能催化体内物质代谢，如消化酶；调节机体氧化还原平衡，如过氧化物酶；参与物质的转移，如胆碱乙酰化酶。

2. 激素：某些激素本身就是蛋白质，或由蛋白质参与构成，这些激素调节各种生理过程并维持着内环境的稳定，如生长激素、胰岛素、甲状腺素等。

3. 抗体：可以抵御外来微生物及其他有害物质，发挥机体免疫调节作用。

4. 构成转运体：细胞膜和血液中的蛋白质担负着各类物质的运输和交换。

5. 维持体液渗透压和酸碱度：体液内可解离为阴、阳离子的可溶性蛋白质能使体液的渗透压和酸碱度保持稳定，有助于维持机体的体液平衡。蛋白质丢失过多可引起水肿。

此外，血液的凝固、视觉的形成、人体的运动等都与蛋白质有关。近年来研究发现，许多蛋白质降解的肽也具有特有的生理功能，某些外源性氨基酸的特有生理功能目前已受到关注。

（三）供给能量

蛋白质中含碳、氢、氧等元素，当碳水化合物、脂肪提供的能量不能满足机体需要时，蛋白质可被代谢水解，释放能量。1g 食物蛋白质在体内产生约 16.7kJ（4kcal）的能量。

（四）肽类的特殊生理功能

近年来研究发现，直接从肠道吸收进入血液的活性肽不仅能作为氨基酸的供体，同时也是生理调节物质，具有许多重要的功能。

1. 参与机体的免疫调节：免疫调节肽主要是从各种乳的 κ 酪蛋白、α1 酪蛋白及 β 酪蛋白中得到，对免疫系统既有抑制作用，又有增强作用。

2. 促进矿物质吸收：如酪蛋白磷酸肽（casein phosphopeptide，CPP）是近年发现的促进钙、铁吸收的物质。它以各种乳的酪蛋白为原料，利用酶技术分离而取得的特定肽片段，可从很多酪蛋白水解物中得到，具有促进钙、铁溶解的特性。体外实验已经证明它能在碱性条件下防止钙与磷酸发生沉淀，促进矿物质的吸收，因此可以作为以钙、镁、铁等矿物质为原料的营养素补充剂的配料，预防骨质疏松、龋齿、高血压和贫血等疾病，还可用于调整牛奶中的钙磷比例等。

3. 降血压：降压肽是通过抑制血管紧张素转换酶的活性来实现降压功能的。降压肽大致有三种：来自各种乳的酪蛋白的肽类、来自鱼贝类的肽类和来自植物的肽类。

4. 清除自由基：肽类作为自由基清除剂，可保护细胞膜，使之免遭氧化性破坏，防止红细胞溶血及促进高铁血红蛋白的还原。例如谷胱甘肽是由谷氨酸、半胱氨酸和甘氨酸通过肽键缩合而成的三肽化合物，分子中含有一个活泼的巯基（—SH）。这一特异结构与谷胱甘肽易被氧化脱氢有密切的关系。

五、食物蛋白质营养价值的评价

评价一种食物蛋白质的营养价值，一方面要从“量”的角度，即食物中蛋白质含量的多少，另一方面则要从“质”的角度，即蛋白质被机体吸收利用的程度来考虑。营养学上主要从食物蛋白质的含量、被消化吸收的程度和被人体利用程度三个方面来进行全面评价。

（一）蛋白质含量

蛋白质含量是蛋白质营养价值的基础，尽管蛋白质含量不能决定一种食物的蛋白质营养价值，但是具体评价时却不能脱离含量，单纯考虑质量，因为即使蛋白质营养价值很高，但含量太低也不能满足机体需要。一般来说，大豆、肉类、坚果、蛋、奶中蛋白质含量较高，蔬菜、水果中含量很低，谷类食物居中。

由于动植物组织中的含氮物质以蛋白质为主，所以可分析食物的含氮量，粗略计算食物蛋白质含量。

食物蛋白质含量（g）=食物含氮量（g）÷16%=食物含氮量（g）×6.25

部分食物的蛋白质含量见表1-5。

表1-5　部分食物的蛋白质含量（g）（每100g可食部）

食物	含量	食物	含量	食物	含量
牛奶	3.0	稻米	7.4	马铃薯	2.0
鸡蛋	13.3	小米	9.0	油菜	1.8
猪肉（瘦）	20.3	小麦粉	11.2	大白菜	1.5
牛肉（瘦）	20.2	玉米粉	8.8	红薯（白心）	1.4
羊肉（瘦）	20.3	黄豆	33.1	菠菜	2.6
鱼	15.0～22.0	豆腐干	16.2	花生	24.8

（二）蛋白质消化率

蛋白质消化率（digestibility）是指食物蛋白质被消化酶水解的程度。蛋白质消化率越高，被机体吸收利用的可能性越大，其营养价值越高。

食物中蛋白质消化率可以用食物中被消化吸收的氮量与该食物中含氮量（食物氮）的比值来表示：

$$\text{蛋白质消化率}（\%）=\frac{\text{食物中被消化吸收的氮量}}{\text{食物氮}}\times 100\%$$

但食物中被消化吸收的氮量无法直接测定，而未被消化吸收的食物残渣的含氮量却能从消化道的排出物中测出。粪便中的氮除了食物中未被消化吸收的氮，一部分氮来自肠液、脱落的黏膜细胞和死亡的肠道微生物，称为粪代谢氮。这部分氮并非来自未被消化吸收的食物蛋白质，故不能计入蛋白质中未被消化吸收的氮量，所以上式可改写为：

$$\text{蛋白质真消化率}（\%）=\frac{\text{食物氮}-（\text{粪氮}-\text{粪代谢氮}）}{\text{食物氮}}\times 100\%$$

但肠道代谢废物的绝对数量难以估计，如果将其略去不计，则称为蛋白质表观消化率：

$$\text{蛋白质表观消化率}（\%）=\frac{\text{食物氮}-\text{粪氮}}{\text{食物氮}}\times 100\%$$

由于蛋白质表观消化率比蛋白质真消化率低，所以对蛋白质的营养价值估计可能偏低，具有较大的安全性。为简便起见，一般多测定蛋白质表观消化率。

影响蛋白质消化率的因素很多。在植物性食物中，由于蛋白质被纤维素包裹，与消化酶接触程度较差，因此其蛋白质消化率通常比动物性食物蛋白质低。如果植物性食物经过加工烹调，把纤维素破坏、软化或去除，则可提高其蛋白质消化率。如大豆整粒食用时，其蛋白质消化率仅为65%；制成豆浆后，其蛋白质消化率可达85%；加工成豆腐，其蛋白质消化率可提高至91%～96%。在一般的烹调情况下，动物性食物（如奶、蛋、肉类）的蛋白质消化率可达 90%以上，而植物性食物（如米、面）的蛋白质消化率只有 80%左右。一般温度的加热，可使食物中的蛋白质结构发生改变，有利于消化，但温度过高或加热时间过长，不仅会使蛋白质消化率下降，而且会使一部分氨基酸被破坏。

几种食物的蛋白质真消化率见表 1−6。

表 1−6 几种食物的蛋白质真消化率（%）

食物	蛋白质真消化率	食物	蛋白质真消化率	食物	蛋白质真消化率
鸡蛋	97	大米	87	大豆粉	86
牛奶	95	面粉（精制）	96	菜豆	78
肉、鱼	94	燕麦	86	花生酱	94
玉米	85	小米	79	中国混合膳	96

引自：WHO/FAO/UNU. Protein and Amino Acid Requirements in Human Nutrition. WHO World Health Organ Tech Rep Ser 935，2007：96.

（三）蛋白质利用率

衡量蛋白质利用率的指标很多，分别从不同角度反映蛋白质被机体利用的程度。下面介绍几种常用指标。

1. 生物价（biological value，BV）：反映食物蛋白质消化吸收后被机体利用程度的指标。生物价越高，表明其被机体利用程度越高，最大值为 100。计算公式如下：

$$生物价=\frac{食物氮在体内储留量}{食物氮在体内吸收量}\times 100$$

$$吸收氮=食物氮-（粪氮-粪代谢氮）$$

$$储留氮=吸收氮-（尿氮-尿内源性氮）$$

尿氮和尿内源性氮的检测原理和方法与粪氮、粪代谢氮一样。

几种常用食物蛋白质的生物价见表 1−7。

表 1−7 几种常用食物蛋白质的生物价

食物	生物价	食物	生物价	食物	生物价
大米	77	玉米	60	鱼	83
小麦	67	大豆	54	虾	77
大麦	64	蚕豆	58	猪肉	74
高粱	56	绿豆	58	牛肉	76
小米	57	花生	59	鸡蛋	94
甘薯	72	扁豆	72	牛奶	85
白菜	76	马铃薯	67	—	—

2. 蛋白质功效比值（protein efficiency ratio，PER）：正在生长发育中的幼龄动物每摄入 1g 蛋白质后体重增加的克数。它反映蛋白质在体内被同化的程度。

$$PER=\frac{\text{动物体重增加（g）}}{\text{摄入蛋白质（g）}}$$

通常采用刚断乳的健康雄性大鼠，用被测蛋白质作为唯一蛋白质来源，占饲料的10%定量喂饲 28 天，称重并求出体重增值。在蛋白质摄入量相等的情况下，幼鼠体重增加值较大者，该食物的蛋白质功效比值较高。由于所测蛋白质主要被用来提供生长需要，所以该指标被广泛作为对婴幼儿食品蛋白质的评价指标。

3. 氨基酸评分（amino acid score，AAS）：必需氨基酸只能由食物蛋白质供给，如果食物蛋白质的必需氨基酸缺乏，将直接影响人体蛋白质的合成，从而影响机体生长发育和正常生理功能，因此必需氨基酸的含量是蛋白质营养价值的重要评价指标。

不同食物的蛋白质所含必需氨基酸的种类和数量各不相同，营养价值也高低有别。为了便于评价食物蛋白质的营养价值，通常把鸡蛋的蛋白质作为参考蛋白质（理想蛋白质），以其所含的必需氨基酸构成比作为基准。在评价一种蛋白质的营养价值时，可将其各种必需氨基酸的含量逐一与参考蛋白质相比较，这种方法称为氨基酸评分，其计算公式为：

$$AAS=\frac{\text{每克待评蛋白质中某种必需氨基酸含量（mg）}}{\text{每克参考蛋白质中该必需氨基酸含量（mg）}}\times 100$$

从理论上说，评价一种食物蛋白质的营养价值时，应根据 8 种必需氨基酸的构成比例逐一评分，然后综合评价。实际上目前对赖氨酸、蛋氨酸或色氨酸中的其中一种的构成比例评分即可。在氨基酸评分方法中，只要评价出主要限制性氨基酸的分数，就可以评定食物蛋白质的营养价值。氨基酸评分越接近 100，该食物蛋白质的营养价值越高。这种评分方法目前在国际上已较多采用。

六、蛋白质的参考摄入量与食物来源

理论上成人每天摄入约 30g 蛋白质就可满足零氮平衡，但从安全性和消化吸收等其他因素考虑，成人按 0.8g/（kg·d）摄入蛋白质为宜。我国由于以植物性食物为主，所以成人蛋白质推荐量为 1.16g/（kg·d）。中国营养学会推荐成人蛋白质的 RNI 为：男性 65g/d，女性 55g/d。蛋白质推荐量也可按供能比计算，在摄入能量得到满足的情况下，蛋白质提供的能量应占总能量的 10%～20%。蛋白质营养正常时，人体内反映蛋白质营养水平的指标也应处于正常水平。

蛋白质广泛存在于动植物性食物中。动物性蛋白质质量好、利用率高，但同时富含饱和脂肪酸，而植物性蛋白质利用率较低。因此，注意蛋白质互补，适当进行搭配是非常重要的。大豆是植物性食物中蛋白质含量较高的，且含赖氨酸较多，与粮谷类蛋白质有较好的互补作用。

七、蛋白质营养失调对人体的影响

蛋白质营养失调包括蛋白质缺乏和蛋白质过剩，对人体健康都有不良影响。

蛋白质缺乏在成人和儿童都有发生，但处于生长阶段的儿童更为敏感。蛋白质-能量营养不良（protein-energy malnutrition，PEM）大多数是由贫穷和饥饿引起的。PEM 有两种：一种称为 Kwashiorker（来自加纳语），指能量摄入基本满足而蛋白质严重不足的儿童营养性疾病，患儿主要表现为腹部、腿部水肿，虚弱，表情淡漠，生长迟缓，毛发变色、变脆、易脱落，易感染其他疾病等。另一种叫 Marasmus（原意为“消瘦”），指蛋白质和能量摄入均严重不足的儿童营养性疾病，患儿消瘦无力，因感染其他疾病而死亡。也有人认为此两种营养不良是 PEM 的两个阶段。对成人来说，蛋白质摄入不足同样可引起体力下降、水肿、免疫功能减弱等。

蛋白质，尤其是动物性蛋白质摄入过多对人体同样有害。摄入过多的动物性蛋白质必然摄入较多饱和脂肪酸和胆固醇；摄入蛋白质过多，在代谢和排泄时增加肝脏和肾脏的负担；大量蛋白质在肠道被细菌分解，产生大量胺类，对人体不利；动物性蛋白质含硫氨基酸较多，可加速骨骼中钙的丢失，易导致骨质疏松。

第四节　脂类

脂类也称脂质，由碳、氢、氧三种元素组成，有时还含有氮、硫、磷，包括脂肪和类脂，是一类化学结构相似或完全不同的有机化合物。人体脂类总量占体重的 10%～20%。脂肪又称为甘油三酯，是体内重要的储能和供能物质，约占体内脂类总量的 95%。类脂主要包括磷脂和固醇类，约占体内脂类总量的 5%，是细胞膜、机体组织器官，尤其是神经组织的重要成分。脂类也是膳食中重要的营养素，烹调时赋予食物特殊的色、香、味，增进食欲，适量摄入对满足机体生理需要，促进维生素 A、维生素 E 等脂溶性维生素的吸收和利用，维持人体健康发挥重要作用。

一、脂肪及其功能

三分子脂肪酸（fatty acid，FA）与一分子甘油（glycerol）形成脂肪（甘油三酯）。通常来自动物性食物的脂肪由于碳链长、饱和程度高、熔点高，常温下呈固态，故称为脂；来自植物性食物中的脂肪由于不饱和程度高、熔点低，故称为油。脂肪分子中的三个脂肪酸，其结构不完全相同，在自然界中还未发现由单一脂肪酸构成的脂肪。脂肪因其所含的脂肪酸链的长度、饱和程度和空间结构不同，呈现不同的特性和功能。

（一）脂肪的生理功能

人体内的脂肪主要分布在腹腔、皮下和肌肉纤维之间，具有重要的生理功能。

1. 储存和提供能量：脂肪是膳食中浓缩的能源，1g 脂肪在体内氧化分解可产生 9kcal 的能量，比蛋白质或碳水化合物高一倍多。

脂肪是体内过剩能量的储存形式，当机体代谢需要时可释放能量。体内脂肪的储存和提供能量有两个特点：一是脂肪细胞可以不断地储存脂肪，至今还未发现其吸收脂肪的上限，所以人体可因不断地摄入过多的能量而不断地积累脂肪，导致越来越胖；二是机体不能利用脂肪酸分解的含 2 个碳的化合物合成葡萄糖，所以脂肪不能直接给脑、神经细胞以及血细胞提供能量，因此节食减肥不当可能导致机体分解组织蛋白质，通过糖异生保证血糖水平。

2. 保温及缓冲作用：皮下脂肪既可防止体温过多地向外散失，也可防止外界温度（热或寒）对机体的影响，因此具有维持正常体温的作用。器官周围的脂肪组织有缓冲机械性摩擦和冲击的保护作用。

3. 节约蛋白质作用：脂肪在体内代谢分解的产物可以促进碳水化合物的能量代谢，使其更有效地释放能量。充足的脂肪可保护体内蛋白质（包括食物蛋白质）不被用来作为能源物质，而使其有效地发挥其他生理功能。

4. 机体构成成分：细胞膜中含有大量脂类，是细胞维持正常的结构和功能的重要成分。

5. 内分泌功能：人体的脂肪还具有内分泌作用。现已发现的由脂肪所分泌的因子有瘦素（leptin）、肿瘤坏死因子－α（tumor necrosis factor α，TNF－α）、白细胞介素－6（interleukin－6，IL－6）、白细胞介素－8（interleukin－8，IL－8）、雌激素（estrogen）、胰岛素样生长因子－1（insulin－like growth factor，IGF－1）、IGF 结合蛋白 3（insulin－like growth factor binding protein 3，IGFBP3）、脂联素（adiponectin）及抵抗素（resistin）等。这些脂肪来源的因子参与机体的代谢、免疫、生长发育等生理过程。

（二）食物中脂肪的作用

食物中的脂肪除了为人体提供能量和作为人体脂肪的合成材料，还有一些特殊的营养学作用。

1. 增加饱腹感：食物脂肪由胃进入十二指肠时，可刺激十二指肠产生肠抑胃素，使胃蠕动受到抑制，造成食物由胃进入十二指肠的速度相对变慢。食物中脂肪含量越高，胃排空的速度越慢，所需时间越长，从而增加饱腹感。

2. 改善食物的感官性状：脂肪作为食品烹调加工的重要原料，可以改善食物的色、香、味、形，起到美观和促进食欲的作用。

3. 提供脂溶性维生素：食物脂肪中同时含有各类脂溶性维生素，如维生素 A、维生素 D、维生素 E、维生素 K 等。脂肪不仅是这类脂溶性维生素的食物来源，也可促进它们在肠道中的吸收。

二、类脂及其功能

类脂包括磷脂和固醇类。前者主要有磷酸甘油酯和神经鞘脂，在脑、神经组织和肝脏中含量丰富；后者主要为胆固醇和植物固醇，动物内脏、蛋黄等食物中富含胆固醇，而植物固醇主要来自植物油、种子、坚果等。

（一）磷脂

含有磷酸的脂类称为磷脂，其具有亲水性和亲脂性的双重特性。磷脂是除甘油三酯以外，在体内含量较多的脂类。磷脂按其组成结构可以分为两类：一类是磷酸甘油酯，即甘油三酯中一个或两个脂肪酸被磷酸或含磷酸的其他基团取代的一类脂类物质，常见的有卵磷脂、脑磷脂、肌醇磷脂等，其中最重要的是卵磷脂，它是由一个磷酸胆碱基团取代甘油三酯中一个脂肪酸而形成的；另一类是神经鞘磷脂，其分子结构中含有脂肪酰基、磷酸胆碱和神经鞘氨醇，但不含甘油。神经鞘磷脂是膜结构的重要磷脂，它与卵磷脂并存于细胞膜外侧。人红细胞膜的磷脂中20%～30%为神经鞘磷脂。磷脂的主要功能如下。

1. 提供能量：和甘油三酯一样，磷脂也可提供能量。

2. 细胞膜成分：由于磷脂具有极性和非极性双重特性，可帮助脂类或脂溶性物质如脂溶性维生素、激素等顺利通过细胞膜，促进细胞内外的物质交流。磷脂的缺乏会造成细胞膜结构受损，使毛细血管脆性和通透性增加，皮肤细胞对水的通透性增加引起水代谢紊乱，产生皮疹。

3. 乳化剂作用：磷脂可以使体液中的脂肪悬浮在体液中，有利于其吸收、转运和代谢。由于乳化作用，磷脂在食品加工中也被广泛应用，如在人造奶油、蛋黄酱和巧克力生产中常以磷脂（如卵磷脂）作为乳化剂。

4. 预防心血管疾病：磷脂能改善脂肪的吸收和利用，防止胆固醇在血管内沉积，降低血液的黏度，促进血液循环，对预防心血管疾病具有一定作用。

5. 改善神经系统功能：食物磷脂被机体消化吸收后释放出胆碱，进而合成神经递质乙酰胆碱，可改善神经系统功能。

卵磷脂是细胞膜的主要组成成分，细胞的存活依赖膜的完整性，因此卵磷脂对维持细胞的结构和功能十分重要。人体可从食物中获得卵磷脂，也可由肝脏通过其他底物合成机体所需的卵磷脂。但大剂量使用卵磷脂可导致胃肠道应激反应、多汗、流涎，以及食欲丧失等。

（二）固醇类

固醇类（sterols）是一类含有多个环状结构的脂类化合物，因其环外基团不同而不同。固醇类广泛存在于动植物食物中。

胆固醇是最重要的一种固醇，是细胞膜的重要成分，人体内90%的胆固醇存在于细胞之中。胆固醇也是人体内许多重要的活性物质的合成材料，如胆汁、性激素（如睾酮）、肾上腺素（如皮质醇）等，因此肾上腺皮质中胆固醇含量很高，主要作为激素合成的原料。胆固醇还可在体内转变成7－脱氢胆固醇，在皮肤中经紫外线照射可转变成维生素D。

人体自身可以合成内源性胆固醇。肝脏和肠壁细胞是体内合成胆固醇最旺盛的组织。大脑虽然含丰富的胆固醇，但合成能力低，主要由血液提供。人体胆固醇合成代谢受能量及胆固醇摄入量、膳食脂肪摄入种类、甲状腺素水平、雌激素水平、胰岛素水平等影响和调节。体内胆固醇增多时可负反馈抑制肝脏及其他组织中胆固醇合成限速酶的活性，使胆固醇的合成速率降低。碳水化合物和脂肪等分解产生的乙酰辅酶 A（acetyl-CoA）是体内各组织合成胆固醇的主要原料。

膳食胆固醇的吸收率约为 30%。由于机体既可从食物中获得胆固醇，也可利用内源性胆固醇，因此一般不存在胆固醇缺乏。过去，受美国提出的“脂质假说”的影响，胆固醇被认为与高脂血症、动脉粥样硬化、冠心病等相关，但始终有研究及 Meta 分析结果未发现胆固醇摄入量与冠心病发病和死亡有关。因此，目前对健康人群胆固醇的摄入不再严格限制，而且适量的胆固醇被认为是人体必需的，可以帮助修复受损的血管壁。对膳食胆固醇敏感的人群和代谢障碍的人群（糖尿病、高血脂、动脉粥样硬化、冠心病的患者）必须强调严格控制膳食胆固醇和饱和脂肪的摄入。

三、脂肪酸和必需脂肪酸

脂肪酸是脂肪、磷脂和糖脂的重要成分。脂肪酸分子由碳、氢、氧三种元素组成。一般食物脂肪中所含的多为长链脂肪酸，碳原子在 12 个以上。根据碳链中所含的双键数目，脂肪酸可分为单不饱和脂肪酸（只含一个双键）、多不饱和脂肪酸（含一个以上双键）和饱和脂肪酸（不含双键）三种。富含单不饱和脂肪酸或多不饱和脂肪酸的脂肪，在室温下呈液态，多半为植物油，如花生油、大豆油、玉米油等，通常称为油。富含饱和脂肪酸的脂肪，在室温下呈固态，多为动物性脂肪，如羊油、牛油、猪油等，通常称为脂。但也有例外，如深海鱼油，在室温下呈液态，所含的二十碳五烯酸（EPA）和二十二碳六烯酸（DHA）都是多不饱和脂肪酸。

必需脂肪酸（essential fatty acid，EFA）是指人体自身不能合成，必须从食物中摄取的多不饱和脂肪酸，包括亚油酸和 α-亚麻酸。必需脂肪酸在体内具有重要的生理功能，缺乏时生长发育受阻，还可发生皮炎。

食物中亚油酸含量见表 1-8。

表 1-8　食物中亚油酸含量（占食物中脂肪总量的百分比，%）

食物	亚油酸	食物	亚油酸	食物	亚油酸
大豆油	52.2	黄油	3.5	鸭肉	22.0
玉米胚油	47.8	猪肉（瘦）	13.6	猪心	24.4
芝麻油	43.7	猪肉（肥）	8.1	猪肝	15.0
花生油	37.6	牛肉	5.8	猪肾	16.8
菜籽油	14.2	羊肉	9.2	猪肠	14.9
猪油	6.3	鸡肉	24.4	鲤鱼	16.4

必需脂肪酸的生理功能：①构成细胞膜。②参与体内胆固醇的正常代谢，血液中的胆固醇必须与必需脂肪酸结合才能在血液中运输，如缺乏必需脂肪酸，过多的胆固醇会沉积在血管壁上，发展成动脉粥样硬化。③花生四烯酸是合成前列腺素的原料，前列腺素的衍生物前列环素具有强烈的抑制血小板聚集的作用。目前，前列腺素在治疗心血管

疾病、高血压等方面的作用已引起人们的重视。

四、脂类的消化吸收及转运

脂类的消化吸收主要在小肠进行，其消化的最终产物是游离脂肪酸、甘油和单酰甘油酯，而吸收的主要途径为淋巴系统。

脂类被吸收后，与高密度脂蛋白（high－density lipoprotein，HDL）、低密度脂蛋白（low－density lipoprotein，LDL）和极低密度脂蛋白（very low－density lipoprotein，VLDL）结合而运载。大部分甘油三酯与 VLDL 结合，故血浆中甘油三酯浓度反映了 VLDL 浓度。胆固醇则由 LDL 运载，故血浆中胆固醇浓度反映了 LDL 浓度。一些类脂和蛋白质转运于 HDL 与 VLDL 之间。HDL 有将周围组织胆固醇运到肝脏进行分解、排出的作用，因而使血浆胆固醇浓度下降。

五、食物脂肪营养价值的评价

膳食脂肪的营养价值可从脂肪消化率、必需脂肪酸含量、各种脂肪酸比例、脂溶性维生素含量等方面评价。

（一）脂肪消化率

食物的脂肪消化率与其熔点密切相关。熔点低于体温的脂肪消化率可高达 97%～98%，熔点高于体温的脂肪消化率约为 90%，熔点高于 50℃的脂肪较难消化。含不饱和脂肪酸和短链脂肪酸越多的脂肪，熔点越低，越容易消化，多见于植物脂肪。一般植物脂肪消化率高于动物脂肪消化率。

常见油脂的熔点与消化率见表 1－9。

表 1－9　常见油脂的熔点与消化率

油脂	熔点（℃）	消化率（%）	油脂	熔点（℃）	消化率（%）
羊油	44～45	81.0	菜籽油	室温下呈液态	99.0
牛油	42～50	89.0	棉籽油	室温下呈液态	98.0
猪油	36～50	94.0	大豆油	室温下呈液态	98.0
奶油	28～36	98.0	茶油	室温下呈液态	91.0
花生油	室温下呈液态	98.0	芝麻油	室温下呈液态	98.0
葵花籽油	室温下呈液态	96.5	椰子油	28～33	98.0

（二）必需脂肪酸含量

一般植物油中亚油酸和 α－亚麻酸含量高于动物脂肪，其营养价值优于动物脂肪。但椰子油中亚油酸含量很低，其不饱和脂肪酸含量也少。

（三）各种脂肪酸比例

机体对饱和脂肪酸、单不饱和脂肪酸和多不饱和脂肪酸的需要不仅有一定的数量，还有一定的比例。有研究推荐饱和脂肪酸、单不饱和脂肪酸、多不饱和脂肪酸的比例应为1∶1∶1，日本学者则建议比例为3∶4∶3更适宜。三者之间的比例仍需要进一步的研究。

常用油脂中饱和脂肪酸、单不饱和脂肪酸和多不饱和脂肪酸的构成见表1－10。

表1－10　常用油脂中饱和脂肪酸、单不饱和脂肪酸和多不饱和脂肪酸的构成（%）

油脂	饱和脂肪酸	单不饱和脂肪酸	多不饱和脂肪酸
大豆油	15	22	63
花生油	20	42	38
玉米油	15	37	48
低芥酸菜籽油	6	64	28
葵花籽油	12	19	69
棉籽油	28	16	56
芝麻油	12	41	47
棕榈油	51	39	9
猪油	43	46	9
牛油	52	42	6
羊油	63	33	4
鸡油	26	48	26

（四）脂溶性维生素含量

脂溶性维生素含量高的脂类其营养价值也高。植物油中富含维生素E，特别是谷类种子的胚油（如麦胚油）的维生素E含量非常高。动物皮下脂肪几乎不含维生素，而器官脂肪如肝脏脂肪中含有丰富的维生素A、维生素D，某些海产鱼肝脏脂肪中维生素A、维生素D含量更高。

六、脂类的参考摄入量与食物来源

脂肪摄入过多可导致肥胖、心血管疾病、高血压和某些癌症发病率升高，因此预防此类疾病发生的重要措施就是降低脂肪的摄入量。中国营养学会推荐成人脂肪的AMDR应占总能量的20%～30%。其中饱和脂肪酸供能应小于总能量的10%，$n-6$系脂肪酸供能占总能量的2.5%～9.0%，$n-3$系脂肪酸供能占总能量的0.5%～2.0%，EPA+DHA的AMDR为250mg/d～200mg/d。一般来说，只要注意摄入一定量的植物油，便不会造成必需脂肪酸的缺乏。

人类膳食脂肪主要源于动物脂肪及植物的种子。畜禽等动物脂肪中饱和脂肪酸和单不饱和脂肪酸含量较多，而多不饱和脂肪酸含量较少。水产品富含不饱和脂肪酸，如深海鱼、贝类食物含 EPA 和 DHA 相对较多。植物脂肪（或油）主要富含不饱和脂肪酸。植物油中普遍含有亚油酸，豆油和紫苏籽油、亚麻籽油中 α－亚麻酸较多，可可油、椰子油和棕榈油则富含饱和脂肪酸。磷脂含量较多的食物为蛋黄、动物肝脏、大豆、麦胚和花生等。含胆固醇丰富的食物包括动物脑、肝、肾等内脏和蛋类，肉类和乳类也含有一定量的胆固醇。

常见食物中的脂肪含量见表 1－11。

表 1－11　常见食物中的脂肪含量（g/100g）

食物	脂肪含量	食物	脂肪含量
猪肉（肥）	88.6	鸡腿	13.0
猪肉（肥瘦）	37.0	鸭	19.7
猪肉（后臀尖）	30.8	草鱼	5.2
猪肉（后肘）	28.0	带鱼	4.9
猪肉（里脊）	7.9	黄鱼（大黄花鱼）	2.5
猪蹄	18.8	海鳗	5.0
猪肝	3.5	鲤鱼	4.1
猪大肠	18.7	鸡蛋	8.8
牛肉（瘦）	2.3	鸡蛋黄	28.2
羊肉（瘦）	3.9	鸭蛋	13.0
鹌鹑	3.1	核桃（干）	58.8
鸡肉	9.4	花生（炒）	48.0
鸡翅	11.8	葵花籽（炒）	52.8

第五节　碳水化合物

碳水化合物（carbohydrates）是由碳、氢、氧三种元素组成的有机化合物，因分子式中氢和氧的比例恰好与水相同（2∶1）而得名。但是一些不属于碳水化合物的分子也有同样的元素组成比例，如甲醛（CH_2O）、乙酸（$C_2H_4O_2$）等。因此，国际化学名词委员会在 1927 年曾建议用“糖”（glucide）来代替碳水化合物。但由于习惯和接受率，“碳水化合物”一词至今仍被广泛使用。

碳水化合物是人类膳食能量的主要来源，广泛存在于动植物中，包括构成植物骨架的结构物质如膳食纤维、果胶、黏多糖和几丁质，以及能源物质如淀粉、糊精和糖原等。膳食中碳水化合物的种类和比例可能与冠心病、糖尿病、高脂血症、肿瘤、龋齿等发病率有密切关系。因此，建议减少膳食中添加糖的摄入量。

一、碳水化合物的分类

（一）根据化学结构分类

联合国粮农组织（FAO）/世界卫生组织（WHO）于1998年根据化学结构及生理作用将碳水化合物分为糖（1~2个单糖）、寡糖（3~9个单糖）、多糖（≥10个单糖）。

1. 糖：单糖（monosaccharides）、双糖（disaccharides）和糖醇。

（1）单糖：碳原子数为2~7的糖类，是碳水化合物最简单的结构单位，只含有1个糖分子。单糖易溶于水，可不经消化液的作用直接被机体吸收和利用。单糖在自然界中很少以游离形式存在。食物中最常见的单糖是葡萄糖和果糖，它们都含有6个碳原子（己糖）。葡萄糖是一类具有右旋性和还原性的醛糖，因而在工业上常称为右旋糖。在人体禁食的情况下，它是体内唯一的游离存在的单糖，在血中的浓度大约是5mmol/L（100mg/dL）。果糖是无色结晶，与葡萄糖分子式相同，但结构不同。果糖几乎总是与葡萄糖同时存在于植物中，尤其是菊科植物如洋蓟和菊苣中。果糖也是动物体易于吸收的单糖，如蜂蜜就含有大量的果糖。在糖类中果糖最甜，其甜度是蔗糖的1.2~1.5倍。

（2）双糖：由两分子单糖缩合而成。食物中常见的双糖有蔗糖、乳糖和麦芽糖。蔗糖是最具有商业意义的双糖，主要源于甘蔗和甜菜。蔗糖由一分子的葡萄糖和一分子的果糖结合而成，无还原性。乳糖是仅存在于乳品中的双糖，它由葡萄糖和β-半乳糖结合而成，有还原性。麦芽糖是由两分子的葡萄糖结合而成，无还原性。

（3）糖醇：是单糖还原后的产物，广泛存在于生物界特别是植物中。因为糖醇的代谢不需要胰岛素，常用于糖尿病患者的膳食。在食品工业上，糖醇也是重要的甜味剂和湿润剂，目前常使用的有甘露糖醇、麦芽糖醇、乳糖醇、木糖醇和混合糖醇等。

2. 寡糖：又称低聚糖，是由3~9个的单糖分子通过糖苷键构成的聚合物，根据糖苷键的不同而有不同的名称。目前已知的几种重要的功能性低聚糖有低聚果糖、异麦芽低聚糖、海藻糖、低聚木糖及大豆低聚糖等。一些低聚糖存在于水果和蔬菜中，多数低聚糖不能或只能部分被吸收，能被结肠有益细菌（益生菌）利用，产生短链脂肪酸。

“益生元”的概念是由不消化的碳水化合物派生出来的，是指不被人体消化系统消化和吸收、能够选择性地促进宿主肠道内原有的一种或几种有益细菌生长繁殖的物质，通过有益细菌的生长繁殖增多，抑制有害细菌生长，从而达到调整肠道菌群、促进机体健康的目的。这类物质最具代表性的有乳果糖（lactulose）、异麦芽低聚糖（isomalto-oligosaccharides）等。

3. 多糖：带有10个或以上单糖分子通过1,4-糖苷键或1,6-糖苷键相连而成的聚合物。其性质与单糖和低聚糖不同，一般不溶于水，无甜味，不形成结晶，无还原性。其在酶或酸的作用下，可水解成单糖残基数不等的片段，最后成为单糖。

（1）淀粉：食物中绝大部分碳水化合物以淀粉形式存在，其基本构成单位是麦芽糖，在体内最终水解为葡萄糖。淀粉主要储存在植物细胞中，尤其是根、茎和种子细胞中。薯类、豆类和谷类含有丰富的淀粉，是人类碳水化合物的主要食物来源，也是最丰富、最廉价的产能营养素。淀粉按照葡萄糖分子的结合方式分为直链淀粉和支链淀粉。直链淀粉是 D－葡萄糖残基以 α－1,4 糖苷键连接而成的线性结构，其相对分子质量为 $3.2\times10^4\sim1.6\times10^5$ 甚至更大，相当于 200～980 个葡萄糖残基。天然直链淀粉卷曲成螺旋形，遇碘产生蓝色反应，且易“老化”，形成难消化的抗性淀粉。支链淀粉是树枝状结构，相对分子质量在 $1\times10^5\sim1\times10^6$，相当于 600～6000 个葡萄糖残基。支链淀粉遇碘产生棕色反应，易使食物糊化，从而提高消化率。食物中直链淀粉和支链淀粉的含量不同，粮谷、豆类所含淀粉中支链淀粉占大部分。

（2）抗性淀粉（resistant starch，RS）：膳食纤维的一种，是在人类小肠内不能吸收、在大肠内被发酵的淀粉及其分解产物。RS 可以分为以下三类：①RS1，这类淀粉的颗粒被食物的一些成分包裹，避免被消化酶直接接触，消化较慢，如全谷粒、部分碾碎的谷粒、种子、豆粒。②RS2，即生淀粉粒，如马铃薯、青香蕉所含的淀粉。RS2 只有糊化后才可被 α－淀粉酶消化。③RS3，又称变性淀粉（retrograded starch），是直链淀粉和支链淀粉在经过烹煮或糊化处理时变性而成，也不能被 α－淀粉酶消化。

（3）膳食纤维：主要包括纤维素、木质素、抗性低聚糖、果胶、抗性淀粉等，以及其他不可消化的碳水化合物。木质素虽然不是碳水化合物，但因检测时不能排除木质素，故仍将它纳入膳食纤维。根据其水溶性，膳食纤维可分为不溶性纤维和可溶性纤维。

• 不溶性纤维：主要包括纤维素（cellulose）、半纤维素（hemicellulose）和木质素（lignin）。

纤维素：纤维素是植物的支持组织，存在于所有植物的细胞壁。人体内缺乏能分解纤维素的酶，纤维素不能被肠道菌群分解。

半纤维素：与纤维素一起存在于植物细胞壁中。与纤维素不同的是，它大量存在于植物的木质化部分，如秸秆、种皮、坚果壳、玉米穗轴中。其也不能被人体消化利用，但经肠道微生物作用后比纤维素容易分解。

木质素：木质素不属于多糖，而是多聚（芳香族）苯丙烷类化合物，是植物木质化过程中形成的物质，与纤维素和半纤维素同时存在于植物细胞壁中。食物中木质素含量较少，主要存在于蔬菜的木质化部分和种子，如草莓籽、老化的胡萝卜和花茎甘蓝中。其也不能被人体消化吸收，但具有刺激肠道蠕动、维持机体正常消化功能的作用。

• 可溶性纤维：既可溶解于水，又可吸水膨胀，并能被结肠中微生物酵解的一类纤维，常存在于植物细胞液和细胞间质中。

果胶（pectin）：植物细胞壁的组成成分，常存在于蔬菜、水果中。

树胶：也叫植物胶质，主要包括植物分泌胶（如阿拉伯胶）、种子胶（如角豆胶）和海藻胶（如琼脂），均属多糖类物质，摄入后不能被人体消化吸收，可用于食品加工，使食品增稠。

（二）根据消化性分类

按照人类对碳水化合物的消化性，碳水化合物可分为可消化的碳水化合物和不消化的碳水化合物。这个概念是从以前的可利用碳水化合物和不可利用碳水化合物演变而来，可利用碳水化合物是指可被人体消化吸收的碳水化合物，因其吸收入血并能引起血糖水平升高，也被称为生血糖碳水化合物。可利用碳水化合物主要包括糖、淀粉（抗性淀粉除外）和部分具有生血糖作用的糖醇。不可利用碳水化合物主要指半纤维素和纤维素。但随着对慢性病研究的深入，人们逐渐认识到碳水化合物并不都是只通过糖吸收利用的方式来提供能量，不消化部分可在大肠内发酵并产生能量。因此，1998 年 FAO/WHO 专家委员会建议不再使用“可利用碳水化合物和不可利用碳水化合物”这个分类概念，而使用“可消化的碳水化合物和不消化的碳水化合物”。不消化的碳水化合物主要包括膳食纤维及其单体成分、部分不被消化的糖醇等，因其不能直接提供可在小肠消化且直接吸收入血的碳水化合物，也被称为非生糖碳水化合物。

二、碳水化合物的消化吸收

膳食中的碳水化合物主要是淀粉。唾液中的淀粉酶可以消化部分淀粉，但数量有限。消化淀粉的主要部位在小肠。肠腔内的胰淀粉酶活力很强，可将淀粉分解为双糖——麦芽糖。肠内还含有双糖酶，可进一步将麦芽糖和来自膳食的蔗糖、乳糖等分解成葡萄糖、果糖和半乳糖等单糖。

在正常情况下，只有单糖能被肠壁吸收。被吸收的单糖进入血液，直接被组织利用，并以糖原形式储存在肝脏和肌肉组织中，还可转变为脂肪储存在脂肪细胞内。

三、碳水化合物的生理功能

碳水化合物的生理功能与膳食碳水化合物种类和在机体内存在的形式有关。

（一）提供能量

膳食碳水化合物是人类最经济和最主要的能量来源，通常 50%以上膳食能量由碳水化合物提供。其以葡萄糖为主供给机体各种组织能量，每克葡萄糖在体内氧化可以产生 16.7kJ（4kcal）的能量。糖原是肌肉和肝脏碳水化合物的储存形式，肝脏约储存机体内 1/3 的糖原。葡萄糖在体内释放能量较快，供能也快，是神经系统和心肌的主要能源，也是肌肉活动时的主要能源，对维持神经系统和心脏的正常供能、增强耐力、提高工作效率都有重要意义。

不消化的碳水化合物提供的能量为 0～3kcal/g，平均为 2kcal/g。

（二）构成组织结构及生理活性物质

碳水化合物是构成机体组织的重要物质，并参与细胞的组成和多种活动。每个细胞都含有碳水化合物，主要以糖脂、糖蛋白和蛋白多糖的形式存在，分布在细胞膜、细胞器膜、细胞质以及细胞间基质中。糖结合物还广泛存在于各组织，如脑和神经组织中含大量糖脂，糖脂是细胞与神经组织的结构成分之一。糖与蛋白质结合生成的糖蛋白如黏蛋白与类黏蛋白，是软骨、骨骼、眼角膜、玻璃体的成分。某些酶如核酸酶等都是糖蛋白。一些具有重要生理功能的物质如抗体、酶和激素的合成，也需要碳水化合物参与。

（三）调节血糖

食物对于血糖的调节作用主要在于食物消化吸收速率和利用率。碳水化合物的含量、类型和摄入总量是影响血糖的主要因素。不同类型的碳水化合物，即使摄入的总量相同，也会产生不同的血糖反应。食物中消化快的淀粉、糖等成分，可以很快在小肠吸收并升高血糖水平；一些抗性淀粉、寡糖或其他形式的膳食纤维，则不能显著升高血糖，而是一个持续缓慢的释放过程，这是因为抗性淀粉只有进入结肠经细菌发酵后才能吸收，对血糖的应答影响缓慢而平稳。因此在糖尿病患者的膳食中，合理使用碳水化合物的种类及数量是关键。

食物血糖生成指数（glycemic index，GI）简称血糖指数，是反映食物引起人体血糖水平升高程度的指标，反映人体进食后机体血糖生成的应答状况。

$$GI=\frac{\text{摄入含 50g 碳水化合物食物后 2 小时血糖反应曲线下面积}}{\text{摄入 50g 葡萄糖后 2 小时血糖反应曲线下面积}}\times 100$$

GI 可以衡量某种食物或某种膳食组成对血糖浓度的影响。一般小于 55 为低 GI，55～70 为中 GI，大于 70 为高 GI。GI 反映食物被消化吸收后升高血糖的程度，GI 高的食物，进入胃肠后消化快、吸收完全，葡萄糖迅速进入血液；反之则在胃肠内停留时间长，释放缓慢，葡萄糖进入血液后峰值低，下降速度慢。GI 可作为糖尿病患者选择含碳水化合物食物的参考依据，也可用于控重人群和运动员的膳食管理、居民营养教育等。

餐后血糖水平除了与碳水化合物的 GI 有关，还与食物中碳水化合物的含量密切相关。GI 高的食物，如果碳水化合物含量很少，尽管其容易转化为血糖，但对血糖总体水平的影响并不大。因此人们在 GI 的基础上提出血糖负荷（glycemic load，GL）的概念，用来评价某种食物摄入量对人体血糖影响的幅度。其计算公式为：

$$GL=\text{100g 重量的食物中可利用碳水化合物（g）}\times\text{该食物的 GI}$$

一般认为 GL 小于 10 为低 GL，10～20 为中 GL，大于 20 为高 GL，提示食用相应重量的食物对血糖的影响是明显不同的。GL 与 GI 结合使用，可反映特定食品的一般摄入量中所含可消化的碳水化合物的数量和质量，因此更接近实际。

（四）节约蛋白质作用

膳食中碳水化合物供应不足时，机体为了满足自身对葡萄糖的需要，则通过糖异生作用产生葡萄糖，主要动用体内蛋白质。而当摄入充足的碳水化合物时，则不需要动用蛋白质来供能，进而减少蛋白质的消耗，即碳水化合物具有节约蛋白质作用。

（五）抗生酮作用

脂肪在体内分解代谢的中间产物酮体，必须与葡萄糖在体内的代谢产物草酰乙酸结合进入三羧酸循环，才能彻底被氧化。缺乏碳水化合物，脂肪代谢所产生的酮体氧化不全而产生过多的酮体，酮体不能及时被氧化而在体内蓄积，以致产生酮血症和酮尿症。膳食中充足的碳水化合物可以防止上述现象的发生，这就是碳水化合物的抗生酮作用。

（六）膳食纤维的生理功能

膳食纤维不仅本身具有重要的功能，而且在肠道益生菌的作用下发酵产生短链脂肪酸（short chain fatty acid，SCFA），具有健康作用。

1. 增加饱腹感：膳食纤维进入消化道内，在胃中吸水膨胀，增加胃内容物的容积，而可溶性膳食纤维黏度高，使胃排空速率减缓，延缓胃中内容物进入小肠的速度，使人产生饱腹感，从而有利于糖尿病和肥胖患者减少进食量。

2. 促进排便：不溶性膳食纤维形成肠内容物，其吸水性可增加粪便体积，以机械刺激使肠壁蠕动；可被结肠细菌发酵产生短链脂肪酸和气体刺激肠黏膜，从而促进粪便排泄；增加粪便含水量，减少粪便硬度，利于排便。不同膳食纤维吸收水分的作用差异较大，谷类纤维比水果、蔬菜类纤维能更有效地增加粪便体积和防止便秘。

3. 降低血糖和血胆固醇水平：膳食纤维可以减少小肠对糖的吸收，使血糖水平不致因进食而快速升高，因此也可减少体内胰岛素的释放。各种纤维可吸附脂肪、胆固醇和胆汁酸，使其吸收率下降，起到降血脂的作用。

4. 改变肠道菌群：近年来已证实某些不消化的碳水化合物在结肠发酵，有选择性地刺激肠道菌的生长，特别是促进某些益生菌（如乳酸杆菌和双歧杆菌）增殖；清除肠道毒素（氨和酚等），以减少肠道可能出现的健康风险，维持肠道健康；另外，发酵所产生的短链脂肪酸可降低肠道 pH 值，从而改变肠内微生物菌群的构成与代谢，诱导益生菌大量繁殖。

膳食纤维对健康虽有重要作用，但也有其不利的一面。膳食纤维在减少一些有害物质吸收的同时，也会减少一些营养素的消化吸收。膳食纤维对消化道有刺激作用，可能加重消化性溃疡患者的症状。膳食纤维有结合金属离子的作用，若过多摄食膳食纤维，将影响铁、锌、钙、镁等必需元素的吸收。

四、碳水化合物的参考摄入量与食物来源

根据每天成人大脑对碳水化合物的需要量，在避免糖异生的情况下，推算成人碳水化合物的 EAR 为 120g/d。从预防营养相关疾病方面的需求以及三大宏量营养素之间的适宜供能比出发，建议 1 岁以上人群碳水化合物的 AMDR 为供能比占每日总能量的 50%～65%。建议添加糖摄入不超过 50g/d，最好低于 25g/d。成人膳食纤维的 AI 为 25～30g/d。

人体储存碳水化合物的能力有限，约为 340g，其中肌肉中储存 245g，肝脏中储存 108g，血浆及细胞外液等储存 17g。进入体内的过多碳水化合物转化为脂肪。体内糖原可由蛋白质和脂肪异生，一般情况下不会缺乏。

碳水化合物的来源应是多种不同种类的谷物，特别是全谷物，应限制纯热能食物（如糖）的摄入量，以保障人体能量充足和营养素的需要。面粉、大米、玉米、土豆、红薯等食物富含碳水化合物。粮谷类一般含碳水化合物 60%～80%，薯类为 15%～29%，豆类为 40%～60%。单糖和双糖的来源主要是白糖、糖果、糕点、水果、含糖饮料和蜂蜜等。全谷类、蔬菜、水果等富含膳食纤维，一般含量在 3%以上。

第六节 能量

自然界中的能量多以化学能、机械能、热能、电能以及太阳能等形式存在，但人体只能利用来自食物中的碳水化合物、脂肪和蛋白质经生物氧化过程释放的能量（化学能）。其中，约一半的能量是以高能磷酸键的形式储存在体内，用以维持机体代谢、呼吸、循环、神经传导以及肌肉收缩等；同时，产能过程中释放的能量用于维持体温。当能量长期摄入不足时，机体将动员组织和细胞中储存的能量以维持生理活动中的能量消耗。当能量摄入量高于需求量时，多余的能量将以脂肪的形式储存在体内。能量过剩与缺乏均会影响人体健康。

为了与工业上的能源有所区别，营养学中常把“能量”称为“热能”。

一、基本概念

（一）能量单位

国际通用的能量单位是焦耳（J）、千焦耳（kJ）或兆焦耳（MJ），1J 是指用 1 牛顿的力把 1kg 物体移动 1m 的距离所消耗的能量。营养学领域常使用的能量单位是卡（cal）和千卡（kcal），1kcal 是指在 1 个标准大气压下，1kg 纯水由 15℃上升到 16℃所需要的能量。能量单位换算关系如下：1kJ = 0.239kcal，1kcal = 4.184kJ，1MJ = 239 kcal。

（二）产能营养素和能量系数

人体需要的能量主要来自食物中的碳水化合物、脂肪和蛋白质。这三种营养素在体内多种酶的催化作用下，经过一系列生物化学反应，逐步分解，释放出其中蕴藏的能量。因此，这三种营养素又称为产能营养素，其各有特点，以碳水化合物最为重要。

产能营养素在体内的氧化过程与体外燃烧有类似之处，但由于其终产物不同，以及体内消化吸收的影响，所以释放的能量不完全相同。

每克碳水化合物、脂肪、蛋白质在体内氧化产生的能量值称为能量系数（或食物的热价）。食物中每克碳水化合物、脂肪和蛋白质在弹式热量计中完全氧化所产生的热量为：①碳水化合物，4.1kcal（17.15kJ）；②脂肪，9.45kcal（39.54kJ）；③蛋白质，5.65kcal（23.64kJ）。

碳水化合物和脂肪在体内可以被完全氧化成 CO_2 和 H_2O，产生的热量与热量计所测的热量相等。蛋白质在体内不能完全氧化，其最终产物除了 CO_2 和 H_2O，还有尿素、肌酐、尿酸等含氮物质（不能再进行分解而排出体外）。在热量计中这些含氮物质完全氧化还可产生 5.44kJ（1.3kcal）热量，所以蛋白质在体内实际仅产生热量 23.64−5.44 =18.2（kJ）（4.35kcal）。由于食物在消化过程中不能完全被消化吸收，通常碳水化合物的消化率为98%，脂肪为95%，蛋白质为92%，故这三种营养素在体内氧化实际产生的能量（能量系数）应为：①碳水化合物，17.15×98%=16.81（kJ）（4.02kcal）；②脂肪，39.54×95%=37.56（kJ）（8.98kcal）；③蛋白质，（23.64－5.44）×92%=16.74（kJ）（4.00kcal）。

如果以植物性食物为主的膳食消化率低于上述估计值，则能量系数下降，尤其是蛋白质。

产能营养素的功能特点见表1－12。

表1－12　产能营养素的功能特点

产能营养素	碳水化合物	脂肪	蛋白质
能量供应中的地位	最主要的能源	能量系数最高的能源	无足够碳水化合物和脂肪或摄入过量时才氧化供能
体外燃烧［kJ/g（kcal/g）］	17.15（4.10）	39.45（9.45）	23.64（5.65）
消化率（%）	98	95	92
体内氧化［kJ/g（kcal/g）］	16.81（4.02）	37.56（8.98）	16.74（4.00）
供能速度	快	慢	—
代谢产物	CO_2和H_2O	CO_2和H_2O，碳水化合物不足时产生酮体	CO_2和H_2O、尿素、肌酐等
食物特殊动力作用（%）	5～6	4～5	30

二、人体的能量消耗

成人的能量消耗主要用于维持基础代谢、身体活动与食物热效应三方面。对孕妇与乳母而言，能量消耗还用于胎儿生长发育，母体的子宫、胎盘以及乳房等组织增长，合成和分泌乳汁，体脂储备等。对于婴幼儿、儿童和青少年，能量消耗还应该包括生长发育所需要的能量。当能量摄入量与能量需求量达到理想的平衡状态时，机体的能量需要等于其能量消耗。

（一）基础代谢及其影响因素

1. 基础代谢（basal metabolism）：又称基础能量消耗（basic energy expenditure，BEE），指在无任何体力活动和紧张思维活动、全身肌肉松弛、消化系统处于静止状态的情况下，用以维持体温和人体必要的生理功能（呼吸、循环、排泄、腺体分泌、神经活动和肌肉紧张等）所需的能量。基础代谢的测定应在清晨、空腹、静卧及清醒状态，恒温条件（18～25℃）下进行。

研究结果表明，人体基础代谢率虽与体重有关，但并不成比例关系，而与体表面积成正比。所以，单位时间内人体单位体表面积所消耗的基础代谢能量被称为基础代谢率（basal metabolic rate，BMR）。人体基础代谢率见表1－13。

表 1－13　人体基础代谢率

年龄（岁）	男		女		年龄（岁）	男		女	
	kJ/(m² · h)	kcal/(m² · h)	kJ/(m² · h)	kcal/(m² · h)		kJ/(m² · h)	kcal/(m² · h)	kJ/(m² · h)	kcal/(m² · h)
1	221.75	53.0	221.75	53.0	30	153.90	36.8	146.86	35.1
5	206.27	49.3	202.51	48.4	35	152.72	36.5	146.44	35.0
10	184.51	44.1	177.40	42.4	40	151.88	36.3	146.02	34.9
15	174.69	41.8	158.57	37.9	50	149.79	35.8	141.84	33.9
20	161.50	38.6	147.70	35.3	60	146.02	34.9	136.82	32.7
25	156.90	37.5	147.28	35.2	70	138.07	33.0	132.63	31.7

2. 基础代谢的能量消耗的计算：人体一日 BEE 可以用下列方法计算。

（1）BEE ＝基础代谢率×24 小时×体表面积。

体表面积可以查表，也可以按以下公式计算：

体表面积：男（m^2）＝0.00607×身高（cm）＋0.0127×体重（kg）－0.0698（赵松山，1984）

女（m^2）＝0.00586×身高（cm）＋0.0126×体重（kg）－0.0461

或：

体表面积（m^2）＝0.00659×身高（cm）＋0.0126×体重（kg）－0.1603

举例：计算一名 30 岁、体重 69kg、身高 175cm 男子的 24 小时 BEE。

按上公式计算体表面积为 1.75m^2，查表得出该年龄男性 BMR 为 36.8kcal/(m^2 · h) [153.9kJ/(m^2 · h)]，24 小时的 BEE=36.8×1.75×24=1546（kcal）（6468.5kJ）

（2）按 Schofield 公式计算 BEE。

按照 Schofield 公式计算的中国人基础能量消耗偏高，且我国尚缺乏人群基础代谢的研究数据，因此，中国营养学会建议将 18～59 岁人群按此公式计算的结果减去 5%，作为该人群的基础能量消耗参考值。

Schofield 公式计算基础能量消耗见表 1－14。

表 1－14　Schofield 公式计算基础能量消耗

年龄（岁）	男		女	
	kcal/d	MJ/d	kcal/d	MJ/d
18～30	(15.057×W)+692.2	(0.0629×W)+2.896	(14.818×W)+486.6	(0.0619×W)+2.036
30～60	(11.472×W)+873.1	(0.0479×W)+3.653	(8.126×W)+845.6	(0.0340×W)+3.538
>60	(11.711×W)+587.7	(0.0490×W)+2.459	(9.082×W)+658.5	(0.0379×W)+2.755

注：W 为体重（kg）。

（3）18～49 岁年龄组采用中国体重正常人群实侧数值推算 BMR。

$$\text{BMR（kcal/d）}=14.52W-155.88S+565.79$$

其中，W：体重（kg），S：性别（男=0，女=1）。

由于BMR的测定比较困难，WHO于1985年提出用静息代谢率（resting metabolic rate，RMR）代替BMR。RMR指维持人体正常功能和体内稳态所消耗的能量，再加交感神经系统活动所消耗的能量。测定过程要求全身处于休息状态，禁食仅需4小时，此时仍处于正常的消化状态，这种状态比较接近人的休息状态。因此，RMR的值略高于BMR，但两者差别很小。目前用RMR更为普遍。

3. 基础代谢的影响因素。

（1）体表面积与体型：基础代谢能量消耗随体表面积增大而增加。体表面积大者向外环境散热较快，基础代谢能量消耗亦较大。同体重瘦高的人较矮胖的人体表面积相对较大，其基础代谢能量消耗亦较大。肥胖者的脂肪较多，瘦体质较少，而脂肪在代谢中耗能低于瘦体质。

（2）年龄：婴幼儿生长发育快，基础代谢率高，随年龄增长基础代谢率逐渐下降。成年以后基础代谢率每10年约降低2%。故成人基础代谢率比儿童低，老年人低于成人。

（3）性别：女性基础代谢率比男性低5%～10%，即使在相同身高体重的情况下亦是如此。因为女性的瘦体质相对低于男性。孕妇基础代谢率有所增加，这与胎盘、子宫和胎儿发育及呼吸、心跳增加有关。

（4）内分泌因素：许多内分泌激素都可对细胞代谢起调节作用，如甲状腺激素、肾上腺素等。

（5）气温：一般热带居民比温带居民基础代谢率低；反之，严寒地区居民比温带居民基础代谢率高。

（二）身体活动

身体活动是指任何由骨骼肌收缩引起能量消耗的身体运动，占人体总能量消耗的15%～30%，随着人体活动量的增加，其能量消耗也大幅度增加。不同的身体活动水平是导致人体能量需要量不同的主要因素，人体可通过调整身体活动水平来控制能量消耗、保持能量平衡和维持健康。与身体活动能量消耗相关的因素包括：①肌肉越发达者，活动时消耗能量越多；②体重越重者，做相同的运动所消耗的能量越多；③工作越不熟练者，消耗能量越多。

国际上身体活动强度的通用单位是能量代谢当量（metabolic equivalence of energy，MET），1MET相当于消耗能量1kcal/（kg·h）或消耗O_2 3.5mL/（kg·min）的活动强度。身体活动强度一般以7～9MET为高强度身体活动，3～6MET为中等强度身体活动，1.1～2.9MET为低等强度身体活动。

人体活动水平或劳动强度直接影响机体能量需要量。中国营养学会将中国人群成人的身体活动水平（physical activity level，PAL）划定为低强度身体活动水平（PAL：1.40）、中等强度身体活动水平（PAL：1.70）及高强度身体活动水平（PAL：2.00）三个等级。65岁及以上人群无高强度身体活动水平。为了保持健康体重，建议个体的PAL维持在1.70及以上。低强度身体活动水平的人，每日进行50～100分钟中等强度到高强度身体活动，即可达到 1.70 的 PAL。

表 1－15　中国营养学会建议的中国成人身体活动水平分级

身体活动水平	PAL	生活方式	职业人群
低强度	1.40	静态生活方式/坐位工作，很少或没有重体力的休闲活动；静态生活方式/坐位工作，有时需走动或站立，但很少有重体力的休闲活动	办公室职员或精密仪器机械师、实验室助理、司机、学生、装配线工人
中等强度	1.70	主要是站着或走着工作	家庭主妇、销售人员、侍应生、机械师、交易员
高强度	2.00	重体力职业工作或重体力休闲活动方式，体育运动量较大或重体力休闲活动次数多且持续时间较长	建筑工人、农民、林业工人、矿工、运动员

注：$PAL=\frac{总能量消耗量}{基础代谢能量消耗量}$。

（三）食物热效应

人体在摄食过程中，由于要对食物中的营养素进行消化、吸收、代谢等，需要额外消耗能量，同时引起体温升高和散发热量。这种因摄食引起的额外的能量消耗称为食物热效应（thermic effect of food，TEF）或食物特殊动力作用（specific dynamic action）。食物热效应在进食后 2 小时左右达到高峰，3～4 小时后恢复正常。

不同产能营养素的食物热效应有差异。碳水化合物的食物热效应相当于其本身产生能量的 5%～6%，脂肪为 4%～5%，蛋白质可达 30%。食物热效应与食物成分、进食量和进食频率有关。一般来说，富含蛋白质的食物热效应最高，其次是富含碳水化合物的食物，最后才是富含脂肪的食物。混合性食物的食物热效应应占其基础代谢能量的 10%。吃得越多，能量消耗也越多；进食快者比进食慢者食物热效应高。

（四）特殊生理阶段的能量消耗

特殊生理阶段包括孕期、哺乳期和婴幼儿、儿童、青少年阶段。孕期额外能量消耗的增加主要包括胎儿生长发育，孕妇子宫、乳房与胎盘的发育，母体脂肪的储存以及这些组织的自身代谢等。乳母产生乳汁及乳汁自身含有的能量等也需要额外的能量消耗。婴幼儿、儿童和青少年阶段生长发育额外的能量消耗，主要指机体生长发育中合成新组织所需的能量，如出生后 1～3 月龄，能量需要量约占总能量需要量的 35%；2 岁时，约为总能量需要量的 3%；青少年期为总能量需要量的 1%～2%。

三、能量消耗的测定

（一）直接测热法

直接测热法（direct calorimetry）是通过特殊的封闭隔热装置，直接收集并测量人体一定时间内向环境散发的所有热量，直接获得总能量消耗量（total energy expenditure，TEE）的方法。具体做法：受试者居于特殊隔热的小室中，保持安静状态，通过测定一定时间内流经隔热室的水的温度变化和流量，计算出受试者单位时间内释放的总能量。

直接测热法测定原理简单，所得数据准确，但测定装置结构复杂且昂贵，操作烦琐，不适合人群现场的实际检测。该方法主要用于相关代谢性疾病的研究，实际应用受到限制。

（二）间接测热法

间接测热法（indirect calorimetry）是基于三大产能营养素在体内氧化分解代谢过程中必须消耗 O_2 和产生 CO_2 的原理，测量受试者安静状态下一定时间内人体的 CO_2 产生量（V_{CO_2}）和 O_2 消耗量（V_{O_2}），获得人体的基础能量消耗的方法。具体做法：通常采用密闭的装置收集在一定时间、一定活动条件下人体呼出气体，通过气量计等测试仪测出呼出气体的量，根据吸入气体和呼出气体中 O_2 和 CO_2 的容积百分比的差值和呼出气体的量，计算出该段时间内 O_2 消耗量和 CO_2 产生量，继而通过计算 CO_2 产生量与 O_2 消耗量的比值，即呼吸商（respiratory quotient，RQ）[RQ＝CO_2 产生量（mol 或 mL）/O_2 消耗量（mol 或 mL）]，可以得到该 RQ 下消耗每升氧所产生的能量，再乘以受试者每分钟 O_2 消耗量就可得到每分钟该项活动所消耗的能量，将 24 小时各项身体活动的能量消耗相加，即可以得到一日的总的能量消耗。测定 RQ 也可以用来估算一定时间内机体利用能量的主要来源。

在生理情况下，机体能量主要源于碳水化合物和脂肪的氧化，蛋白质的氧化可忽略不计。一定时间体内的碳水化合物和脂肪氧化时 CO_2 产生量和 O_2 消耗量之比称为非蛋白呼吸商（non-protein respiratory quotient，NPRQ），得到相应的碳水化合物和脂肪氧化的百分比及氧热价，将氧热价乘以 O_2 消耗量（kJ/L），即可得到受试者在该段时间内的产热量。人体摄入混合膳食时，NPRQ 是 0.82，查表得出对应的氧热价为 20.20kJ/L，再与受试者实际 O_2 消耗量相乘，就可以得出受试者的产热量。间接测热法测定结果准确、可信，尤其是改进后的测定装置体积小、便于携带，更有利于人群现场的使用。

（三）双标水法

双标水法（doubly labeled water，DLW）是采用稳定同位素（双标水）测定人体一定时间（一般为 7～15 天）内日常生活和工作环境中自由活动的总能量消耗量的方法。具体做法：受试者摄入一定量的含有氢（^2H）和氧（^{18}O）稳定同位素的水（$^2H_2^{18}O$），当这两种标记同位素在机体达到平衡时，收集受试者的尿液或唾液样本，通过检测两种同位素浓度的变化，获得其相应衰减速率，通过对比其差别，可计算出 CO_2 产生量，再根据 RQ 即可计算出单位时间内总能量消耗量。目前认为，双标水法具有有效、可靠、安全、样本收集容易、受试者活动自由等特点，可用于检测人群，尤其适用于不易合作或活动无法限制和干预的研究对象。然而，其检测费用高，仪器复杂，精度要求高，应用受限。

（四）心率监测联合运动感应器法

心率与人体能量代谢及机体活动状态密切相关，因心率和间接测热法测量的 CO_2 生成量之间存在线性关系，可以通过连续（3～7 天）监测实际生活中的心率，估算出总能量消耗量。而以运动感应器测量的结果来验证心率改变反映能量代谢及身体活动强度的改变，则可提高估算总能量消耗量的准确性，可应用于预测自由活动人群和个体的 TEE 和身体活动强度。应用该方法时，应注意控制心理和环境因素等的干扰作用。

（五）行为记录法

对受试者进行 24 小时专人跟踪观察，详细记录受试者生活和工作中各种身体活动及持续的时间，一般连续记录 3～7 天，然后，根据受试者身体活动强度、持续活动的时间以及体重变化，估算出一日总能量消耗量。通过查阅身体活动的 MET 表，再结合受试者身体活动持续的时间和体重改变情况，计算出受试者的总能量消耗量。该方法可以估计群体水平的总能量消耗情况，但存在回忆偏倚导致的记录误差、影响身体活动的因素导致的估算误差等问题。

例如，一名男大学生，22 岁，身高 175cm，体重 65kg，体表面积 1.82m^2，其一天能量需要量计算见表 1－16。

表 1－16　行为记录法计算能量消耗

活动项目	时间（min）	能量消耗率 [kJ/(m^2·min)][kcal/(m^2·min)]	能量消耗 (kJ/m^2)(kcal/m^2)
穿脱衣服	9	6.86（1.64）	61.76（14.76）
大小便	9	4.10（0.98）	36.90（8.82）
叠被子/擦地板	10	8.74（2.09）	87.45（20.90）
跑步	8	23.26（5.56）	186.10（44.48）
洗脸	16	4.31（1.03）	68.95（16.48）
刮脸	9	6.53（1.56）	58.74（14.04）
读外语	38	4.98（1.19）	189.20（45.22）
走路	96	7.03（1.68）	674.80（161.28）
听课（记笔记）	268	4.02（0.96）	1076.46（257.28）
站立听讲	75	4.14（0.99）	310.66（74.25）
坐着写字	70	4.48（1.07）	313.38（74.90）
自习（看书）	120	3.51（0.84）	421.75（100.80）
站着谈话	43	4.64（1.11）	199.70（47.73）

续表1－16

活动项目	时间（min）	能量消耗率 [kJ/(m² · min)][kcal/(m² · min)]	能量消耗 (kJ/m²)(kcal/m²)
坐着谈话	49	4.39（1.05）	215.27（51.45）
吃饭	45	3.51（0.84）	158.16（37.80）
打篮球	35	13.85（3.31）	484.72（115.85）
唱歌（站）	20	9.50（2.27）	189.95（45.50）
铺被子	5	7.70（1.84）	38.49（9.20）
睡眠	515	2.38（0.57）	1128.21（293.55）
合计	1440（24h）	—	6000.65（1434.19）

24小时能量消耗＝单位体表面积的能量消耗量×体表面积＝6000.65×1.82＝10921.18（kJ）。

所以，该男生能量需要量为10.92MJ（2610kcal）。

四、膳食能量需要量与食物来源

人体膳食能量需要量受到年龄、性别、生理状态和劳动强度等因素的影响。膳食能量摄入量与消耗量之间的平衡状态是保持健康的基本要素。中国成人膳食能量需要量（EER）见表1－17。

表1－17　中国成人膳食能量需要量（EER）

性别	年龄/岁	目标参考体重/kg	BMR		EER		
			kcal/d	kcal/(kg · d)	PAL＝1.40 kcal/d	PAL＝1.70 kcal/d	PAL＝2.00 kcal/d
男	18～	65.0	1510	23.2	2150	2550	3000
	30～	63.0	1481	23.5	2050	2500	2950
	50～	63.0	1407	22.3	1950	2400	2800
女	18～	56.0	1223	22.0	1700	2100	2450
	30～	56.0	1209	21.6	1700	2050	2400
	50～	55.0	1148	20.9	1600	1950	2300

我国成人膳食中碳水化合物提供的能量应占总能量的50％～65％，脂肪应占20％～30％，蛋白质应占10％～20％。若年龄小，脂肪供能占总能量的比重应适当增加，但成人脂肪摄入量不宜超过总能量的30％。

能量主要源于食物中的碳水化合物、脂肪和蛋白质，其普遍存在于各种食物中。谷薯类含有丰富的碳水化合物，是最经济的膳食能量来源；油脂类富含脂肪；动物性食物则富含蛋白质与脂肪；果蔬类能量含量较少。

第七节 矿物质

一、概述

人体组织中几乎含有自然界存在的所有元素。除了碳、氢、氧、氮主要以有机化合物的形式存在，其余元素统称为矿物质（mineral），亦称为无机盐或灰分。根据体内含量，矿物质可分为两大类：含量大于体重 0.01%者称为常量元素或宏量元素，如钙、磷、钾、钠、镁、氯、硫等。含量小于体重 0.01%者称为微量元素，目前技术可检出的微量元素约有 70 种。1996 年 FAO/IAEA/WHO 专家委员会根据生物学作用将微量元素分为三类。

1. 人体必需微量元素：共 8 种，包括铁、锌、碘、硒、铜、钼、铬和钴。

2. 人体可能必需的微量元素：共 5 种，包括锰、硅、硼、钒和镍。

3. 具有潜在的毒性，但在低剂量时可能具有人体必需功能的微量元素：共 8 种，包括氟、铅、镉、汞、砷、铝、锡和锂。

（一）矿物质的特点

1. 矿物质在体内不能合成，必须从外界摄取。矿物质与蛋白质、脂肪和碳水化合物等营养素不同，不能在体内合成，且每天都有一定量的矿物质随尿、粪便、汗液、毛发、指甲、上皮细胞脱落以及月经、哺乳等过程排出体外。因此，为满足机体的需要，矿物质必须不断地从饮食中得到补充。

2. 矿物质是唯一可以通过天然水途径获取的营养素。天然水中含有大量矿物质，并容易被机体吸收。但长期饮用矿物质含量超标的水，容易产生毒性作用，如我国氟中毒高发地区中，饮水型氟中毒是主要类型，患病人数也较多。

3. 矿物质在体内分布极不均匀。如钙和磷主要分布在骨骼和牙齿，铁分布在红细胞，碘分布在甲状腺，钴分布在造血系统，锌分布在肌肉组织等。

4. 矿物质之间存在协同或拮抗作用。一种矿物质可影响另一种矿物质的吸收或改变其在体内的分布。例如摄入过量铁或铜可以抑制锌的吸收和利用，摄入过量的锌也可以抑制铁的吸收，而铁可以促进氟的吸收。

5. 某些矿物质在体内的生理剂量与中毒剂量范围较窄，摄入过多易产生毒性作用。如我国居民氟的适宜摄入量为 1.5mg/d，而其可耐受最高摄入量仅为 3.5mg/d。

（二）矿物质的生理功能

1. 构成人体组织的重要原料：如钙、磷、镁是骨骼和牙齿的成分，铁参与血红蛋白、肌红蛋白和细胞色素的组成等。

2. 维持机体的酸碱平衡和渗透压：Na^+ 和 Cl^- 是维持细胞外液渗透压的主要离子，

K^+和HPO_4^{2-}是维持细胞内液渗透压的主要离子。细胞内、外液之间的渗透压由这些离子的浓度决定。这些离子同时也是体液中各种缓冲对的主要成分，在维持体液酸碱平衡中起重要作用。

3. 维持神经和肌肉的兴奋性：各种矿物质对神经肌肉的兴奋性有不同的影响，有的可增强其兴奋性，有的则抑制其兴奋性。实验证明，神经肌肉的兴奋性与下列离子有关：

$$\text{神经肌肉的应激性} \propto \frac{[Na^+]+[K^+]+[OH^-]}{[Ca^{2+}]+[Mg^{2+}]+[H^+]}$$

可以看出，Na^+、K^+浓度升高，可提高神经肌肉的兴奋性；Ca^{2+}、Mg^{2+}浓度升高，则降低神经肌肉的兴奋性。

心肌的应激性也与上述离子有关，但在效应上有所不同，其关系式如下：

$$\text{心肌的应激性} \propto \frac{[Na^+]+[Ca^{2+}]+[OH^-]}{[K^+]+[Mg^{2+}]+[H^+]}$$

可见在对心肌应激性的影响上，Ca^{2+}和Mg^{2+}有相互拮抗的作用。

4. 构成激素、维生素、蛋白质和多种酶：如谷胱甘肽过氧化物酶中含硒和锌，细胞色素氧化酶中含铁，甲状腺激素中含碘，维生素B_{12}中含钴等。

（三）人体矿物质缺乏与过量的原因

1. 地球环境因素：地壳中矿物质的分布不平衡，某些地区表层土壤中某种矿物质含量过低或过高，导致人群因长期摄入在这种环境中生长的食物或饮用水而引起亚临床症状甚至疾病。以我国为例，我国72%的地区（包括东北、中部和西部等地区）土壤硒含量仅为0.25～0.95mg/kg，为缺硒或低硒地区。流行病学调查发现硒缺乏与克山病的分布一致，硒缺乏是当地居民克山病高发的重要因素。长期摄入富含硒的食物也可导致慢性硒中毒。[①]

2. 食物成分及加工因素：食物中含有天然存在的矿物质拮抗物，如菠菜中含有较多的草酸盐，可与钙或铁结合成难溶的螯合物而影响其吸收。馒头、面包在制作过程中，经过发酵能够降低植酸的含量。尼罗河三角洲地区居民因习惯食用未发酵面包，导致面粉中植酸与锌结合成不溶性物质，抑制锌的吸收利用，从而导致儿童出现锌缺乏疾病。食物加工过程可造成矿物质的损失，如粮谷表层富含的矿物质常因碾磨过于精细而丢失，蔬菜浸泡于水中或蔬菜水煮后把水倒掉可损失大量矿物质。食品加工过程中所使用的金属机械、管道、容器或食品添加剂品质不纯，含有矿物质杂质，可能污染食品。

3. 人体自身因素：摄入不足、消耗增加导致矿物质缺乏。如厌食、挑食、疾病状态导致食物摄入不足或摄入食物品种单一，使矿物质供给量达不到机体需求量；生理需求增加引起的钙、锌、铁等矿物质缺乏，如儿童、青少年、孕妇、乳母阶段对营养素需求的增加导致矿物质不足。当机体长期排泄功能障碍时有可能造成矿物质在体内蓄积，产生急性或慢性毒性作用。

---

① 孙长颢. 营养与食品卫生学［M］. 8版. 北京：人民卫生出版社，2017.

二、钙

（一）含量与分布

钙（calcium）是人体中含量最多的矿物质，成人体内含钙总量约1200g，占体重的1.5%～2.0%，其中99%集中在骨骼和牙齿，主要以羟磷灰石［$Ca_{10}(PO_4)_6(OH)_2$］的形式存在；其余1%的钙，一部分与柠檬酸或蛋白质结合，另一部分则以离子形式分布于软组织、细胞外液和血液中，称为混溶钙池（miscible calcium pool）。混溶钙池的钙与骨钙保持动态平衡，为维持体内所有的细胞正常生理状态所必需。正常成人血清钙浓度为2.25～2.75mmol/L。

（二）生理功能

1. 构成骨骼和牙齿：钙为骨骼的主要成分，由于骨骼不断地更新，故每日必须补充相当量的钙才能保证骨骼的生长和正常功能。钙对维持牙齿正常功能也十分重要。

2. 维持神经肌肉的正常兴奋性：神经肌肉的兴奋性、神经冲动的传导和心脏的正常搏动都需要钙。钙能降低神经肌肉的兴奋性，当血清钙降到2.2mmol/L时，神经肌肉兴奋性增高，可出现手足抽搐，甚至惊厥。

3. 促进体内某些酶的活性：钙对许多参与细胞代谢的酶有调节作用，如腺苷酸环化酶、鸟苷酸环化酶、磷酸二酯酶、酪氨酸羟化酶等。

4. 其他功能：钙还参与血凝过程、激素分泌、维持体液酸碱平衡以及调节细胞正常生理功能等。

（三）影响钙吸收和排出的因素

1. 影响钙吸收的因素：食物中的钙一般以钙盐形式存在，钙主要在小肠吸收，吸收率较低，一般为20%～60%。

（1）机体因素：钙的吸收率受年龄的影响，随年龄增长其吸收率降低，如婴儿的钙吸收率大于50%，儿童约为40%，成人约为20%，老年人仅15%左右。在特殊生理期钙的主动和被动吸收均增加，如在孕期和哺乳期钙的吸收率达到30%～60%。机体钙摄入不足，会反馈性促进活性维生素D水平升高，钙结合蛋白合成增加，促进小肠对钙的吸收。

（2）膳食因素：谷类、蔬菜等植物性食物中含有较多的草酸、植酸、磷酸，均可与钙形成难溶的盐类。膳食纤维中的糖醛酸残基可与钙结合。未被消化的脂肪酸与钙形成钙皂，影响钙的吸收。咖啡因和酒精的摄入可以在一定程度上降低钙的吸收。蛋白质消化过程中释放的某些氨基酸如赖氨酸、色氨酸、组氨酸、精氨酸、亮氨酸等，可与钙形成可溶性钙盐而促进钙的吸收。乳糖经肠道菌发酵产酸，降低肠内pH值，与钙形成乳酸钙复合物，可增强钙的吸收。

（3）其他因素：一些抗生素如青霉素、氯霉素、新霉素有促进钙吸收的作用。

2. 影响钙排出的因素：钙主要经肠道和泌尿系统排出，也有少量钙通过汗液排出。

（1）机体因素：血钙浓度可调节尿钙排出量。当血钙浓度低时，钙重吸收率增加，尿钙显著减少；当严重低血钙时，甚至无尿钙排出。若血钙浓度升高，则尿钙排出增加。婴儿尿钙浓度很低，随年龄增加，尿钙排出增多。绝经期尿钙排出增加，反映骨钙动员加快。补液、酸中毒及甲状腺素和肾上腺皮质激素等均可使钙排出增加。

（2）膳食因素：钙的摄入量对尿钙的排出影响不大，主要影响粪钙的排出。钠和蛋白质的摄入量影响尿钙的排出，由于钠和钙在肾小管重吸收过程中存在竞争，钠摄入增加会相应减少钙的重吸收，而增加尿钙的排出。咖啡因的摄入会在一定程度上增加钙的排出。膳食蛋白质能够增加尿钙的排出，这与膳食蛋白质促进钙吸收相抵，蛋白质不会降低净钙潴留。

（四）缺乏与过量

1. 钙缺乏：长期缺乏钙和维生素 D 可导致儿童生长发育迟缓，骨软化、骨骼变形，严重缺乏者可致佝偻病。中老年人易患骨质疏松。钙缺乏者易患龋齿，影响牙齿质量。

2. 钙过量：过量摄入钙也可能产生不良作用，如高钙血症、高钙尿、血管和软组织钙化、肾结石相对危险性增加等。也有研究表明绝经期妇女大量补充钙剂后，致细胞外钙水平升高，由于雌激素水平降低，对心脑血管的保护性下降，从而增加了绝经期妇女心脑血管疾病的发生风险。

高钙膳食可明显抑制铁吸收，并存在剂量反应关系，但确切机制尚不清楚。高钙膳食可降低锌的生物利用率，在肠道中钙和锌有相互拮抗的作用。高钙膳食对镁代谢有潜在副作用。

（五）参考摄入量与食物来源

我国居民膳食以谷类食物为主，蔬菜摄入也较多，植物性食物中草酸、植酸及膳食纤维等含量较多，影响钙的吸收。中国营养学会推荐成人钙的 RNI 为 800mg/d，UL 为 2000mg/d。

不同食物钙的含量差异较大，乳及乳制品含钙丰富且吸收率高，是钙的良好来源。虾皮、海带含钙也较丰富。绿叶蔬菜虽然钙含量很高，但吸收率低，导致其生物利用率低。

钙含量较高的食物见表 1−18。

表 1−18　钙含量较高的食物（mg/100g）

食物	钙含量	食物	钙含量	食物	钙含量
虾皮	991	苜蓿	713	酸枣棘	435
虾米	666	荠菜	294	花生仁	284
河虾	325	雪里蕻	230	紫菜	264
泥鳅	299	苋菜	187	海带（湿）	241

续表1－18

食物	钙含量	食物	钙含量	食物	钙含量
红螺	539	乌塌菜	186	黑木耳	247
河蚌	306	油菜薹	156	全脂牛乳粉	676
鲜海参	285	黑芝麻	780	酸奶	118

三、磷

（一）含量与分布

磷（phosphorus）是人体内含量第二多的矿物质，成人体内含磷总量600～900g，其中85％～90％存在于骨骼和牙齿中。

（二）生理功能

1. 构成骨骼和牙齿：在骨的形成过程中2g钙需要1g磷，形成无机磷酸盐，主要成分为羟磷灰石。

2. 参与能量代谢：碳水化合物，如葡萄糖是以磷酰化化合物的形式被小肠黏膜吸收；葡萄糖－6－磷酸酯和丙糖磷酸酯是葡萄糖能量代谢的重要中间产物；磷酸化合物如三磷酸腺苷（ATP）等是代谢过程中储存、转移、释放能量的物质。

3. 构成细胞成分：磷酸基团是核糖核酸（RNA）和脱氧核糖核酸（DNA）的组成成分。磷脂为构成所有细胞膜所必需的成分，与膜的离子通道有关。磷脂存在于血小板膜上，可黏附凝血因子，促进凝血。磷脂参与脂蛋白合成。此外，质膜内的多磷酸肌醇磷脂及其分解产物三磷酸肌醇为钙激活受体信号系统的组成部分。

4. 组成细胞内第二信使：磷是环磷酸腺苷酸（cAMP）、环磷酸鸟苷酸（cGMP）和三磷酸肌醇（inositol triphosphate，IP3）等的成分。

5. 酶的重要成分：磷酸基团是体内许多辅酶或辅基的成分，如焦磷酸硫胺素、磷酸吡哆醛、辅酶Ⅰ（nicotinamide adenine dinucleotide，NAD）和辅酶Ⅱ（nicotinamide－adenine dinucleotide phosphate，NADP）等。

6. 调节细胞因子活性：磷参与细胞的磷酸化和去磷酸化过程，发挥信号转导作用，具有激活蛋白激酶、调控细胞膜离子通道、活化核内转录因子、调节基因表达等作用。

7. 调节酸碱平衡：磷参与组成体内磷酸盐缓冲体系，磷酸盐可与氢离子结合为磷酸氢二钠或磷酸二氢钠，并从尿中排出，从而调节体液的酸碱平衡。

由于磷与能量代谢和神经系统的活动有密切关系，因而对运动员营养有重要意义。

（三）缺乏与过量

所有食物都含有磷，所以磷缺乏较少见。临床所见磷缺乏患者多为长期大量使用抗酸药或禁食者。过量的磷酸盐可影响钙的吸收，引起低钙血症，导致神经肌肉兴奋性增加，手足痉挛和惊厥。

（四）参考摄入量与食物来源

动物性食物和植物性食物中均含丰富的磷，当膳食中能量与蛋白质供给充足时不会引起磷的缺乏。理论上，膳食中的钙磷比例维持在2∶1比较好，不宜低于0.5。中国营养学会推荐成人膳食磷的RNI：18～29岁，720mg/d；30～64岁，710mg/d。UL为3500mg/d。

磷广泛分布于各种食物中，瘦肉、禽、蛋、鱼、坚果、海带、紫菜、油料种子、豆类等均是磷的良好来源。谷类食物中的磷主要以植酸磷形式存在，其与钙结合不易吸收。

四、钾

（一）含量与分布

正常成人体内钾（potassium）含量约为45mmol/kg体重，约98%在细胞内，只有2%在细胞外。

（二）生理功能

1. 维持渗透压和水分平衡：钾是细胞内的主要阳离子，与细胞外的钠相互作用，维持渗透压，保持水分平衡。

2. 参与糖、蛋白质代谢：合成糖原需钾参与，钾可促进乳酸盐和丙酮酸盐合成糖原。细胞内合成蛋白质也需要钾，钾还可促进肌球蛋白合成。

3. 维持神经肌肉的应激性和心脏的正常跳动：钾有提高神经肌肉兴奋性的作用。缺钾时，神经传导减弱，反应减慢。血清钾浓度改变主要通过影响心肌细胞的静息电位而影响心脏的活动，缺钾导致心律失常。

（三）缺乏与过量

体内缺钾的常见原因是摄入不足或损失过多。由于疾病或其他原因需长期禁食或少食，而静脉补液中少钾或无钾时，易发生摄入不足。损失过多的原因比较多：可经消化道损失，如频繁呕吐、腹泻，胃肠引流，长期使用缓泻剂或轻泻剂等；经肾损失，如各种以肾小管功能障碍为主的肾脏疾病，可使钾从尿中大量丢失；经汗丢失，常见于高温作业或重体力活动者，大量出汗而使钾大量丢失。钾缺乏主要表现为肌无力及瘫痪、心律失常、横纹肌溶解及肾功能障碍等。

体内钾过多，血钾浓度高于5.5mmol/L时，可出现毒性反应，称为高钾血症。神经肌肉表现为极度疲乏软弱，四肢无力，下肢为重。严重时可发生吞咽、呼吸及发音困难，甚至呼吸肌麻痹而导致猝死。心血管系统可见心率缓慢、心音减弱。酸中毒、缺氧、大量溶血、严重创伤、中毒反应等可使细胞内钾外移，引起高钾血症。

（四）参考摄入量与食物来源

成人钾的AI为2000mg/d，PI－NCD为3600mg/d。如果肾功能正常，从日常膳食中摄入的钾不会引起代谢异常，因此不设定 UL。

钾的来源广泛，大部分食物都含有钾，蔬菜、水果是钾的最佳来源。

五、钠和氯

（一）含量与分布

成人体内钠含量为 6200～6900mg 或 95～106mg/kg，约占体重的 0.15%。体内钠主要存在于细胞外液，占总钠量的 44%～50%；骨骼中含量高达 40%～47%；细胞内液含量较低，仅 9%～10%。正常人血浆钠浓度为 135～140mmol/L。氯主要分布于细胞外液，是细胞外液的主要阴离子。

（二）生理功能

1. 维持渗透压和水分平衡：钠是细胞外液的主要阳离子，氯是细胞外液的主要阴离子，它们有维持细胞外液渗透压及水分平衡的作用。

2. 调节酸碱平衡：碳酸氢钠是体内重要的缓冲物质，调节细胞外液酸碱平衡。

3. 维持神经肌肉的兴奋性：钠能提高神经肌肉的兴奋性。缺钠时会出现肌无力、易疲劳、食欲不振、心率加快等症状。

4. 产生胃酸：氯是胃酸的主要成分。胃酸能激活唾液淀粉酶，促进维生素 B_{12} 和铁的吸收，抑制微生物的生长。

5. 氯化钠有调味作用。

（三）缺乏与过量

一般情况下人体不易缺乏钠，但在某些情况下，如禁食、少食、膳食钠限制过严、摄入量非常低，以及高温、重体力活动、过量出汗、胃肠疾病、反复呕吐、腹泻（泻剂应用）等使钠过量排出或丢失时，可引起钠缺乏。钠缺乏早期症状不明显，血钠过低时，渗透压下降，细胞肿胀。当失钠达 0.75～1.20g/kg 体重时，可出现恶心、呕吐、视力模糊、心率加速、脉搏细弱、血压下降、肌肉痉挛、疼痛反射消失，以致淡漠、昏迷、休克、急性肾衰竭而死亡。

过量摄入食盐（每天达 35～40g）可引起急性中毒，出现水肿、血压上升、血浆胆固醇升高、脂肪清除率降低、胃黏膜上皮细胞破裂等。此外，长期摄入较大量的食盐，有可能增加胃癌发生的危险性。

（四）参考摄入量与食物来源

成人钠的 AI 为 1500mg/d，PI－NCD 小于或等于 2000mg/d。高钠摄入可导致高血压，但钠摄入与血压关系是累积和连续的，没有明显的界限值。其他环境因素和遗传因素也会影响血压。目前难以确定钠对血压影响的未观察到有害作用的剂量，因此不设定 UL。

钠在食物中广泛存在，但天然食物中的钠含量不高。人体钠的主要来源为食盐、腌渍及腌制肉或烟熏肉、酱菜、咸菜，含钠的调味品有酱油、味精，加工食品也含有一定的钠。食盐与钠的换算关系：食盐（g）＝钠（g）×2.54，钠（g）＝食盐（g）×0.393。

六、镁

（一）含量与分布

成人体内含镁20～30g，其中约70％分布于骨骼中，约30％储存于骨骼肌、心肌、肝、肾、脑等组织的细胞内，只有约1％分布在细胞外液。

（二）生理功能

1. 构成骨骼和牙齿。
2. 酶的辅助因子或激活剂，需要ATP参与的酶促反应以及氧化磷酸化有关的酶均需要镁。
3. 维持神经肌肉的兴奋性，维持心肌正常结构与功能。

（三）缺乏与过量

饥饿、蛋白质—能量营养不良及长期肠外营养等因素可引起镁的摄入不足，胃肠道感染、肾病及慢性酒精中毒等也可造成机体镁的缺乏。镁缺乏可引起神经肌肉亢进，常见肌肉震颤、手足搐搦、反射亢进、共济失调等临床症状，严重时出现谵妄、精神错乱，甚至惊厥、昏迷。机体镁的缺乏引起的镁代谢异常还会对其他电解质及体内酶活性产生影响，如出现低钾血症、低钙血症及心脑血管疾病等。

一般情况下不易发生镁中毒，但肾功能不全者或接受镁剂治疗者，常因体内镁过量而易引起镁中毒。糖尿病酮症者早期因脱水，镁从细胞内溢出到细胞外引起血清镁升高。过量的镁可引起腹泻、恶心、胃肠痉挛等胃肠道反应，严重者可出现嗜睡、肌无力、膝腱反射弱、肌麻痹等临床症状。

（四）参考摄入量与食物来源

中国营养学会推荐成人膳食镁的RNI：18～29岁，330mg/d；30～64岁，320mg/d。考虑到从食物和水中摄入的镁不会引起毒性反应，故暂未制定镁的UL。

绿叶蔬菜、大麦、黑米、荞麦、麸皮、口蘑、木耳、香菇等食物含镁较丰富。糙粮、坚果也含有丰富的镁，肉类、淀粉类、乳类食物镁含量中等。除食物之外，从饮水中也可以获得少量的镁，硬水中含有较多的镁盐，软水中含量相对较低。精加工食物中镁含量最低，随着精制和（或）加工食品消费量不断增加，膳食镁的摄入量呈减少趋势。

镁含量较高的食物见表1—19。

表 1—19 镁含量较高的食物（mg/100g）

食物	含量	食物	含量	食物	含量	食物	含量
麸皮	382	黑豆	243	香菜（干）	269	墨鱼（干）	359
荞麦	258	黄豆	199	白菜（脱水）	219	鲍鱼（干）	352
小麦胚粉	198	芸豆（杂带皮）	197	菠菜（干）	183	丁香鱼（干）	319
大麦	158	眉豆（饭豇豆）	171	甜椒（脱水）	145	蛏干	303
早糯谷	149	芸豆（红）	164	桑葚（干）	332	虾皮	265
黑米	147	扁豆（白）	163	腰果	153	虾米	236
苔菜（干）	1257	豆腐卷	152	芝麻（白）	202	鱿鱼（干）	192
口蘑	167	葵花籽仁	287	榛子（炒）	502	贻贝（干）	169
木耳（干）	152	杏仁	275	山核桃（干）	306	海参	149
香菇（干）	147	莲子（干）	242	芝麻（黑）	290	螺	149
海带	129	豆奶粉	184	花生仁（生）	178	江虾	131

七、铁

（一）含量与分布

正常人体内含铁总量为 30～40mg/kg 体重，其中 65％～70％的铁存在于血红蛋白，3％在肌红蛋白，1％在含铁酶类（如细胞色素、细胞色素氧化酶、过氧化物酶、过氧化氢酶等）、辅助因子及运铁载体中，此类铁称为功能性铁。剩余 25％～30％为储存铁，主要以铁蛋白和含铁血黄素形式存在于肝、脾和骨髓中。

（二）生理功能

1. 参与体内氧的运送和组织呼吸：铁是血红蛋白和肌红蛋白的组成成分，在体内血红蛋白参与氧和二氧化碳的运输，肌红蛋白在肌肉中转运和储存氧，在肌肉收缩时释放氧以满足代谢的需要。含铁的细胞色素和一些酶类具有电子传递作用，对细胞呼吸和能量代谢具有重要意义。

2. 维持正常的造血功能：机体中的铁大多存在于红细胞中。铁在骨髓造血组织中与卟啉结合形成高铁血红素，再与珠蛋白合成血红蛋白。缺铁可影响血红蛋白的合成，甚至影响 DNA 的合成及幼红细胞的增殖。

3. 参与其他重要功能：铁参与维持正常的免疫功能，缺铁可引起机体感染性增加、白细胞的杀菌能力降低、淋巴细胞功能受损。但过量铁可促进细菌的生长，对抵抗感染不利。另外，铁可催化β—胡萝卜素转化为维生素 A，参与嘌呤与胶原蛋白的合成。脂类在血液中转运以及药物在肝脏解毒等方面均需铁的参与。同时铁与抗脂质过氧化有关。

（三）影响铁吸收的因素

1. 铁的存在形式：食物中的铁有两种形式，它们的吸收率大不相同。

（1）非血红素铁：植物性食物中以 Fe（OH）$_3$形式存在的铁，吸收率一般只有1%～5%。这类铁的吸收受许多因素的影响。谷类和蔬菜中的植酸、草酸以及过多的膳食纤维都会干扰非血红素铁的吸收，因此植物性食物铁吸收率低。一些还原性物质，如维生素 C 和某些氨基酸，有利于铁的吸收；一些动物性食物如畜肉、禽肉及鱼肉可促进铁的吸收，由于目前还不清楚其原因，故暂时假定其含有某种可促进铁吸收的“肉因子”。牛奶和蛋类中不存在这种“肉因子”。

（2）血红素铁：血红蛋白、肌红蛋白中与卟啉结合的铁，吸收率一般可达 20%以上，且不受膳食中其他成分的影响。

2. 肠液酸碱度：酸性环境有利于铁的还原和溶解，促进其吸收。

3. 食物成分：柠檬酸、维生素 C、维生素 A、动物蛋白质、半胱氨酸、铜、果糖、山梨醇等能促使非血红素铁还原成亚铁离子，促进铁的吸收；而植酸、草酸、鞣酸及高磷低钙食物均能与非血红素铁结合成不溶性盐，故抑制铁的吸收。

4. 体内铁的储存量及造血速度：铁的吸收除受铁的化学形式和膳食组成的影响以外，机体本身的铁营养状况对铁的吸收也有影响。体内铁储备充足时，铁吸收率降低；体内铁缺乏或造血速度快时，铁吸收率升高。人体在铁需要量增加时，也可增加铁的吸收。这种现象在非血红素铁的吸收中表现得更为显著。这可能是因为小肠黏膜细胞有一种或多种与铁结合的特异受体，可根据机体需铁的情况，调节铁的吸收。

（四）缺乏与过量

铁缺乏可引起缺铁性贫血。缺铁性贫血是一个世界性的重要公共卫生问题。贫血患者常有头晕、气短、心悸、乏力、面色苍白、注意力不集中、学习工作能力下降等症状。许多流行病学研究表明妊娠早期贫血与早产、低出生体重儿及胎儿死亡有关。

动物实验表明，铁缺乏可使肌肉中氧化代谢受损。人及动物实验皆证实缺铁可降低抗感染能力和抗寒能力。长期铁缺乏明显影响身体耐力。

大量证据表明，铁缺乏可引起心理活动和智力发育的损害以及行为改变（尚未出现贫血的）。铁缺乏还可损害儿童的认知能力，且以后补充铁也难以恢复。

引起铁过多的主要原因是口服铁剂和输血。急性铁中毒常发生于服用大剂量铁剂治疗缺铁性贫血后，表现为呕吐和血性腹泻等。过量的铁在体内长期蓄积可造成慢性铁中毒，表现为血色素沉着症，肝、胰、心脏和关节等纤维化。

（五）参考摄入量与食物来源

混合膳食中铁的平均吸收率为 10%～20%。健康的成年女性月经期间每日约损失 2mg，故每日铁的参考摄入量应高于健康的成年男性。中国营养学会推荐 18～49 岁成人膳食铁的 RNI 为男性 12mg/d、女性 18mg/d，UL 为 42mg/d。

膳食中铁的良好来源是动物肝脏和全血，肉类和鱼类中含铁量也高，植物性食物中以绿叶蔬菜、花生、核桃、菌藻类、菠菜、黑木耳等含铁量较高。植物性食物中铁多为三价铁，吸收率较低；动物性食物中的铁为血红素铁，吸收率较植物性食物高；蛋中铁的吸收率仅为3%。

八、锌

（一）含量与分布

锌是铁以外，体内含量最多的必需微量元素，成人体内含锌量为2.0～2.5g。锌分布在所有的组织器官，以肝、肾、肌肉、视网膜、前列腺、精子中含量较高。

（二）生理功能

1. 金属酶的组成成分或酶的激活剂：人体内约有200多种含锌酶，主要的含锌酶有超氧化物歧化酶、苹果酸脱氢酶、碱性磷酸酶、乳酸脱氢酶等，在参与组织呼吸、能量代谢及抗氧化过程中发挥重要作用。锌为维持RNA聚合酶、DNA聚合酶及逆转录酶等的活性所必需的微量元素。

2. 促进生长发育：锌参与蛋白质合成及细胞生长、分裂和分化等过程。缺锌可引起RNA、DNA和蛋白质合成障碍，细胞分裂减少，导致生长停止，从而影响胎儿生长发育、性功能和性器官的发育。

3. 提高机体免疫功能：锌可促进淋巴细胞有丝分裂，增加T细胞的数量和活力。缺锌可引起胸腺萎缩、胸腺激素减少、T细胞功能受损及细胞介导的免疫功能改变。

4. 加速创伤愈合：锌为合成胶原蛋白所必需，故能促进皮肤和结缔组织中胶原蛋白的合成，加速创伤、溃疡、手术伤口的愈合。

5. 促进维生素A代谢，保护视力：锌参与维生素A还原酶和视黄醇结合蛋白的合成，有助于视紫红质的合成，有保持视力和使皮肤健康的作用。

6. 改善味觉，促进食欲：锌与唾液蛋白结合成味觉素，当机体缺锌时，将影响味觉和食欲。

（三）缺乏与过量

引起锌缺乏的主要因素有：①膳食摄入不平衡，动物性食物摄入偏少，有偏食习惯等；②生理需要量增加，如孕妇、乳母和婴幼儿对锌的需要量增加；③腹泻、急性感染、肾病、糖尿病、创伤及某些利尿药物增加锌的分解和排出。缺锌可引起食欲减退或异食癖、皮肤干燥粗糙、脱发、伤口愈合困难等。儿童缺锌表现为生长发育迟缓。青少年缺锌表现为第二性征发育不全，性成熟推迟。成人长期缺锌可导致性功能减退、精子数减少、胎儿畸形等。运动员缺锌会使运动能力降低。

盲目过量补锌或食用镀锌罐头污染的食物和饮料等可能引起锌过量或锌中毒。过量的锌可干扰铜、铁和其他微量元素的吸收和利用，影响中性粒细胞和巨噬细胞活力，抑制细胞杀伤能力，损害免疫功能。成人摄入2g以上锌可发生锌中毒，引起腹痛、腹泻、恶心、呕吐等临床症状。

（四）参考摄入量与食物来源

中国营养学会推荐成人膳食锌的 RNI 为男性 12.0mg/d、女性 8.5mg/d，UL 为 40mg/d。

锌的来源较广泛，贝壳类海产品（如牡蛎、蛏干、扇贝）、红色肉类及内脏均为锌的良好来源。蛋类、豆类、谷类胚芽、燕麦、花生等也富含锌。蔬菜及水果类锌含量较低。

锌含量较高的食物见表 1—20。

表 1—20　锌含量较高的食物（mg/100g）

食物	含量	食物	含量	食物	含量
小麦胚粉	23.4	山羊肉	10.42	鲜赤贝	11.58
花生油	8.48	猪肝	5.78	红螺	10.27
黑芝麻	6.13	海蛎肉	47.05	牡蛎	9.39
口蘑（白蘑）	9.04	蛏干	13.63	蚌肉	8.50
鸡蛋黄粉	6.66	鲜扇贝	11.69	章鱼	5.81

九、碘

（一）含量与分布

成人体内含碘 20～50mg，其中 70%～80%存在于甲状腺，其余分布在骨骼肌、肺、卵巢、肾、淋巴结、肝、睾丸和脑组织中。甲状腺含碘量随年龄、摄入量及腺体的活动性不同而异。

（二）生理功能

碘在体内主要参与甲状腺激素的合成，故其生理作用也通过甲状腺激素的作用表现出来。甲状腺激素在体内的主要作用为调节代谢和促进生长发育。甲状腺激素对蛋白质的合成、能量代谢、水盐代谢有重要影响。因此，碘与机体正常生长发育关系密切。

（三）缺乏与过量

长期碘摄入不足或长期摄入含抗甲状腺激素因子的食物（如十字花科植物中的萝卜、甘蓝、花菜中含有 β—硫代葡萄糖苷，可干扰甲状腺对碘的吸收和利用），可引起碘缺乏。一般情况下，远离海洋的内陆山区，其土壤和空气中含碘较少，水和食物中含碘量也不高，可能成为地方性甲状腺肿高发区。成人缺碘可引起甲状腺肿（地方性甲状腺肿），甲状腺功能低下；孕妇严重缺碘可影响胎儿神经、肌肉的发育而引起胚胎期和围生期胎儿和新生儿死亡率升高；婴幼儿缺碘可引起生长发育迟缓、智力低下，严重者发生呆小症（克汀病）。

碘过量通常发生于摄入含碘量高的食物，以及在治疗甲状腺肿等疾病中使用过量的碘剂等情况。高碘性甲状腺肿只要限制高碘食物即可防治，如补碘反而使病情恶化。在我国使用碘强化食盐防治地方性甲状腺肿的过程中，未见有高碘性甲状腺肿的问题。

（四）参考摄入量与食物来源

中国营养学会推荐成人膳食碘的 RNI 为 120μg/d，UL 为 600μg/d。

食物中碘含量随地球化学环境变化会出现较大差异，也受食物烹调加工方式的影响。海产品的碘含量高于陆地食物，陆地动物性食物的碘含量高于植物性食物。海带、海藻、鱼虾及贝类食物都是常见的富碘食物。

十、硒

（一）含量与分布

成人体内含硒 14～20mg，广泛分布于所有组织器官中，其浓度在肝、肾、胰、心、脾、牙釉质和指甲中较高，肌肉、骨骼和血液次之，脂肪组织最低。

（二）生理功能

1. 谷胱甘肽过氧化物酶（glutathione peroxidase，GSH－Px）的重要成分：每摩尔 GSH－Px 含 4g 原子硒。GSH－Px 在体内具有抗氧化作用，清除体内脂质过氧化物，阻断活性氧和自由基的损伤作用，从而保护细胞膜及组织免受氧化损伤，以维持细胞的正常功能。

2. 保护心血管和心肌健康：调查发现，机体缺硒可引起以心肌损害为特征的克山病，缺硒还可引起脂质过氧化反应增强，导致心肌纤维坏死、心肌小动脉和毛细血管损伤。研究发现，高硒地区心血管疾病发病率较低。

3. 解毒作用：硒与金属有较强的亲和力，能与体内有毒金属汞、镉、铅结合，抑制其吸收，并促进金属排出体外。

4. 其他作用：硒还具有促进生长、改善视觉功能及抗肿瘤的作用。

（三）缺乏与过量

我国科学家首次证实硒缺乏是发生克山病的重要原因。克山病在我国初发于黑龙江省克山地区，大多发生在山区和丘陵。主要易感人群为 2～6 岁的儿童和育龄妇女。病区人群血、尿、头发及粮食中的硒含量均明显低于非病区，病区人群血中 GSH－Px 活力也明显低于非病区人群。克山病的主要症状为心脏扩大、心功能不全和心律失常，严重者发生心力衰竭或心源性休克，死亡率高达 85％。硒对心脏有保护作用，研究者用亚硒酸钠干预取得了较好的预防效果。

缺硒也被认为是大骨节病的主要原因，该病是主要发生在青少年期的一种骨关节疾病。缺硒还可影响机体抗氧化能力和免疫功能。

硒摄入过多可引起中毒。其中毒症状为头发和指甲脱落，皮肤损伤，神经系统异常，如肢端麻木、抽搐，甚至偏瘫。严重者可致死亡。

（四）参考摄入量与食物来源

中国营养学会推荐成人膳食硒的 RNI 为 60μg/d，UL 为 400μg/d。

海产品和动物内脏如鱼子酱、海参、牡蛎、蛤蛎和猪肾等，是硒的良好食物来源。硒含量较高的食物见表 1-21。食物中的含硒量随地域不同而异，特别是植物性食物的硒含量与地表土壤层中的硒元素水平有关。

表 1-21　硒含量较高的食物（μg/100g）

食物	含量	食物	含量	食物	含量
鱼子酱	203.09	青鱼	37.69	瘦牛肉	10.55
海参	150.00	泥鳅	35.30	干蘑菇	39.18
牡蛎	86.64	黄鳝	34.56	小麦胚粉	65.20
蛤蜊	77.10	鳕鱼	24.8	花豆（紫）	74.06
鲜淡菜	57.77	猪肾	111.77	白果	14.50
鲜赤贝	57.35	猪肝（卤煮）	28.70	豌豆	41.80
蛏子	55.14	羊肉	32.20	扁豆	32.00
章鱼	41.68	猪肉	11.97	甘肃软梨	8.43

第八节　维生素

一、概述

维生素（vitamin）是维持机体生命活动所必需的一类微量的低分子有机化合物。维生素的种类很多，化学结构各不相同，在生理上既不是构成各种组织的主要原料，也不是体内的能量来源，但却在机体物质和能量代谢过程中发挥着重要作用。

维生素一般是以其本体形式或以能被机体利用的前体形式存在于天然食物中。大多数维生素在机体内不能合成，也不能大量储存于机体组织中，虽然需要量很小，但必须由食物提供。少部分维生素如烟酸和维生素 D，可由机体合成，维生素 K 和生物素（biotin）可由肠道细菌合成，但合成的量并不能完全满足机体的需要，不能替代食物获得途径。

（一）命名

维生素的命名：一是按其发现顺序，以英文字母命名，如维生素 A、维生素 B、维生素 C、维生素 D、维生素 E 等；二是按其生理功能命名，如抗坏血酸、抗眼干燥症因子和抗凝血维生素等；三是按其化学结构命名，如视黄醇、硫胺素和核黄素等。

维生素的命名见表1－22。

表1－22 维生素的命名

以英文字母命名	以生理功能命名	以化学结构命名
维生素A（vitamin A）	抗干眼症维生素	视黄醇（retinol）
维生素D（vitamin D）	抗佝偻病维生素	钙化醇（calciferol）
维生素E（vitamin E）	—	生育酚（tocopherol）
维生素K（vitamin K）	抗凝血维生素	叶绿醌（phylloquinone）
维生素B_1（vitamin B_1）	抗脚气病维生素	硫胺素（thiamin）
维生素B_2（vitamin B_2）	—	核黄素（riboflavin）
维生素B_5（vitamin B_5）	抗癞皮病维生素	烟酸（烟酰胺）niacin，nicotinic acid
维生素B_6（vitamin B_6）	—	吡哆醇（醛，胺）（pyridoxine）
维生素B_{12}（vitamin B_{12}）	抗恶性贫血病维生素	钴胺素（cobalamin）
维生素C（vitamin C）	抗坏血病维生素	抗坏血酸（ascorbic acid）

（二）分类

维生素的化学结构不同，生理功能各异。根据溶解性，维生素可分为两大类，即脂溶性维生素和水溶性维生素。

1. 脂溶性维生素：不溶于水而溶于脂肪及有机溶剂（如苯、乙醚及氯仿等）的维生素，包括维生素A、维生素D、维生素E、维生素K。在食物中它们常与脂类共存，其吸收与肠道中的脂类密切相关，易储存于体内（主要在肝脏），而不易排出体外（维生素K除外）。脂溶性维生素摄取过多，易在体内蓄积而导致毒性作用，如长期摄入大剂量维生素A和维生素D，易出现中毒症状；若摄入过少，可缓慢地出现缺乏症状。

2. 水溶性维生素：可溶于水的维生素，包括B族维生素（维生素B_1、维生素B_2、烟酸、维生素B_6、叶酸、维生素B_{12}、泛酸、生物素等）和维生素C。水溶性维生素在体内较易自尿中排出，但维生素B_{12}例外，它甚至比维生素K更易于储存于体内。大多数水溶性维生素以辅酶的形式参与机体的物质与能量代谢。水溶性维生素在体内没有非功能性的单纯储存形式，当机体需要量饱和后，多摄入的维生素从尿中排出；反之，若组织中水溶性维生素耗竭，则摄入的维生素将大量被组织摄取利用，故从尿中排出量减少。因此可利用尿负荷试验对水溶性维生素的营养水平进行鉴定。水溶性维生素一般无毒性，但过量摄入时也可能出现毒性，如维生素C、维生素B_6或烟酸摄入量达正常人体需要量的15～100倍时，可出现毒性作用；若摄入过少，可较快地出现缺乏症状。

（三）维生素缺乏

1. 维生素缺乏的原因。

（1）摄入不足：食物短缺，或由于营养知识缺乏，选择食物不当；食物运输、加工、烹调、储藏不当使食物中的维生素丢失或被破坏。

（2）吸收和利用降低：如老年人胃肠道功能降低，对营养素（包括维生素）的吸收和利用降低；肝胆疾病患者由于胆汁分泌减少，影响脂溶性维生素的吸收。

（3）维生素需要量相对增高：维生素的需要量增多或丢失增加，使体内维生素需要量相对增高。例如，妊娠和哺乳期妇女、儿童、特殊生活及工作环境的人群、疾病恢复期患者，其对维生素的需要量都相对增高。

2. 维生素缺乏的分类。

维生素缺乏按缺乏原因可分为原发性维生素缺乏和继发性维生素缺乏两类。原发性维生素缺乏由膳食中维生素供给不足或其生物利用率过低引起；继发性维生素缺乏是由生理或病理原因妨碍了维生素的消化、吸收、利用，或因需要量增加、排泄或破坏增多而引起的条件性维生素缺乏。

维生素缺乏按缺乏程度可分为临床维生素缺乏和亚临床维生素缺乏两类。人体维生素缺乏是一个渐进的过程。当膳食中长期缺乏某种维生素时，最初表现为组织中维生素的储存量降低，继而出现生化指标和生理功能异常，进一步发展则引起组织的病理改变，并出现临床症状。当维生素缺乏出现临床症状时，称为临床维生素缺乏。维生素的轻度缺乏常不出现临床症状，但一般可降低劳动效率及对疾病的抵抗力，称为亚临床维生素缺乏，也称维生素边缘缺乏（marginal deficiency）。临床维生素缺乏类疾病已不多见，而亚临床维生素缺乏则是营养缺乏中的一个主要问题。亚临床维生素缺乏引起的临床症状不明显、不特异，易被忽视，故应对此高度警惕。

（四）维生素与其他营养素的相互关系

应当注意维生素与其他营养素的关系，如维生素 B 和烟酸与能量代谢密切相关，它们的需要量一般是随着能量的需要量增加而增加。此外，也要注意各维生素之间的关系。例如，维生素 E 能促进维生素 A 在肝内储存，这可能是维生素 E 在肠道内保护维生素 A 免受氧化破坏之故。维生素 E 的抗氧化作用依赖谷胱甘肽过氧化物酶、维生素 C等抗氧化物质的协同作用，而谷胱甘肽过氧化物酶功能的发挥又需要微量元素硒的存在。

各种维生素之间、维生素与其他营养素之间保持平衡非常重要，如果摄入某一种营养素不适当，可能会引起或加剧其他营养素的代谢紊乱。如摄入高剂量维生素 E（1g/d 以上）可干扰维生素 K 的吸收，拮抗维生素 K 的功能。

二、维生素 A

（一）概念与性质

维生素 A 是指含有 β－白芷酮环的多烯基结构，并具有视黄醇（retinol）生物活性的一大类物质。狭义的维生素 A 指视黄醇，广义的维生素 A 包括已形成的维生素 A（preformed vitamin A）和维生素 A 原（provitamin A）。

动物体内具有视黄醇生物活性的维生素 A 称为已形成的维生素 A，包括视黄醇、视黄醛（retinal）、视黄酸（retinoic acid）等物质。维生素 A（视黄醇）有维生素 A_1（视黄醇）和维生素 A_2（3－脱氢视黄醇）之分。维生素 A_1 主要存在于海产鱼中，而维生素 A_2 主要存在于淡水鱼中。维生素 A_2 的生物活性为维生素 A_1 的 40％，其促进大鼠生长的功能比维生素 A_1 小，但二者的生理功能相似。

植物中不含已形成的维生素 A，在黄色、绿色、红色植物中含有类胡萝卜素，其中一部分可在体内转变成维生素 A 的类胡萝卜素称为维生素 A 原。目前已经发现的类胡萝卜素约有 600 种，仅有约 1/10 是维生素 A 原，主要有 α－胡萝卜素、β－胡萝卜素、γ－胡萝卜素和隐黄素四种，以 β－胡萝卜素的活性最高。

维生素 A 和胡萝卜素对酸、碱和热稳定，一般烹调和罐头加工不易破坏，但易被氧、强光和紫外线破坏，脂肪酸败可引起其严重破坏。

（二）生理功能

1．维持正常视觉：维生素 A 是合成视网膜杆状细胞内的感光物质——视紫红质的原料。视紫红质具有感受弱光的作用，使人能在暗处看清物体。如果维生素 A 缺乏，视紫红质合成不足，对弱光敏感度降低，会使暗适应时间延长，夜间视力减退，产生视力低下和夜盲症。严重时可致角膜软化、穿孔，甚至失明。

2．维持上皮的正常生长与分化：维生素 A 与上皮细胞的正常形成有关。维生素 A 与磷酸构成的酯类是合成糖蛋白所必需的糖基的载体，而糖蛋白参与上皮细胞的正常形成和黏液分泌，是维持上皮细胞生理完整性的重要因素。缺乏维生素 A 时，上皮细胞分泌黏液的能力丧失，出现上皮干燥、增生及角化、脱屑，以眼、呼吸道、消化道、尿道等上皮组织受影响最为明显。由于上皮组织不健全，机体抵抗微生物侵袭的能力降低，易感染疾病。如果累及泪腺上皮，泪液分泌减少，会造成干眼症。

3．促进生长发育：视黄醇和视黄酸为胚胎发育所必需，可促进生长发育。缺乏维生素 A 可导致体重下降，骨骼生长不良，生长发育受阻。孕妇缺乏维生素 A 可导致胚胎发育不全或流产。

4．抑制肿瘤生长：维生素 A 的重要生理功能之一是使上皮细胞分化成特定的组织。近年来研究证明，维生素 A 与视黄醇类物质能抑制肿瘤细胞的生长与分化，起到防癌、抗癌作用。如维生素 A 缺乏，细胞分化异常，则容易发生肿瘤。维生素 A 还可阻断某些化学物质的致癌作用。类胡萝卜素的抑癌作用比维生素 A 更受人们重视，可能与其抗氧化作用有关。许多研究表明，高食物形式（不是补充剂纯品形式）的维生素A和β–胡萝卜素的摄入可减少肺癌等上皮癌发生的风险。

5. 维持机体正常免疫功能：大量研究表明，维生素A对机体免疫系统有重要的作用。维生素A缺乏可影响抗体生成、胸腺重量和上皮组织的分化，使机体免疫功能降低，引起呼吸道、消化道感染率增加。

6. 改善铁吸收和铁运转：维生素A有改善铁吸收和促进铁运转的作用。体外试验表明，维生素A和β–胡萝卜素可能在肠道内与铁形成溶解度高的络合物，从而减少植酸和多酚类物质对铁吸收的不利影响。

（三）缺乏与过量

1. 缺乏：维生素A缺乏是许多发展中国家的主要公共卫生问题，发生率很高，在非洲和亚洲的部分地区甚至呈地区性流行。

婴幼儿和儿童维生素A缺乏的发生率远高于成人，这是因为孕妇血中的维生素A不易通过胎盘屏障进入胎儿体内，故新生儿体内维生素A储存量低。麻疹、肺结核、肺炎、猩红热等消耗性疾病，胆囊炎、胰腺炎、肝硬化、胆管阻塞、慢性腹泻等消化道疾病，血吸虫病和饮酒等，皆可影响维生素A的吸收和代谢，容易导致生素A缺乏。

维生素A缺乏最早的症状是暗适应能力下降，严重者可致夜盲症。维生素A缺乏可引起干眼症，进一步发展可致失明。儿童维生素A缺乏最重要的临床诊断体征是毕脱氏斑（Bitot's spots）。

维生素A缺乏除眼部症状外，还会引起机体不同组织上皮干燥、增生及角化，以至出现各种症状（如皮脂腺及汗腺角化致皮肤干燥，毛囊角化过度致毛囊丘疹与毛发脱落），使食欲减退，易感染。特别是儿童、老年人，容易引起呼吸道炎症，严重时可导致死亡。另外，维生素A缺乏时，血红蛋白合成代谢障碍，免疫功能低下，导致儿童生长发育迟缓。

2. 过量：摄入大剂量维生素A可引起急性中毒、慢性中毒及致畸。摄入普通食物一般不会引起维生素A过量，绝大多数摄入过多由维生素A浓缩制剂引起，也有食用狗肝、熊肝或鲨鱼肝引起中毒的报道。极少数对维生素A毒性敏感的人每天摄入6000～35000IU的维生素A，也会发生慢性中毒。

（1）急性中毒：产生于一次或多次连续摄入大量维生素A，如成人摄入维生素A超过其RNI的100倍，或儿童摄入维生素A超过其RNI的20倍，可发生急性中毒。早期症状为恶心、呕吐、头痛、眩晕、视觉模糊、肌肉失调、婴儿囟门突起。当剂量极大时，可发生嗜睡、厌食、少动、反复呕吐。一旦停止服用维生素A，症状自行消失。但极大剂量的维生素A（12g）可致命。

（2）慢性中毒：比急性中毒常见，维生素A使用剂量为其RNI的10倍以上时可发生，常见症状是头痛、脱发、肝大、长骨末端外周部分疼痛、肌肉僵硬、皮肤干燥瘙痒、复视、出血、呕吐和昏迷等。

（3）致畸：动物实验证明，维生素A摄入过量，可导致胚胎吸收、流产、出生缺陷。孕妇在妊娠早期每天大剂量摄入维生素A，娩出畸形儿的相对危险度为25.6。

大量摄入类胡萝卜素可出现高胡萝卜素血症，皮肤可出现类似黄疸改变。但停止摄入类胡萝卜素，症状会慢慢消失，一般不会引起毒性反应。

（四）营养水平鉴定

1．血清中维生素 A 水平：成人正常值为 1．5～3．0μmol/L（430～860μg/L）。

2．视觉暗适应功能测定：适用于现场调查。维生素 A 缺乏者暗适应时间延长。事先让 10 名健康人连续 7 天摄入 10000 IU 维生素 A，然后测定暗适应时间，以 95％上限值作为正常值。有眼部疾病者、血糖过低者、睡眠不足者暗适应功能减弱，用此法不能真实反映维生素 A 的营养水平。

（五）参考摄入量与食物来源

膳食或食物中全部具有视黄醇活性物质（包括已形成的维生素 A 和维生素 A 原）的总量（μg）用视黄醇活性当量（retinol activity equivalents，RAE）表示。它们常用的换算关系如下：

1 个视黄醇活性当量（μgRAE）＝1μg 全反式视黄醇
＝2μg 溶于油剂的纯品全反式 β－胡萝卜素
＝12μg 膳食全反式 β－胡萝卜素
＝24μg 其他膳食维生素 A 原类胡萝卜素

我国 18～49 岁成人维生素 A RNI：男性为 770μgRAE/d，女性为 660μg RAE/d，中晚期孕妇及乳母在 660μgRAE/d 的基础上，分别再增加 70μgRAE/d。UL 在成人、孕妇、乳母均为 3000μg RAE/d。维生素 A 的安全摄入量范围较小，大量摄入有明显的副作用。维生素 A 的副作用主要取决于视黄醇的摄入量，也与机体的生理及营养状况有关。β－胡萝卜素是维生素 A 的安全来源。

维生素 A 的良好来源是各种动物肝脏、鱼肝油、鱼卵、全奶、奶油、禽蛋等。植物性食物只能提供类胡萝卜素，类胡萝卜素主要存在于深绿色或红色、黄色、橙色蔬菜和水果中，如青花菜（即西兰花）、菠菜、苜蓿、空心菜、莴笋叶、芹菜叶、胡萝卜、豌豆苗、红心红薯、辣椒、芒果、杏子及柿子等。

除膳食来源，维生素 A 补充剂也常被使用，应注意的是用量过大不仅没有益处，反而会引起中毒。

三、维生素 D

（一）概念与性质

维生素 D 是指含环戊氢烯菲环结构，并具有钙化醇生物活性的一大类物质，以维生素 D_2（麦角钙化醇，ergocalciferol）和维生素 D_3（胆钙化醇，cholecalciferol）最为常见。动物皮肤和脂肪的 7－脱氢胆固醇及植物油、酵母菌或麦角中的麦角固醇经紫外线照射后可分别转化为维生素 D_3 和维生素 D_2。

维生素 D 化学性质比较稳定，在中性和碱性环境中耐热，不易被氧化，但在酸性环境中则逐渐分解，故通常的烹调加工不会引起维生素 D 的损失，但脂肪酸败可引起维生素D破坏。

（二）生理功能

1,25-（OH）$_2$-D_3（或D_2）是维生素D的活性形式，作用于小肠、肾、骨等靶器官，参与维持细胞内、外的钙浓度，以及调节钙磷代谢。此外，它还作用于其他很多组织器官，如心脏、肌肉、大脑、造血和免疫器官，参与机体多种机能调节。维生素D具有激素的功能，通过维生素D受体（VDR）调节生长发育、细胞分化、免疫、炎性反应等。近年来大量研究发现，机体低维生素D水平与高血压、部分肿瘤、糖尿病、心脑血管疾病、脂肪肝、低水平的炎性反应、自身免疫性疾病等密切相关，也与部分传染病如结核和流感相关。

（三）缺乏与过量

1. 缺乏：维生素D缺乏可导致肠道吸收钙和磷减少，肾小管对钙和磷的重吸收减少，影响骨钙化，造成骨骼和牙齿矿化异常。维生素D缺乏对婴儿可引起佝偻病；对成人，尤其是孕妇、乳母和老年人，可使已成熟的骨骼脱钙而发生骨质软化症和骨质疏松。维生素D缺乏、钙吸收不足、甲状旁腺功能失调或其他原因造成血清钙水平降低时可引起手足痉挛，表现为肌肉痉挛、小腿抽筋、惊厥等。

2. 过量：过量摄入维生素D可引起维生素D过多症。维生素D_3的中毒剂量尚未确定。维生素D中毒表现为食欲不振、体重减轻、恶心、呕吐、腹泻、头痛、多尿、烦渴、发热；血清钙、磷增高，以致发展成动脉、心肌、肺、肾、气管等的转移性钙化（肾结石）。严重的维生素D中毒可导致死亡。

发生维生素D中毒后，首先应停服维生素D，限制钙摄入，严重者可静脉注射乙二胺四乙酸（EDTA），促使钙排出。预防维生素D中毒最有效的方法是避免滥用。

（四）营养水平鉴定

1. 血浆25-OH-D_3：正常值为25～150nmol/L。

2. 血清1,25-（OH）$_2$-D_3：正常值为38～144nmol/L。

（五）参考摄入量与食物来源

维生素D既可来源于膳食，又可由皮肤合成，因而较难估计膳食维生素D的供给量。目前我国制定的DRIs：在钙、磷供给量充足的条件下，儿童、青少年、成人、孕妇、乳母维生素D的RNI及0～1岁婴儿的AI均为10μg/d，65岁以上老年人为15μg/d。12岁及以上人群（包括孕妇、乳母）的UL为50μg/d，0～3岁、4～6岁、7～11岁人群的UL则分别为20μg/d、30μg/d、45μg/d。鉴于目前大量的低维生素D水平与慢性病相关的报道，越来越多的专家提出应增加维生素D的RNI、AI和UL。

维生素D的量可用IU或μg表示，换算关系：1IU维生素D=0.025μg维生素D，1μg维生素D=40IU维生素D。

经常晒太阳是人体廉价获得充足有效的维生素D的最好方法。成人只要经常接触阳光，一般不会发生维生素D缺乏。

维生素D主要存在于海水鱼（如沙丁鱼）、肝脏、蛋黄等动物性食物及鱼肝油制剂中。人奶和牛奶是维生素D较差的来源，蔬菜、谷类及其制品和水果只含有少量的维生素D或几乎没有活性的维生素D。我国不少地区推荐食用维生素A、维生素D强化牛奶，使维生素D缺乏得到了有效的控制。

在用维生素D强化食品时，应该十分慎重。在19世纪30年代初期，用维生素D_3（10μg/quart，1quart=1.14L）强化牛奶的措施消除了存在于美国等国家的严重健康问题之一——佝偻病。然而在第二次世界大战期间英国儿童牛奶中维生素D的强化量增加了5~10倍，结果在20世纪四五十年代又出现了血钙过多症（hypercalcemia）的流行。现在美国婴儿食品对维生素D的强化剂量为10μg/quart。

四、维生素E

早期的动物研究发现，雌鼠缺乏维生素E不能生育，因而称之为生育酚。虽然至今还未发现人体因缺乏维生素E而不能生育，但临床上仍用其治疗先兆性或习惯性流产。近年来研究发现，维生素E有很强的抗氧化性，而且它在体内的多种生理功能均与其抗氧化性有关。目前对维生素E的研究已成为营养学的一个热点。

（一）概念与性质

维生素E是指含苯并二氢吡喃结构，具有α-生育酚生物活性的一类物质。目前已知有四种生育酚（tocopherols，即α-T、β-T、γ-T、δ-T）和四种生育三烯酚（tocotrienols，即α-TT、β-TT、γ-TT、δ-TT），其中α-生育酚的生物活性最高，如以其活性作为100，则β-生育酚、γ-生育酚和δ-生育酚的活性分别为40、8和20。故通常以α-生育酚作为维生素E的代表进行研究。

维生素E对热及酸稳定，对碱不稳定，对氧十分敏感，油脂酸败会加速维生素E的破坏。食物中维生素E在一般烹调时损失不大，但油炸时维生素E活性明显降低。

（二）生理功能

1. 抗氧化作用：维生素E是高效抗氧化剂，在体内保护细胞免受自由基损害。维生素E与超氧化物歧化酶、谷胱甘肽过氧化物酶一起构成体内抗氧化系统，保护生物膜（包括细胞膜、细胞器膜）上多烯脂肪酸、细胞骨架及其他蛋白质的巯基免受自由基攻击。维生素E缺乏可使细胞抗氧化功能发生障碍，引起细胞损伤。抗氧化作用与抗动脉硬化、抗癌、改善免疫功能及延缓衰老等有关。

2. 促进蛋白质更新合成：维生素E可促进蛋白质更新合成，促进某些酶蛋白的合成，降低分解代谢酶（如DNA酶、RNA酶、肌酸激酶等）的活性，再加上清除自由基的作用，使其总的效果表现为促进人体正常新陈代谢，增强机体耐力，维持骨骼肌、心肌、平滑肌、外周血管系统、中枢神经系统及视网膜的正常结构和功能。

3. 预防衰老：随着年龄增长，体内脂褐质（lipofuscin）不断增加。脂褐质俗称老年斑，是细胞内某些成分被氧化分解后的沉积物。补充维生素E可减少脂褐质形成，改善皮肤弹性，使性腺萎缩减轻，提高免疫力。维生素 E 在预防衰老中的作用已被重视。

4. 其他：维生素 E 可抑制磷脂酶 A_2 的活性，减少血小板血栓素 A_2 的释放，从而抑制血小板的聚集；维生素 E 可抑制体内胆固醇合成限速酶，从而降低血胆固醇水平；维生素 E 还可抑制肿瘤细胞的增殖；维生素 E 可能与动物的生殖功能和精子生成有关。

（三）缺乏与过量

1. 缺乏：维生素 E 缺乏在人类较为少见，但可出现在低体重的早产儿、血 β－脂蛋白缺乏症患者、脂肪吸收障碍患者。维生素 E 缺乏时，可出现视网膜退行性病变、蜡样质色素积聚、溶血性贫血、肌无力、神经退行性病变、小脑共济失调等。维生素 E 缺乏引起神经－肌肉退行性变化的机制目前仍不清楚，一种可能的解释是维生素 E 缺乏引起神经－肌肉组织抗氧化能力减弱，无法抵抗自由基对其的损伤。

2. 过量：在脂溶性维生素中，维生素 E 的毒性相对较小。但摄入大剂量维生素 E（每天摄入 0.8～3.2g）有可能出现中毒症状，如肌无力、视觉模糊、复视、恶心、腹泻以及维生素 K 的吸收和利用障碍。补充维生素 E 制剂，应以每天不超过 400mg 为宜。

（四）营养水平鉴定

1. 血浆维生素 E 水平：正常值为 11.5～46.0μmol/L。

2. 红细胞溶血试验：小于 10% 为正常，维生素 E 水平偏低者比值为 10%～20%，大于 20%为缺乏。

（五）参考摄入量与食物来源

维生素 E 的活性可用 α－生育酚当量（α－tocopherol equivalence，TE）来表示，规定 1mg α－TE 相当于 1mg RRR－α－生育酚的活性。中国营养学会推荐成人维生素 E 的 AI 为 14mg α－TE/d，UL 为 700mg α－TE/d。成人膳食能量摄入量为 2000～3000kcal 时，维生素 E 的适宜摄入量为 7～11mg α－TE；维生素 E 需要量还受其他成分的影响，如多不饱和脂肪酸和脂肪酸、口服避孕药、阿司匹林、酒精饮料等都会增加维生素 E 的需要量。当多不饱和脂肪酸摄入量增多时，应相应增加维生素 E 的摄入量，一般每摄入 1g 多不饱和脂肪酸，应摄入 0.4mg 维生素 E。

维生素 E 在自然界中分布甚广，一般情况下不会缺乏。维生素 E 含量丰富的食物有植物油、麦胚、坚果、种子类、豆类及其他谷类；蛋类、鸡（鸭）肫、绿叶蔬菜中含有一定量维生素 E；肉、鱼类等动物性食物，水果及其他蔬菜含量很少。

五、维生素 B_1

维生素 B_1 又称硫胺素或抗脚气病维生素，是人类较早发现的维生素之一。因其结构中有含硫的噻唑环与含氨基的嘧啶环，故名硫胺素。

（一）性质

维生素 B_1 在酸性环境中较稳定，加热不易分解。但在碱性环境中极不稳定，紫外线可使其降解而失活，铜离子可加快其破坏。

（二）生理功能

1. 辅酶功能：硫胺素焦磷酸酯（TPP）是硫胺素作为辅酶的主要活性形式，是体内 α－酮酸氧化脱羧反应和磷酸戊糖途径中转酮醇酶的辅酶。α－酮酸氧化脱羧反应是发生在线粒体中的生物氧化的关键环节，来自葡萄糖、脂肪和支链氨基酸的丙酮酸和 α－酮戊二酸经氧化脱羧产生乙酰辅酶 A、琥珀酰辅酶 A（succinyl CoA），才能进入三羧酸循环彻底氧化供能。磷酸戊糖途径虽不是葡萄糖氧化供能的主要途径，但却是核酸合成所需的戊糖以及脂肪和类固醇合成所需的 NADPH 的重要来源，是维持体内还原能力的重要途径。乙酰辅酶 A 和琥珀酰辅酶 A 是体内三大营养素分解代谢的关键物质，同时又是其合成的连接点。正常情况下，神经组织的能量主要靠葡萄糖氧化供给，所以维生素 B_1 缺乏首先影响神经组织的能量供应，并伴有丙酮酸及乳酸等在神经组织中的堆积，可出现手足麻木、四肢无力等多发性周围神经炎的症状。严重者引起心跳加快、心脏扩大和心力衰竭。

2. 非辅酶功能：维生素 B_1 在维持神经、肌肉特别是心肌的正常功能以及维持正常食欲、胃肠蠕动和消化液分泌方面也有重要作用。维生素 B_1 的此功能可能与 TPP 直接激活神经细胞的氯离子通道、控制神经传导的启动有关。

神经递质乙酰胆碱能促进胃肠蠕动和增加消化液的分泌，胆碱酯酶可使乙酰胆碱分解。维生素 B_1 能抑制胆碱酯酶的活性，促进乙酰胆碱的合成，有增强胃肠功能的作用。维生素 B_1 缺乏时，胆碱酯酶活性增强，乙酰胆碱水解加速，使神经正常传导受到影响，导致胃肠蠕动缓慢、消化液分泌减少，引起食欲不振、消化不良等消化功能障碍。

（三）缺乏与过量

维生素 B_1 缺乏症又称脚气病，主要损害神经－血管系统，多发生在以加工精细的米面为主食的人群。临床上根据年龄差异将脚气病分为成人脚气病和婴儿脚气病。

1. 成人脚气病：早期症状较轻，主要表现有疲乏、淡漠、食欲差、恶心、忧郁、急躁、沮丧、腿沉重麻木和心电图异常。症状特点和严重程度与维生素 B_1 缺乏程度、发病急缓等有关，其一般分成三型：①干性脚气病，以多发性周围神经炎为主，表现为指（趾）端麻木、肌肉酸痛、压痛，尤以腓肠肌为甚，跟腱及膝反射异常。②湿性脚气病，多以水肿和心脏症状为主。由于心血管系统功能障碍，出现水肿，右心室可扩大，出现心悸、气短、心动过速，如处理不及时，常导致心力衰竭。③混合型脚气病，其特征是既有神经炎，又有心力衰竭和水肿。

此外，长期酗酒的人群还极易由酒精中毒引起维生素 B_1 缺乏，导致 Wernicke－Korsakoff 综合征，发病呈急性或亚急性，临床表现包括精神错乱、共济失调、眼肌麻痹、假记忆和逆行性健忘甚至昏迷。这是一种神经脑病综合征，也称为脑型脚气病。

2. 婴儿脚气病：多发生于 2～5 月龄的婴儿，多是由乳母维生素 B_1 缺乏所致。其发病突然，病情急，初期有食欲缺乏、呕吐、兴奋和心跳快、呼吸急促和困难，晚期有发绀、水肿、心脏扩大、心力衰竭和强制性痉挛，常在症状出现 1～2 天后突然死亡。

维生素 B 一般不会引起过量中毒，只有短时间服用超过 RNI 100 倍以上的剂量时有可能出现头痛、惊厥和心律失常等。

（四）营养水平鉴定

1. 尿负荷试验：成人一次口服 5mg 维生素 B_1 后，收集测定 4 小时尿中维生素 B_1 排出总量，小于 100μg 为缺乏，100～199μg 为不足，大于或等于 200μg 为正常。

2. 任意一次尿硫胺素与肌酐排出量的比值（μg/g）：成人小于 27 为缺乏，27～65 为不足，大于或等于 65 为正常。应注意儿童、青少年的判定标准有所不同。

3. 红细胞转酮醇酶活力系数（erythrocyte transketolase activity coefficient，ETK－AC）或 TPP 效应：加入 TPP 后该酶活性增加的百分率即为 TPP 效应，在维生素 B_1 缺乏的早期转酮醇酶活性就已经下降，ETK－AC 越高，则说明维生素 B_1 缺乏越严重。所以测定 ETK－AC 或 TPP 效应是目前评价维生素 B_1 营养状况应用最广的方法。其活性增加小于或等于 15%为正常，16%～24%为不足，大于或等于 25%为缺乏。

（五）参考摄入量与食物来源

人体对维生素 B_1 的需要量与体内能量代谢密切相关，一般维生素 B_1 的 DRIs 应按照总能量需要量推算，目前我国成人维生素 B_1 平均需要量为 0.5mg/1000cal，孕妇、乳母和老年人较成人高，为 0.5～0.6mg/1000cal。中国营养学会建议维生素 B_1 的 RNI 成年男性为 1.4mg/d，女性为 1.2mg/d。

维生素 B_1 广泛存在于天然食物中，含量丰富的食物有谷类、豆类及干果类。动物内脏（肝、心、肾）、瘦肉、禽蛋中含量也较高。日常膳食中维生素 B_1 主要来自谷类食物，多存在于表皮和胚芽中，米、面碾磨过于精细可造成维生素 B_1 大量损失。由于维生素 B_1 具有易溶于水且在碱性条件下易受热分解的特性，所以过分淘米或烹调中加碱也可导致维生素 B_1 大量损失。一般温度下烹调食物时维生素 B_1 损失不多，高温烹调时损失可达 30%～40%。

六、维生素 B_2

维生素 B_2 分子结构中含核糖醇，且呈黄色，故又名核黄素。

（一）性质

维生素 B_2 在酸性环境中对热稳定，碱性环境中易分解破坏。游离型核黄素对紫外线高度敏感，易被光解破坏。

（二）生理功能

1. 参与体内生物氧化和能量代谢：维生素 B_2 在体内也是以辅酶形式起作用。维生

素 B_2 以黄素单核苷酸（FMN）和黄素腺嘌呤二核苷酸（FAD）形式参与构成体内黄素酶的辅基，通过呼吸链参与体内氧化还原反应和能量代谢。脂酰辅酶 A 脱氢酶、L-氨基酸氧化酶、琥珀酸脱氢酶、黄嘌呤氧化酶等都属于黄素酶，维持碳水化合物、脂肪和蛋白质三大物质的正常代谢，促进正常的生长发育，维护皮肤和黏膜的完整性。如果维生素 B_2 长期摄入不足，会出现多种临床症状。

2. 参与维生素 B_6 和烟酸的代谢：FAD 和 FMN 分别作为辅酶参与色氨酸转变为烟酸、维生素 B_6 转变为磷酸吡哆醛的过程。

3. 参与体内抗氧化防御系统和药物代谢：FAD 是谷胱甘肽过氧化物酶的辅酶，参与体内抗氧化防御系统。FAD 还可与细胞色素 P450 结合，参与药物代谢。

（三）缺乏与过量

维生素 B_2 缺乏的主要临床表现为眼、口腔和皮肤的炎症反应。缺乏早期表现为疲倦、乏力、口腔疼痛，眼睛出现瘙痒、烧灼感，继而出现口腔和阴囊病变，称为口腔-生殖系统综合征。

1. 眼：眼球结膜充血，角膜周围血管增生，角膜与结膜相连处有时发生水疱。临床表现为睑缘炎、畏光、视物模糊和流泪等，严重时角膜下部有溃疡。

2. 口腔：口角湿白、裂隙、疼痛和溃疡（口角炎）；嘴唇疼痛、肿胀、裂隙、溃疡以及色素沉着（唇炎）；舌疼痛、肿胀、红斑及舌乳头萎缩（舌炎），典型者全舌呈紫红色或红紫相间，出现中央红斑，边缘界线清楚的地图样变化（地图舌）。

3. 皮肤：脂溢性皮炎，常见于皮脂分泌旺盛部位，如鼻唇沟、下颌、眼外及耳后、乳房下、腋下、腹股沟等处。患处皮肤皮脂增多，轻度红斑，有脂状黄色鳞片。

维生素 B_2 缺乏常伴有其他营养素缺乏，如影响烟酸和维生素 B_6 的代谢，干扰体内铁的吸收、储存及动员，致使储存铁量下降，严重时可造成缺铁性贫血。维生素 B_2 缺乏还会影响生长发育，妊娠期缺乏可导致胎儿骨骼畸形。

一般维生素 B_2 不会引起过量中毒。

（四）营养水平鉴定

1. 尿负荷试验：口服维生素 B_2 5mg，测定服后 4 小时尿中排出量，小于 400μg 为缺乏，400～799μg 为不足，800～1300μg 为正常，大于 1300μg 为充足。

2. 任意一次尿中核黄素/肌酐（μg/g）：小于 27 为缺乏，27～79 为不足，80～269 为正常。

3. 全血谷胱甘肽还原酶活力系数（glutathione reductase activity coefficient，GR-AC）：红细胞谷胱甘肽还原酶属于典型的黄素酶，其活力大小可以准确反映组织维生素 B_2 的营养状况。在 CoA 饱和的溶血试样中加入一定量的底物谷胱甘肽，测定加与不加 FAD 时还原型谷胱甘肽的生成量，以二者的比值（GR-AC）作为评价维生素 B_2 营养状况的指标。GR-AC 小于 1.2 为正常，1.2～1.4 为不足，大于 1.4 为缺乏。

4. 红细胞维生素 B_2 含量：红细胞维生素 B_2 含量大于 400nmol/L 或 150μg/L 为正常，小于 270nmol/L 或 100μg/L 为缺乏。

（五）参考摄入量与食物来源

维生素 B_2 的需要量与机体能量代谢及蛋白质的摄入量有关，所以能量需要量增加、生长加速和创伤修复期，维生素 B_2 的摄入量均应相应增加。中国营养学会建议成人维生素 B_2 的 RNI 男性为 1.4mg/d、女性为 1.2mg/d。

膳食模式对维生素 B_2 的需要量有一定影响，低脂肪、高碳水化合物膳食使机体对维生素 B_2 需要量减少，高蛋白、低碳水化合物膳食或高蛋白、高脂肪、低碳水化合物膳食使机体对维生素 B_2 需要量增加。此外，对于特殊环境或特殊作业，维生素 B_2 的需要量也会有不同程度的增加，如寒冷、高原环境或井下作业等。

维生素 B_2 广泛存在于动植物性食物中，动物性食物较植物性食物含量高。动物肝、肾、心、乳汁及蛋类含量尤为丰富；植物性食物以绿色蔬菜、豆类含量较高，而谷类含量较少。维生素 B_2 在碱性溶液中易分解破坏，对光敏感，所以食品加工过程中加碱，储存和运输过程中日晒及不避光均可导致其损失。食物烹调方法不同，维生素 B_2 损失也不同，如碗蒸米饭比捞饭损失少；在烹调肉类时，油炸和红烧损失较多。

七、维生素 C

维生素 C 因早年发现能预防和治疗坏血病，故称为抗坏血酸。

（一）性质

维生素 C 呈酸性，在酸性溶液中较稳定，对热、氧、碱都不稳定，尤其在铜、铁等金属离子存在的情况下，更容易被氧化破坏，在烹调中损失较多。

（二）生理功能

1. 抗氧化作用：维生素 C 是一种很强的抗氧化剂，可直接与氧化剂作用，保护其他物质免受氧化破坏，也可还原超氧化物、羟基、次氯酸等活性氧化剂，还可与其他抗氧化剂一起清除自由基，所以维生素 C 在体内氧化防御系统中起重要作用。

2. 作为羟化反应的底物和酶的辅助因子：维生素 C 作为羟化反应的底物和酶的辅助因子参与多种重要的生物合成过程，包括胶原蛋白、肉碱、某些神经介质和肽激素的合成以及酪氨酸代谢等，从而发挥重要的生理功能。维生素 C 缺乏时，由于胶原基质合成障碍，细胞间不能正常连接，所以毛细血管通透性增加，易出血，牙齿和骨骼发育不良，即坏血病。

3. 其他作用：维生素 C 促进肠道 Fe^{3+} 还原为 Fe^{2+}，有利于非血红素铁的吸收。一些流行病学研究显示，增加富含维生素 C 的新鲜蔬菜和水果的摄入量可降低胃癌以及其他恶性肿瘤的发生风险。维生素 C 也可通过促进胆固醇向胆酸转化、减少过氧化物形成等作用防治心血管疾病。

此外，有实验报道维生素 C 可促进肌肉中磷酸肌酸（creatine phosphate，CP）与糖原的合成，加速乳酸的消除，降低运动时的氧债，缩短恢复时间，故可提高运动能力，减轻疲劳，这对运动员十分重要。

（三）缺乏与过量

膳食摄入减少或机体需要量增加又得不到及时补充时，可使体内维生素C储存减少，引起缺乏。若体内储存量低于300mg，将出现缺乏症状，主要引起坏血病。临床表现如下。

1. 前驱症状：起病缓慢，一般4～7个月。患者多有全身乏力、食欲减退。成人早期还有齿龈肿胀，间或有感染发炎。婴幼儿会出现生长迟缓、烦躁和消化不良。

2. 出血：全身点状出血，起初局限于毛囊周围及齿龈等处，进一步发展可有皮下组织、肌肉、关节和腱鞘等处出血，甚至形成血肿或瘀斑。

3. 牙龈炎：牙龈可见出血、松肿，尤以牙龈尖端最为显著。

4. 骨质疏松：维生素C缺乏引起胶原蛋白合成障碍，骨有机质形成不良，导致骨质疏松。

维生素C毒性很低。但是一次口服2～3g可能会导致腹泻、腹胀。患有结石的患者长期过量摄入可能增加尿中草酸盐的排泄，增加尿路结石的发生风险。

（四）营养水平鉴定

1. 血浆中维生素C含量：只反映近期维生素C的摄入情况，不反映储备水平。

2. 白细胞维生素C含量：能反映体内维生素C的储备水平，但操作方法较复杂。

3. 尿负荷试验：口服500mg还原型维生素C作为负荷剂量，然后收集4小时尿液以测定尿中还原型维生素C的含量。一般认为，4小时内维生素C排出量大于13mg为充足，5～13mg为正常，小于5mg为不足。

（五）参考摄入量与食物来源

中国营养学会建议成人维生素C的RNI为100mg/d，预防慢性病摄入量(PI−NCD)为200mg/d，UL为2000mg/d。在高温、寒冷和缺氧条件下劳动或生活，经常接触铅、苯和汞的有毒作业工种的人群，某些疾病患者，孕妇和乳母均应增加维生素C的摄入量。

维生素C的主要来源为新鲜蔬菜和水果，一般是叶菜类含量比根茎类多，酸味水果比无酸味水果含量多。含量较丰富的蔬菜有辣椒、西红柿、油菜、卷心菜、菜花和芥菜等。蔬菜烹调方法以急火快炒为宜，可采用淀粉勾芡或加醋烹调以减少维生素C损失。维生素C含量较多的水果有樱桃、石榴、柑橘、柠檬、柚子和草莓等，而苹果和梨含量较少。苋菜、苜蓿、刺梨、沙棘、猕猴桃和酸枣等的维生素C含量尤为丰富。特别是枣、刺梨等水果中含有生物类黄酮，对维生素C的稳定性具有保护作用。

第九节　水

水是人体含量最多的成分，也是人类赖以维持生命的最基本、最重要的物质。对人的生命而言，水比其他营养素更为重要。饥饿或长期不能进食时，机体可消耗自身组织维持生命一周甚至更长时间。但是如果没有水，任何生物都不能生存。由此可见水的重要性。

一、人体内水含量与分布

水在人体内的含量随年龄、性别不同而异。年幼者含水量高，随年龄增长，水含量相应减少。初生婴儿水含量为75%～87%，成年男性水含量为体重的55%～65%，女性为45%～55%。这种性别差异与体内脂肪含量有关。水在不同组织中的含量也不同，血液、淋巴液、脑脊液含水量最高，占90%以上；心脏约80%；肌肉约75%；脂肪和骨骼含水量最少，低于30%。两个体重相同的人，胖者因体内脂肪含量多，含水量少于瘦者。

虽然体内含水量很高，但表面上却并不表现出有大量水存在。人体内的水按其存在状态可分为自由水和结合水。自由水具有流动性。结合水是指与细胞内的大分子物质如蛋白质、多糖、磷脂等结合成亲水胶体的水，或与钾、钠、氯以及其他离子结合成水化离子的水，其显著特征是失去流动性。无论是在细胞内液还是细胞外液，水都不是完全以自由水的状态存在，所以机体得以保持一定的形态。

二、生理功能

（一）细胞和体液的重要组成部分

成人体内水分约占体重的65%，其中血液的含水量占人体总水含量的80%以上。水还广泛分布在组织细胞内外，构成人体的内环境。

（二）参与新陈代谢

水可以使水溶性物质以溶解状态和电解质离子状态存在，还可以协助营养素在体内运送和代谢废物的排出。

（三）调节体温

1g水升高或降低1℃需要4.184J的能量，在37℃体温时，蒸发1g水可带走2.4kJ的热量，因此，高温时水分蒸发有助于维持体温恒定。

（四）缓冲和润滑作用

在人体关节、胸腹腔和胃肠道等部位均存在一定量水分，对关节、器官、组织和肌肉起到缓冲和润滑作用。

三、水分平衡、需要量与来源

（一）水分平衡

人体内的水不断排出，又不断补充，处于动态平衡。体内水的排泄途径有肾、肺、皮肤、肠道等，其中以肾最为重要。肾在排泄水的同时，对水有重吸收作用，故肾排泄水量随体内水量而变化，对调节水分平衡起重要作用。正常情况下，各种途径排出的水量基本恒定，约 2500mL。要维持体内水分平衡，不断补充水是必要的。

水的摄入与排出必须保持平衡，否则会出现水肿或脱水。人体缺水或失水过多时，表现为口渴、黏膜干燥、消化液分泌减少、食欲减退、代谢缓慢、精神不振、乏力等症状。当体内失水达体重的 10％时，影响生理功能；失水 20％时，生命将无法维持。然而，饮水过多，会稀释消化液，不利于消化，故饭前饭后不宜过量饮水。

成人每日水分平衡见表 1－23。失水的临床表现见表 1－24。

表 1－23　成人每日水分平衡

摄入方式	摄入量（mL/d）	排出途径	排出量（mL/d）
饮水	1200	尿	1500
食物水	1000	粪便	150
代谢水	300	肺呼出气	350
		皮肤蒸发	500
合　计	2500	—	2500

表 1－24　失水的临床表现

失水程度（占体重百分比）	临床表现
2％	强烈口渴、不适感、食欲下降、尿少
4％	不适感加重，运动能力下降 20％～30％
6％	全身乏力、无尿
8％以上	烦躁、体温上升、心率加快、血压下降、循环衰竭甚至死亡

（二）水的需要量与来源

水的需要量受代谢、性别、年龄、身体活动水平、温度和膳食等因素的影响，故水的需要量个体差异较大。而且同一个体在不同环境或生理条件下水的需要量也有差异。中国居民水适宜摄入量见表 1－25。

表 1-25　中国居民水适宜摄入量（L/d）

人群	饮水量[a]		总摄入量[b]	
	男性	女性	男性	女性
0 岁～	—		0.7[c]	
0.5 岁～	—		0.9	
1 岁～	—		1.3	
4 岁～	0.8		1.6	
7 岁～	1.0		1.8	
12 岁～	1.3	1.1	2.3	2.0
15 岁～	1.4	1.2	2.5	2.2
18 岁～	1.7	1.5	3.0	2.7
孕妇（早期）	—	+0.2	—	+0.3
孕妇（中期）	—	+0.2	—	+0.3
孕妇（晚期）	—	+0.2	—	+0.3
乳母	—	+0.6	—	+1.1

a. 温和气候条件下，轻水平的身体活动。如果在高温条件下或进行中等以上身体活动，应适当增加水摄入量。

b. 总摄入量包括食物中的水以及饮水中的水。

c. 来自母乳。

人体所需的水主要来源于饮用水及各类饮料、固体食物中的水分和代谢水。体内每克脂肪、碳水化合物、蛋白质被彻底氧化后分别产生 1.07g、0.60g、0.41g 水。饮水是人体所需水的主要来源，代谢水和食物中水的变动较小，多以饮水调节。饮水时以少量、多次饮用至无口渴感为宜。

第十节　植物化学物

在人们日常食用的谷类、豆类、蔬菜、水果、坚果等植物性食物中，除含有蛋白质、脂类、碳水化合物、维生素和矿物质外，还含有一些具有调节植物生长、代谢以及防御病虫害等作用的生物活性成分，对人体也有调节免疫功能、预防心血管疾病和肿瘤等慢性病的作用。这类物质现统称为植物化学物，或食物中的非营养成分。

植物化学物属于植物次级代谢产物，是生物进化过程中植物维持自身与周围环境（包括紫外线）相互作用的生物活性分子。虽然我国传统医学有“药食同源”理论，20 世纪 50 年代就有学者提出植物次级代谢产物具有药理作用，但过去一直认为植物性食物的次级代谢产物是天然毒物并对人体健康有害，如马铃薯中的龙葵素、木薯中的氰甙等。20世纪80年代以来，人们逐渐认识到多吃蔬菜和水果有益于健康，大量流行病学调查结果亦证明，蔬菜和水果中的植物化学物具有保护机体和预防慢性病的作用，人们开始系统研究植物中这些生物活性物质的保健作用。

一、植物化学物的分类

常见的植物化学物及食物来源见表1－26。

表1－26　常见的植物化学物及食物来源

分类		代表化合物	食物来源
类胡萝卜素		胡萝卜素、番茄红素、玉米黄素	红色、黄色蔬菜和水果
酚类化合物	酚酸类	原儿茶酸、绿原酸	蔬菜、水果及整粒的谷物
	类黄酮	黄酮、花色苷	蔬菜、水果、茶、红酒
	二苯乙烯类	白藜芦醇	葡萄属植物
植物雌激素		异黄酮、木酚素	大豆及其制品、亚麻种籽、葛根
植物固醇		β－谷固醇、豆固醇	豆类、坚果、植物油
有机硫化物		异硫氰酸盐、烯丙基硫化物	十字花科和大蒜、洋葱等
萜类化合物		单萜、倍半萜、二萜、三萜	柑橘类水果、薄荷、芹菜等
皂苷		甾体皂苷、三萜皂苷	豆科植物
蛋白酶抑制剂		丝氨酸蛋白酶抑制剂、半胱氨酸蛋白酶抑制剂	所有植物，特别是豆类和谷类
植酸		肌醇六磷酸	谷物、粮食作物

（一）类胡萝卜素

类胡萝卜素是水果和蔬菜中广泛存在的植物次级代谢产物，它们的主要功能之一是使植物显示出红色或黄色。目前已有600多种类胡萝卜素得到了分离和鉴定，常见的有α－胡萝卜素、β－胡萝卜素、番茄红素、玉米黄素和叶黄素等。

黄色的蔬菜、水果如胡萝卜、红薯、南瓜、木瓜、芒果等含有丰富的类胡萝卜素，西红柿、西瓜、紫色葡萄柚、杏等则含有较多的番茄红素。

（二）酚类化合物

酚类化合物也称多酚，包括酚酸类、类黄酮等化合物，其化学结构的特点是含有带一个或者多个羟基的芳香环。

1. 酚酸类：主要由羟基苯甲酸类（hydroxybenzoic acids）和羟基苯丙烯酸类（hydroxycinnamic acids）组成。前者包括羟基苯甲酸、原儿茶酸（protocatechuic acid）、香草酸（vanillic acid）、丁香酸（syringic acid）和没食子酸（gallic acid），后者包括香豆酸（coumaric acid）、咖啡酸（caffeic acid）、阿魏酸（ferulic acid）和芥子酸（sinapic acid）。作为咖啡酸的酯化物的绿原酸（chlorogenic acid）和由二个阿魏酸化合

而成的姜黄素（curcumin）也是常见的酚酸类。植物中酚酸类多以结合的形式存在，加热、发酵等加工过程有助于其游离释放。

2. 类黄酮：通常分为黄酮醇、黄酮、黄烷醇、黄烷酮、花色素和异黄酮等。槲皮素是最常见的黄酮醇，广泛分布于蔬菜、水果、茶叶以及红酒中。茶多酚为茶叶中含有的黄烷醇、黄酮醇以及其他酚酸类物质的总称，主要有表儿茶素、表儿茶素－3－没食子酯、表没食子儿茶素、表没食子儿茶素－3－没食子酯。天然状态下类黄酮多与不同糖基结合形成糖苷衍生物。常见的花色素有矢车菊色素、花葵素、飞燕草素、芍药素和二甲花翠素等。花色苷是花色素的糖苷衍生物，花色苷为蔬菜、水果中色素类物质，黑米中也含有丰富的花色苷类。

（三）植物雌激素

植物雌激素是存在于植物中，可结合到哺乳动物体内雌激素受体上，并能发挥类似于内源性雌激素作用的成分。

植物雌激素主要属于多酚类化合物，根据其分子结构可分为异黄酮类、木酚素类、香豆素类和芪类等四大类。异黄酮类包括染料木黄酮、大豆苷元、大豆苷等，主要存在于豆科植物中，如大豆异黄酮含量为0.1%～0.5%；木酚素类中最常见的是开环异落叶松树脂酚和穗罗汉松树脂酚，广泛分布于油籽、谷物、蔬菜、茶叶中，在亚麻籽中含量可达370mg/100g；香豆素类包括香豆雌醇和4－甲氧基豆雌醇等，主要存在于处于发芽阶段的植物中，含量丰富的食物包括黄豆芽、绿豆芽、苜蓿等，其中干豆芽中香豆雌醇的含量可达7mg/100g；芪类代表物为白藜芦醇，主要分布在葡萄属植物、花生中，以葡萄皮中含量最高，红酒中含量也较丰富。

（四）植物固醇

植物固醇是一类以环戊烷全氢菲为甾核的物质，广泛存在于蔬菜、水果等各种植物的细胞膜中，常见的植物固醇有β－谷固醇、豆固醇、菜油固醇。从化学结构来看，植物固醇和胆固醇的区别是前者多了一个侧链。人每日从膳食中摄入的植物固醇为150～400mg，但人体对植物固醇的吸收率很低，仅为5%左右，影响吸收率的原因目前尚不清楚。

（五）有机硫化物

植物性食物中常见的有机硫化物包括异硫氰酸盐、葱属含硫化物等。

1. 异硫氰酸盐：芥子油甙存在于所有十字花科蔬菜中，如卷心菜、羽衣甘蓝、菜花、西兰花（绿菜花）、豆瓣菜（西洋菜）、紫油菜等，也存在于芥菜、小萝卜和大头菜中。其降解产物具有典型的芥末、辣根和花椰菜的味道。在植物中特殊酶——葡糖硫苷酶的作用下，植物组织的机械性损伤可将芥子油甙转变为有活性的物质，即异硫氰酸盐、硫氰酸盐和吲哚。白菜加热时，芥子油甙含量可减少30%～60%。人体每日从膳食中摄入芥子油甙10～50mg，素食者高达110mg。

2. 葱属含硫化物：葱属类蔬菜包括大蒜、洋葱、大葱、小葱和韭菜等，其中含有的辛辣味物质均为含硫化物，其中二烯丙基二硫化物的生物活性最强，亦称蒜素，蒜素中的基本物质是蒜苷。大蒜类植物的结构受损时，蒜苷在蒜氨酸酶的作用下可形成蒜素。新鲜大蒜中蒜素的含量高达 4g/kg。白菜中也含有硫化物，但由于缺少蒜氨酸酶，不能形成具有生物活性的硫化物代谢产物。

（六）萜类化合物

萜是以异戊二烯作为基本单位，以不同方式首尾相接构成的聚合体。水果、蔬菜、全谷中富含的甲羟戊酸是合成异戊二烯的基本物质。植物中重要的萜类化合物有 d－苎烯（d－limonene）、柠檬苦素类化合物（limonoids）和皂苷（saponin）。

1. d－苎烯：又名柠檬烯（limonene，$C_{10}H_{16}$），属单萜类物质，是多种水果（主要为柑橘类）、蔬菜及香料中存在的天然成分，柑橘果皮精油中含量最多。由于柠檬烯具有柠檬样香味和气味，故广泛用作食物、饮料、口香糖中的调味剂和肥皂、香水中的调香剂。人体每日摄入的单萜类物质约为 150mg。

2. 柠檬苦素类化合物：一组三萜衍生物，为柑橘苦味成分之一，以葡萄籽含量最高。

3. 皂苷：一类具有苦味的化合物，可与蛋白质和脂类（如胆固醇）形成复合物，在豆科植物（特别是大豆）中皂苷含量特别丰富。由于皂苷具有溶血作用，以前人们一直认为对健康有害，最近发现其有降低胆固醇、调节免疫功能和预防肿瘤发生的作用。黄豆、豆腐、豆腐干中的豆皂苷含量均在 0.3%以上，发酵可使大豆皂苷部分降解。

甘草是我国传统天然甜味剂，现广泛用作食品工业中的甜味剂和调味剂。甘草根中的有效成分是甘草甜素，也是一种三萜的衍生物。

二、植物化学物的生物学作用

植物化学物具有多种生物学作用，见表 1－27。

表 1－27　植物化学物的主要生物学作用

植物化学物	生物学作用									
	抗肿瘤	抗微生物	抗氧化	抗血栓形成	免疫调节	抑制炎症过程	调节血压	降低胆固醇	调节血糖	促消化
类胡萝卜素	√		√		√			√		
植物固醇	√							√		
皂苷	√	√			√			√		
芥子油甙	√	√						√		
多酚	√	√	√	√	√	√	√		√	
蛋白酶抑制剂	√		√							
单萜类	√	√								
植物雌激素	√	√								
硫化物	√	√	√	√	√	√	√	√		√

续表1－27

植物化学物	生物学作用									
	抗肿瘤	抗微生物	抗氧化	抗血栓形成	免疫调节	抑制炎症过程	调节血压	降低胆固醇	调节血糖	促消化
植酸	√		√		√				√	

引自：Mann J，Truswell A S. Essentials of Human Nutrition Second Edition [M]. Oxford：Oxford University Press，2002.

（一）抗肿瘤作用

膳食是与肿瘤危险性相关的主要外源性因素，各类恶性肿瘤中约有1/3与膳食有关。一些膳食可促进肿瘤的发生，而另一些膳食可能降低肿瘤的发生风险。蔬菜和水果中富含的植物化学物多有预防肿瘤发生的潜在作用，有30余种植物化学物在降低人群恶性肿瘤发病率方面可能具有实际意义。欧洲一些国家坚持推荐食用蔬菜、水果和富含膳食纤维的谷类食品，结果胃癌的发生率显著下降。鉴于植物化学物具有潜在的预防肿瘤的作用，目前这些国家推荐将蔬菜和水果的每日消费量增加5倍。

肿瘤的发生是一个多阶段过程，植物化学物几乎可以在每一个阶段抑制肿瘤的发生。

致癌物通常是以未活化的形式被摄入体内，由Ⅰ相酶（如依赖单加氧酶的细胞色素P450）介导的内源性生物活化是致癌物产生遗传毒性的先决条件，而Ⅱ相酶（如谷胱甘肽－S－转移酶）通常是对已活化的致癌物发挥减毒或去毒作用。植物化学物（如芥子油甙、多酚、单萜类、硫化物）均可通过抑制Ⅰ相酶和诱导Ⅱ相酶来抑制致癌作用。如从十字花科植物提取的芥子油甙代谢物莱菔子硫（sulforaphane，属异硫氰酸盐）可活化细胞培养系统中具有去毒作用的Ⅱ相酶——苯醌还原酶。在人体试食试验中，每日食用300g球茎甘蓝可增加男性的α－谷胱甘肽－S－转移酶活性，但对女性无此作用。

某些酚酸可与活化的致癌剂发生共价结合并掩盖DNA与致癌剂的结合位点，从而抑制由DNA损伤所造成的致癌作用。

动物实验表明，植物化学物对机体激素代谢有影响。植物雌激素和芥子油甙的代谢物吲哚－3－甲醇可影响雌激素的代谢。已知雌激素对某些肿瘤生长有轻度促进作用，而植物雌激素在人肝脏可诱导性激素结合球蛋白（sex hormone－binding globulin，SHBG）的合成，增加雌激素与该转运蛋白的结合，从而降低雌激素促肿瘤生长的作用。

植物化学物抗肿瘤作用的另一可能机制是调节细胞生长，如莱姆树中的单萜类可减少内源性细胞生长促进物质的形成，从而阻断细胞的异常增生。

次级胆汁酸可通过促进细胞增生而促进结肠癌的发生，植物化学物也可影响次级胆汁酸类代谢物的内源性生成。另外，植物固醇、皂苷和植物雌激素等植物化学物还有减少初级胆汁酸合成及抑制其向次级胆汁酸转化的作用。

（二）抗氧化作用

自由基是指具有未配对电子的原子、原子团、分子或离子，生物体内常见的有超氧阴离子 $O_2^{\overline{\cdot}}$ 、羟自由基·OH、过氧自由基 ROO·、烷氧自由基 RO·、氮氧化物 NO·和 NO_2·等。自由基是有关酶系统催化的需氧代谢过程和电子传递过程的中间产物，人体在应激、炎症等生理病理状态下能产生 $O_2^{\overline{\cdot}}$ 和氮氧化物参与正常的生化过程，调节花生四烯酸代谢、吞噬细胞和中性粒细胞的吞噬杀菌功能和免疫过程。但当体内自由基大大超过机体自身清除能力时，自由基攻击核酸、蛋白质、多不饱和脂肪酸等生物大分子，使之发生交联或断裂，导致组织损伤或机体衰老。肿瘤和心血管疾病的发生与体内活性氧及自由基造成的氧化应激有关。

现已发现植物化学物，如类胡萝卜素、酚化合物、蛋白酶抑制剂和硫化物具有明显的抗氧化作用。

某些类胡萝卜素，如番茄红素和角黄素，与β—胡萝卜素相比，猝灭单线态氧和氧自由基的能力更强。在具有抗氧化作用的植物化学物中，多酚无论在数量还是在抗氧化作用上都格外引人注目。红葡萄酒中的多酚提取物以及黄酮醇（槲皮素）在体外实验条件下与等量的维生素相比能更有效地保护 LDL 胆固醇不被氧化。

某些蔬菜对 DNA 氧化损伤具有保护作用。如前所述，每天食用 300g 球茎甘蓝共 3 周的人群与同样时间内每日食用 300g 无芥子油甙蔬菜的人群相比，DNA 氧化损伤显著降低。人体每天摄入的具有抗氧化作用的必需营养素只有 100mg，而每天摄入的具有抗氧化作用的植物化学物却超过 1g，反映了植物化学物作为抗氧化剂对降低癌症发生风险的潜在作用，以及多吃蔬菜和水果的重要意义。

（三）免疫调节作用

体外实验表明类黄酮具有免疫抑制作用，而皂苷、硫化物和植酸具有增强免疫功能的作用。由于缺少人群研究，目前还不能对植物化学物影响人体免疫功能的作用进行系统评价，但可以肯定，类胡萝卜素和类黄酮可能对人体具有免疫调节作用。

（四）抗微生物作用

球茎植物中的硫化物具有抗微生物作用。蒜素是大蒜中的硫化物，具有很强的抗微生物作用。芥子油甙的代谢物异硫氰酸盐和硫氰酸盐同样具有抗微生物作用。混合食用水芹、金莲花和辣根后，泌尿道中的芥子油甙代谢物能达到治疗浓度，但单独食用其中任何一种却不能达到满意的疗效。

日常生活中常用一些浆果如越橘和黑莓预防和治疗感染性疾病。

（五）降低胆固醇作用

动物实验和临床研究均发现，以皂苷、植物固醇和硫化物为代表的植物化学物具有降低胆固醇的作用。植物固醇如β—谷固醇曾用于治疗高胆固醇血症。以皂苷为例，植物化学物降低胆固醇的作用机制如下：皂苷在肠中与初级胆酸结合形成微团，这些微团过大，不能通过肠壁，因此减少了胆酸的吸收，使胆酸排出增加；皂苷还可引起内源性胆固醇增加初级胆酸在肝脏的合成，从而降低胆固醇浓度。此外，存在于微团中的胆固醇通常在肠外吸收，而植物固醇使胆固醇从微团中游离出来，减少胆固醇的肠外吸收。

植物化学物还可抑制肝中胆固醇代谢的关键酶，其中最重要的是羟甲基戊二酸单酰CoA还原酶，其活性可被硫化物抑制。有报道指出花色素中的茄色甙（nasunin）和吲哚−3−甲醇也有降胆固醇作用。

植物化学物的保健作用还包括调节血压、血糖和血凝以及抑制炎症等。

三、蔬菜和水果中的植物化学物

大量流行病学研究结果证实，大量食用蔬菜和水果能够预防人类多种肿瘤。蔬菜和水果摄入量大的人群较摄入量低的人群肿瘤发生率低约50%。但目前很难区分蔬菜和水果中的每一种成分（如必需营养素、膳食纤维、植物化学物）降低疾病发生风险的作用，因此提倡多吃蔬菜和水果。

富含植物化学物的蔬菜和水果见表1−28。

表1−28　富含植物化学物的蔬菜和水果

名称	植物化学物	名称	植物化学物
苹果和苹果汁	酚化合物	白菜	莱菔子硫、吲哚
杏（新鲜或干）	β−胡萝卜素	西兰花（椰菜）	莱菔子硫、吲哚、β−胡萝卜素、叶黄素、槲皮素
黑莓	鞣花酸	青花菜幼苗	莱菔子硫
越橘	花色苷、鞣花酸	芽甘蓝	莱菔子硫、吲哚
哈密瓜	β−胡萝卜素	卷心菜	莱菔子硫、吲哚
樱桃	花色苷、槲皮素	花菜	莱菔子硫、吲哚
柑橘类水果	橘皮苷、橘皮黄酮、柠檬烯	绿羽衣甘蓝	叶黄素、莱菔子硫、吲哚
猕猴桃	β−胡萝卜素、叶黄素、花色苷、鞣花酸	羽衣甘蓝	β−胡萝卜素、叶黄素、莱菔子硫、吲哚、槲皮素
芒果	β−胡萝卜素	叶莴苣	槲皮素
番木瓜	β−胡萝卜素	生菜	叶黄素
梨	槲皮素	胡萝卜	β−胡萝卜素
红葡萄柚	番茄红素、橘皮苷、橘皮黄酮、柠檬烯	细香葱	葱属含硫化合物
李子	花色苷	大蒜	葱属含硫化合物、槲皮素
梅脯	酚类化合物	韭菜	葱属含硫化合物
葡萄干	酚类化合物	洋葱	葱属含硫化合物、槲皮素
覆盆子	鞣花酸	葱	葱属含硫化合物
红葡萄	异黄酮、鞣花酸、槲皮素	菠菜	β−胡萝卜素、叶黄素、玉米黄素

续表1－28

名称	植物化学物	名称	植物化学物
草莓	花色苷、鞣花酸	叶甜菜	叶黄素、吲哚、莱菔子硫
西瓜	番茄红素	豆瓣菜	莱菔子硫、吲哚
番茄及其制品	番茄红素	萝卜	莱菔子硫、吲哚
玉米	玉米黄素	甜椒	番茄红素
南瓜	β－胡萝卜素	笋瓜	β－胡萝卜素、玉米黄素
红薯	β－胡萝卜素	—	—

第二章　各类食物的营养价值

食物是人类赖以生存的物质基础，是各种营养素和有益的生物活性物质的主要来源。食物根据来源可分为两大类：植物性食物（及其制品）和动物性食物（及其制品）。

食物的营养价值是指某种食物所含营养素和能量能满足人体营养需要的程度。食物营养价值的高低不仅取决于其所含营养素的种类是否齐全、数量是否足够，也取决于各种营养素间的相互比例是否适宜以及是否易被人体消化吸收和利用。产地、品种、气候、加工工艺和烹调方法等很多因素均影响食物的营养价值。

每一种食物都有其独特的营养价值，除母乳对于 6 月龄以内婴儿属于营养全面的食物外，没有哪一种食物能够满足人体对所有营养素的需要，因此食物多样、平衡膳食对满足机体的营养需求非常重要。

第一节　食物营养价值的评价及意义

一、食物营养价值的评价指标

食物营养价值的评价主要从食物所含的能量、营养素的种类及含量、营养素的相互比例、烹调加工的影响等方面入手。另外，随着对食物中营养素以外活性成分的研究的深入，食物中的其他有益活性成分的含量和种类也可以作为食物营养价值评价的依据，如植物性食物中植物化学物的种类和含量。

（一）营养素的种类及含量

食物中所提供的营养素的种类和含量是评价食物营养价值的重要指标。食物所含营养素不全或某些营养素含量很低，或者营养素相互之间的比例不当，或者不易被人体消化吸收，都会影响食物营养价值，如谷类食物蛋白质中缺乏赖氨酸，使谷类蛋白质的营养价值与肉类比较相对较低。另外，食物品种、部位、产地及成熟程度都会影响食物中营养素的种类和含量。所以当评价食物营养价值时，首先应对其所含营养素的种类及含量进行分析确定。

（二）营养素质量

在评价某种食物的营养价值时，所含营养素的质与量同样重要。食物质的优劣主要体现在所含营养素被人体消化吸收和利用的程度，消化吸收率和利用率越高，其营养价值就越高。如同等重量的蛋白质，因其所含必需氨基酸的种类、数量和比值不同，其促进机体生长发育的效果就有差别。食物蛋白质必需氨基酸的氨基酸模式越接近人体，该食物蛋白质的营养价值就越高。

营养质量指数（index of nutrition quality，INQ）是指某食物中营养素能满足人体营养需要的程度（营养素密度）与该食物能满足人体能量需要的程度（能量密度）的比值。INQ是常用的评价食物营养价值的指标，是在营养素密度的基础上提出来的。其公式如下：

$$\text{INQ}=\frac{\text{食物中某种营养素含量/该营养素参考摄入量}}{\text{该食物提供的能量/能量参考摄入量}}$$

若INQ=1，说明该食物提供营养素和提供能量的能力相当，当人们摄入该种食物时，满足能量需要的程度和满足营养素需要的程度是相当的；若INQ>1，则表示该食物营养素的供给能力高于能量，当人们摄入该种食物时，满足营养素需要的程度大于满足能量需要的程度；若INQ<1，表示该食物中该营养素的供给能力低于能量的供给能力，当人们摄入该种食物时，满足营养素需要的程度小于满足能量需要的程度。一般认为INQ>1和INQ=1的食物营养价值高，INQ<1的食物营养价值低，长期摄入INQ<1的食物会发生该营养素不足或能量过剩。INQ的优点在于它可以根据不同人群的需求来分别计算，由于不同人群的能量和营养素参考摄入量不同，所以同一食物不同人食用其营养价值是不同的。

以低强度身体活动水平18～29岁男性的营养素与能量的DRIs计算出鸡蛋、大米、大豆中蛋白质、视黄醇、硫胺素和核黄素的INQ，见表2-1。

表2-1　鸡蛋、大米、大豆中几种营养素的INQ

	能量（kcal）	蛋白质（g）	视黄醇（μgRAE）	硫胺素（mg）	核黄素（mg）
低强度身体活动水平18～29岁男性DRIs	2150	65	770	1.4	1.4
100g鸡蛋	144	13.3	234	0.11	0.27
INQ	—	3.06	4.54	1.17	2.88
100g大米	347	8.0	—	0.22	0.05
INQ	—	0.76	—	0.97	0.22
100g大豆	359	35.0	37	0.41	0.20
INQ	—	3.22	0.29	1.75	0.86

（三）营养素在加工烹调过程中的变化

多数情况下，过度加工会造成某些营养素损失，但某些食物如大豆通过加工制作可提高蛋白质的利用率。因此，食物加工处理应选用适当的加工技术，尽量减少食物中营养素的损失。

（四）食物抗氧化能力

随着食物营养研究的深入，食物的抗氧化能力也是评价食物营养价值的重要内容。食物中抗氧化成分包括食物中存在的抗氧化营养素和植物化学物，前者如维生素 E、维生素 C、硒等，后者如类胡萝卜素、番茄红素、多酚类化合物及花青素等。这些物质进入人体后可以防止体内自由基产生过多并具有清除自由基的能力，从而预防自由基水平过高，有助于增强机体免疫力和预防营养相关慢性病，所以这类抗氧化营养成分含量高的食物通常被认为营养价值也较高。

（五）食物血糖生成指数

不同食物来源的碳水化合物进入机体后，因其消化吸收的速率不同，对血糖水平的影响也不同，可用食物血糖生成指数来评价食物碳水化合物对血糖的影响，评价食物碳水化合物的营养价值，进而反映食物营养价值。食物血糖生成指数低的食物具有预防超重/肥胖，进而预防营养相关慢性病的作用，从这个角度，可以认为食物血糖生成指数低的食物营养价值较高。

（六）食物中的抗营养因子

有些食物中存在抗营养因子，如植物性食物中所含的植酸、草酸等可影响矿物质的吸收，大豆中含有蛋白酶抑制剂及植物红细胞凝血素等，所以在进行食物营养价值评价的时候，还要考虑这些抗营养因子。

二、评价食物营养价值的意义

1. 全面了解各种食物的天然成分，包括所含营养素种类、生物活性成分及抗营养因子等；发现各种食物的主要缺陷，为改造或开发新食品提供依据，解决抗营养因子问题，以充分利用食物资源。

2. 了解在食物加工过程中食物营养素的变化和损失，采取相应的有效措施，最大限度地保存食物中的营养素。

3. 指导人们科学选购食物及合理配制平衡膳食，以达到促进健康、增强体质、延年益寿及预防疾病的目的。

第二节　谷类食物的营养价值

谷类食物主要包括稻米、小麦、玉米、小米等，以稻米和小麦为主。我国居民膳食中50%～70%的能量、40%～70%的蛋白质和60%以上的维生素 B_1 主要来源于谷类食物。中国总膳食调查显示，谷类食物占我国膳食构成比的49.7%，故称为主食。

一、谷类的结构和营养素分布

各种谷类种子的结构基本相似，谷粒的最外层是谷壳，主要成分是硅，对谷粒起保护作用，可防害虫、防微生物、防机械损伤及防潮。去壳以后的谷粒，其结构由外向内可分为谷皮、谷胚和胚乳三个主要部分，分别占谷粒重量的13%～15%、83%～87%、2%～3%。

谷皮为谷粒的外壳，主要由纤维素、半纤维素等组成，含有较多矿物质和脂肪。谷皮不含淀粉，植酸含量较高，不宜食用，在加工中作为糠麸除去，成为动物饲料。在加工精度不高的谷物中，保留少量谷皮成分。

糊粉层介于谷皮与胚乳之间，含有较多的B族维生素和矿物质，有重要的营养意义。但糊粉层的细胞壁较厚，不易被消化，而且含有较多酶类，影响产品的耐储藏性。在碾磨加工时，糊粉层易与谷皮同时被除去。

胚乳是谷类的主要部分，含大量淀粉和一定量的蛋白质。胚乳周围部分蛋白质含量较高，越接近胚乳中心含量越低。谷胚容易消化，适口性好，耐储藏，但维生素和矿物质含量很低。精制米、精制面基本上只剩下胚乳。

胚芽位于谷粒的一端，是种子中生理活性最强、营养价值最高的部分，富含脂肪、蛋白质、矿物质、B族维生素和维生素E。胚芽质地较软而有韧性，不易粉碎，但在加工时易与胚乳分离而丢失。

二、谷类的营养价值

（一）蛋白质

谷类蛋白质由谷蛋白、白蛋白、醇溶蛋白、球蛋白组成，主要是醇溶蛋白（醇溶蛋白中严重缺乏赖氨酸）和谷蛋白。谷类蛋白质含量因品种、气候、地区及加工方法不同而异，一般为7.5%～15.0%。大米的蛋白质含量在7%～9%，燕麦、荞麦的蛋白质含量较高。糊粉层和谷胚中的氨基酸比例合理，生物价较高，越向胚乳内部，蛋白质含量越低，赖氨酸含量也越低。然而外层质量较高的蛋白质在谷类的加工精制中损失较大，保留下来的多是胚乳内部质量较差的蛋白质。一般谷类蛋白质必需氨基酸组成不平衡，赖氨酸含量少，是谷类的第一限制氨基酸，苏氨酸、色氨酸、苯丙氨酸、蛋氨酸含量也偏低，因此谷类蛋白质营养价值低于动物性食物。

小麦蛋白质主要缺乏赖氨酸，玉米和高粱蛋白质的色氨酸含量明显不足，生物价比小麦更低。大米的蛋白质含量虽然不高，但因其中醇溶蛋白含量少，质量比小麦蛋白质好，因此其蛋白质的综合利用率接近其他谷类。燕麦和荞麦蛋白质中赖氨酸含量丰富，生物价较高。

谷类在膳食中所占比例较大，也是膳食蛋白质的重要来源，为了提高谷类蛋白质的营养价值，常采用氨基酸强化和蛋白质互补的方法。如果与豆类、乳类、蛋类或肉类同食，谷类蛋白质的生物价可通过蛋白质互补作用而大大提高。

（二）碳水化合物

谷类碳水化合物主要是淀粉，集中在胚乳的淀粉细胞内，含量在70%以上，此外还含有糊精、戊聚糖、葡萄糖和果糖等。淀粉是人类最理想、最经济的能量来源，在我国居民膳食中50%～70%的能量来自谷类碳水化合物。

谷类淀粉因葡萄糖分子的聚合方式不同，按结构可分为直链淀粉和支链淀粉，其含量因品种而异，可直接影响食用风味。直链淀粉易溶于水，可以被β-淀粉酶完全水解为麦芽糖，易消化；支链淀粉则相反，只有约54%能被β-淀粉酶水解，不易消化。与支链淀粉相比，直链淀粉使血糖升高的幅度较小。糯米中含支链淀粉较多。

谷粒中的膳食纤维含量在2%～12%，主要是纤维素和半纤维素，果胶物质较少，主要在壳中，谷皮和糊粉层中也含一部分膳食纤维，胚乳中几乎没有膳食纤维。因此，精制米、精制面中膳食纤维含量极低。

（三）脂肪

谷类脂肪含量低，大米、小麦为1%～2%，玉米和小米可达4%，主要集中在糊粉层和胚芽。从胚芽中提取的油脂营养价值很高，含有丰富的亚油酸、卵磷脂和植物固醇，并含有大量维生素E。在谷类加工时，大部分脂类转入副产品中。

（四）矿物质

谷类矿物质占1.5%～3.0%，集中在谷皮、糊粉层和胚芽中，主要是磷和钙，钾、镁的含量也较高，铁含量低。小麦中的矿物质含量高于大米，燕麦的钙、铁含量高于一般谷物。谷类所含的植酸常常与钙、铁等矿物质形成不溶性的盐类，对其吸收有不良影响。植酸和矿物质的分布类似，在谷粒的外层较多，胚乳中几乎不含植酸，所以加工精度低的谷类，钙、铁、锌等矿物质利用率低。

（五）维生素

谷类是B族维生素的重要膳食来源，如维生素B_1、烟酸、维生素B_2、泛酸和维生素B_6，主要分布在胚芽、糊粉层和谷皮。谷类加工的精度越高，保留的胚芽和糊粉层越少，维生素损失越多。小麦粉中的维生素B_1含量比大米高，因此以面粉为主食的人较吃精白米的人不易患脚气病。玉米和小麦含有少量胡萝卜素。玉米中烟酸为结合型，不易被人体利用，须经适当加工变成游离型烟酸后才能被吸收利用。鲜玉米中含少量维生素 C。谷类中不含维生素 A 和维生素 D。

三、加工烹调和储藏对谷类营养价值的影响

（一）加工对谷类营养价值的影响

谷类的加工分为精制加工和食品加工。

1. 精制加工：主要方式是适当碾磨，去除杂质和糠皮，不仅可改善谷类的感官性状，而且有利于消化吸收。由于谷类所含的矿物质、维生素、蛋白质、脂肪等多分布在谷粒的周围和胚芽内，向胚乳中心则逐渐减少，因此这些营养素的存留程度与加工方法和精度关系密切。加工精度越高，糊粉层和胚芽损失越多，营养素损失也越多，尤以 B 族维生素损失严重。

如果谷类加工粗糙，虽然营养素损失减少，但感官性状差，且消化吸收率也相应降低，由于植酸和纤维素含量较高，还会影响其他营养素的吸收，如植酸与铁、锌、钙等螯合成植酸盐，不能被机体利用。我国于 20 世纪 50 年代初制造出的标准米（九五米）和标准粉（八五粉），较精制米、精制面保留了较多的 B 族维生素、纤维素和矿物质，在节约粮食和预防某些营养缺乏病方面取得了良好效果。为保障食用者的健康，应强化米面的营养，改进谷类加工工艺，提倡粗细粮混食等，以克服精制米、精制面的营养缺陷。

2. 食品加工。

（1）发酵：发酵过程中消耗部分淀粉和可溶性糖。酵母是 B 族维生素的良好来源。酵母所含的植酸酶将面粉中大部分植酸水解，从而大大提高了钙、铁、锌的吸收率，同时，伴随酵母发酵，轻度乳酸发酵所生成的乳酸与钙、铁结合，可以形成易为人体利用的乳酸钙和乳酸铁。因此发酵可增加 B 族维生素的含量，并使各种微量元素的生物利用率提高。

（2）烘烤：面粉蛋白质中赖氨酸的ε－氨基在烘烤的高温下可与羰基化合物（主要是还原糖）发生美拉德反应产生褐色物质，使蛋白质中赖氨酸的生物利用率降低。高温也可造成 B 族维生素的损失。

（3）油炸：油炸的高温会使谷物中的维生素 B_1 损失殆尽，维生素 B_2 和烟酸也损失 50％以上，这是谷物营养素损失最大的一种加工方式。

（4）糕点制作：以面粉为主料，添加糖、油脂和膨化剂等，含大量简单糖和脂肪，能量高。

（5）提取淀粉：粉皮、粉丝、凉粉等是由谷类或薯类提取淀粉制成的，通常经过浸泡、磨浆、过滤、沉淀、洗涤、干燥等工序，绝大部分蛋白质、维生素和矿物质随多次洗涤而损失殆尽，剩下的几乎是纯粹的淀粉，仅存少量矿物质，营养价值较低。

（6）方便面：面粉中的维生素经油炸后损失严重，使方便面的营养不平衡，且容易发生油脂氧化，不利于健康。

（二）烹调对谷类营养价值的影响

经过烹调，谷类淀粉糊化，易于消化吸收，但可能造成营养素的损失，主要是B族维生素的损失较大，以维生素 B_1 损失最为严重。蛋白质和矿物质在烹调过程中损失不大。不同烹调方式造成的营养素损失程度不同，蒸、烤、烙等烹调方法的营养素损失较少。

大米淘洗过程中水溶性维生素和矿物质流失，维生素 B_1 可损失30%～60%，维生素 B_2 和烟酸可损失20%～25%，矿物质损失70%左右。营养素的损失与淘洗的次数、浸泡的时间、用水量和温度密切相关。淘米时水温高，搓洗次数多，浸泡时间长，营养素的损失就大。因此，洗米时应根据米的清洁程度适当清洗，不要用流水冲洗或用热水烫洗，更不要用力搓洗。

1. 米类食物的烹调：米类以煮蒸的烹饪方法最好，捞饭弃米汤的营养素损失最大。米饭在电饭煲中保温时，随时间延长，维生素 B_1 损失增加。

2. 面食的加工与烹调：面食常用的烹饪方法有蒸、煮、炸、烙、烤等。烹饪方法不同，营养素的损失程度也不同。一般蒸馒头、包子以及烙饼时营养素的损失较少；捞面条时营养素损失较多，大量营养素会随面汤丢弃而损失，所以煮面条和水饺的汤应尽量喝掉；炸制的面食，如油条、油饼，维生素几乎全部被破坏。

玉米中的烟酸含量较低，且不易被人体吸收。如果在做玉米粥、蒸窝头、贴玉米饼时加小苏打，则玉米面食物不但色香味俱佳，而且烟酸易被人体吸收利用。

（三）储存对谷类营养价值的影响

谷类储存期间营养素的质与量受温度、湿度的影响较大。变化最明显的是脂肪。原粮种子含有天然抗氧化剂，可起保护作用。加工粮则变化较明显，主要变化有两方面：一是氧化产生过氧化物和不饱和脂肪酸氧化产生醛、酮等羰基化合物，因而大米出现陈米臭，玉米粉出现哈喇味等；二是被脂肪酶水解产生甘油和脂肪酸，使粮食酸价增高。随着脂肪酸败，脂溶性维生素如维生素E和黄玉米中的胡萝卜素被破坏，B族维生素在储存期间也减少。

在正常的储存条件下，谷类种子的生命活动缓慢进行，蛋白质、维生素、矿物质的含量变化不大。当环境条件改变，如相对湿度增大、温度升高时，谷粒内酶活性增高、呼吸作用增强，使谷粒发热，促进霉菌生长，引起蛋白质、脂肪、碳水化合物分解产物堆积，发生霉变，不仅影响感官性状，而且降低食用价值。由于谷类储存条件和水分含量不同，各种维生素在储存过程中的变化不尽相同。故谷类应储存在避光、通风、干燥和阴凉的环境中，控制霉菌及昆虫的生长繁殖条件，减少氧气和紫外线对营养素的破坏，保持谷类原有的营养价值。

第三节　豆类和坚果的营养价值

一、豆类及其制品的营养价值

豆类分为大豆类（黄豆、黑豆和青豆）和其他豆类（豌豆、蚕豆、绿豆、小豆等），是我国居民膳食中优质蛋白质的重要来源。

（一）大豆的营养价值

1. 蛋白质：大豆蛋白质含量为35%～45%，是植物中蛋白质质量和数量俱佳的作物之一。大豆蛋白质的氨基酸组成接近人体需要，具有较高的营养价值，而且富含谷类蛋白质缺乏的赖氨酸，是与谷类蛋白质互补的理想食品。大豆蛋白质蛋氨酸含量低。

大豆与谷类不同，营养成分主要集中在籽粒内部的子叶中，种皮基本上不含营养成分，因此在加工中去除种皮不影响其营养价值。

2. 碳水化合物：大豆含25%～30%的碳水化合物，其中只有一半是可利用的淀粉、阿拉伯糖、半乳糖和蔗糖，另一半是人体不能消化吸收的棉籽糖和水苏糖，存在于大豆细胞壁，在肠道细菌作用下发酵产生二氧化碳、甲烷、氢气等，可引起腹胀，因此被称为胀气因子。但近年来发现这些低聚糖是肠内双歧杆菌的生长促进因子，对健康有益。目前已将大豆低聚糖作为功能性食品基料，可部分代替蔗糖应用于清凉饮料、酸奶、面包等多种食品。

3. 脂类：大豆的脂肪含量为15%～20%，其中不饱和脂肪酸高达85%，亚油酸为50%以上，油酸为30%左右，维生素E和磷脂的含量也很高，且易消化吸收，是一种优质的食用油脂。

大豆中的亚麻酸含量因品种而异，多在2%～10%。目前，人们倾向低亚麻酸、高油酸和亚油酸的品种，因为高亚麻酸的油脂容易发生脂肪氧化，不利于加工和储存。

4. 矿物质：大豆中含有丰富的矿物质，占4.5%～5.0%，其钙含量高于谷类食物，铁、锰、锌、铜、硒等微量元素含量也较高。大豆是一类高钾、高镁、低钠的碱性食物，能纠正饮食中矿物质的摄入不平衡，并维持血液酸碱平衡。

5. 维生素：大豆的B族维生素含量较高，黄豆中含有少量胡萝卜素，大豆油的黄色是含有类胡萝卜素的缘故。干大豆中不含维生素C和维生素D。

青豆（毛豆）是鲜嫩未完全成熟的大豆，含蛋白质13.6%、脂肪5.7%，矿物质和维生素也很丰富，唯一的缺点是草酸含量较高，妨碍食物中钙和铁的吸收。

（二）其他豆类的营养价值

其他豆类蛋白质含量在20%左右，脂肪含量极低，碳水化合物占50%～60%，主要为淀粉，故被称为淀粉类干豆。其他营养素的含量与大豆近似。

（三）豆类的抗营养因子

豆类中含有一些抗营养因子，可影响人体对某些营养素的消化吸收，甚至对健康有害。

1. 蛋白酶抑制剂（protease inhibitor，PI）：存在于大豆、棉籽、花生、油菜籽等植物中，是能抑制胰蛋白酶、糜蛋白酶、胃蛋白酶等13种蛋白酶的物质的总称，其中以抗胰蛋白酶因子（或抗胰蛋白酶抑制剂）最为普遍，对人体胰蛋白酶的活性有部分抑制作用，妨碍蛋白质的消化吸收，有抑制动物生长的作用。常压蒸汽加热30分钟，或1kg压力加热10～25分钟，即可破坏大豆中的抗胰蛋白酶因子。大豆中脲酶的抗热能力较抗胰蛋白酶因子强，且测定方法简单，故常用脲酶试验来判定大豆中抗胰蛋白酶因子是否已被破坏。我国食品卫生标准中明确规定，含有豆粉的婴幼儿代乳食品，脲酶试验必须是阴性。然而，近年来国外一些研究表明，蛋白酶抑制剂作为植物化学物可能具有预防肿瘤和抗氧化作用，因此对其的具体评价与应用有待深入研究。

2. 豆腥味：大豆中含有丰富的脂肪氧化酶，在该酶作用下脂肪部分氧化产生乙醛、乙醇及羰基化合物，从而出现豆腥味。脂肪氧化酶不仅是豆腥味的原因之一，而且在储存中容易造成不饱和脂肪酸的氧化酸败。95℃以上加热10～15分钟，或用乙醇处理后减压蒸发，以及采用纯化大豆脂肪氧化酶等方法均可脱去部分豆腥味。

3. 胀气因子：由于人体内缺乏水苏糖和棉籽糖的水解酶，占大豆碳水化合物一半的水苏糖和棉籽糖经肠道微生物发酵产气。大豆加工制成豆制品时，胀气因子已被除去。

4. 植酸：大豆中存在的植酸可与铁、锌、钙、镁等螯合而影响其吸收利用。在pH值为4.5～5.5时可得到含植酸很少的大豆蛋白质，因为在此条件下35%～75%的植酸可溶解，而对蛋白质影响不大。

5. 皂苷和异黄酮：大豆中的皂苷可引起胃肠不适，过去认为它是有害物质。但目前已确定皂苷和异黄酮具有抗氧化、降低血脂和胆固醇的作用，大豆皂苷、大豆异黄酮（主要为金雀异黄酮）还具有雌激素样作用和抗溶血、抗真菌、抗细菌及抑制肿瘤等作用。

6. 植物红细胞凝集素（phytohematoagglutinin，PHA）：一种糖蛋白，能与人和动物的红细胞特异性结合，使其凝集，可影响动物的生长，对人体有一定毒性。加热即可破坏。

（四）豆制品的营养价值

豆制品包括非发酵性豆制品和发酵豆制品两类，前者有豆浆、豆腐、豆腐干、干燥豆制品（如腐竹等），后者有腐乳、豆豉及臭豆腐等。

1. 豆腐：大豆经过浸泡、磨浆、过滤、煮浆等工序而加工成的产品，加工中去除了大量的膳食纤维和植酸，胰蛋白酶抑制剂和植物血细胞凝集素被破坏，营养素的利用率有所提高。豆腐蛋白质含量为5%～6%，脂肪为0.8%～1.3%，碳水化合物为2.8%～3.4%。

2. 豆腐干：加工中去除了大量水分，使得营养成分得以浓缩。豆腐丝、豆腐皮、百叶的水分含量更低，蛋白质含量可达20%～45%。

3. 豆浆：将大豆用水泡后磨碎、过滤、煮沸而成，其营养成分的含量因制作过程中加入水的量不同而不同，易于消化吸收。

4. 发酵豆制品：豆豉、豆瓣酱、腐乳、酱油等是由大豆发酵制作而成的发酵豆制品。发酵使蛋白质部分降解，消化率提高；还可产生游离氨基酸，增加豆制品的鲜美口味；使豆制品维生素 B_2、维生素 B_6 及维生素 B_{12} 的含量增高，为素食人群补充维生素 B_{12}。经过发酵，大豆的棉籽糖、水苏糖被发酵用微生物（如曲霉、毛霉和根霉等）分解，故发酵豆制品不引起胀气。

5. 大豆蛋白制品：以大豆为原料制成的蛋白质制品主要有四种。①大豆分离蛋白，蛋白质含量约为90%，可用以强化和制成多种食品；②大豆浓缩蛋白，蛋白质含量65%以上，其余为纤维素等不溶成分；③大豆组织蛋白，将油粕、分离蛋白质和浓缩蛋白质除去纤维，加入各种调料或添加剂，经高温高压膨化而成；④油料粕粉，用大豆或脱脂豆粕碾碎而成，有粒度大小不一、脂肪含量不同的各种产品。以上四种大豆蛋白制品的氨基酸组成和蛋白质功效比值较好，目前已广泛应用于肉制品、烘焙食品、乳类制品等。

二、坚果的营养价值

坚果又称壳果，其食用部分多为坚硬果核内的种仁、子叶或胚乳。植物的干种子在商业上常与坚果放在一起。坚果类食品一般分成两类：一类是树坚果，包括杏仁、腰果、榛子、山核桃、松子、核桃、板栗、白果（银杏）、开心果、夏威夷果等；另一类是种子，包括花生、葵花子、南瓜子、西瓜子等。坚果类食品的营养素含量较高，但各种坚果之间差异较大。

几种常见坚果的营养素含量见表2-2。

表2-2　几种常见坚果的营养素含量（每100g可食部）

食物名称	蛋白质 (g)	脂肪 (g)	碳水化合物 (g)	膳食纤维 (g)	维生素 B_1 (mg)	维生素 B_2 (mg)	维生素 E (mg)	磷 (mg)	钙 (mg)	铁 (mg)	锌 (mg)
杏仁	22.5	45.4	23.9	8.0	0.08	0.56	18.53	27	97	2.2	4.30
腰果	17.3	36.7	41.6	3.6	0.27	0.13	3.17	395	26	4.8	4.30
榛子（炒）	30.5	50.3	13.1	8.2	0.21	0.22	14.30	423	815	5.1	3.75
山核桃（干）	18.0	50.4	26.2	7.4	0.16	0.09	65.55	521	57	6.8	6.42
松子（炒）	14.1	58.5	21.4	12.4	…	0.11	25.20	227	161	5.2	5.49
核桃（干）	14.9	58.8	19.1	9.5	0.15	0.15	43.21	294	56	2.7	2.17
板栗（熟）	4.8	1.5	46.0	1.2	0.19	0.13	—	91	15	1.7	—
白果（干）	13.2	1.3	72.6	—	…	0.10	24.70	23	54	0.2	0.69
花生（炒）	21.7	48.0	23.8	6.3	0.13	0.12	12.94	326	47	1.5	2.03
葵花子（炒）	22.6	52.8	17.3	4.8	0.43	0.26	26.64	564	72	6.1	5.91

续表2－2

食物名称	蛋白质(g)	脂肪(g)	碳水化合物(g)	膳食纤维(g)	维生素 B_1 (mg)	维生素 B_2 (mg)	维生素 E (mg)	磷(mg)	钙(mg)	铁(mg)	锌(mg)
南瓜子（炒）	36.0	46.1	7.9	4.1	0.08	0.16	27.28	—	37	6.5	7.12
西瓜子（炒）	32.7	44.8	14.2	4.5	0.04	0.08	1.23	765	28	8.2	6.76

注：…表示未测出，－表示未检测。

（一）蛋白质

坚果的蛋白质含量多在13%～35%，栗子较低，仅5%左右。

几种常见坚果的必需氨基酸含量见表2－3。

表2－3　几种常见坚果的必需氨基酸含量（mg/100g 可食部）

食物名称	赖氨酸	亮氨酸	异亮氨酸	苯丙氨酸	苏氨酸	色氨酸	缬氨酸	组氨酸	精氨酸
杏仁	730	…	923	1192	716	…	…	558	2004
榛子（干）	677	1396	681	927	420	…	814	530	2311
山核桃（熟）	259	526	233	391	226	…	362	161	…
松子（仁）	556	879	400	475	402	161	500	246	2080
核桃（干）	494	1183	632	735	517	198	770	383	2599
板栗（鲜）	242	323	167	225	175	78	226	123	353
白果（干）	364	622	425	425	501	197	698	197	1457
花生（炒）	752	1400	725	1058	543	200	846	460	2474
葵花子（炒）	680	1323	839	942	735	321	1107	522	1907
南瓜子（炒）	959	1862	1003	1304	860	638	1427	710	4306
西瓜子（炒）	805	1881	1023	1372	904	600	1351	742	4680

注：…表示未测出。

（二）碳水化合物

坚果的碳水化合物含量为8%～73%，以淀粉为主。栗子、莲子、白果等树坚果淀粉含量高。坚果的膳食纤维含量较高，甚至高于一般的谷类、蔬菜和水果。

（三）脂肪

大多数坚果脂肪含量高，为1.3%～60.0%。坚果的不饱和脂肪酸占总脂肪酸的比例较大，必需脂肪酸含量高，特别富含卵磷脂。坚果零食宜在饭前吃，因其含有大量脂肪，容易产生饱腹感，也促进其他营养素吸收。

几种常见坚果的脂肪酸含量见表2－4。

表 2-4　几种常见坚果的脂肪酸含量（g/100g 可食部）

食物名称	总脂肪酸	饱和脂肪酸	单不饱和脂肪酸	多不饱和脂肪酸
榛子（炒）	48.1	10.0	11.4	25.7
山核桃（熟）	48.6	3.6	36.0	8.7
松子（仁）	67.5	9.0	26.8	31.7
核桃（干）	56.2	4.8	8.8	42.8
板栗（鲜）	0.7	0.1	0.2	0.4
花生（炒）	45.6	9.0	17.6	17.6
葵花子（炒）	50.5	6.9	10.1	33.0
南瓜子（炒）	44.1	7.9	16.5	19.8
西瓜子（炒）	42.8	7.1	5.5	28.7

（四）矿物质

坚果含有镁、铜、锗、磷和锌。

（五）维生素

高油坚果的维生素 E 含量十分丰富，B 族维生素含量也较高。杏仁中含较多核黄素。淀粉类坚果的维生素含量不高。

三、加工和储存对豆类和坚果营养价值的影响

（一）加工对豆类营养价值的影响

豆类经过不同的加工方法可制成多种豆制品，经过加工的豆类蛋白质消化率、吸收率都有所提高，如大豆经浸泡、制浆、凝固等多道工序后，不仅去除了纤维素、抗营养因子，而且大豆蛋白质的结构由致密变为疏松，蛋白酶容易进入分子内部而使蛋白质消化率提高。整粒大豆的蛋白质消化率为 65%左右，加工成豆腐后蛋白质消化率为 92%~96%，营养价值提高。

大豆经发酵工艺可制成豆腐乳、豆瓣酱、豆豉等，此时蛋白质因部分分解而易于消化吸收，而且某些营养素含量也会增加，如豆豉在发酵过程中，由于微生物作用可合成维生素 B_2，每 100g 豆豉中含维生素 B_2 0.61mg，明显高于其他豆类食物。

大豆和坚果都是食用油脂的良好来源，但在油脂精炼过程中会造成磷脂、维生素 E、胡萝卜素的损失。

（二）储存对坚果营养价值的影响

坚果的适宜储存温度应低于 15℃，阴凉、干燥、避光保存，避免发生油脂酸败。

花生如在高湿环境下储存，容易被黄曲霉毒素污染，而一般烹调方式不能去除黄曲

霉毒素，应引起重视。

第四节　蔬菜和水果的营养价值

蔬菜和水果在我国居民膳食中分别占食物构成的33.7%和8.4%，是膳食中的重要组成部分。蔬菜和水果除含有丰富的碳水化合物、维生素和矿物质外，还富含各种有机酸、芳香物质和色素等，具有良好的感官性状，对增进食欲、促进消化、增加食品多样性具有重要意义。蔬菜和水果的蛋白质和脂肪含量很低。

一、蔬菜和水果的营养价值

（一）碳水化合物

蔬菜和水果中所含碳水化合物包括糖、淀粉、纤维素和果胶等。

含糖较多的蔬菜有胡萝卜、西红柿、南瓜和甜薯。水果含糖量高于蔬菜，但因其种类和品种不同，糖的种类和数量有较大差异，如苹果和梨以果糖为主，桃、李、柑橘以蔗糖为主，葡萄、草莓则以葡萄糖和果糖为主。根茎类蔬菜含较多淀粉，如土豆、藕等。

蔬菜和水果所含纤维素、半纤维素、木质素和果胶是膳食纤维的主要来源，在体内不参与代谢，但可促进肠蠕动而有利于排便，减少或阻止胆固醇等物质的吸收，有益健康。水果中的果胶对果酱、果冻的加工有重要意义。

（二）维生素

蔬菜和水果是维生素C、胡萝卜素、核黄素和叶酸的重要来源。

维生素C一般在蔬菜代谢旺盛的叶、花、茎内含量丰富，与叶绿素的分布平行。一般深色蔬菜维生素C含量较浅色蔬菜高，叶菜维生素C含量较瓜菜高。

胡萝卜素在绿色、黄色或红色蔬菜中含量较高，如胡萝卜、南瓜、苋菜等。

鲜枣、草莓、橘子、猕猴桃中维生素C含量较高，芒果、柑橘、杏等含胡萝卜素较多。

（三）蛋白质

蔬菜和水果的蛋白质含量很低。

（四）矿物质

蔬菜和水果中含丰富的钙、磷、铁、钾、钠、镁、铜等，是膳食矿物质的主要来源，对维持体内酸碱平衡起重要作用。

绿叶蔬菜一般每100g含钙在100mg以上，含铁1～2mg。菠菜、雪里蕻、油菜、苋菜含钙较多。但蔬菜中存在的草酸不仅影响蔬菜本身钙和铁的吸收，还影响其他食物中钙和铁的吸收。因此选择蔬菜时，不能只考虑钙和铁的绝对含量，还应注意其草酸含量（表 2－5）。草酸是一种有机酸，能溶于水，故食用含草酸较多的蔬菜时，可先在开水中烫一下，去除部分草酸，以利于钙、铁的吸收。

表 2－5　常见蔬菜中钙和草酸含量（mg/100g）

食物名称	钙	草酸	理论上计算可利用的钙量	食物名称	钙	草酸	理论上计算可利用的钙量
冬苋菜	230	161	160	芋头	73	63	45
香菜	252	231	150	葱	95	115	44
红萝卜缨	163	75	130	蒜	65	42	44
圆白菜（未卷心）	123	22	114	豌豆（连荚）	102	142	39
乌鸡白	137	76	104	球茎甘蓝	85	99	41
小白菜	159	133	100	大白菜	67	60	38
马铃薯	149	99	99	蒜苗	105	151	38
青菜	149	109	86	小白萝卜	49	27	37
芹菜	181	231	79	韭菜	105	162	34
红油菜	116	94	74	蕹菜	224	691	－83
茼蒿	108	106	61	厚皮菜	64	471	－145
绿豆芽	53	19	45	圆叶菠菜	102	606	－147

注：理论上可利用的钙量（mg/100g）$=\left[\dfrac{\text{钙含量}}{40\text{（钙相对原子质量）}}-\dfrac{\text{草酸含量}}{126\text{（草酸相对分子质量）}}\right]\times 40$。

（五）芳香物质、有机酸和色素

蔬菜和水果中常含有多种芳香物质和色素，使食物具有特殊的香味和颜色、良好的感官性状。

芳香物质为油状挥发性物质，称为精油，主要成分为醇、酯、醛和酮等。有些芳香物质以糖苷或氨基酸状态存在，必须经酶的作用分解成精油才具有香味（如蒜油）。

水果中的有机酸以苹果酸、柠檬酸和酒石酸为主，因水果种类、品种和成熟度不同而异。未成熟果实中琥珀酸和延胡索酸较多，柑橘类和浆果类柠檬酸含量丰富。有机酸能刺激人体消化腺分泌，增进食欲，有利于食物的消化。此外，有机酸使食物保持一定的酸度，对维生素 C 的稳定性有保护作用。

蔬菜和水果中还含有一些酶类、杀菌物质和具有特殊生理活性的植物化学物。如萝卜含有淀粉酶，生食有助于消化；大蒜中含有植物杀菌素和含硫化物，具有抗菌消炎、降低胆固醇的作用；苹果、洋葱、西红柿等含有的生物类黄酮，为天然抗氧化剂，除具有保护心脑血管、预防肿瘤等生物学作用外，还可保护维生素 C、维生素 A、维生素 E 等不被氧化破坏；南瓜、苦瓜已被证实有降血糖作用等。

水果的营养价值一般较蔬菜逊色，但水果食用前不经烹调，营养素不会损失，而且含有保护维生素C的有机酸，因此营养学意义同样重要。

有些野生蔬菜和水果的营养素含量比栽培蔬菜和水果高。

二、菌藻类的营养价值

菌藻类包括食用菌和藻类，在我国日常膳食中通常归为蔬菜类。食用菌是指可供人们食用的真菌，又称真菌食物。我国的食用菌品种很多。食用菌一般分为野生菌、（人工）栽培菌两大类，目前为止经栽培利用的大约有22种，仅占我国食用菌总数的3.5%，因此食用菌的开发潜力很大。我国经栽培而常食用的食用菌主要有蘑菇、香菇、草菇、银耳、木耳、猴头菇及金针菇等。食用量较大的藻类主要是海带和紫菜。菌类和藻类不同于一般的动植物性食物，由于都含有丰富的蛋白质，习惯上常将其放在一起。

（一）蛋白质

新鲜食用菌含蛋白质较少，为3%～4%，干菌藻类蛋白质含量高达20%以上，且大多数菌藻类蛋白质富含人体必需氨基酸，赖氨酸和亮氨酸含量尤为丰富。

（二）碳水化合物

菌藻类的碳水化合物随种类不同而异，研究发现多种菌藻类含有真菌多糖和海藻多糖。菌类中的碳水化合物主要是菌类多糖，如香菇多糖、银耳多糖等，具有提高人体免疫力的作用；海藻类中的碳水化合物主要是海藻多糖，能促进体内多余的胆固醇和某些有毒物质排出。菌藻类膳食纤维含量较丰富。

（三）脂肪

食用菌的脂肪含量较低，约2%，且多为不饱和脂肪酸。

（四）矿物质和维生素

菌藻类矿物质含量丰富，黑木耳富含铁，紫菜镁含量高，海带钙、铁含量丰富。藻类含丰富的碘，是碘的良好来源。

菌藻类含有多种维生素，菌藻类维生素C含量不高，但核黄素、烟酸和泛酸等B族维生素的含量比普通蔬菜高。菌类还含有维生素B_{12}。

三、加工烹调和储存对蔬菜和水果营养价值的影响

（一）加工对蔬菜和水果营养价值的影响

蔬菜和水果经加工可制成罐头食品、果脯、菜干、干果等，加工过程中易受损失的主要是维生素和矿物质，特别是维生素C。

（二）烹调对蔬菜和水果营养价值的影响

根据蔬菜和水果的营养特点，在烹调中应注意水溶性营养素的损失和破坏，特别是

维生素C。维生素C是在蔬菜烹调中最易被破坏的营养素。烹调对蔬菜维生素C的影响与洗涤方式、切碎程度、用水量、pH值、加热温度及时间有关。蔬菜清洗不科学，如先切后洗或长时间浸泡会使维生素C严重损失；在80℃以上快速烹调，维生素C损失较少；凉拌加醋可减少维生素C的损失；烹调后的蔬菜放置时间过长，不仅感官性状有改变，维生素也会有损失。采用合理的加工烹调方法，即先洗后切，急火快炒，现做现吃，可有效保存蔬菜中的维生素。

（三）蔬菜的合理烹调

蔬菜主要在家庭中烹调食用，烹调方法对营养素的影响较大，必须加以重视。

1. 择菜：择菜是营养素保存的关键。许多家庭丢弃外层叶片，只留下较嫩的菜心，或者削皮过厚，造成较大浪费。蔬菜外面的绿色叶片的营养价值高于中心的黄白色叶片，马铃薯等蔬菜靠皮的外层部分的营养素浓度高于中心部分。例如圆白菜外层绿叶中胡萝卜素的浓度比白色的心部高20多倍，矿物质和维生素C含量高数倍。大白菜、生菜等蔬菜与此类似。

2. 洗菜：洗菜是另一道重要的工序。正确的方法是先洗后切，洗菜时不要损伤叶片。如果先切后洗，大量营养素溶于水而流失。特别是切菜后不宜长时间在水中浸泡，否则水溶性营养素将损失严重。

切菜时，如果蔬菜需要长时间熬煮，可切大块；如果切小片或丝，应迅速烹调，以减少营养素在高温下氧化的时间。

3. 烹调：烹调时适当加些醋，可提高维生素C对热的稳定性，减少损失。蔬菜烹调的较好方法是凉拌、急火快炒和快速蒸煮。适合生吃的蔬菜应尽量凉拌生吃，或在沸水中焯1分钟后再拌。胡萝卜素含量较高的绿叶蔬菜可以用急火快炒的方法，因为油炒能促进胡萝卜素的吸收。炒菜时的油温不应过高，时间不应过长，以免维生素C损失过多。一般绿叶蔬菜炒2～3分钟即可。用带油的热汤来烫熟蔬菜也是较好的方法。

（四）储存对蔬菜和水果营养价值的影响

蔬菜和水果在采收后仍会不断发生生物、物理和化学变化，如储存条件不当，蔬菜和水果的鲜度和品质会发生改变，使食用价值和营养价值降低。

1. 蔬菜和水果的呼吸作用：呼吸作用是蔬菜和水果生命活动必不可少的，但旺盛的有氧呼吸会加速氧化过程，使蔬菜和水果中的碳水化合物、有机酸等物质分解，降低蔬菜和水果的风味和营养价值。在储存过程中应避免厌氧呼吸和过旺的有氧呼吸，以减少营养素的损失。

2. 蔬菜的春化作用：春化作用是指蔬菜打破休眠期而发生发芽或抽薹变化，如马铃薯发芽、洋葱抽薹等。春化作用会大量消耗蔬菜内的养分，使其营养价值降低。

3. 水果的后熟：后熟是水果脱离果树后的成熟过程。水果经过后熟进一步增加芳香和风味，果肉软化宜食用，对改善水果质量有重要意义。香蕉、鸭梨等水果只有达到后熟才有较高的食用价值，但后熟以后的水果不宜储存。因此水果采收应在未完全成熟期，储存在适宜温度和条件下，延缓其后熟过程，便于运输。

第五节 畜肉、禽肉和水产品的营养价值

畜肉、禽肉和水产品是居民膳食的重要组成部分，可提供优质蛋白质、脂肪、矿物质和维生素，是食用价值较高的食品。

一、畜肉的营养价值

畜肉是指猪、牛、羊等牲畜的肌肉、内脏、头、蹄、骨、血及其制品，主要提供蛋白质、脂肪、矿物质和维生素。营养素的分布因动物的种类、年龄、肥瘦程度及部位不同而异。肥瘦不同的肉中脂肪和蛋白质的含量差异较大，动物内脏脂肪含量较低，蛋白质、维生素、矿物质和胆固醇含量较高。畜肉类食品经适当加工烹调后不仅味道鲜美、饱腹作用强，而且易于消化吸收。

1. 蛋白质：畜肉蛋白质大部分存在于肌肉组织中，含量为10%～20%，按照在肌肉组织中存在的部位，蛋白质分为肌浆中的蛋白质（占20%～30%）、肌原纤维中的蛋白质（40%～60%）、间质蛋白（占10%～20%）。

畜肉的蛋白质含丰富的人体必需氨基酸，而且在种类和比例上接近人体需要，易消化吸收，所以蛋白质营养价值很高，为利用率高的优质蛋白质。但存在于结缔组织中的间质蛋白主要是胶原蛋白和弹性蛋白，必需氨基酸组成不平衡，如色氨酸、酪氨酸、蛋氨酸含量很低，蛋白质的利用率低。

此外，畜肉中含有可溶于水的含氮浸出物，包括肌凝蛋白原、肌肽、肌酸、肌苷、嘌呤、尿素等非蛋白含氮浸出物，使肉汤具有鲜味，成年动物含量高于幼年动物。

2. 脂肪：畜肉的脂肪含量因牲畜的肥瘦程度及部位不同有较大差异。如肥猪肉脂肪含量达90%，猪里脊肉为7.9%，猪前肘为31.5%，猪五花肉为35.3%，牛五花肉为5.4%，瘦牛肉为2.3%。

畜肉的脂肪以饱和脂肪酸为主，熔点较高，其主要成分是甘油三酯，含少量卵磷脂、胆固醇和游离脂肪酸。胆固醇多存在于动物内脏，如猪瘦肉胆固醇为81mg/100g，猪脑为2571mg/100g，猪肝为288mg/100g ，猪肾为354mg/100g，牛瘦肉为58mg/100g，牛肝为297mg/100g，牛脑为2447mg/100g。

3. 碳水化合物：畜肉中的碳水化合物以糖原形式存在于肌肉和肝脏中，含量极少。宰后的动物肉尸在保存过程中，由于酶的分解作用糖原含量逐渐下降。

4. 矿物质：畜肉矿物质总量占0.8%～1.2%，其中钙含量低，含铁、磷较多，铁以血色素铁的形式存在，生物利用率高，是膳食铁的良好来源。

5. 维生素：畜肉中B族维生素含量丰富，内脏如肝脏中富含维生素A、维生素B_2。

二、禽肉的营养价值

禽肉包括鸡、鸭、鹅、鸽子、鹌鹑等的肌肉、内脏及其制品。

禽肉的营养价值与畜肉相似，但脂肪含量较少，脂肪中不饱和脂肪酸含量高于畜肉，含有20%的亚油酸，熔点较低，易于消化吸收。水禽类的脂肪含量较鸡、鸽子、鹌鹑等高。禽肉脂肪中的胆固醇含量与畜肉相当。禽肉蛋白质的氨基酸组成接近人体需要，含量约为20%，质地较畜肉细嫩，含氮浸出物多，故禽肉炖汤的味道较畜肉更鲜美。

三、水产品的营养价值

水产品可分为鱼类、甲壳类和软体类。鱼类有海水鱼和淡水鱼之分，海水鱼又分为深海鱼和浅海鱼。

1. 蛋白质：鱼类中蛋白质含量因鱼的种类、年龄、肥瘦程度及捕获季节等不同而有区别，一般为15%～25%。其含有人体必需的各种氨基酸，尤其富含亮氨酸和赖氨酸，属于优质蛋白质。鱼类肌肉组织中肌纤维细短，间质蛋白少，水分含量多，组织柔软细嫩，较畜肉、禽肉更易消化，其营养价值与畜肉、禽肉相近。鱼类结缔组织和软骨蛋白质中的胶原蛋白和黏蛋白丰富，煮沸后呈溶胶状，是鱼汤冷却后形成凝胶的主要物质。鱼类还含有较多的其他含氮物质，如游离氨基酸、肽、胺类、嘌呤等化合物，是鱼汤的呈味物质。

其他水产品中河蟹、对虾、章鱼的蛋白质含量约为17%，软体动物的蛋白质含量约为15%，酪氨酸和色氨酸的含量比牛肉和鱼肉高。

2. 脂肪：鱼类脂肪含量低，不同种类的鱼脂肪含量差别较大，一般为1%～10%，主要分布在皮下和内脏周围，肌肉组织中含量很少。鲲鱼的脂肪含量可高达12.8%，而鳕鱼仅为0.5%。鱼类脂肪中不饱和脂肪酸丰富（占80%），熔点低，消化吸收率可达95%。一些深海鱼类脂肪中长链多不饱和脂肪含酸量高，如二十碳五烯酸（EPA）和二十二碳六烯酸（DHA），具有调节血脂、防治动脉粥样硬化、辅助抗肿瘤等作用。鱼类胆固醇含量一般为100mg/100g，但鱼子中含量较高，如鲳鱼子胆固醇含量为1070mg/100g。河蟹、河虾等脂肪含量约为2%，软体动物的脂肪含量平均为1%。

3. 碳水化合物：鱼类碳水化合物的含量低，仅为1.5%左右，主要以糖原形式存在。有些鱼如草鱼、青鱼、鳜鱼、鲈鱼等不含碳水化合物。其他水产品如海蜇、牡蛎和螺蛳等碳水化合物含量较高，可达6%～7%。

4. 矿物质：鱼类矿物质含量为1%～2%，含量最高的是磷，占总灰分的40%，钙、钠、氯、钾及镁含量也较丰富。钙的含量较畜肉、禽肉高，为钙的良好来源。海水鱼类含碘丰富。此外，鱼类含锌、铁、硒也较丰富，如白条鱼、鲤鱼、泥鳅、鲑鱼、鲈鱼、带鱼、鳗鱼和沙丁鱼中锌含量均超过2mg/100g。

河虾的钙含量高达325mg/100g，虾类锌含量也较高。河蚌中锰的含量高达59.6mg/100g，鲍鱼、河蚌和田螺的铁含量较高。软体动物中矿物质含量为1.0%～1.5%，其中钙、钾、铁、硒和锰含量丰富，如生蚝锌含量高达71.2mg/100g，蛏干锌含量为13.6mg/100g，螺蛳锌含量为10.2mg/100g。海蟹、牡蛎和海参等的硒含量都超过50μg/100g。

5. 维生素：鱼类肝脏是维生素A和维生素D的重要来源，也是B族维生素的良好来源，维生素E、维生素B_1和烟酸的含量也较高，但几乎不含维生素C。黄鳝中维生素B_2含量较高，为0.98mg/100g，河蟹和海蟹分别为0.28mg/100g和0.39mg/100g。一些生鱼中含有硫胺素酶，可破坏维生素B_1，此酶在加热时可被破坏。

软体动物维生素的含量与鱼类相似，但维生素B_1含量较低。另外，贝类食物中维生素E含量较高。

四、加工烹调和储存对畜肉、禽肉和水产品营养价值的影响

（一）加工对畜肉、禽肉和水产品营养价值的影响

畜肉、禽肉和水产品经加工可制成罐头食品、熏制品、干制品（肉松、肉干）、熟肉制品等，较新鲜食品易保藏且有独特风味。加工过程对蛋白质影响不大，但高温制作时B族维生素会有损失。

（二）烹调对畜肉、禽肉和水产品营养价值的影响

畜肉、禽肉、鱼类食品在烹调加热过程中蛋白质变化不大，而且经过烹调后蛋白质更易消化吸收。矿物质和维生素在炖、煮时损失不大，在高温制作时B族维生素损失较大。

急火快炒方式可保存较多的B族维生素，炖、煮使原料中的B族维生素溶入汤汁，猪肝在烹调后维生素A有一定损失。

加醋烹调连骨肉，可溶出一部分骨中的钙。因而，骨头汤、糖醋排骨等是钙的良好来源。

在带骨肉罐头和鱼罐头中，由于长时间的加热使骨头酥软，其中的钙、磷、锌等矿物质溶入汤汁中。加醋烹调后溶解量更高。

在油炸温度适当时，表层蛋白质迅速变性，保护了中间部分。熏烤时情况与此类似。油炸和熏烤食品表层的蛋白质利用率下降，B族维生素损失。为避免在高温热油中把蛋白质炸焦和破坏营养素，可以采用挂糊和上浆的方法，不仅使菜肴鲜嫩，而且大大减少了营养素的破坏。

肉类制品应在−18℃以下储存，而且时间不可过长。时间过长或温度较高可导致蛋白质分解和脂肪氧化、B族维生素损失等，尤其是脂肪氧化问题较严重。切得越细的肉类食品，其储存期越短。

第六节　乳及乳制品的营养价值

乳包括牛乳、羊乳和马乳等，人们食用最多的是牛乳。乳能满足初生幼仔迅速生长

发育的全部需要，是营养素齐全、容易消化吸收的一种优质食品，也是各年龄组健康人群及特殊人群（如婴幼儿、老年人、患者等）的理想食品。

一、乳的营养价值

乳是由水、脂肪、蛋白质、乳糖、矿物质、维生素等组成的复杂乳胶体，水分含量为86％～90％，因此其营养素含量与其他食物比较相对较低。牛乳的比重一般为1.028～1.034，比重大小与乳中固体物质含量有关。乳的各种成分中，除脂肪含量变动相对较大外，其他成分基本上稳定。故比重可作为评定鲜乳质量的简易指标。乳味温和，稍有甜味，具有特有的乳香味，其特有的乳香味是由低分子化合物如丙酮、乙醛、二甲硫、短链脂肪酸和内酯形成的。

（一）蛋白质

牛乳中蛋白质平均含量为3.0％，主要由79.6％的酪蛋白、11.5％的乳清蛋白和3.3％的乳球蛋白组成。酪蛋白是一种优质蛋白质，氨基酸构成合理，容易被消化吸收。

牛奶中蛋白质含量较人乳高3倍。酪蛋白与乳清蛋白的构成比与人乳的构成比恰好相反，一般利用乳清蛋白改变其构成比，使之近似母乳，以满足婴幼儿生长发育的需要。

不同乳中主要营养素比较见表2－6。

表2－6　不同乳中主要营养素比较（每100g）

营养素	人乳	牛乳	羊乳
水分（g）	87.6	89.8	88.9
蛋白质（g）	1.3	3.0	1.5
脂肪（g）	3.4	3.2	3.5
碳水化合物（g）	7.4	3.4	5.4
能量（kJ）	272	226	247
钙（mg）	30	104	82
磷（mg）	13	73	98
铁（mg）	0.1	0.3	0.5
视黄醇（μgRAE）	11	24	84
硫胺素（mg）	0.01	0.03	0.04
核黄素（mg）	0.05	0.14	0.12
烟酸（mg）	0.2	0.1	2.1
维生素C（mg）	5	1	—

（二）碳水化合物

乳糖是牛乳中唯一的碳水化合物，其含量比人乳少，甜度为蔗糖的 1/6，既有调节胃酸、促进胃肠蠕动和消化液分泌的作用，也能促进钙的吸收和肠道乳酸菌繁殖，抑制腐败菌的生长。用牛乳喂养婴儿时，除调整蛋白质含量和构成外，还应注意适当增加甜度。

有人饮用牛乳后发生腹痛、腹泻等症状，这是因为肠道缺乏乳糖酶，无法消化乳糖，小肠内未消化的乳糖在大肠经细菌发酵分解产生大量气体，这种症状称为乳糖不耐受。

（三）脂肪

乳脂肪含量约为 3.0%，以微脂肪球的形式存在，呈现很好的乳化状态，容易消化吸收。乳脂肪中脂肪酸组成复杂，短链脂肪酸（如丁酸、己酸、辛酸）含量较高，是乳脂肪良好风味及易于消化的原因。油酸占 30%，亚油酸和亚麻酸分别占 5.3% 和 2.1%，此外还有少量的卵磷脂、胆固醇。

（四）矿物质

牛乳中含有丰富的矿物质，是动物性食物中唯一的碱性食品。100g 牛乳中含钙 104mg，且吸收率高，是钙的良好来源。牛乳中磷、钾、钠、镁等元素含量也较高。牛乳铁含量低，用牛乳喂养婴儿时，应注意补铁。

（五）维生素

乳中含有人体所需的各种维生素，可提供相当数量的维生素 B_1、维生素 B_{12}、维生素 A、维生素 B_6 和泛酸。牛乳中的烟酸含量不高，但牛乳蛋白质中的色氨酸含量高，可转化成烟酸。牛乳中维生素含量与奶牛的放牧方式有关，放牧期牛乳中维生素 A、维生素 D、胡萝卜素和维生素 C 含量较冬春季在棚内饲养明显增多。

二、乳制品的营养价值

乳制品因加工工艺不同，营养素含量有很大差异。

（一）巴氏杀菌乳、灭菌乳和调制乳

1. 巴氏杀菌乳：仅以生牛（羊）乳为原料，经巴氏杀菌等工序制得的液体产品。

2. 灭菌乳：分为超高温灭菌乳和保持灭菌乳。超高温灭菌乳定义为以生牛（羊）乳为原料，添加或不添加复原乳，在连续流动的状态下，加热到至少 132℃并保持很短时间的灭菌，再经无菌灌装等工序制成的液体产品。保持灭菌乳则为以生牛（羊）乳为原料，添加或不添加复原乳，无论是否经过预热处理，在灌装并密封之后经灭菌等工序制成的液体产品。

3. 调制乳：以不低于 80%的生牛（羊）乳或复原乳为主要原料，添加其他原料或

食品添加剂或营养强化剂，采用适当的杀菌或灭菌等工艺制成的液体产品。

这三种形式的产品是目前我国市场上流通的主要液态乳，除维生素 B 和维生素 C 有损失外，营养价值与新鲜生牛乳差别不大，但调制乳因其是否进行营养强化而差异较大。

复原乳又称“还原乳”或“还原奶”，是指“以乳制品为原料”，例如浓缩乳（炼乳）或乳粉，添加适量的水，再次加工制成的与生鲜原乳中水、固体物比例相当的乳液。

（二）发酵乳

发酵乳指以生牛（羊）乳或乳粉为原料，经杀菌、发酵后制成的 pH 值降低的产品。

1. 酸奶：以生牛（羊）乳或乳粉为原料，经杀菌、接种嗜热链球菌和保加利亚乳杆菌（德氏乳杆菌保加利亚亚种）发酵制成的产品。

2. 风味发酵乳：以 80%以上生牛（羊）乳或乳粉为原料，添加其他原料，经杀菌、发酵后 pH 值降低，发酵前或后添加或不添加食品添加剂、营养强化剂、果蔬、谷物等制成的产品。

3. 风味酸奶：以 80%以上生牛（羊）乳或乳粉为原料，添加其他原料，经杀菌、接种嗜热链球菌和保加利亚乳杆菌（德氏乳杆菌保加利亚亚种），发酵前或后添加或不添加食品添加剂、营养强化剂、果蔬、谷物等制成的产品。

发酵乳经过乳酸菌发酵后，乳糖变为乳酸，蛋白质凝固，游离氨基酸和肽增加，脂肪不同程度水解，形成独特的风味，营养价值更高，如蛋白质的生物价提高，叶酸含量增加 1 倍。酸奶更容易消化吸收，还可刺激胃酸分泌。发酵乳中的益生菌可抑制肠道腐败菌的生长繁殖，防止腐败胺类产生，对维护人体的健康有重要作用，尤其对乳糖不耐受的人更适合。

（三）炼乳

炼乳是一种浓缩乳，有三种不同类型。

1. 淡炼乳：以生乳和（或）乳制品为原料，添加或不添加食品添加剂、营养强化剂，经加工制成的黏稠状产品。

2. 加糖炼乳：以生乳和（或）乳制品、食糖为原料，添加或不添加食品添加剂、营养强化剂，经加工制成的黏稠状产品。成品中蔗糖含量为 40%～45%，渗透压增大。渗透压可以抑制微生物的繁殖，因此成品保质期较长。因糖分过高，食前需加大量水分冲淡，造成蛋白质等营养素含量相对较低，故不宜用于喂养婴儿。

3. 调制炼乳：以生乳和（或）乳制品为主料，添加或不添加食糖、食品添加剂、营养强化剂，添加辅料，经加工制成的黏稠状产品，也有加糖调制炼乳和淡调制炼乳之分。

炼乳经高温灭菌后，维生素受到一定的破坏，因此常用维生素加以强化，按适当的比例冲稀后，其营养价值基本与鲜乳相同。

（四）乳粉

乳粉指以生牛（羊）乳为原料，经加工制成的粉状产品。

1. 调制乳粉：以生牛（羊）乳及其加工制品为主要原料，添加其他原料，添加或不添加食品添加剂、营养强化剂，经加工制成的乳固体含量不低于70%的粉状产品称为调制乳粉。目前市场上的产品多为调制乳粉。调制乳粉一般是以牛乳为基础，根据不同人群的营养需要特点，对牛乳的营养组成成分加以适当调整和改善调制而成，使各种营养素的含量、种类和比例接近母乳，更适合婴幼儿的生理特点和营养需要。如改变牛乳中酪蛋白的含量和酪蛋白与乳清蛋白的比例，补充乳糖的不足，以适当比例强化维生素A、维生素D、维生素B_1、维生素B_2、维生素C、叶酸和铁、铜、锌及锰等矿物质。除婴幼儿配方乳粉外，还有孕妇乳粉、儿童乳粉、中老年乳粉等。

2. 全脂乳粉和脱脂乳粉：根据鲜乳是否脱脂，乳粉可分为全脂乳粉和脱脂乳粉。全脂乳粉：通过加工将鲜乳消毒后除去70%～80%的水分，采用喷雾干燥法，将乳喷成雾状微粒而成。一般全脂乳粉的营养素含量约为鲜乳的8倍。脱脂乳粉：脂肪含量仅为1.3%，损失较多的脂溶性维生素，其他营养成分变化不大，适合腹泻的婴儿及要求低脂膳食的患者食用。

（五）奶油

1. 稀奶油：以乳为原料，分离出的含脂肪的部分，添加或不添加其他原料、食品添加剂、营养强化剂，经加工制成的脂肪含量为10.0%～80.0%的产品。

2. 奶油（黄油）：以乳和（或）稀奶油（经发酵或不发酵）为原料，添加或不添加其他原料、食品添加剂、营养强化剂，经加工制成的脂肪含量不小于80.0%的产品。

3. 无水奶油（无水黄油）：以乳和（或）奶油或稀奶油（经发酵或不发酵）为原料，添加或不添加食品添加剂、营养强化剂，经加工制成的脂肪含量不小于99.8%的产品。

（六）奶酪

奶酪是一种营养价值较高的发酵乳制品，是在原料奶中加入适量的乳酸菌发酵剂或凝乳酶，使蛋白质发生凝固，并加盐、压榨排除乳清之后的产品。除部分乳清蛋白和水溶性维生素随乳清流失外，其他营养素得以保留，并浓缩。经后熟发酵，蛋白质和脂肪部分分解，提高了消化吸收率，并产生奶酪特有的风味。有的维生素经细菌发酵而增加。奶酪中蛋白质、维生素A、B族维生素和钙等营养素含量丰富，并含较多脂肪，能量较高。

三、加工和储存对乳制品营养价值的影响

合理加工对乳制品中蛋白质的影响不大，但其中的维生素和矿物质等有不同程度的损失。

（一）加热对乳制品营养价值的影响

乳制品最常用的加工工艺是均质和杀菌，这些处理都需要加热。牛乳消毒杀菌可采取 62～65℃ 30 分钟的低温巴氏杀菌、80～85℃ 10～30 秒的高温巴氏杀菌和 120～150℃ 2～8 秒的超高温瞬时杀菌等。高压灭菌因为加热时间长、温度高，维生素损失较多。超高温杀菌对蛋白质的生物价无显著影响，而且有利于提高蛋白质的消化率。

长时间加热或高温导致美拉德反应，使赖氨酸损失。但因牛乳本身富含赖氨酸，所以影响不大。

煮牛乳时，如果长时间沸腾，会在容器壁上留下“奶垢”，这是牛乳营养素的重大损失。因此，加热牛奶时应注意避免煮沸时间过长。微波炉加热 1～2 分钟的方式比较合理。

（二）发酵对乳制品营养价值的影响

酸奶、奶酪是乳酸菌发酵的产物，乳酸菌发酵对乳制品的营养价值没有不良影响，还可提高蛋白质的消化率，以及微量元素的生物利用率。乳酸菌还可抑制肠内的腐败菌，促进双歧杆菌的繁殖，对健康有益。

（三）脱水对乳制品营养价值的影响

乳制品主要的脱水方法有喷雾干燥法、滚筒干燥法和真空冷冻浓缩法三种。喷雾干燥法营养素损失较少，蛋白质生物价和产品风味与鲜乳差别不大，但水溶性维生素有 20%～30%受到破坏；滚筒干燥法使赖氨酸和维生素损失严重，蛋白质的水合能力也大大降低，因而速溶性不佳；真空冷冻浓缩法对产品品质影响较小。

（四）储存对乳制品营养价值的影响

鲜乳中含有溶菌酶等抑菌物质，在 24 小时内能防止微生物的大量繁殖。但牛乳营养丰富，在抑菌物质耗尽后，微生物的繁殖速度加快。因此，鲜乳必须储存在 4℃以下，且时间不宜过长。

牛乳是维生素 B_2 的良好来源，但维生素 B_2 见光易损失。故牛乳应用不透光的容器盛装，并存放在避光处。

浓缩或干燥后的乳制品含有浓度较高的蛋白质、糖类和脂类，保存不当易发生褐变，使赖氨酸等氨基酸损失，也容易发生脂肪氧化而影响脂溶性维生素的稳定性。因此，脱脂乳粉比全脂乳粉的保存期长。为避免脂肪氧化和褐变，乳粉应用隔氧、避光的包装，并储存在阴凉处。奶酪应储存在 4℃以下，奶油应储存在 0℃以下。

第七节　蛋类的营养价值

蛋类主要指鸡、鸭、鹅、鹌鹑、鸽子等禽类的蛋，其中食用最普遍、销量最大的是鸡蛋。虽然其形状、大小、色泽各异，但各种蛋的构造、成分和营养价值基本相似。蛋类在我国居民膳食构成中占1.4%左右，主要提供优质蛋白质。鲜蛋类制成的蛋制品有皮蛋、咸蛋、糟蛋、冰蛋、干全蛋粉、干蛋白粉、干蛋黄粉等。

一、蛋的结构

各种蛋类都由蛋壳、蛋清和蛋黄三部分构成。以鸡蛋为例，每只鸡蛋平均重50g，蛋壳约占全蛋重的11%，由96%的碳酸钙、2%的碳酸镁、2%的蛋白质组成，壳厚300～340μm，布满直径为15～65μm的细孔。新鲜蛋蛋壳外有一层厚约10μm的胶质薄膜。壳内面紧贴一层厚约70μm的间质膜。在蛋的钝端间质膜与蛋壳分离形成一气室。蛋壳的颜色因鸡的品种而异，由白色到棕色，与蛋的营养价值无关。

蛋清包括两部分，即外层的稀蛋清和包在蛋黄周围胶冻样的稠蛋清。蛋黄表面包围有蛋黄膜，由两条韧带将蛋黄固定在蛋的中央。

二、蛋的营养价值

蛋清和蛋黄分别占鸡蛋可食部分的57%和32%。鸡蛋各部分的主要营养素见表2-7。蛋的营养成分分布不均匀，蛋黄集中了鸡蛋中大部分矿物质、维生素和脂肪，而蛋清是比较纯粹的蛋白质。

表2-7　鸡蛋各部分的主要营养素（每100g）

营养素	全蛋	蛋清	蛋黄
水分（g）	74.1	84.4	51.5
蛋白质（g）	13.3	11.6	15.2
脂类（g）	8.8	0.1	28.2
碳水化合物（g）	2.8	3.1	3.4
钙（mg）	56	9	112
铁（mg）	2.0	1.6	6.5
锌（mg）	1.10	0.02	3.79
硒（μg）	14.34	6.97	27.01
维生素A（μgRAE）	234	—	438
硫胺素（mg）	0.11	0.04	0.33

续表2—7

营养素	全蛋	蛋清	蛋黄
核黄素（mg）	0.27	0.31	0.29
烟酸（mg）	0.2	0.2	0.1

（一）蛋白质

蛋类含蛋白质约12.8%，蛋黄含蛋白质较蛋清多。蛋清中蛋白质为胶状性水溶液，由卵白蛋白、卵胶黏蛋白、卵球蛋白等组成。蛋黄中蛋白质主要是卵黄磷蛋白和卵黄球蛋白。鸡蛋蛋白质含有人体所需的各种氨基酸，其中赖氨酸和蛋氨酸含量较丰富，而且氨基酸组成模式与合成人体组织蛋白质所需模式相近，易消化吸收，生物价达95，是理想的优质蛋白质。在评价食物蛋白质营养价值时，常以鸡蛋蛋白质作为参考蛋白质。

（二）碳水化合物

蛋类含糖少，蛋清中主要含甘露糖和半乳糖，蛋黄中主要含葡萄糖，多与蛋白质结合。

（三）脂肪

蛋类脂肪主要集中在蛋黄内，呈乳融状，大部分为中性脂肪，还有一定量的卵磷脂和胆固醇，每个鸡蛋含胆固醇约290mg，是胆固醇含量较高的食品。脂肪分散成细小颗粒，易消化吸收。

（四）矿物质

蛋类含有各种矿物质，但钙主要以碳酸钙的形式存在于蛋壳中。虽然鸡蛋中铁含量较高，但因与卵黄磷蛋白结合而吸收率不高，仅为3%左右。

（五）维生素

蛋类含有多种维生素，其中维生素A、维生素D、维生素B_1、维生素B_2、维生素B_6、维生素B_{12}等较为丰富，多集中在蛋黄内。蛋黄的颜色来自核黄素、胡萝卜素和叶黄素。其颜色深浅因饲料、类胡萝卜素含量不同而异。

三、加工烹调和储存对蛋类营养价值的影响

（一）加工对蛋类营养价值的影响

蛋类可以制成各种蛋制品。蛋类加工制品主要有皮蛋（松花蛋）、咸蛋、糟蛋等。

1. 皮蛋：为我国独具风味的加工蛋制品。皮蛋制作过程中加入纯碱、石灰、盐等配料可使蛋白质凝固，并分解部分蛋白质生成二氧化碳和氢等。二氧化碳可与蛋清中的黏液蛋白反应形成暗褐色的透明体。蛋黄中生成硫化氢或硫化铁，故呈褐绿色。皮蛋中

的结晶是蛋白质分解所析出的氨基酸类物质。皮蛋在 20℃室温下可存放 2 个月。

由于加工中加入烧碱等碱性物质，B 族维生素被破坏，但维生素 A、维生素 D 保存尚好。传统的皮蛋为了保持风味，要加黄丹粉（氧化铅）作为品质改良剂，使皮蛋的铅含量提高。目前已有多种“无铅皮蛋”问世，但大部分风味和色泽仍不如加铅皮蛋。

2. 咸蛋：将蛋放在浓盐水中或以黏土食盐混合物敷在蛋的表面，经 1 个月左右而成。咸蛋的营养成分与鲜蛋一样，无大变化，且味道鲜美，容易消化，可保存 2～4 个月。

3. 糟蛋：将蛋埋在酒糟中，经 2 个月制成。在糟渍过程中产生的醇类可使蛋黄和蛋清凝固变性，糟渍过程中还产生醋酸使蛋壳软化，蛋壳中的钙盐渗到糟蛋中，故糟蛋钙含量较高，是鲜蛋的 40 倍。

（二）烹调对蛋类营养价值的影响

一般烹调加工方法，如煮整、油煎、油炒、蒸等，除使蛋类少量损失维生素 B_1 外，对其他营养素影响不大。烹调过程中的加热不仅具有杀菌作用，而且具有提高其消化吸收率的作用。鸡蛋经蒸、煮、炒后，蛋白质的消化吸收率在 95%以上，但煎炸过焦的蛋消化率略微降低，维生素损失较大。

生蛋清的消化吸收率仅为 50%左右，而且含有抗营养因子，如抗生物素（生物素结合蛋白）和抗胰蛋白酶等。此外，生蛋可被沙门菌污染。因此，鲜蛋不宜生吃，应加热到蛋清完全凝固为好。抗生物素和抗胰蛋白酶经加热可被破坏。

（三）储存对蛋类营养价值的影响

新鲜蛋清中有溶菌酶，因而鲜蛋有一定的抑菌作用，与储存时间和温度有关。如果保存在较高温度下，鲜蛋的抑菌作用会很快消失，以致微生物大量繁殖，使蛋腐败变质。鲜蛋最好保存在 1～5℃、相对湿度 87%～97%的环境中，可保存 4～5 个月。鲜蛋在储存过程中应尽可能保持恒温，避免温度波动幅度过大。

在 0℃冰箱中保存鸡蛋，对维生素 A、维生素 D、维生素 B_1 无明显影响，但维生素 B_2、烟酸和叶酸有一定损失。

第三章 人体营养状况的评价

第一节 每日膳食营养素参考摄入量

一、营养素供给量和膳食营养素参考摄入量的历史与发展

为了帮助个体和人群安全地摄入各种营养素，避免可能产生的营养不良或营养过剩，各国根据有关营养素需要量的知识，提出了适用于各类人群的膳食营养素供给量，其目的是使营养素的摄入量满足绝大多数人的需要。膳食营养素供给量不是一成不变的，随着科技发展和社会进步，供给量应及时修订以适应新的认识水平和需求。不同国家在不同时期，针对各自的特点和需要使用了一些不同的概念或术语，丰富和推动了这一领域的研究和发展。

关于人体对营养素的需要量和供给量标准，直到 20 世纪初学者还不太清楚。随着营养生理学研究的深入，1904 年有人尝试用平衡试验来研究蛋白质和矿物质的需要量。到 20 世纪 30 年代，维生素需要量的研究取得进展。1943 年，美国国家科学院（NAS）与国家研究理事会（NRC）首次提出膳食供给量标准（recommended dietary allowance，RDA），这个标准每五年修订一次。其他国家也相继提出了各自的营养素供给量标准。各国制定的供给量标准所包含的营养素种类和数值不完全相同，有的甚至相差较大。联合国粮农组织（FAO）与世界卫生组织（WHO）从 1950 年开始整理各国的营养需要量建议标准。20 世纪 90 年代初期，世界各国展开了关于 RDA 性质和适用范围的讨论。以往 RDA 的各种用途如制订人群食物供应计划、评价个体和群体的食物消费资料、确定食品援助计划目标、制订营养教育计划以及指导食品加工和营养标签等都参考同一套 RDA 推荐值，针对性不强，特别是对评估过量摄入的危险性很不理想。英国、欧盟等国先后使用了一些新的概念或术语。美国和加拿大进一步发展了 RDA 的包容范围，增加了可耐受最高摄入量，形成了比较系统的新概念——膳食营养素参考摄入量（dietary reference intakes，DRIs）。DRIs 包含多项内容，可以针对个体或群体不同的应用目的提供更适宜的参考数据。

我国第一个“膳食质量标准”是 1939 年由中华医学会提出的，它是根据当时中国的社会和经济条件，以及国人的饮食习惯提出的最低限度的营养素需要量。自 1955 年开始，我国利用 RDA 来反映推荐的营养素摄入水平，作为膳食的质量标准、设计和评

价群体膳食的依据，并作为制订食物发展计划和指导食品加工的参考。其间对一些营养素的推荐量进行多次修订、丰富和完善。2000 年，中国营养学会引入 DRIs 这一概念，修订 1988 年的 RDA，提出了更完善、更接近中国居民需要的“中国居民膳食营养素参考摄入量”（Chinese DRIs）。

二、营养素的需要量和供给量

（一）营养素需要量

营养素需要量是指维持正常生理功能所需要的营养素的量。这是根据长期的膳食调查、营养生理、生化实验，结合机体的不同生理情况和劳动条件而制定的。由于对需要量的理解和实验时采用的标准不同，需要量有两个概念：一是最低需要量，指仅能维持生理平衡或不致发生缺乏病的量；二是适宜需要量，指能维持健康，促进生长，保证最高劳动能力，使机体协调发展，并能最大限度利用营养素的量。各种营养素的最低需要量和适宜需要量之间往往有一定的差距。适宜需要量在实际生活中难以确定，通常以最低需要量乘以安全系数作为适宜需要量。由于个体之间存在差异，不同个体对同一种营养素的需要量差异很大，需要量标准只是适合大多数人的一个数值。

（二）营养素供给量

1. 定义：营养素是保证人体健康的物质基础。然而任何一种营养素摄入过多或过少对健康都是不利的。那么，人体从食物中摄取多少营养素才合适呢？为此，营养学家制定了一个营养素供给量的标准。营养素供给量是在生理需要量的基础上考虑人群的安全率、饮食习惯、食品生产、社会条件及经济条件等因素而制定的适宜数值。营养素供给量略高于营养素生理需要量，一般是营养素需要量平均值加两个标准差，即满足 97.5%人群的需要，但对能量一般不主张再增加。

2. 营养素供给量的制定依据：在制定营养素供给量时，首先要考虑人体营养素需要量，低于营养素需要量则不能维持健康。在实际测定中学者发现，由于个体差异，同一年龄、同一性别的人群中不同个体的营养素需要量存在较大差别。如果以他们的平均数作为人群的营养素需要量，会有一部分人处于营养缺乏状态。因此，在“平均营养素需要量”上添加一个安全量，以保证推荐的数量能满足绝大多数人（97%～98%）的需要。通常称这个添加安全量后的数值为营养素供给量。营养素供给量大于平均营养素需要量。营养素供给量考虑了个体差异，身体特殊情况的需要，烹调损失，食物的消化、吸收和利用程度，以及社会、经济条件等因素。此外，在制定营养素供给量时还必须考虑各种营养素之间的平衡，因为只有各种营养素在体内相互协调配合，才能更好地发挥营养作用。

能量供给量的制定不同于营养素供给量。它是根据不同年龄、性别和劳动强度人群的平均营养素需要量制定的，不需添加额外的安全量。如果能量也添加额外数量，就会有一部分人的能量摄入超过实际需要，多余的能量以脂肪形式储存在体内，导致超重/肥胖，而肥胖是多种慢性病的危险因素，有损健康。

3. 营养素供给量的应用范围和注意事项。

(1) 营养素供给量可作为政府制订食物供应计划的科学依据。

(2) 营养素供给量可作为评定群体膳食质量的标准。如果一个群体的某一种营养素的平均摄入量低于供给量，说明这一群体中有一部分人该营养素摄入不足，平均摄入量与供给量的差距越大，则摄入不足的人数越多。

(3) 营养素供给量既不是最低需要量，也不是最佳摄入量。随着科学的发展、生活水平的提高和膳食的改善，学者将根据需要和可能，对供给量进行修订。

(4) 营养素供给量应通过食用由多种不同食物组成的膳食获得，而不是通过人为补充或食物中强化某一种营养素而获得。虽然目前尚无足够资料制定某些营养素的供给量，但多样化的膳食可满足其需要。

(5) 营养素供给量只适用于健康人群。各种病理状态，如外伤、疾病以及药物治疗，都会改变身体对营养素的需要量。

(6) 营养素供给量的着眼点是群体，因此不能把个人营养素需要量和营养素供给量等同起来。对个人来说，营养素供给量只能作为参考。个人只有在了解自己的营养素需要量时，才能明确自己的营养素摄入量是否能满足需要。

(7) 营养素供给量标明“每日”字样，并不意味营养素摄入量每天都必须达到这一标准。因为人体对营养素有一定的储存和调节适应能力，短期内摄入量低于供给量并不会影响健康。但是长期的能量和营养素摄入量应达到营养素供给量标准。

三、膳食营养素参考摄入量

2000 年，中国营养学会发布了我国第一部 DRIs，并于 2013 年进行了修订。其包括以下 7 项内容。

(一) 平均需要量 (EAR)

EAR 是根据个体需要量的研究资料制定的，是根据某些指标判断可以满足某一特定性别、年龄及不同生理状况群体中 50%个体需要量的摄入水平。这一摄入水平不能满足群体中另外 50%个体对该营养素的需要。EAR 是制定推荐摄入量的基础。

(二) 推荐摄入量 (RNI)

RNI 相当于传统使用的 RDA，是可以满足某一特定性别、年龄及不同生理状况群体中绝大多数 (97%～98%) 个体需要量的摄入水平。长期达到 RNI 水平，可以满足身体对该营养素的需要，保持健康和维持组织中有适当的储备。RNI 主要用作个体每日摄入该营养素的目标值。

RNI 以 EAR 为基础制定。如果已知 EAR 的标准差，则 RNI 定为 EAR 加两个标准差，即 RNI=EAR+2SD (SD 为标准差)；如果关于需要量变异的资料不充分，不能计算 SD，一般设 EAR 的变异系数为 10%，RNI=1. 2×EAR。

（三）适宜摄入量（AI）

在个体需要量研究资料不足而不能计算 EAR，进而不能求出 RNI 时，可设定 AI 来代替 RNI。AI 是通过观察或实验获得的健康人群某种营养素的摄入量。例如母乳喂养的足月产健康婴儿，从出生到 4～6 个月，他们的营养素全部来自母乳，母乳中提供的营养素量就是他们的 AI。

制定 AI 时不仅要考虑到预防营养素缺乏的需要，而且也要纳入减少某些疾病风险的概念，根据营养“适宜”的某些指标制定的 AI 一般都超过 EAR，也有可能超过 RNI。AI 主要用作个体营养素摄入量的目标。AI 与 RNI 的相似之处是二者都用作个体摄入的目标，能满足目标人群中几乎所有个体的需要。AI 和 RNI 的区别在于 AI 的准确性远不如 RNI，可能显著高于 RNI。因此使用 AI 要比使用 RNI 更加小心。

（四）可耐受最高摄入量（UL）

UL 是平均每日摄入营养素的最高限量。这个量对一般人群中的几乎所有个体不致引起不利于健康的作用。当摄入量超过 UL 而进一步增加时，损害健康的危险进一步增大。“可耐受”指这一剂量在生物学上大体是可以耐受的，但并不表示可能是有益的，健康个体营养素摄入量超过 RNI 或 AI 是没有明显益处的。

鉴于营养强化食品和膳食补充剂日渐发展，需要制定 UL 来指导安全消费。如果某营养素的副作用与总摄入量有关，则该营养素的 UL 依据食物、饮水与补充剂的总摄入量而定。如果副作用仅与强化食物和补充剂有关，则 UL 依据这些来源而不是总摄入量来制定。对许多营养素来说，还没有足够的资料来制定其 UL。所以未制定 UL 并不意味着过多摄入没有潜在的危害。

（五）宏量营养素可接受范围（AMDR）

AMDR 指蛋白质、脂肪和碳水化合物理想的摄入量范围，该范围内的摄入量可以满足对这些必需营养素的需要，并且有利于降低发生慢性病的风险。AMDR 常用占能量摄入量的百分比表示。

三种营养素的摄入比例影响微量营养素的摄入状况。按照一定的范围摄入营养素，既可以满足人体对它的需求，也可以降低肥胖和各种慢性病的发生风险。

不同国家的宏量营养素供能比参考了各个国家的国情。饮食习惯和膳食模式的差别直接导致了宏量营养素可接受范围的差别。

（六）预防慢性病的建议摄入量（PI−NCD）

PI−NCD 是指为预防慢性病而建议的必需营养素的每日摄入量。有一些营养素和慢性病的发生有密切联系，所以除了 RNI，还有 PI−NCD。

（七）特定建议值（SPL）

SPL 指为维持人体健康而对必需营养素以外的食物成分建议的每日摄入量，如番茄红素、叶黄素、大豆异黄酮、花色苷等。

第二节　营养调查与评价

营养调查（nutrition survey）是指运用各种手段准确地了解某人群或特定个体各种营养指标的水平，以判断其营养和健康状况。营养调查的目的：①了解不同地区、年龄和性别人群的能量和营养素摄入情况；②了解与能量和营养素摄入不足、过剩有关的营养问题的分布状况和严重程度；③分析营养相关疾病的病因、影响因素；④监测膳食结构变迁及其发展趋势；⑤提供居民营养与健康状况数据；⑥为国家或地区制定干预策略和政策提供信息。

营养调查一般由四部分组成：①膳食调查；②人体测量；③人体营养水平的生化检验；④营养相关疾病临床体征及症状检查。上述四部分内容互相联系、相互验证，一般应同时进行。全面的营养调查应与健康检查同步进行，可以综合地分析人群营养与健康的关系，找出其影响因素，提高营养干预的针对性和有效性。

在能量和营养素摄入不足或吸收不良时，首先出现储备量减少，继而组织内出现营养素功能水平下降，由此引起体内生物化学反应的异常，最后出现组织形态异常及临床病症。这是一个由轻到重、由功能改变到形态改变的发展过程。边缘性营养缺乏（marginal deficiency）是指体内营养素尤其是微量营养素逐渐耗竭，引起一系列生化、生理功能的改变。在此阶段某些生化指标会发生变化，但还没有出现典型的营养缺乏病的临床表现。因此这一阶段只能借助实验室及某些仪器检测方能做出诊断。如果边缘性营养缺乏得不到及时纠正，使体内这些营养素继续消耗到一定程度，就会出现组织细胞形态学的改变，即病理变化，在临床上表现出缺乏病的一系列症状或体征。营养素缺乏发展示意图见图 3－1。

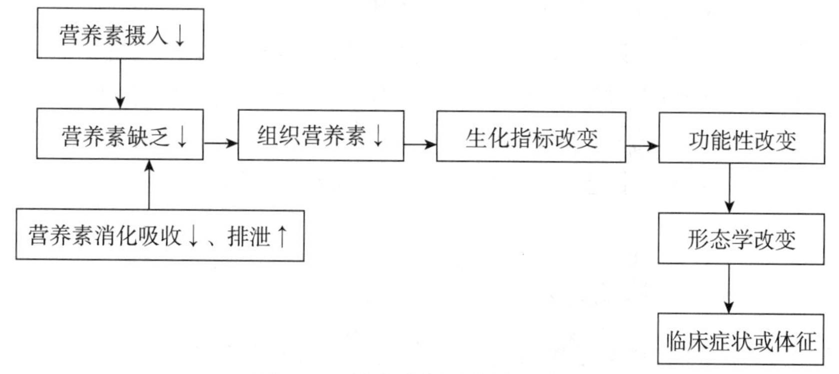

图 3－1　营养素缺乏发展示意图

一、膳食调查

膳食调查是指通过某种方法了解调查对象在一定时间内通过膳食摄取的能量、各种营养素的数量和质量，据此来评价调查对象能量和营养素需求获得满足的程度。膳食调查是营养调查的组成部分，同时也具有相对独立性。

（一）膳食调查方法

1. 称重法：可用于个人、家庭或集体单位，该方法细致准确，但比较耗费人力、物力。调查期间需要对每餐所吃主、副食的生重、熟重及剩余食物称重，并根据实际用餐人数，计算出平均每人用餐的食物生重。将一天各餐的结果加在一起，得出每人每天摄入的各种食物生重，参照食物成分表来计算出能量和各种营养素摄入量。用称重法做膳食调查一般需要3～7天。如果调查对象在年龄、性别、劳动强度上差别较大，则必须折算成相应“标准人”（指低强度身体活动水平的60kg成年男性）的每人每日各种食物的摄入量。以“标准人”为1.0，将其他各类调查对象按能量推荐摄入量折算成“标准人”。

2. 记账法：适用于有详细账目的集体单位，过程相对简便，节省人力、物力。该法通过查账或记录本单位一定时间内各种食物消耗总量和用餐人日数，计算出平均每人每日的食物消耗量，一般可统计1个月，一年四季各进行一次。如果调查对象在年龄、性别、劳动强度上差别较大，与称重法一样，也要折算成“标准人”的每人每日各种食物摄入量。

3. 回顾法：又称询问法，即对调查对象连续3天各种主、副食摄入情况进行回顾调查（包括在外就餐），获得个人每日各种食物摄入量，根据食物成分表计算出能量和营养素的摄入量。成人在24小时内对所摄入的食物有较好的记忆，一般认为24小时膳食的回顾调查最易取得可靠的资料，简称24小时回顾法。该方法简便易行，但所得资料比较粗略，有时需要借助食物模具或食物图谱来提高其准确性。

4. 食物频数法：该法收集调查对象过去一段时间（数周、数月或数年）内各种食物消费频率及消费量，从而获得个人长期食物和营养素平均摄入量。食物频率法可快速得到平时各种食物摄入的种类和数量，反映长期膳食行为，其结果可作为研究慢性病与膳食模式关系的依据，也可供膳食咨询指导之用。

5. 化学分析法：收集调查对象一日膳食中所摄入的全部主、副食，通过实验室化学分析法来测定其营养素含量。根据样品的收集方法，化学分析法分为双份饭法和双份原料法两种。一般应连续进行3～5天，最后取其平均值。其结果精确，但手续烦琐并需有专业人员和仪器设备才能完成，所以只有在需要十分精确的调查结果时才采用此方法。

（二）膳食调查结果分析评价

1. 膳食模式：膳食模式与食物的分类有关，可根据研究目的和需要来划分食物。实际应用中常以“中国居民平衡膳食宝塔”为依据，对调查对象的膳食模式进行评价。

2. 能量和营养素摄入量：依据DRIs将调查对象的能量和各种营养素的摄入量与其推荐值比较以评价其满足程度。但对某个体而言，其摄入量和参考值都是估算值，为确定其能量和营养素的摄入量是否适宜，一方面需准确描述摄入量和恰当选择推荐值，另一方面需结合该个体的人体测量、临床检查、生化检测结果进行综合评价。

3. 能量、蛋白质的食物来源：着重评价三大供能营养素所提供的能量占总能量的构成比和豆类、动物性食物提供的优质蛋白质占总蛋白质的比例。

4. 各餐能量分配比例：一般人群就餐应定时和定量，三餐能量比约为 3∶4∶3，儿童和老年人可以在三餐之外适当加餐。除此之外，应坚持每天吃早餐并保证其营养充足，午餐要吃好，晚餐要适量。不暴饮暴食，不经常在外就餐。零食作为一日三餐之外的营养补充，可以合理选用，尽量选择一些营养素含量高而能量含量低的食物，如新鲜水果和乳类。注意来自零食的能量应计入全天能量摄入之中。

5. 其他：判断调查对象是否存在动物性食物摄入过多所致的肥胖；评价营养素摄入不足或过剩与营养相关疾病的因果关系；分析是否存在过多摄取方便食品、快餐食品等，评价食物来源、储存条件、烹调加工方法、就餐方式等饮食习惯与营养状况的关系。

二、人体测量

根据调查对象的年龄、性别选用适当的人体测量指标，可以较好地反映调查对象的营养状况。常用指标包括身高、体重、腰围、上臂围与皮褶厚度。若开展专题调查，还可以选用胸围、头围、骨盆径、小腿围、背高、坐高、肩峰距和腕骨 X 线等指标。体格测量数据可用于评价个体或群体的营养状况，学龄前儿童的测量结果常被用于评价一个地区人群的营养状况。此外，研究者也可依据研究目的综合多个指标，通过建立各项指标的评价指数或标准化方法，综合分析调查对象的营养状况。

（一）体重

体重（weight）是脂肪组织与瘦体质之和，体重变化与机体能量与蛋白质的变化相平行，故体重可以从总体上反映人体营养状况。

1. 理想体重（标准体重）：一般用来衡量成人实测体重是否在适宜范围内。可用 Broca 改良公式和平田公式计算，我国多采用 Broca 改良公式。

Broca 改良公式：标准体重（kg）＝身高（cm）－105。

平田公式：标准体重（kg）＝［身高（cm）－100］×0.9。

实际体重位于理想体重的±10％为正常范围，±（10％～20％）为超重/瘦弱，±20％以上为肥胖/极瘦弱，＋20％～＋30％为轻度肥胖，＋30％～＋50％为中度肥胖，＋50％以上为重度肥胖。理想体重的概念虽容易被接受，但其“真值”难以估计，故理想体重的准确性有时会受到质疑，作为判断标准已较少使用。

2. 年龄别体重、年龄别身高和身高别体重：这组指标主要用于评价儿童生长发育与营养状况。年龄别体重适用于婴幼儿，年龄别身高反映长期营养状况及其造成的影响，身高别体重反映近期营养状况。一般应先用年龄别身高排除生长迟滞者，再用身高别体重筛查出消瘦者。

（二）身高

身高表示立位时头、颈、躯干及下肢的总长度，或指从头顶点到地面的垂直距离。身高与遗传有密切关系，在一定程度上也受营养状况的影响。因此对于儿童青少年来说，身高是一个反映远期营养状况的指标，反映骨骼发育，特别是钙和蛋白质在体内储备的情况。

（三）体质指数

体质指数（body mass index，BMI）是目前评价人体营养状况最常用的方法之一，常用于判断成人肥胖程度。

$$\text{BMI}=\frac{\text{体重（kg）}}{\text{身高}^2\text{（cm}^2\text{）}}$$

成人肥胖程度评价标准见表3－1。

表3－1　成人肥胖程度评价标准（kg/cm^2）

分级	WHO标准	亚洲人标准	中国人标准*
消瘦	＜18.5	＜18.5	＜18.5
正常	18.5～24.9	18.5～22.9	18.5～23.9
超重	25～29.9	23～24.9	24～27.9
肥胖	≥30	≥25	≥28

注：WHO标准有肥胖分级，中国标准自2003年使用至今，无更新，无肥胖分级。

*：2003年中国肥胖问题工作组。

（四）皮褶厚度

皮褶厚度（skinfold thickness）是通过测量皮下脂肪厚度来估计体脂含量的方法。测量点常选用肩胛下角、肱三头肌和脐旁。实际测量时常采用肩胛下角和上臂肱三头肌腹处的皮褶厚度之和，并根据相应的年龄、性别标准来判断。皮褶厚度一般不单独作为肥胖的标准，通常与身高、体重结合起来判定。判定方法：凡肥胖度≥20%，两处的皮褶厚度≥80%，或其中一处皮褶厚度≥95%者，可判定为肥胖；凡肥胖度＜10%，无论两处的皮褶厚度如何，均判定为体重正常。

（五）上臂围和上臂肌围

上臂围一般测量左上臂肩峰至鹰嘴连线中点的臂围长。我国1～5岁儿童上臂围＜12.5cm为营养不良，12.5～13.5cm为营养中等，＞13.5cm为营养良好。上臂肌围＝上臂围－3.14×肱三头肌皮褶厚度，成人正常参考值为男25.3cm、女23.2cm。

（六）腰围、臀围和腰臀比

腰围、臀围及腰臀比（waist−to−hip ratio，WHR）也是评价人体营养状况的重要指标。测量腰围时受检者应空腹直立，双臂自然下垂，双脚分开 25～30cm，测量时平稳呼吸，不要收腹或屏气，在肚脐以上 1cm，以腋中线肋弓下缘和髂嵴连线中点的水平位置为测量点。臀围是耻骨联合和背后臀大肌最凸处的水平周径，反映髋部骨骼和肌肉的发育情况。腰臀比是腰围（cm）和臀围（cm）的比值。

关于腹部脂肪分布的测定指标，WHO 建议采用腰围和腰臀比，并且规定腰围男性≥102cm、女性≥88cm 作为上身性肥胖的标准，腰臀比男性≥0.9、女性≥0.8 作为上身性肥胖的标准。我国提出男性腰围≥90cm、女性腰围≥85cm 为成人中心型肥胖。

三、人体营养水平的生化检验

人体营养水平的生化检验是借助实验室测定受检者血液、尿液、毛发、指甲中的营养素含量、与营养素有关的代谢产物等，发现人体营养储备水平低下、营养不足或营养过剩等状况，以预防营养相关疾病的发生。人体营养水平的生化检验可为观察某些因素对人体营养状况的影响提供科学依据，

生化检验常用的标本是血液和尿液。检测血液中的有关指标可以评估蛋白质、脂质、钙、磷、铁、维生素 A 等营养素的状况。

尿液常用来检测各种水溶性维生素的营养状况。一般收集 24 小时尿，测定其中维生素含量。收集 24 小时尿困难时，也可用 1 小时的空腹尿进行测定，但这种尿样中维生素含量较低，测定结果不准确。很多调查者采用测定负荷尿的方法，即受试者一次口服大剂量维生素（如 5mg 维生素 B_1、5mg 维生素 B_2、50mg 烟酸、500mg 维生素 C），然后测定其后 4 小时尿中这些维生素的排出量。如果有大量维生素经尿排出，说明受检者该维生素的营养状况良好，体内储备充足；如果排出量很少，则说明受试者该维生素的营养状况不良，体内储备缺乏。

人体营养状况的生化检测常用指标见表 3−2。

表 3−2　人体营养状况的生化检测常用指标

营养素	检测指标
蛋白质	血清总蛋白、血清白蛋白（A）、血清球蛋白（G）、白/球（A/G）、空腹血中氨基酸总量/必需氨基酸、尿羟脯氨酸系数、游离氨基酸、每日必要损失氮等
血脂	总脂、甘油三酯、α−脂蛋白、β−脂蛋白、胆固醇（包括胆固醇酯）、游离脂肪酸、血酮等
钙、磷、维生素 D	血清钙（包括游离钙）、血清无机磷、血清钙磷乘积、血清碱性磷酸酶、血浆 25−OH−D_3、血浆 1,25−（OH）$_2$−D_3等
铁	全血血红蛋白浓度、血清运铁蛋白饱和度、血清铁蛋白、血液红细胞压积（HCT 或 PCV）、红细胞游离原卟啉、血清铁、平均红细胞体积（MCV）、平均红细胞血红蛋白量（MCH）、平均红细胞血红蛋白浓度（MCHC）等

续表3－2

营养素	检测指标
维生素类	维生素 A：血清视黄醇、血清胡萝卜素；维生素 B_1：RBC 转酮醇酶活力系数、5mg 负荷尿试验；维生素 B_2：RBC 谷胱甘肽还原酶活性系数、5mg 负荷尿试验；烟酸：50mg 负荷尿试验；维生素 C：血浆维生素 C 含量、500mg 负荷尿试验；叶酸：血浆叶酸、红细胞叶酸等
其他	尿糖、尿蛋白、尿肌酐、尿肌酐系数、全血丙酮酸等

四、人体营养相关疾病的临床检查

临床检查的目的是根据症状和体征判断是否存在营养素缺乏或过剩所致营养相关疾病，明确其严重程度。某种营养素缺乏或过剩引起的营养相关疾病，在不同的疾病发展阶段呈现相应的特征性症状和体征。常见临床症状和体征与可能缺乏的营养素关系见表3－3。但实际上，个体可能同时存在多种营养素摄入不足或过剩，表现出的临床症状和体征可能并不典型。

表 3－3　常见临床症状和体征与可能缺乏的营养素关系

部位	临床症状和体征	可能缺乏的营养素
全身	消瘦、发育不良	能量、蛋白质、维生素、锌
	贫血	蛋白质、铁、叶酸、维生素 B_{12}、维生素 B_6、维生素 B_2、维生素 C
皮肤	干燥，毛囊角化	维生素 A
	毛囊四周出血点	维生素 C
	皮炎（癞皮病皮炎）	烟酸、维生素 B_2
	阴囊炎、脂溢性皮炎	维生素 B_2
头发	稀少，失去光泽	蛋白质，维生素 A
眼睛	毕脱氏斑、角膜干燥、夜盲	维生素 A
唇	口角炎、唇炎	维生素 B_2
口腔	齿龈炎、齿龈出血、齿龈松肿	维生素 C
	舌炎、舌猩红、舌肉红	维生素 B_2、烟酸
	地图舌	维生素 B_2、烟酸、锌
指甲	舟状甲	铁
骨骼	颅骨软化、方颅、鸡胸、串珠肋、O 形腿、X 形腿	维生素 D
	骨膜下出血	维生素 C
神经	肌肉无力、四肢末端蚁行感、下肢肌肉疼痛	维生素 B_1

第四章　合理膳食

第一节　膳食模式

一、膳食模式的概念

膳食模式（diet pattern）也称膳食组成或膳食结构，是一个国家、地区或个体日常膳食中各类食物的种类、数量及其所占的比例。膳食模式的形成是一个长期的过程，受一个国家或地区人口、农业生产、食品加工、饮食习惯等多因素的影响。理想的膳食模式应该是平衡膳食。平衡膳食是制定膳食指南的科学依据和基础。

二、世界各国的膳食模式

依据动植物性食物在膳食构成中的比例，世界各国的膳食模式主要包括以下四种类型。

（一）东方膳食模式

该膳食模式以植物性食物为主、动物性食物为辅。大多数发展中国家如印度、巴基斯坦、孟加拉国和非洲一些国家等的膳食模式属此类型。该膳食模式的特点是谷物食物消费量大，动物性食物消费量小，植物性食物提供的能量占总能量的近90%，动物性蛋白质一般低于蛋白质总量的20%。平均每天能量摄入为2000～2400kcal，蛋白质仅50g左右，脂肪仅30～40g，膳食纤维充足，来自动物性食物的营养素如铁、钙、维生素A的摄入量常会出现不足。这类膳食容易出现蛋白质－能量营养不良，以致体质较弱，健康状况不良，劳动能力降低，但心血管疾病（冠心病、脑卒中）、2型糖尿病、肿瘤等慢性病的发病率较低。

（二）经济发达国家膳食模式

该膳食模式以动物性食物为主，是多数欧美发达国家如美国，以及西欧、北欧诸国的典型膳食模式。该膳食模式的特点是粮谷类食物消费量小，动物性食物及食糖的消费量大。人均每日摄入肉类300g左右，食糖甚至高达100g，乳及乳制品为300g，蛋类为50g。平均每天摄入能量高达3300～3500kcal，蛋白质达100g以上，脂肪130～150g，以高能量、高脂肪、高蛋白质、低膳食纤维为主要特点。这种膳食模式容易造成肥胖、高血压、冠心病、2 型糖尿病等营养过剩性疾病发病率上升。

（三）日本膳食模式

该膳食模式是一种动植物性食物较为平衡的膳食模式，以日本为代表。该膳食模式的特点是谷类的消费量平均每天为 300～400g，动物性食物消费量平均每天为 100～150g，其中海产品比例达到 50%，乳类为 100g 左右，蛋类、豆类各 50g 左右。能量和脂肪的摄入量低于欧美发达国家，平均每天能量摄入为 2000kcal 左右，蛋白质为 70～80g，动物性蛋白质占蛋白质总量的 50%左右，脂肪为 50～60g。该膳食模式既保留了东方膳食的特点，又吸取了西方膳食的长处，少油、多海产品，蛋白质、脂肪和碳水化合物的供能比合适，有利于避免营养过剩性疾病（心血管疾病、2 型糖尿病和肿瘤），膳食构成基本合理。

（四）地中海膳食模式

该膳食模式是居住在地中海地区的居民所特有的，意大利、希腊居民的膳食模式可作为该种膳食模式的代表。该膳食模式的特点是富含植物性食物，包括谷类（每天 350g 左右）、水果、蔬菜、豆类、果仁等；每天食用适量的鱼、禽、少量蛋、奶酪和酸奶；每月食用畜肉（猪、牛和羊肉及其产品）的次数不多，主要的食用油是橄榄油；大部分成人有饮用葡萄酒的习惯。脂肪提供能量占膳食总能量的 25%～35%，其中饱和脂肪所占比例较低，为 7%～8%。此膳食模式的突出特点是饱和脂肪摄入量低，不饱和脂肪摄入量高，膳食含大量复合碳水化合物，蔬菜、水果摄入量较高。地中海地区居民心血管疾病、2 型糖尿病等的发病率低。西方国家纷纷参照地中海膳食模式调整自己国家的膳食模式。

三、我国的膳食模式

随着我国经济的高速发展，食物供应充足，居民生活水平不断提高，我国城乡居民的膳食模式发生了显著变化。当前我国居民存在 3 种膳食模式，即偏远地区居民保持东方膳食模式，经济发达地区（大城市）居民已经采用经济发达国家膳食模式，其他地区的居民则从原来的东方膳食模式向经济发达国家膳食模式过渡。目前我国正处于膳食模式变迁的关键期。尽管我国居民营养缺乏和营养过剩并存，但是目前更关注的是营养过剩引起的肥胖、心血管疾病、2 型糖尿病、肿瘤等慢性病迅速增加。正确引导居民改变膳食现状，建立科学合理的膳食模式，是一项紧迫的任务

中国营养学会提出的东方健康膳食模式（eastern healthy diet pattern），是基于“我国东南沿海地区（比如浙江、上海、江苏、福建等）健康饮食”的一种膳食模式。其特点：食物多样、谷物为主、清淡少盐、蔬菜和水果充足、鱼虾等水产品丰富、乳类及豆类丰富。东方健康膳食模式体现我国传统饮食的优势，也比较接近我国居民平衡膳食的理想模式，有利于避免营养缺乏病和营养相关疾病，延长预期寿命。

第二节　中国居民膳食指南

膳食指南（dietary guideline）是由政府和科学团体根据营养科学的原则和人体的营养需要，结合当地食物生产供应情况及人群生活实践，专门针对食物选择和身体活动提出的指导意见。膳食指南每隔几年根据人群营养的新问题、新趋势修订一次。

《中国居民膳食指南》以营养科学原理为基础，针对当前主要的公共卫生问题，提出我国食物选择和身体活动的指导意见。其目的是实现平衡膳食，满足 DRIs 的要求。我国于 1989 年制定了第一个《中国居民膳食指南》，随着中国居民疾病谱和营养状况的变化，分别于 1997 年、2007 年、2016 年和 2022 年进行了修订。

一般人群膳食指南适用于 2 岁以上健康人群，结合我国居民的营养问题，提出 8 条准则，明确了平衡膳食、能量平衡、多吃的食物、少吃的食物和限制的食物。内容包括：①食物多样，合理搭配；②吃动平衡，健康体重；③多吃蔬果、乳类、全谷、大豆；④适量吃鱼、禽、蛋、瘦肉；⑤少盐少油，控糖限酒；⑥规律进餐，足量饮水；⑦会烹会选，会看标签；⑧公筷分餐，杜绝浪费。

特定人群包括孕妇、乳母、婴幼儿、学龄前儿童、学龄儿童和老年人。根据这些人群的生理特点及营养需要，我国制定了相应的膳食指南，均是在一般人群膳食指南的基础上对其膳食选择提出补充指导。

中国居民平衡膳食宝塔（2022）根据《中国居民膳食指南（2022）》的准则和核心推荐，把平衡膳食原则转化为各类食物的数量和所占比例的图形化表示。

中国居民平衡膳食宝塔（2022）见图 4－1。

宝塔这一形象化的组合，遵循了平衡膳食的原则，体现了在营养上比较理想的基本食物构成。中国居民平衡膳食宝塔共分 5 层，各层面积大小不同，体现了 5 类食物和食物量，其食物量是根据不同能量需要设计的。宝塔旁边的文字注释，标明了在能量 1600～2400kcal 时，一段时间内成人每人每天各类食物摄入量的平均范围。第一层为谷薯类食物，成人每人每天应摄入谷薯杂豆类食物 200～300g，其中包含全谷物和杂豆类 50～150g，薯类 50～100g（从能量角度，相当于 15～35g 大米）。第二层为蔬菜和水果，成人每人每天蔬菜摄入量至少达到 300g，水果 200～350g。深色蔬菜占总体蔬菜摄入量的 1/2 以上。第三层为鱼、禽、肉、蛋等动物性食物，成人每人每天摄入 120～200g，其中畜禽肉 40～75g，水产品 40～75g，1 个鸡蛋（50g 左右）。第四层为奶类、大豆及坚果类，成人每人每天应摄入相当于鲜奶 300g 的乳及乳制品，大豆及坚果类摄入量共为 25～35g，坚果每周摄入 70g 左右（相当于每天 10g 左右）。第五层为烹调油和盐，成人每人每天烹调油不超过 25～30g，食盐摄入量不超过 5g。

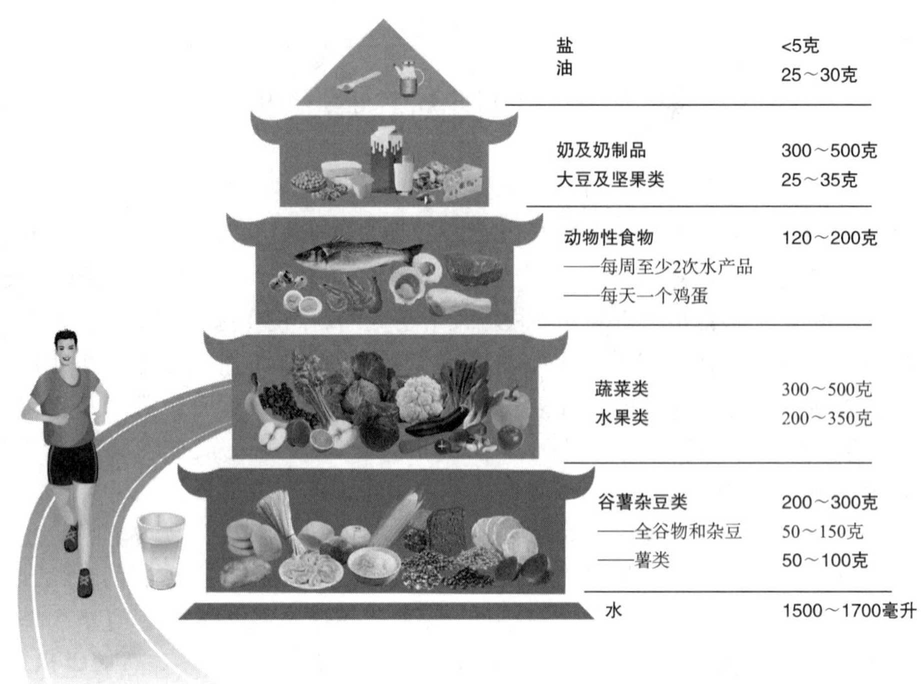

图 4-1　中国居民平衡膳食宝塔（2022）

水和身体活动的图示包含在可视化图形中，强调增加足量饮水和身体活动的重要性。水是膳食的重要组成部分，是一切生命活动必需的物质，其需要量主要受年龄、身体活动、环境温度等因素的影响。低身体活动水平的成人每天至少饮水 1500～1700mL（7～8 杯）。在高温或高身体活动水平的条件下，应适当增加饮水量。提倡饮用白开水和茶水，不喝或少喝含糖饮料。鼓励养成天天运动的习惯，坚持每天多做一些消耗能量的活动。推荐成人每天进行至少相当于快步走 6000 步以上的身体活动，每周最好进行 150 分钟中等强度的运动，如骑车、跑步、庭院或农田的劳动等。

中国居民平衡膳食餐盘按照平衡膳食原则，描述一个人一餐中膳食的食物组成和大致比例。餐盘更加直观，一餐膳食的食物组合搭配清晰明了。

中国居民平衡膳食餐盘见图 4-2。

餐盘分成 4 部分，分别是谷薯类、动物性食物和富含蛋白质的大豆及其制品、蔬菜类和水果类，餐盘旁的一杯牛奶提示其重要性。此餐盘适用于 2 岁以上人群，是对一餐中食物基本构成的描述。

图 4－2　中国居民平衡膳食餐盘

与中国居民平衡膳食宝塔相比，中国居民平衡膳食餐盘更加简明，给大家一个框架性认识，用传统文化中的基本符号，表达阴阳形态和万物演变过程中的基本平衡，一方面更容易记忆和理解，另一方面也预示着相辅相成的健康之理。2 岁以上人群都可参照此结构计划膳食，素食者也很容易将肉类替换为豆类，以获得充足的蛋白质。

第三节　食谱编制

一、食谱的概念

根据合理膳食的原则，对一天或一周各餐中主、副食的品种、数量、烹调方式、进餐时间做详细的计划并编排成表格形式，称为食谱。食谱有一日食谱和一周食谱之分。

二、食谱编制的目的

编制食谱是为了把 DRIs 和膳食指南的营养原则与要求具体化并纳入用膳者的一日三餐，使其按照人体的生理需要摄入适宜的能量和营养素，以达到合理营养、促进健康的目的。食谱编制是家庭和社区营养的重要工作内容，对正常人来说是保证其合理营养的具体措施，对患者来说可作为重要的治疗或辅助治疗措施。同时，食谱也是炊事人员和膳食制备者配餐的依据。

根据人体对营养素的需要，结合当地食物的品种、生产情况、经济条件和个人饮食习惯合理选择各类食物，编制符合营养原则与要求的食谱，可达到以有限的经济开支取得最佳的营养效果的目的，并起到节约食物资源、提高居民的生活质量和健康水平的作用。

三、食谱编制的原则

编制食谱总的原则是满足平衡膳食及合理营养的要求，实现膳食多样化，并尽可能考虑用膳者的饮食习惯和经济能力。

（一）满足营养素及能量供给量

根据用膳者的年龄、性别、生理特点和劳动性质与强度，选用食物并计算其用量，使一周内平均每日能量及营养素摄入量能达到参考摄入量标准，以满足人体需要。

（二）各营养素之间比例适宜

除全面达到能量和各种营养素的需要量外，还应考虑各营养素之间的适宜比例，充分利用不同食物中各种营养素之间的互补作用，使其发挥最佳协同作用。

（三）食物多样化

中国居民平衡膳食宝塔将食物分为八大类，每天应从这八大类食物中选用1～3种适量食物，组成平衡膳食。对同类食物可更换不同品种和烹调方法。尽量做到主食粗细搭配、粮豆混杂、有米有面，副食荤素兼备、有菜有汤，注意菜肴的色、香、味、形。

（四）食物安全无害

选用新鲜和清洁卫生的食物，注意防止食物污染。

（五）减少营养素的损失

尽量选择营养素损失少的烹调和加工方法。

（六）切实可行

考虑用膳者的饮食习惯、进餐环境、用膳目的和经济能力，结合季节、食物供应情况、食堂或家庭的设备条件和炊事人员的烹调技术等因素，编制切实可行的食谱。

（七）及时调整或更换食谱

每1～2周应调整或更换一次食谱。食谱执行一段时间后应对其效果进行评价，不断完善。

四、食谱编制的方法

编制食谱的常用方法有营养成分计算法和食物交换份法。

（一）营养成分计算法

以一位20岁的男大学生为例，用营养成分计算法编制食谱。

1. 查出能量和蛋白质供给量：从膳食营养素参考摄入量中找出20岁低强度身体活动水平男性能量供给量为2150kcal（9.00MJ），蛋白质供给量为65g。

2. 计算蛋白质、脂肪、碳水化合物供给量：蛋白质供能比为15%，脂肪供能比为25%，碳水化合物供能比为60%。

$$脂肪=2150\times25\%\div9\approx60(g)$$

$$碳水化合物=2150\times60\%\div4\approx322(g)$$

3. 确定牛奶、鸡蛋、蔬菜、水果等常用食物的用量（表4－1）。通常为牛奶250g，鸡蛋1个（50g左右），蔬菜约500g，水果约200g。

表4－1　20岁男大学生食物用量计算表

食物	用量	蛋白质（g）	脂肪（g）	碳水化合物（g）
牛奶	250g	250×3.0%[A]≈8	250×3.2%[A]=8	250×4.6%[A]≈12
鸡蛋	60g	60×87%[B]×12.7%≈7	60×87%×9%[A]≈5	—
蔬菜	500g	—	—	500×93%[B]×3.2%[A]≈15
水果	200g	—	—	200×75%[B]×13%[A]≈20
粮谷类	360g	360×8%[A]≈29	—	322－（12+15+20）=275
瘦肉类	105g	65－（8+7+29）=21	105×28%[A]≈29	—
食用油	18g	—	60－（8+5+29）=18	—

注:[A] 表示查“食物成分表”得营养素含量,[B] 指可食部。

4. 计算主食用量：主食以粮谷类为主，用每日碳水化合物摄入总量（322g）减去以上常用食物中碳水化合物量，得粮谷类碳水化合物量（275g），再除以粮谷类碳水化合物含量（75%）得粮谷类用量（367g），为方便起见，选择主食用量为360g。另一种主食用量计算方法：一般每100g粮谷类产热350kcal左右，故可根据所需的碳水化合物量计算出主食为：2150×60%÷350/100≈368.6（g）。两种计算方法差异不大。

5. 计算副食、油脂用量：计算方法同上，瘦肉蛋白质含量以20%计，食用油的脂肪含量以99%计。

6. 以步骤3～5计算出来的主、副食用量为基础，20岁男大学生粗配食谱见表4－2。

表4－2　20岁男大学生粗配食谱

餐次	饭菜名称	食物名称	用量	蛋白质（g）	脂肪（g）	碳水化合物（g）	能量（kcal）
早餐	馒头	小麦标准粉	100g	11.2	1.5	71.5	344.0
	牛奶	纯牛奶	250g	7.5	8.0	8.5	135.0
	鸡蛋	鸡蛋	50g	5.6	4.9	0.6	68.6
	水果	苹果	100g	0.2	0.2	9.3	39.5
	小计		—	24.5	14.6	89.9	587.1

续表4－2

餐次	饭菜名称	食物名称	用量	蛋白质（g）	脂肪（g）	碳水化合物（g）	能量（kcal）
午餐	米饭	大米	150g	11.1	1.2	115.8	519.0
	青椒肉丝	青椒	100g	0.8	0.2	3.3	18.0
		猪肉	50g	6.6	18.5	1.2	197.5
		色拉油	5g	—	5.0	—	44.9
	番茄蛋花汤	番茄	100g	0.9	0.2	3.4	18.4
		鸡蛋	50g	5.6	4.9	0.6	68.6
		色拉油	5g	—	5.0	—	44.9
	水果	梨	150g	0.5	0.1	8.2	36.0
	小计		—	25.5	35.1	132.5	947.3
晚餐	米饭	大米	100g	7.4	0.8	77.2	346.0
	青笋炒鸡丁	莴笋	100g	0.6	0.1	1.4	8.7
		鸡肉	50g	9.7	4.7	0.7	84.0
		色拉油	5g	—	5.0	—	44.9
	小白菜豆腐汤	小白菜	100g	1.2	0.2	1.3	12.2
		内酯豆腐	50g	2.5	1.0	1.5	25.0
	零食	酸奶	120g	3.0	3.2	11.2	86.0
	小计		—	24.4	15.0	93.3	606.8
合计			—	74.4	64.7	315.7	2141.2

7. 调整食谱：根据粗配食谱中选用食物的用量，计算该食谱的营养成分，并与食用者的营养素供给量标准进行比较，如果不在80%～100%，则应进行调整，直至符合要求。

8. 编排一周食谱：一日食谱确定以后，可根据用膳者的饮食习惯、市场供应情况等在同一类食物中更换品种和烹调方法，编排成一周食谱。

（二）食物交换份法

20世纪50年代起，美国将食物交换份法用于糖尿病患者的营养治疗。目前该方法已被很多国家广泛采用。除糖尿病外，食物交换份法也适用于其他疾病患者的营养治疗以及健康人的食谱编制。

食物交换份法是一种较为粗略的计算方法，优点是简单、实用，并可根据等能量的食物，在蛋白质、脂肪、碳水化合物含量相近的情况下进行食物交换，避免摄入食物过于固定化，使营养更加平衡，并能增加生活乐趣。

将常用食物分为四个组共九类。每个食物交换份的任何食品所含的能量相当（多定为 90kcal，即 377kJ)，一个交换份的同类食物中蛋白质、脂肪、碳水化合物等营养素含量相似。因此，在制定食谱时同类的各种食物可以相互交换。

食物交换份法编制食谱举例：为一位 20 岁男大学生编制食谱，其每天所需能量为 2150kcal，从表 4－11 可知，2400kcal 共需 24 个交换份，其中谷薯类 16 份，蔬果类 2 份，肉、乳、蛋、豆类 3 份，供能食品 3 份。具体到每类食物，则应吃谷类食物 400g，蔬果类可安排蔬菜 500g、水果 200g，肉蛋类可选择鸡蛋 1 个、瘦肉 50g，牛奶 250g，供能食品可用植物油 20g、坚果 20g。将这些食物安排到一日三餐中，即可制成食谱。

各类食物交换份的营养价值见表 4－3。等值谷薯类食物交换表见表 4－4。等值蔬菜类食物交换表见表 4－5。等值水果类食物交换表见表 4－6。等值大豆类食物交换表见表 4－7。等值乳类食物交换表见表 4－8。等值肉蛋类食物交换表见表 4－9。等值供能类食物交换表见表 4－10。不同能量所需的各组食物交换份数见表 4－11。

表 4－3　各类食物交换份的营养价值

组别	类别	每份重量（g）	能量（kcal）	蛋白质（g）	脂肪（g）	碳水化合物（g）	主要营养素
谷薯组	谷薯类	25	90	2.0	—	20.0	碳水化合物、膳食纤维
蔬果组	蔬菜类	500	90	5.0	—	17.0	矿物质、维生素、膳食纤维
	水果类	200	90	1.0	—	21.0	
肉蛋组	大豆类	25	90	9.0	4.0	4.0	蛋白质
	乳类	160	90	5.0	5.0	6.0	
	肉蛋类	50	90	9.0	6.0	—	
供能组	坚果类	16	90	4.0	7.0	2.0	脂肪
	油脂类	10	90	—	10.0	—	
	纯糖类	20	90	—	—	20.0	碳水化合物

表 4－4　等值谷薯类食物交换表

分类	重量（g）	食物
糕点	20	饼干、蛋糕、江米条、麻花、桃酥等
米	25	大米、小米、糯米、薏米、米粉
面	25	面粉、干挂面、龙须面、通心粉、油条、油饼
杂粮	25	高粱、玉米、燕麦、荞麦、莜麦
杂豆	25	绿豆、红豆、干豇豆、干豌豆、干蚕豆、芸豆
面食	35	馒头、面包、花卷、窝头、烧饼、烙饼、切面
鲜品	100	马铃薯、红薯、白薯、鲜玉米
	200	鲜玉米（中等大小，带棒心）

续表4－4

分类	重量（g）	食物
其他熟食	75	燕麦米饭、煮熟的面条

表 4－5　等值蔬菜类食物交换表

分类	重量（g）	食物（市品）
叶茎类	500	大（小）白菜、圆白菜、菠菜、韭菜、茼蒿、芹菜、生菜、莴笋（叶）、苋菜、豆瓣菜、冬寒菜、软浆叶、蕹菜
薹、花类	500	油菜（苔）、花菜（白色、绿色）、绿豆芽
瓜、茄类	500	西葫芦、西红柿、冬瓜、苦瓜、黄瓜、丝瓜、青椒、南瓜、茄子
菌藻类	500	鲜蘑菇、湿海带、水发木耳
根茎类	500	白萝卜、茭白、竹笋、子姜（300）
鲜豆类	300	豇豆、豆角、四季豆、豌豆苗
	75	毛豆、豌豆、蚕豆（均为可食部）
其他	200	胡萝卜
	150	藕
	100	芋头、慈菇

表 4－6　等值水果类食物交换表

重量（g）	食物（市品）
500	西瓜、芒果、梨
250	橙、柑、橘、柚、李子、苹果、桃、枇杷、葡萄、猕猴桃、草莓、菠萝、杏、柿子
150	香蕉、山楂、荔枝
100	鲜枣

表 4－7　等值大豆类食物交换表

重量（g）	食物
20	腐竹
25	大豆（粉）
50	豆腐丝、豆腐干、油豆腐
100	豆腐
150	嫩豆腐
250	豆浆（黄豆∶水＝1∶8）

表 4-8　等值乳类食物交换表

重量（g）	食物
20	全脂奶粉、低脂奶粉
25	脱脂奶粉、奶酪
160	牛奶、羊奶、无糖酸奶（130）

表 4-9　等值肉蛋类食物交换表

分类	重量（g）	食物（市品）
畜肉类	20	香肠、熟火腿、熟腊肉、卤猪杂
	25	肥、瘦猪肉
	35	火腿肠、小红肠、叉烧肉、午餐肉、熟酱牛肉、大肉肠
	50	瘦猪肉、瘦牛肉、瘦羊肉、带骨排骨
	100	兔肉
禽肉类	100	鸡肉
	50	鹅肉、鸭肉
蛋类	60	鸡蛋、鸭蛋、松花蛋、鹌鹑蛋（6 个带壳）
鱼虾类	150	草鱼、带鱼、鲫鱼、鲢鱼、基围虾、鳝鱼、泥鳅、大黄鱼、对虾、河虾、蟹、水浸鱿鱼、鲜贝
	350	水浸海参

表 4-10　等值供能类食物交换表

重量（g）	食物（市品）
10	各种植物油和动物油
15	核桃仁、花生仁（干、炒，30 粒）、南瓜子、葵瓜子、西瓜子、松子、杏仁、黑芝麻、芝麻酱
20	白糖、红糖

表 4-11　不同能量所需的各组食物交换份数

能量（kcal）	交换份	谷薯组	蔬果组	肉蛋组	供能组
1200	13.5	8	2	1.5	2.0
1400	16.0	10	2	2.0	2.0
1600	18.0	12	2	2.0	2.0
1800	20.5	14	2	2.5	2.0
2000	22.5	15	2	2.5	3.0
2200	25.0	17	2	3.0	3.0

续表4－11

能量（kcal）	交换份	谷薯组	蔬果组	肉蛋组	供能组
2400	27.0	19	2	3.0	3.0
2600	29.5	20	2	4.0	3.5
2800	32.0	22	2	4.5	3.5
3000	34.0	24	2	4.5	3.5

同类等能量的食物可以交换，在四组食物内部可以互换，若跨组进行交换，将影响平衡膳食原则。水果一般不和蔬菜交换，水果含糖量高，故不能用水果代替蔬菜。硬果类脂肪含量高，如食用少量硬果，可减少烹调油的摄入。

五、合理烹调加工

（一）合理清洗

质量较好的米，淘洗时不要用力搓揉和用流水冲洗，更不要用热水淘米。洗蔬菜时要先洗后切，切忌先切后洗，更不要切后在水中浸泡，以防维生素和矿物质流失。

（二）科学切配

各种副食原料洗涤后需进行切配。为减少营养素的流失和破坏，原料不宜切得过细，最好做到现切、现烹、现吃，特别是富含维生素的蔬菜。同时还应注意食物的科学搭配，使各种食物所含营养素比例尽可能合理，起到互补作用。

（三）沸水烫料

沸水烫料不仅能减轻蔬菜等原料的颜色改变，还可减少维生素等营养素的损失，同时还可除去原料中部分草酸、植酸，有利于钙的吸收。但沸水烫料时要注意沸水量要大，每次烫料的蔬菜量相对要少，以防水温降低而达不到预期效果。焯水后的蔬菜切忌挤去汁水，以避免水溶性营养素大量流失。

（四）上浆挂糊

肉片、虾段、鱼块等动物性原料用淀粉或鸡蛋上浆挂糊，在烹调时因受热而在原料表面形成一层保护外壳，使原料中的水分和营养素不会大量渗出，同时由于原料受到糨糊外壳的保护，间接受热，不致受直接高温的影响而导致蛋白质焦化和维生素破坏。通过这种方法烹制的菜肴不仅色泽鲜艳、汁多、肉嫩、味道鲜美，而且营养素损失少且易消化。

（五）勾芡

勾芡的菜肴不仅汤汁浓稠，且汤汁与菜肴融合，既可减少营养素的流失，又使汤汁鲜美可口。淀粉对维生素C有保护作用。

（六）适当加醋，不加或少加碱

大多数维生素在酸性环境下较稳定，而在碱性环境下易被破坏。因此，凉拌菜肴可提前加醋。此外，在烹调动物性菜肴时也可加醋，如糖醋排骨、糖醋鱼等。加醋不仅保护维生素，还有杀菌作用。如煮骨头汤时适当加醋有利于骨中钙盐溶解和利用。

有时在烧煮米饭、牛肉、大豆、粽子等食物时，为加速煮熟、煮烂而加碱，会引起维生素和矿物质大量损失或破坏，因此在烹调食物时应尽量少加或不加碱。

（七）掌握火候

应采用急火快炒的方法烹制菜肴，尤其是蔬菜。缩短菜肴加热时间，不仅可保持菜肴的色泽，而且能减少营养素的损失。在急火快炒时加盐不宜过早，以防菜肴原料内部的汁水过多流失。

（八）制作面食提倡酵母发酵

发酵不仅保护维生素免遭破坏，而且酵母在生长过程中产生维生素 B_6、维生素 B_{12} 等 B 族维生素，同时降解面粉中的植酸盐，有利于矿物质吸收。如果面团发酵过度，必须加碱中和，要注意碱的用量，以防维生素 B_1、维生素 C 被破坏。

运动竞赛与营养篇

第五章　营养素与运动

第一节　运动与能量平衡

一、运动员能量代谢的特点

运动员的能量代谢特点是强度大、消耗率高、伴有不同程度氧债等。

氧债（oxygen debt）又称运动后恢复期过量氧耗，指机体在运动过程中利用无氧代谢供应能量所欠下的并需要在运动后恢复期偿还的氧。

体育运动的能量消耗可达到安静时的 2～3 倍，甚至 100 倍（如体操技巧和 90kg 抓举举重）以上，参加集训的优秀运动员在 1 小时训练课内的能量消耗可达 418.4～2510.4kJ（100～600kcal）。与不同强度体力活动比较［轻体力活动：502.08kJ/h（120kcal/h）；中等体力活动：711.28kJ/h（170kcal/h）；重体力活动：1129.68kJ/h（270kcal/h）；极重体力活动：1548.08kJ/h（370kcal/h）］，多数项目运动员在训练时间内的能量消耗率相当于或超出重体力或极重体力活动的能量消耗率。非机械化劳动每分钟的能量消耗为 0.29～1.26kJ（0.07～0.30kcal）。而短跑时，每秒的能量消耗高达 12.55kJ（3kcal）。但运动与重体力活动的高能量消耗不同，其能量消耗常常集中在短短的几分钟（如举重、体操）或几个小时内。

二、运动能量的来源及影响因素

（一）运动的供能体系

运动时人体能量需要量大大增加，尤其是骨骼肌需要消耗大量能量维持运动。骨骼肌能直接利用的能源物质是三磷酸腺苷（ATP）。碳水化合物、脂肪和蛋白质通过相应的分解代谢将储存在分子内的化学能逐渐释放出来，转移、储存至 ATP 内，以保证 ATP 供能的连续性。

1. 磷酸原系统：由 ATP 和磷酸肌酸（creatine phosphate，CP）构成，又称 ATP－CP系统。

ATP 和 CP 都是储存在肌细胞内的高能磷酸化物，当肌肉收缩时，ATP 迅速分解，释放一个高能磷酸键，生成 ADP。与此同时，CP 分解供能，使 ADP 再合成 ATP。

ATP 和 CP 供能直接迅速，但肌细胞内储存的 ATP 和 CP 有限，只能供几秒钟剧烈运动，几秒钟后需要再合成补充。其可供高强度运动 6～8 秒，如百米内短跑和游泳冲刺等。

2. 无氧氧化系统：当大强度运动时，若机体供氧系统不能满足需氧量，则糖酵解过程被激活，1 分子葡萄糖无氧酵解成乳酸，产生 2 分子 ATP，可供运动 2～3 分钟，如 50m、100m、200m 游泳，800m 跑。大强度运动时供能速率较快。

3. 有氧氧化系统：当运动中的氧供应能够满足机体需要时，运动所需的 ATP 即由碳水化合物和脂肪有氧氧化分解来产生。1 分子葡萄糖彻底氧化成 CO_2 和 H_2O，产生 8 个 ATP；十八碳的脂肪酸经 β－氧化后产生 147 个 ATP。因此，有氧氧化供能多，供能速率慢，为较长时间运动供能。肌糖原有氧氧化供能可持续 1～2 小时，如 1500m 游泳、5000m 以上长跑。

（二）能量连续统一体

在不同运动项目中，由于其强度、持续时间以及技术结构不同，三种能源系统在不同的项目中的供能比例各不相同，每个运动项目也不能仅靠一个供能系统。运动项目能量供应途径之间以及供能系统之间相互联系，形成一个供能的连续链，称为能量连续统一体。不同距离游泳的能量连续统一体见表 5－1。

表 5－1 不同距离游泳的能量连续统一体

项目	ATP－CP 和酵解能（%）	酵解和氧化能（%）	氧化能（%）
50m 自由泳	98	2	0
100m 各种姿势游泳	80	15	5
200m 各种姿势游泳	30	65	5
400m 自由泳	20	55	25
1500m 游泳	10	20	70

（三）影响运动时能量代谢的因素

1. 运动强度和持续时间：强度大、时间短的运动以无氧代谢供能为主，而强度小、时间长的运动则以有氧代谢供能为主。除百米跑的能量绝大部分由磷酸原系统供给外，多数运动的能量供应是多系统混合性的。运动强度达到 85%～100% 最大摄氧量（maximum oxygen uptake，VO_2max）或超过 100% VO_2max 时，主要依赖无氧供能，通过糖无氧酵解途径，ATP 合成率高，为有氧供能的 5～6 倍，可满足短时间做功量高的运动，如冲刺跑和举重等。限制 ATP 合成的主要因素是时间短、CP 消耗和无氧糖酵解生成的 H^+ 堆积。当运动强度减小、运动时间延长时，糖和脂肪供能比例也发生变化，糖的利用减少，而脂肪的利用增加。运动冲刺时，糖的供能占优势，此变化反映了运动的适应过程。糖是运动中能量供给必需的物质。肌肉中储备的糖原耗竭时，运动能力明显下降，且易发生运动损伤。增强长时间运动中动用脂肪的能力，可节约肌糖原，有利于提高运动能力。

不同运动时间的主要供能系统见表 5—2。

表 5—2 不同运动时间的主要供能系统

运动时间	供能系统
<30 秒	ATP—CP 系统
30 秒~1.5 分钟	ATP—CP 系统和糖酵解
1.5~3.0 分钟	糖酵解和有氧氧化
>3.0 分钟	糖和脂肪有氧氧化

2. 肌纤维类型：骨骼肌有 3 种纤维，即红肌（慢肌）、白肌（快肌）Ⅰ型和Ⅱ型。肌纤维构成不同，其供能系统各异。红肌富含线粒体，由糖和脂肪有氧氧化供能；白肌由糖酵解供能。

3. 训练水平：系统运动训练可改变人体对某一供能系统的依赖。例如，长跑运动员的有氧能力比短跑运动员强，而短跑运动员的无氧供能能力较强。有氧运动能力强的运动员对脂肪的利用能力亦强。

4. 体内能源物质的储备：体内能源物质是骨骼肌能量代谢可利用的底物。肌糖原含量与运动能力特别是运动耐力有密切关系。

5. 膳食构成：富含碳水化合物的膳食有利于提高运动耐力。脂肪的产能量虽高，但动用慢。此外，其他一些营养素如维生素 B_1、维生素 B_2、烟酸、铁、镁等与能量代谢也密切相关。

三、运动员的能量需要

运动员一日能量消耗由基础代谢、运动的能量消耗、食物热效应以及适应性生热作用（facultative thermogenesis）四部分组成。

我国运动员一日能量需要量范围为 8368~23012kJ（2000~5500kcal），多在14644~18410kJ（3500~4400kcal），按体重计算为 209~272kJ/kg（50~65kcal/kg）。一些运动项目如乒乓球、体操、围棋、击剑等的运动员在训练中精神紧张，并不能完全反映在能量消耗上。

我国运动员膳食能量适宜摄入量见表 5—3。

表 5—3 我国运动员膳食能量适宜摄入量

运动项目	能量摄入量			
	MJ/d	kcal/d	kJ/kg	kcal/kg
体操（男）、武术、乒乓球、羽毛球、短跑（女）、举重（<75kg）、网球、手球、花样游泳、击剑、垒球	11.34~17.64 (14.70)	2700~4200 (3500)	209~251	50~60

续表5－3

运动项目	能量摄入量			
	MJ/d	kcal/d	kJ/kg	kcal/kg
花样滑冰、中长跑、短跑（男）、竞走、登山、射箭（男）、射击（男）、球类（篮球、排球、足球、冰球、水球、棒球、曲棍球）、游泳（短距离）、滑冰、高山滑雪、赛艇、皮划艇、自行车（场地）、摩托车、柔道、拳击、投掷（女）、沙滩排球（女）、现代五项	15.54～19.74（17.64）	3700～4700（4200）	230～272	55～65
游泳（长距离）、举重（<75kg）、马拉松、摔跤、公路自行车、橄榄球、越野滑雪、投掷（男）、沙滩排球（男）、铁人三项	>17.64	>4700	>272	>65

引自：陈吉棣．基础营养学［M］．北京：北京医科大学出版社，2002.

四、常见运动和体力活动的能量消耗

常见运动和体力活动的能量消耗见表5－4。

表5－4　常见运动和体力活动的能量消耗［kJ/kg（kcal/kg）］

项目		10分钟	1小时
安静	静卧、睡觉、静坐、躺着看电视、看书	0.63（0.15）	3.77（0.90）
	静站、坐着看书报、聊天、玩牌	0.96（0.23）	5.86（1.40）
	坐着上课、学习，站着聊天、绘画	1.26（0.30）	7.53（1.80）
步行	缓慢步行	2.01（0.48）	11.97（2.86）
	20～110步/分钟	3.18（0.76）	19.17（4.58）
	抱婴儿或负重7kg平地走或下楼	2.51（0.60）	15.07（3.60）
	上学或上班	2.76（0.66）	16.74（4.00）
坐车		1.13（0.27）	6.70（1.60）
开车		—	10.47（2.50）
乘坐公交或火车		—	5.44（1.30）
乘坐飞机		—	7.53（1.80）
上楼	负重5kg左右	3.68（0.88）	20.93（5.00）
	负重10kg左右	5.44（1.30）	20.09（4.80）
	负重28kg左右	6.99（1.67）	41.86（10.00）
	负重>34kg	8.29（1.98）	49.81（11.90）
	一般负重	6.28（1.50）	37.67（9.00）

续表5－4

项目		10分钟	1小时
下楼		2.16（0.52）	12.98（3.10）
跑步	一般慢跑	4.81（1.15）	28.88（6.90）
	133m/min，一般跑步	5.44（1.30）	32.65（7.80）
	148m/min，一般跑步	6.61（1.58）	39.77（9.50）
	200m/min，一般跑步	8.67（2.07）	51.91（12.40）
	241m/min，跑步上楼	10.47（2.50）	62.79（15.00）
	291m/min，跑步上楼	12.43（2.97）	74.58（17.80）
	322m/min，跑步上楼	12.06（2.88）	72.42（17.30）
	越野跑	62.79（15.00）	376.74（90.00）
飞盘游戏	普通	—	12.56（3.00）
	极限	—	33.49（8.00）
跳绳	慢速	5.44（1.30）	32.65（7.80）
	中速	6.99（1.67）	41.86（10.00）
	快速	8.29（1.98）	49.81（11.90）
游泳	20m/min	2.97（0.71）	17.79（4.25）
	50m/min	7.12（1.70）	42.70（10.20）
	70m/min	18.00（4.30）	108.00（25.80）
篮球	普通	4.10（0.98）	24.70（5.90）
	比赛	5.44（1.30）	32.65（7.80）
网球	中等强度	4.27（1.02）	25.53（6.10）
	剧烈	5.99（1.43）	35.92（8.58）
	双打	4.10（0.98）	24.70（5.90）
	单打	5.44（1.30）	32.65（7.80）
羽毛球	一般单、双打	3.14（0.75）	18.84（4.50）
	比赛	4.81（1.15）	28.88（6.90）
乒乓球		2.80（0.67）	16.74（4.00）
足球	一般	5.48（1.31）	32.90（7.86）
	比赛	6.28（1.50）	37.67（9.00）

续表5－4

项目		10分钟	1小时
自行车	＞16km/h	2.80（0.67）	16.74（4.00）
	16～19km/h	4.10（0.98）	24.70（5.90）
	19.1～22.4km/h	5.44（1.30）	32.63（7.80）
	22.5～25.5km/h	6.99（1.67）	41.86（10.00）
	25.6～30.5km/h	8.28（1.98）	49.79（11.90）
	＞30.5 km/h	10.67（2.55）	66.56（15.90）
舞蹈	现代舞（班级），男女平均	—	23.65（5.65）
	芭蕾、现代、爵士，一般平均	—	20.93（5.00）
	有氧舞，一般平均	—	30.14（7.20）
	广场舞，唱跳（女）	—	21.77（5.20）
健身房	瑜伽、平衡、拉伸（平均）	—	9.63（2.30）
	中等强度（有氧、抗阻）	—	15.91（3.80）
	中等用力骑自行车（室内）（90～100 W）	—	23.39（6.80）
	俯卧撑、仰卧起坐、引体向上、弓步，适度用力	—	15.91（3.80）
	循环训练，适度用力	—	18（4.30）
	巡回训练，包括壶铃、有氧运动，较大强度	—	33.49（8.00）
	健身房训练（一般强度），平均	—	23.02（5.50）
家中练习（一般）		—	15.91（3.80）
拳击，沙袋		—	23.02（5.50）

引自：Maughan R J. Nutrition in Sport：Olympic Encyclopaedia of Sports Medicine［M］. New Jersey：Wiley－Blackwell，2000.

第二节　蛋白质和氨基酸与运动

一、蛋白质和氨基酸在运动中的作用

（一）增肌和运动后肌肉恢复

几乎所有运动项目中，适宜的力量/体重都至关重要。实现这一目标的核心营养策略是增加蛋白质的摄入量。在机体的能量需求得到满足的前提下，当蛋白质的摄入量约为 1.5g/kg 体重时，可达到蛋白质合成代谢的最大值。最近的研究表明，阻力训练后，优质蛋白质（如乳清蛋白）与碳水化合物和液体相结合，比单一成分更有助于肌肉的恢复。饮用蛋白质含量约为 0.1g/kg 的饮料，可以改善肌肉的蛋白质平衡。

但增加肌肉不单是增加蛋白质和氨基酸的摄入，还应包括以下几方面：

1. 增加阻力训练，从而为增加肌肉量提供生理性动力（刺激）。在诱导肌肉快速增长方面，低负荷、长时间的阻力训练优于高负荷、短时间的阻力训练。

2. 维持足够的能量摄入，以充分满足能量需求。

3. 在总能量摄入足够的情况下，1.5g/kg 体重的蛋白质摄入量可以完全满足新的肌肉合成的需求。

4. 每天摄入蛋白质的时间分布应避免存在高峰和低谷。理想情况下，蛋白质的摄入量应均匀分布在一天的多餐次中。

5. 在运动前或运动后摄入优质蛋白质（如乳清蛋白），可以促进肌肉蛋白质的合成。

6. 运动后立即摄入蛋白质和碳水化合物的混合物，也能促进肌肉蛋白质的合成。避免在运动后只摄入蛋白质，因为运动后是补充糖原储备的关键时期，需要补充碳水化合物。

（二）氧化供能

蛋白质在运动中供能的比例相对较小。蛋白质的氧化作用在短时间、高强度的运动中并不明显，但在耐力训练中，蛋白质供能比达到 3%～5%。当糖原水平低、血糖低、训练强度大，或是训练持续时间长时，蛋白质的供能比可超过 5%。

（三）补充支链氨基酸可预防中枢疲劳

5－羟色胺是中枢抑制性神经递质。一些研究发现，运动疲劳时，脑内的 5－羟色胺增多，由此提出中枢疲劳（central fatigue）与 5－羟色胺有关的假说。5－羟色胺的合成原料为色氨酸，游离色氨酸通过血－脑屏障时与支链氨基酸（branched chain amino acids，BCAA）共用一个转运通道，它们之间存在竞争性抑制。运动使血中支链氨基酸水平下降，引起脑中 5－羟色胺含量增加，导致运动性中枢疲劳，使运动能力下降。由于血中支链氨基酸水平降低，对色氨酸通过血－脑屏障的竞争性抑制消失，使更多的色氨酸进入脑中产生大量 5－羟色胺。但目前有关补充支链氨基酸可提高运动能力或者预防运动性疲劳的证据不多。

（四）含硫氨基酸的抗氧化作用

谷胱甘肽是体内抗氧化系统的重要组成物质，含硫氨基酸通过硫的转移和巯基的氧化还原反应参与谷胱甘肽的代谢。有研究显示，补充含硫氨基酸，如半胱氨酸和牛磺酸，可降低体内的过氧化指标。

二、运动对蛋白质代谢和需要量的影响

（一）运动调节肌肉组织蛋白质的合成和分解

在运动时，肌肉组织蛋白质合成被抑制，蛋白质的适应性合成仅在肝脏进行。此外，其他组织蛋白的分解代谢也可能增加。尚无事实证明运动中肌肉收缩蛋白质分解。肌肉中蛋白质合成抑制，使不被利用的氨基酸留存在代谢池内，代谢池内可利用的游离氨基酸增加。运动时代谢池内游离氨基酸浓度和丙氨酸－葡萄糖循环率增加，这与运动引起的糖皮质激素水平增高及胰岛素水平降低有关。在运动后的恢复期，适应性蛋白质合成增加和蛋白质分解率升高，使蛋白质转换率升高。用稳定性同位素示踪法研究运动中蛋白质代谢的结果表明，运动对蛋白质的合成与分解有明显的影响，但尚不清楚个别氨基酸代谢的变化是否影响其长期的需要量。

（二）运动促进支链氨基酸代谢

应用同位素^{13}C标记亮氨酸的恒定灌注技术，学者观察到在50％VO_2max强度下运动2小时，亮氨酸升高的绝对值相当于该氨基酸需要量的90％。运动也刺激肌肉组织丙氨酸的释放。一次性剧烈有氧运动后，亮氨酸的氧化增加，肌肉释放氨基酸和氨增加约40％，血尿素水平和运动后尿氮增加，这些变化提示长时间耐力性运动时氨基酸代谢加强。长时间运动时，动物肢体选择性摄取支链氨基酸，说明运动提高肌肉氧化支链氨基酸的能力。对于是否所有支链氨基酸氧化都增加，尚待进一步研究。

（三）运动增加机体蛋白质的需要量

训练状态、运动类型、强度和频率等均影响运动员蛋白质需要量。运动员在剧烈运动训练初期，由于细胞破坏增加、肌蛋白和红细胞再生等合成代谢亢进，以及应激时激素和神经调节等反应，常发生负氮平衡，甚至运动性贫血，而经过一段时间适应后，氮平衡得到改善，因此在大运动量训练的初期应适当增加蛋白质摄入量。日本学者报道，蛋白质摄入量达2g/kg即可防止运动性贫血的发生。长时间剧烈耐力性运动训练使蛋白质代谢加强，增加蛋白质需要量，力量训练因肌肉组织增加也需适当增加蛋白质摄入量。运动强度大，训练次数多，蛋白质代谢加强，需要量增加。另外，在下列情况下蛋白质需要量应适当增加。

1. 能量摄入不足和糖原储备不足，蛋白质的需要量可增加10％。如膳食中碳水化合物充足，不仅使肝脏和肌肉糖原维持在较高的水平，还具有节约蛋白质的作用。

2. 控制体重项目运动员，需适当增加蛋白质营养密度高的食物以满足需要，蛋白质供能比可达到总能量的18％。

3. 素食者膳食中应有足量优质蛋白质。

4. 生长发育期的儿童青少年参加运动训练时，应增加蛋白质摄入（10％～15％），以满足生长发育的需要。根据氮平衡实验的结果，青少年运动员蛋白质需要量为2～3g/kg体重。

5．运动员在训练中出汗量较多时，特别是在高温环境下，汗氮的丢失可占氮排出量的10%～14%，使蛋白质需要量增加。

三、运动员蛋白质参考摄入量

运动员的蛋白质需要量比普通人高（表5－5）。在总能量摄入充足的条件下，蛋白质的推荐量为1.2～1.7g/kg体重或蛋白质的供能比为12%～15%，其中包括蛋白质或氨基酸营养补充剂。

表5－5　运动员的蛋白质需要量

类型	总能量（kcal/d）	每日单位体重蛋白质需要量（g/kg体重）	每日蛋白质需要量（g）	蛋白质供能比（%）
耐力型[a]	3800	1.2～1.4	84～98	9～10
力量型[b]	3200	1.6～1.7	112～119	14～15

注：静息能量消耗量为每日40kcal/kg。

[a]：以6分钟/英里的速度，每日跑16km的男性长跑运动员。

[b]：阻力训练中每日每公斤体重额外消耗6kcal能量。

第三节　脂肪与运动

一、脂肪在运动中的作用

（一）运动的能源

作为能源物质，与碳水化合物相比，脂肪具有能量密度大、产能量高的特点。对于能量需要量较大的运动员，摄入脂肪可起到减小食物体积、减轻胃肠负担的作用。

（二）为长时间低强度运动提供能量

小于55%VO_2max的长时间低强度运动，如超长距离马拉松和铁人三项等，呼出气中25%～50% CO_2来自脂肪酸氧化，而高强度运动则主要由糖有氧氧化或无氧酵解供能。

（三）节约糖原，提高耐力

高强度训练的运动员脂肪氧化分解的能力强。研究报道，高强度训练的马拉松运动员体脂少，脂肪细胞直径小，最大摄氧量高。

（四）中链甘油三酯的强力作用

中链甘油三酯（medium-chain trigycerides，MCTs）由含6～12个碳原子的中链脂

肪酸组成，主要存在于椰子油、棕榈油或人工合成的氢化椰子油中。由于能量密度高（34.9kJ/g），可提供2倍于等量碳水化合物的能量，MCTs越来越受到运动员的青睐。此外，MCTs易于吸收，比碳水化合物优先产能。MCTs与等能量碳水化合物同时食用，酮体生成量最小。因此，为了增加每日能量的摄入量（如运动员需要增重时）或提高运动中能量的摄入，甚至立即需要能量（如增加运动饮料或食物）时，可将MCTs加到运动员膳食中。

对大多数运动员来讲，MCTs单次最大食用量为30g（270kcal），超过这个量出现胃肠不适（包括腹泻）的风险将明显增加。MCTs还可按每日不超过1.5g/kg体重摄入，至少分三次食用，以降低腹泻的风险。

二、运动对脂肪代谢的影响

（一）影响运动中脂肪代谢的因素

1. 运动强度和运动持续时间：低强度运动（20%VO_2max）时，从脂肪组织释放入血的游离脂肪酸是肌肉收缩的主要能量来源，而肌肉内甘油三酯（triglyceride，TG）分解很少。进行65%VO_2max中等强度运动时，脂肪代谢最旺盛，脂肪组织和肌肉内TG均分解，氧化供能增加。随着运动强度增加到85%VO_2max，游离脂肪酸进入血浆的速度显著减慢，肌肉内TG分解不再增加。此时，肌糖原分解，乳酸堆积，抑制脂肪动员。脂肪在运动中作为能量来源的利用情况见表5－6。

表5－6　脂肪在运动中作为能量来源的利用情况

脂肪能源物质	利用情况
血浆乳糜微粒	不是主要来源
血浆极低密度脂蛋白	不是主要来源
血浆中游离脂肪酸	主要来源；游离脂肪酸来自脂肪组织的脂肪细胞；低中强度（25%～50%VO_2max）运动时利用；随着运动强度的增加，利用减少
肌肉游离脂肪酸	主要来源；游离脂肪酸来自肌肉内的甘油三酯；低强度运动时利用少；随着运动强度的增加（>50%VO_2max），利用增加

注：在高强度（≥65%VO_2max）运动时，总的脂肪氧化利用减少。

剧烈运动后，血乳酸水平增高，抑制脂肪组织分解。脂肪组织分解减少使肌肉摄取游离脂肪酸减少时，肌肉中甘油三酯分解为收缩肌供能，在高强度骑自行车和抗阻力力量运动中学者观察到肌肉甘油三酯分解的现象。但与糖和糖原分解相比，由脂肪代谢输出最大做功能力仍相对较低。

25%VO_2max的低强度运动后2小时与开始30分钟相比，总脂肪和总碳水化合物的氧化几乎没有变化，可能是肌肉内能源物质（TG和糖原）随着中等强度运动持续时间延长（>90分钟）供能减少的结果。但在进行65%VO_2max运动时，脂肪酸进入血浆的速度和葡萄糖的利用随时间的延长逐渐加快。

2. 运动训练程度：系统的体育训练会使骨骼肌线粒体数量、体积，单位重量肌肉毛细血管密度，线粒体酶和脂蛋白脂酶的活性增加。因此，训练水平高的运动员利用脂肪酸的能力强。高强度训练的马拉松运动员在 70%VO_2max 强度下运动 1 小时，75%的能量供应来自脂肪。脂肪代谢加强，可节约糖原，提高耐力。训练有素的运动员肌肉氧化酮体的能力也比无训练者强。

3. 限制肌肉细胞摄取脂肪酸的因素：脂肪组织分解产物游离脂肪酸是氧化供能的主要物质，尤其在低强度长时间运动中。长链脂肪酸代谢是一个复杂过程，涉及许多因素，如脂肪动员、游离脂肪酸在血中的转运、从血液转运至肌细胞、膜转运、胞浆内转运以及细胞内代谢。无论休息还是运动，脂肪动员都是影响游离脂肪酸代谢的重要因素。

4. 限制肌肉脂肪酸氧化的因素。游离脂肪酸的氧化速度取决于：①脂肪组织和循环血中 TG 的水解作用以及游离脂肪酸从血浆向胞浆的转运；②肌肉内 TG 的可利用性和水解速度；③游离脂肪酸的活性和跨线粒体膜的转运。在游离脂肪酸转运最充分的情况下，前两步可能是限制脂肪氧化的主要因素。在短时间运动或长时间运动的最初阶段，脂肪组织和肌肉 TG 的水解作用不充分，游离脂肪酸供应不足，使游离脂肪酸氧化的速度超过游离脂肪酸的动员，导致血浆和肌细胞内游离脂肪酸浓度下降。为满足能量供应的需要，来自糖原的碳水化合物的氧化供能必然增加。

一项研究证明，在中低强度（44%VO_2max）运动时，抑制脂肪动员可限制游离脂肪酸的氧化。运动前摄入碳水化合物（0.8g/kg），血浆胰岛素浓度升高，抑制脂肪的分解，减少运动中游离脂肪酸的氧化。通过注射脂肪乳剂和肝素使血浆游离脂肪酸浓度升高时，如果摄入碳水化合物，脂肪氧化虽增加，但不能恢复到禁食时的高水平。这些研究结果表明，摄入碳水化合物（提高血浆胰岛素浓度）有抑制骨骼肌游离脂肪酸氧化的作用。

5. 糖代谢水平：糖代谢增强时，脂肪分解受抑制。糖代谢障碍，生成的草酰乙酸量不足时，脂肪酸氧化生成的乙酰 CoA 不能与草酰乙酸缩合成柠檬酸进入三羧酸循环氧化，就会限制脂肪酸在线粒体氧化供能。

6. 肉碱：游离脂肪酸从骨骼肌细胞浆进入线粒体分解需要肉碱转运系统。肉碱促进游离脂肪酸转移进入线粒体进行氧化代谢。基于增加肉碱摄入量可增加游离脂肪酸利用这一理论，近年来有不少使用肉碱提高运动能力的研究报道，但其效果尚无一致的结论。

7. 其他：肌肉供氧充足时，游离脂肪酸浓度增高，抑制肌肉摄取葡萄糖。脂肪分解需要脂肪酶，因此脂肪酶活性是影响脂肪利用的重要因素。

（二）运动对血脂、脂蛋白及其受体的影响

优秀运动员血 HDL 含量高。运动通过加速脂质转换，降低血浆 TG 和 LDL，增加 HDL。运动使体内 TG 水平降低，与内源性合成 TG 减少以及脂蛋白酶活性提高、促进 TG 清除等因素有关。动物实验结果显示，有氧运动可上调动物肝脏低密度脂蛋白受体（LDL−R）、Apo A_1 和 HDL 受体 *SR*−*B*1 基因的表达，从而降低高脂血症大鼠血清和 *Apo E* 基因缺陷小鼠动脉粥样硬化斑块中胆固醇、TG、LDL−C 和 Apo B，升高 HDL

和 Apo A，有效预防高脂血症，延缓动脉粥样硬化的进程。

三、运动员的脂肪参考摄入量

与碳水化合物和蛋白质相比，脂肪在人体内的储存量很大。

运动员膳食脂肪的适宜供能比应为 25%～30%。饱和脂肪酸：单不饱和脂肪酸：多不饱和脂肪酸=1：1：（1.0～1.5）。运动员膳食调查结果显示，运动员脂肪摄入量过高，占总能量的 35%～45%。脂肪代谢产物蓄积会降低耐力并引起疲劳，摄入过多脂肪还会降低蛋白质和铁等营养素的吸收利用。高脂肪常伴大量胆固醇的摄入，可引起高脂血症。因此应适当限制运动员膳食中的脂肪摄入。但如果脂肪摄入不足，食物的质量和色香味受影响，造成运动员食物摄入量减少，而且运动员的膳食要求量少质精，能量密度高，所以又不可过多减少脂肪的供给量。登山运动员因经常处于缺氧状态，膳食中的脂肪含量应比其他项目少。游泳及冬季运动项目，如滑雪、滑冰等，因机体散热量大，食物中脂肪量可以比其他项目高些，但也不应超过总能量的 35%。

第四节　碳水化合物与运动

一、碳水化合物在运动中的作用

（一）提供运动所需的能量

短时间、高强度运动所需能量绝大部分由碳水化合物（糖）供给，长时间、低强度运动也首先利用糖氧化供给能量，糖耗竭后才动用脂肪或蛋白质提供能量。运动中，肌肉摄取葡萄糖的量可达安静时的 20 倍或更多。葡萄糖容易氧化，且氧化完全，代谢终产物二氧化碳和水不会增加体液的酸度。糖氧化时耗氧量少，消耗等量氧，糖的产能效率比脂肪高 4.5%，这一优点在供氧不足的情况下尤为重要，有时可成为决定比赛胜负的主要因素。

（二）延缓疲劳发生

肌糖原耗竭或低血糖与长时间运动疲劳有关，原因是肌肉内 ATP 不断合成的原料是糖和脂肪。运动前、中、后补糖有提高耐力的作用。补糖不仅可以提高耐力性项目运动员（如马拉松、铁人三项、长距离骑车或游泳等，以及运动时间在 45 分钟以上的训练或比赛）的运动能力，而且对持续 3～6 分钟高强度的间歇性运动（如球类）或高强度冲刺性运动也有作用。补糖的强力作用机制尚不很清楚，可能与肌肉内糖的高利用度有关。糖提高运动能力与运动中糖的可利用度和糖的氧化率有关。

葡萄糖可透过血－脑屏障营养神经细胞，大脑因缺乏营养物质储备，主要依靠葡萄糖氧化供能。血糖浓度降低时，首先影响中枢神经系统，出现疲倦或头晕等症状。有报道称，补糖可使血浆 TG 分解减少，游离脂肪酸浓度降低，同时使游离脂肪酸与色氨酸竞争白蛋白结合位点的作用减弱，从而使血浆中游离色氨酸浓度降低，游离色氨酸/支链氨基酸随之降低。色氨酸是 5－羟色胺的前体物，5－羟色胺浓度降低可使中枢神经系统疲劳延后。有报道提出，补糖 5mL/（kg·h）与补水比较，血浆游离色氨酸浓度显著下降，肌肉、心血管和代谢功能方面的疲劳指标均好转。

此外，摄入糖对预防神经性低血糖有益。

（三）减轻运动致免疫应激

运动中补糖使血糖浓度保持正常水平，减少应激激素的分泌，调节免疫功能。血糖下降与下丘脑－垂体－肾上腺活化有关，补糖可使皮质醇和生长激素减少，粒细胞、单核细胞吞噬作用及炎性细胞因子等反映免疫应激程度的指标均有改善。

（四）增加饱腹感

摄入吸收缓慢和不易消化吸收的碳水化合物，能延长出现饥饿感的时间。

二、糖原储备与运动能力

体内糖原储备包括肌糖原、肝糖原和血糖三类。肌糖原约 250g，是含量最大的糖原储备，肝糖原共计 75～90g，血糖仅 5～6g。体内糖原储备总量为 300～400g。大于 1 小时的运动如长跑、长距离游泳、自行车、滑雪、马拉松、铁人三项、足球、冰球、网球等，可耗尽体内糖原储备。糖原耗尽将影响运动能力，特别是耐力。运动前或运动中适量补糖有利于维持血糖水平并提高运动能力，延缓疲劳的发生。

肌糖原储备充足的足球运动员与肌糖原储备不足者相比，冲刺的次数多，跑步的总距离也长，说明糖原储备明显影响运动能力。体内糖原水平对耐力有明显影响，并受膳食碳水化合物补充量的影响（表 5－7）。肌糖原水平的降低与疲劳和运动性损伤的发生关系密切。

表 5－7　膳食与肌糖原水平和耐力的关系

膳食	肌糖原（g/100g 湿肌肉）	运动至衰竭的时间（分钟）
混合膳食	1.73	113.6
高脂肪、高蛋白	0.63	56.9
高碳水化合物	3.31	166.5

运动前补糖可增加体内肌糖原、肝糖原储备和血糖浓度。运动前体内肌糖原含量越高，运动到衰竭的时间越长（即耐力越强）。运动中补糖可提高血糖水平、节约肌糖原、减少肌糖原消耗以延长运动时间。运动后补糖是为了加速肌糖原恢复和能量供应。

三、运动补糖

（一）运动补糖的方法

1. 运动前补糖：可在大量运动前数日内增加膳食碳水化合物至总能量的60%～70%（或10g/kg），也可采用改良的糖原负荷法（在赛前一周内逐渐减少运动量，赛前一天休息，同时逐渐增加膳食中碳水化合物的量至总能量的70%）；或在赛前1～4小时补糖1～5g/kg（赛前1小时补糖时宜采用液体糖）。对于避免在赛前30～90分钟补糖，预防血中胰岛素升高的理论，现有不同的观点和争论。有人提出运动前1小时补糖，使血糖和胰岛素水平增加，虽然肠道进行性吸收糖，但运动开始时，由于血胰岛素水平升高、肌肉收缩运动使肌肉摄取葡萄糖增加以及肝糖原输出抑制等联合作用，使血糖水平下降。但另有人提出，运动开始后，肾上腺素和去甲肾上腺素释放，会抑制胰岛素的分泌，因此血糖水平仍然升高。考虑到影响血糖因素的复杂性，如胰岛素、肌肉收缩活动对肌肉葡萄糖摄取的影响，胰岛素和儿茶酚的平衡，肝糖原输出量和糖吸收量等，建议在使用补糖方法提高运动能力时，应提前进行适宜补糖时间的试验。一般认为，运动前补糖有利于扩大体内糖池，增加糖的可利用度和氧化率，因此仍主张运动前在不影响胃肠道功能的情况下，尽量多补糖。

2. 运动中补糖：每隔30～60分钟补充含糖饮料或容易吸收的含糖食物，补糖量一般不大于60g/h或1g/min。可以采用含糖饮料，少量多次饮用。也可以在运动中使用易消化的含糖食物（如面包、蛋糕、巧克力）等。

3. 运动后补糖：应优先恢复内源性糖原消耗。开始补糖的时间越早越好。最好在运动后即刻、头2小时补糖50g，以后隔1～2个小时连续补糖。运动后6小时以内，肌肉中糖原合成酶含量高，可使进入肌肉的糖达到最大量，补糖效果最佳。补糖量为0.75～1.00g/kg，24小时内补糖总量达到9～16g/kg（500～600g糖）。

（二）补糖类型

1. 葡萄糖：葡萄糖吸收最快，最有利于肌糖原合成。

2. 果糖：果糖吸收后主要在肝脏代谢，其合成肝糖原的量约为葡萄糖的3.7倍。果糖引起胰岛素分泌的作用较小，因此不抑制脂肪酸动员，但使用量大时，可引起胃肠道功能紊乱，果糖的使用量不宜超过35g/L，并应与葡萄糖联合使用。

3. 低聚糖：低聚糖甜度小，渗透压低（为葡萄糖的1/4），吸收速度比单糖和双糖慢，因此可通过补充低聚糖，使运动员获得较多的糖。淀粉类含糖量为70%～80%，但释放慢，因此不会引起血糖或胰岛素水平突然升高。

4. 淀粉类食物：除含有多糖外，淀粉类食物还含有维生素、矿物质和纤维素，可在赛后的饮食中补充。

由于个体对摄糖反应的差异较大，建议运动员试用不同类型、不同浓度及口感的饮料，以选择赛前或赛中使用的含糖饮料。有报道称，运动后早期（<6小时）摄入葡萄糖或蔗糖，肌糖原的储备率高于摄入果糖。此外，补糖的同时补充蛋白质，增加血浆胰

岛素敏感性，可以增加运动后糖原储备。

（三）血糖指数在运动营养实践中的应用

血糖指数（GI）是衡量碳水化合物对血糖反应的有用指标，其最大特点是避免了个体间对碳水化合物食物的绝对血糖反应差异较大的问题。

GI 也反映出各种碳水化合物食物的消化吸收速度。研究证实，食物的形式，加工及烹调的程度，淀粉中支链淀粉与直链淀粉的比例，是否含果糖、乳糖（两者 GI 较低）及其他一些抗营养物质（如植酸盐、PHA）等，都或多或少影响食物的消化吸收速度，因此也会不同程度地影响碳水化合物食物的 GI。常见食物的 GI 见表 5－8。

表 5－8　常见食物的 GI

食物	GI	食物	GI	食物	GI	食物	GI
葡萄糖	100.0	大米饭	83.2	成熟香蕉	52.0	南瓜	75.0
蔗糖	65.0	大米粥	69.4	猕猴桃	52.0	胡萝卜	71.0
果糖	23.0	馒头	88.1	苹果	36.0	扁豆	38.0
乳糖	46.0	面条	81.6	柑	43.0	绿豆	27.2
麦芽糖	105.0	烙饼	79.6	葡萄	43.0	黄豆	18.0
绵白糖	83.8	油条	74.9	柚子	25.0	豆腐干	23.7
蜂蜜	73.0	饼干	47.1	梨	36.0	豌豆	33.0
巧克力	49.0	白面包	87.9	西瓜	72.0	四季豆	27.0
酸奶	48.0	糯米	59.3	鲜桃	28.0	花生	14.0
牛奶	27.6	小米	68.0	菠萝	66.0	山药	51.0
可乐	40.3	荞麦	54.0	—	—	藕粉	32.6
—	—	荞麦面条	59.3	—	—	熟甘薯	76.7
—	—	煮玉米	55.0	—	—	熟土豆	66.4

引自：杨月欣．中国食物成分表（第一册）［M］．6 版．北京：北京大学医学出版社，2018.

GI 对运动营养的指导作用：在运动营养领域，通过控制 GI 来调节糖类的摄入，可以提高运动成绩。越来越多的证据支持使用 GI 制定运动中的补糖策略。

研究证明，低 GI 食物，可以温和地提高血糖水平，因此低 GI 食物可以保证机体碳水化合物持续稳定供应，节约糖原，改善耐力，是一种适宜于长时间运动之前补充的良好碳水化合物来源。相反，高 GI 食物能提高血糖水平和增强胰岛素反应，因此有助于运动后提高血糖水平和增强胰岛素反应，有利于糖原储备，运动后补充较为有利。GI 为制定训练中碳水化合物补充策略提供有用信息，可作为碳水化合物选择的参考指标。

四、运动员碳水化合物参考摄入量

在能量摄入充足的情况下，运动员膳食中碳水化合物供能比应为 55%～65%，耐力训练运动员的碳水化合物推荐摄入量是每日 7～8g/kg 体重。

运动员摄入碳水化合物的建议见表 5－9。

表 5－9　运动员摄入碳水化合物的建议

活动或时间安排	碳水化合物推荐摄入量	举例
运动后即刻（0～4 小时）恢复	1.0～1.2g/（kg·h）（间歇、频繁摄入）	一名体重 70kg 的运动员运动后立即摄入 70g（280kcal）碳水化合物，接着每小时额外摄入 70g 碳水化合物，持续 4 小时
完成中等时长、低强度训练后的日常恢复	5～7g/（kg·d）	一名体重 70kg 的运动员经过一整天训练后应摄入 350～490g（1400～1960kcal）碳水化合物（包括训练后进行即刻恢复所摄入的量）
中等至高强度耐力训练后的日常恢复	7～12g/（kg·d）	一名体重 70kg 的运动员经过一整天训练后应摄入 490～840g（1960～3360kcal）碳水化合物（包括训练后进行即刻恢复所摄入的量）
针对每日持续 4 小时以上训练的极限运动计划后的日常恢复	10～12g/(kg·d）或更多	一位体重 70kg 的运动员，一整天应摄入 700～840g（2800～3360kcal）碳水化合物（包括训练后进行即刻恢复所摄入的量）

引自：Burke L，Coyle E. Nutrition for athletes [J]. Journal of Sports Sorences，2004，22（1）：39－55.

第五节　水与运动

水与运动的关系密切。水是合理营养的基础，只有保持良好的水合状态，才能维持良好的竞技状态，发挥最大的运动潜能。

一、运动员水代谢的特点

运动员经常在高温高湿环境下进行高强度的训练和比赛，因此与普通人相比，运动员在水代谢方面具有以下特点。

（一）出汗量大

运动员在高温高湿环境下进行高强度训练或比赛时，为排出体内产生的热会大量出汗。运动员出汗量与运动强度、持续时间、热辐射、环境的温度与湿度以及机体的适应能力成正比。

高强度大运动量的训练可使运动员的出汗量大大增加。一次高强度大运动量的训练可丢失汗液 2～7L。在 25～35℃进行 4 小时长跑训练，平均出汗量可达 4.51L。在温度 37.9℃、相对湿度 80%～100%的环境中踢足球 70 分钟，出汗量高达 6.4L。运动员在马拉松比赛中的出汗量可达 5L。

（二）排尿量减少

高强度大运动量，尤其是在高温高湿环境下训练，引起大量出汗，致使机体失水量增多，加上运动时肾血流量和肾小球滤过率降低，常常导致少尿或无尿。

（三）水从呼吸道丢失增加

人体在安静时耗氧量为 250mL/min，运动时耗氧量大大增加，如马拉松比赛时耗氧量可达 4L/min。运动引起机体组织细胞代谢速率增加，氧的需要量和二氧化碳的排出量都增加，因此呼吸频率加快、幅度加深，使水分从呼吸道丢失增加，可达平时的 10～20 倍。

（四）代谢水产生增多

为提供足够的能量满足运动需要，组织细胞的代谢加速，碳水化合物、脂肪和蛋白质分解代谢产生的代谢水也增多。

二、运动性脱水及其预防

由运动引起体内水分和电解质（特别是钠离子）丢失过多的现象称为运动性脱水（exercise induced dehydration）。

（一）运动性脱水的原因

运动性脱水的常见原因是运动员在高温高湿环境下训练或比赛大量出汗而未及时补水，也可见于某些运动项目如举重、摔跤等的运动员为参加低体重级别比赛而采取快速的减重措施，造成机体严重脱水。运动员在低温环境下运动，如登山，虽无大量汗液丢失，但寒冷导致交感-肾上腺系统兴奋、尿液增多，从呼吸道呼出的水分和从皮肤蒸发的非显性出汗较多，也可能造成机体脱水。

（二）运动性脱水的表现

根据丢失水分的多少，运动性脱水可分为轻度脱水、中度脱水和重度脱水。

当失水量为体重的 2%左右时为轻度脱水。轻度脱水以细胞外液（血液和细胞间液）的丢失为主。由于血容量减少，造成运动时心脏负担加重，运动能力受到影响。轻度脱水时，表现为口渴、尿少，尿钾丢失增多。

失水量达体重的 4%时为中度脱水。此时不仅丢失细胞外液，还丢失细胞内液，两者的丢失量大致相等。此时可表现为脱水综合征，即严重的口渴感、心率加快、体温升高、血压下降、容易疲劳、运动能力下降。

失水量达到体重的 6%以上为重度脱水。此时细胞内液丢失量大于细胞外液丢失量。除了有中度脱水的表现，还可出现呼吸频率增加、恶心、厌食、易激怒、肌肉抽搐，严重时出现幻觉、谵妄甚至昏迷。

运动员重度脱水时可发生中暑，表现为体温升高、面色潮红、肌肉痛性痉挛、头痛、脉搏加快、虚弱、晕厥等。中暑严重时可致死。

发生脱水时，除心血管负担加重和体温升高等各种表现外，可导致肾缺血及肾脏损害，出现少尿、无尿、血尿，还可引起泌尿系统结石形成。脱水对呼吸系统的影响可导致最大摄氧量减少，维持最大摄氧量的时间缩短。

（三）运动性脱水的预防

1. 提高对运动性脱水的耐受力：运动员长期在热环境下运动，对高温和脱水可产生一定的适应性或耐受性，体温变动较小，心血管的紧张性较低，机体代谢率和酶及激素的反应性也较低，出汗排热能力加强，汗液中电解质的含量减少，过多换气的状况有所改善。研究表明，接受过系统高强度训练的运动员可以较好地耐受运动时间大于 2 小时、产热率为 80kJ/min 的运动训练。耐力性运动训练可使细胞内液和血容量增加，血容量的增加可能与运动训练提高血浆蛋白质含量（提高胶体渗透压）有关。血容量的增加可能是运动训练促进机体对运动性脱水适应的机制。

2. 补液，防止和纠正脱水：防止运动性脱水的关键是及时补液，使机体水分达到平衡。应根据运动员的个体情况和运动特点，在运动前、运动中和运动后补液。补液的原则是少量多次。由于运动员脱水的原因主要是大量的汗液丢失，而汗液中含有一定量的电解质，因此补水或纠正脱水的同时还应适量补充矿物质。

三、运动补液

（一）补液的指征

一般来说，口渴是运动员出现脱水最早的和最有效的主观指标。但脱水达体重的 2%时，人才感到口渴，而此时运动能力已开始下降。口渴感仅可作为确定轻度脱水并防止中度脱水和重度脱水的一种自我指标，不能作为防止轻度脱水进行补液的指征。通过尿液颜色可以对水合状态进行简单的测试，尿液颜色深比颜色浅时更缺水。

（二）补液的方式

运动补液的原则：积极主动补水。科学的补液方式为少量多次饮水。可根据不同运动项目在运动前、中、后期及时补液。机体中一次摄入大量水分可引起血液稀释，循环血量增加，加重心脏负担，红细胞运输氧的能力反而下降。血液中过多的水分由肾脏和汗腺排出，既增加肾脏负担，又增加能量消耗，并进一步引起矿物质损失。大量水进入胃内，稀释胃液影响食欲和消化功能，如继续运动可引起腹痛、呕吐。在补液的同时还应补充矿物质，以促进迅速复水，防止或推迟疲劳出现。

（三）影响液体摄入的因素

口渴和味觉是影响液体摄入的两个主要因素。

1. 口渴：口渴是一种与身体对额外液体需求相关的口腔和喉咙里的干燥感觉。运动员液体摄入不充分，很可能是由于没有口渴的感觉。

2. 味觉：味觉是人类对食物入口后所产生的反应（或好或坏）。运动员往往偏爱味道微甜的凉爽饮料。训练中，加入大量甜味的饮料（约 12%的碳水化合物溶液）不如只含有 6%～7%碳水化合物的饮料受欢迎，然而在训练和不训练两种情况下，食物和饮料口感不一样。因此，聪明的运动员会选择最适合在运动时饮用的饮料。

第六节　矿物质与运动

一、钠与运动

（一）运动对钠代谢的影响

除了从汗液中丢失量较大，运动员钠和氯的代谢与普通人基本相同。汗液钠的平均浓度为 1～4g/L。一般情况下，汗液中钠和氯的排出量相平行。运动员在高温高湿环境中训练，汗液中氯化钠的平均浓度可达到 5.7g/L，运动中氯化钠的丢失量可达 25g。与安静时相比，运动中血浆钠水平明显升高，并可延续至运动结束。运动后血浆钠水平显著降低，可出现低钠血症。

（二）钠对运动能力的影响

钠对保持体液酸碱平衡、维持神经肌肉兴奋性和细胞功能有重要意义。在高温高湿环境中运动，如果不注意适当补充钠盐，运动员可发生钠缺乏症状。轻度缺乏时表现为食欲降低、消化不良、肌肉软弱无力等。严重缺乏时，可表现为恶心、呕吐、多尿、体温升高、心率加快、血压低、头晕、头痛、体能低下、易疲劳、肌肉疼痛、肌肉痉挛及抽搐等。

（三）膳食保障措施

大量出汗的运动中和运动后，应适当补充钠盐。大多数运动饮料含有钠盐，一般为 10～25mmol/L。运动训练持续 3～4 小时并伴有大量出汗时，其间应适量补充运动饮料，以补充从汗液中丢失的钠盐，还可预防运动后的低钠血症。伴有大量出汗的运动后，也应该适量补充含钠盐的运动饮料，以使水分保持在体内，防止脱水。

在高温高湿环境下运动，补充钠盐的量可根据出汗量估算。出汗量 1～2L，一般不需要补充钠盐。但初练者和对热不耐受的运动员可适当补充。

考虑到钠盐增加心脑血管疾病的发生风险，WHO 建议普通人每人每日食盐（NaCl）的用量不宜超过 5g（含 Na 约 2.36g）。除了食盐中的钠，还可从食物和饮料中获得钠。由于运动员对钠的需要量较高，钠供给量应高于普通人。我国运动员每日钠的适宜摄入量：常温下训练小于 5g，高温下训练小于 8g。

在出汗较多的训练或比赛季节，运动员在进餐时可适当多摄入含盐分较高的食物。

单纯钠盐片剂不仅刺激性大，而且不易吸收，还可引起一时性高血钠，一般不提倡使用。含适量钠盐的低渗性运动饮料是较理想的补钠饮品。

二、钾与运动

（一）运动对钾代谢的影响

运动员与普通人在钾代谢上的主要差异是运动员因大量出汗而丢失大量钾。汗钾浓度为4～8mmol/L。运动员在高温环境中训练，汗钾的丢失量明显增加。长跑和马拉松运动员在22～32℃进行训练时，总钾日排出量为4.0～4.5g，汗钾占总钾的46%～49%，是尿钾的1.4～1.5倍。国外学者观察到，运动员在29～30℃、相对湿度40%～48%的环境中跑步，钾的一日丢失量达6g以上。

与安静时相比，运动中血钾水平可升高，这与运动中糖原分解、细胞钾释放入血有关。运动后血钾水平逐渐下降至安静时的水平。但大量运动后，血钾水平显著低于安静时，原因是大量运动后糖原和蛋白质的合成使血钾进入细胞，造成血钾水平较低。另外也可能与运动中大量出汗致使钾从汗中丢失，血浆钾水平下降有关。

（二）钾对运动能力的影响

钾对肌肉收缩和神经传导有重要作用。钾轻度缺乏时，肌肉软弱无力，导致运动能力下降，并可引起肌肉的运动性损伤。钾严重缺乏时，神经传导功能受损，神经反射减弱或缺失，脉搏微弱，血压下降，心传导阻滞，心电图改变，可出现T波平、Q-T间期延长、U波等。运动员钾缺乏是导致中暑的一个重要原因。

（三）膳食保障措施

我国运动员每日钾的适宜摄入量为3～4g。水果、蔬菜、鱼肉、牛猪肉等食物含钾较多，可通过增加这些食物的摄入来补充钾。运动饮料含有一定量的钾盐，可适当饮用运动饮料以补钾。另外，也可补充含钾的无机盐片剂。补钾盐时应注意，尽管大量补钾在肾功能正常时未见副作用和危险，但运动员在运动后无尿或少尿的情况下，应该先补充水分，待尿量恢复正常后，再补充钾盐。

三、镁与运动

（一）运动对镁代谢的影响

运动中运动员血清（或血浆）镁水平的改变与运动强度及运动持续时间有关。短时间高强度运动使血清（或血浆）镁水平升高，原因可能是：①运动引起血浆容积减少；②体液酸化或肌肉收缩造成细胞镁流出。长时间耐力性运动造成血镁水平降低。一些研究者认为，镁可能从储存部位移向代谢旺盛组织（如运动肌、红细胞、脂肪组织），红细胞摄取镁可能增强运动期间红细胞的功能，这也是ATP酶和去磷酸过程所需要的。运动时镁从汗液中丢失增加。运动员的出汗量远远大于普通人。汗液中镁水平一般低于

2mmol/L。有人计算，如果汗液中电解质的总丢失量为4～34mg/L，镁的吸收率为35%，要补充1L汗液丢失的镁，则需要补充10～100mg的镁。运动也造成尿镁排出增加。

（二）镁对运动能力的影响

镁是调节酶活性、维持骨骼肌和心肌正常收缩、维持神经递质传导的必需元素。镁是体内300多种酶的激活剂和辅助因子，并在维持酶的活性方面起作用。镁在维持神经信号的传递、细胞膜电位和跨膜转运的过程中起重要作用。镁对维持肌肉细胞的兴奋性也有重要作用。镁还有稳定细胞核酸结构的功能。细胞内镁的释放，可调节并维持细胞外液中镁的适宜水平。镁作为细胞内仅次于钾的阳离子，对细胞内外的离子平衡、渗透平衡和膜的通透性都有影响。镁还可与钾一起，调节细胞内、外液的pH值，在维持机体酸碱平衡中起作用。如果机体镁的平衡失调，可引起神经肌肉兴奋性改变，血浆镁浓度低下可使神经肌肉电位改变、肌肉兴奋性升高，出现肌肉震颤和痉挛。镁的这些生理功能与运动能力密不可分。

体内镁不足可引起食欲减退、恶心、肌肉震颤、情绪多变等。低血镁常伴有低血钾。

（三）膳食保障措施

普通人镁的推荐膳食供给量是5～8mg/kg体重，或男性350mg、女性300mg。适量的镁对神经传导和肌肉收缩具有重要作用。运动员对镁的需要量增加，且运动员镁丢失较多，因此我国运动员每日镁的适宜摄入量高于普通人，为400～500mg。

镁广泛存在于多种食物中，植物性食物含镁较多，粗粮、干豆、坚果、绿叶蔬菜、菌藻类含量都比较丰富，是镁的良好来源。肉、蛋、奶等动物性食物中镁含量相对较少，动物性食物中，虾米、虾皮中镁的含量较高。加工精制食品以及油脂含镁量最低。注意膳食的合理搭配，平衡膳食结构，多食含镁丰富的粗粮、坚果类食品（如核桃）、豆类、鱼类、绿色叶菜，可以基本上满足人体对镁的需要。摄入大量脂肪、磷酸盐和草酸，可影响镁的吸收。食物镁摄入不足、吸收差以及排出增加，是引起镁缺乏的常见原因。

四、钙与运动

（一）运动对钙代谢的影响

运动员常见钙缺乏或不足现象，尤其是女运动员。主要原因如下。

1. 钙摄入不足：1/3需要控体重的体操、举重、摔跤等项目的运动员和闭经女运动员钙摄入量不足。运动员缺乏营养知识，选择食物不当，乳制品摄入量低。

2. 钙丢失增加：运动可增加钙丢失，运动员在训练和比赛中从汗液中丢失大量钙，汗液中钙含量约为2.55mmol/L（102.2mg/L），若运动员每日出汗3L，则约300mg钙从汗液中丢失。如果运动员在高温环境下训练和比赛，每日出汗量可达5～6L，从汗液中损失的钙可达500～600mg。

（二）钙对运动能力的影响

钙在维持神经和肌肉细胞兴奋性、骨骼肌收缩、细胞信号转导等方面具有重要作用，因此钙对保持运动能力非常必要。钙缺乏可引起肌肉抽搐，长期钙摄入不足可导致骨密度下降、骨质疏松和应激性骨折。闭经的女运动员更易发生应激性骨折。虽然目前运动员闭经的机制尚不清楚，但骨密度（bone mineral density，BMD）低或骨质疏松与机体钙营养状况、运动和雌激素水平等有关。国外资料报道女运动员三重综合征（female athlete triad）（饮食紊乱、闭经和骨丢失）不仅影响运动能力，而且对运动员短期和长期健康都可造成不良影响。大运动量训练所引起的雌激素水平下降和骨丢失，仅靠补钙是不能逆转的。

但并非所有竞技运动员都存在发生骨丢失的风险。高强度运动可以增加骨密度。Robinson等对闭经或月经过少的体操和赛跑运动员的BMD进行比较研究，结果发现体操运动员股骨颈、腰椎和全身骨量都高于普通人，而赛跑运动员则低于普通人和体操运动员，表明体操训练过程中增加负荷和肌肉收缩，对骨形成有益，并可对抗闭经或月经过少引起的骨吸收。肌肉力量和瘦体重与腰椎、股骨颈和全身BMD正相关。

（三）膳食保障措施

乳及乳制品含钙丰富，且吸收率高，是钙的良好来源。有的运动员由于对乳糖不耐受，不吃牛乳及乳制品。乳糖不耐受者可以喝酸奶或采取每日少量多次饮奶或其他方法，如饮奶前服用乳糖酶或吃经乳糖酶处理过的乳制品。乳糖完全不耐受者或在应激期间（如重大比赛）乳糖不耐受程度增加者可通过其他食物来源补钙或使用钙制剂。小虾皮、海带、豆类、芝麻酱和绿色蔬菜等含钙也较丰富。

运动项目不同，运动员对钙的需求也不同。我国运动员每日钙的适宜摄入量为1000～1500mg。大运动量项目、在高温环境中训练或比赛，每日钙摄入量可考虑其上限，即1500mg。英国推荐11～24岁的闭经运动员钙的每日供给量为1500mg，月经正常运动员为1200mg，我国尚无此方面的推荐量。

五、铁与运动

（一）运动对铁代谢的影响

运动员铁缺乏一直是备受关注、与健康和运动能力密切相关的问题。运动训练使铁的需要量增加、吸收量减少和丢失量增加。

1. 铁丢失增加：运动员从汗液中丢失的铁较普通人多。以运动员在高温环境下出汗4L计算，从汗液中丢失的铁可达1.54～3.70mg。长跑、竞走、足球等项目运动员每天从汗液中丢失的铁约为14mg。运动员从消化道丢失的铁明显增加。女运动员每次月经丢失铁量也较普通人多。

2. 铁摄入、吸收不足：机体通过小肠吸收食物铁。长跑运动员铁吸收率仅为普通人的 1/2。运动员普遍存在饮食结构不合理、膳食不平衡、摄入脂肪过多、蛋白质及多种维生素摄入不足等问题，影响铁的吸收利用。

3. 运动员铁需要量高于普通人：运动员肌肉湿重每增加 10%，则多需铁 170mg；循环血量增加 9%，多需铁约 200mg。在此基础上，再加上肌肉挤压、摩擦、组织损伤所引起的红细胞损伤、溶血，若不给予足够的营养或铁剂补充，很可能发生运动性贫血。

研究发现，女运动员铁储备状况差于男运动员。女子耐力性项目运动员因月经丢失铁，加上不良的饮食习惯，铁储备常处于低水平。膳食调查显示，女运动员铁的摄入量往往低于推荐摄入量。此外，需要控制体重和保持体形的运动项目如体操、花样滑冰等，其女运动员在减重期间膳食总摄入量较少，也易造成铁缺乏。

（二）铁对运动能力的影响

运动可加快铁在体内的代谢，长期运动使组织内储存铁明显减少。铁储备减少会增加发生贫血的风险。运动员普遍存在铁营养状况不良，青少年运动员、耐力性项目运动员、女运动员和控制体重运动员均为缺铁性贫血的易感人群，运动能力和运动成绩受到影响。

运动员的铁营养状况不仅与运动能力有关，而且与认知能力有关。研究表明，当运动员缺铁或已经发生缺铁性贫血时，补充铁剂改善铁营养状况、提高运动能力的效果非常显著。如果铁营养状况良好，补铁对运动能力的改善效果则不明显。另外，铁属于过渡金属，在体内可引起自由基连锁反应。如果过量补铁，可引起铁的毒性反应，对运动能力产生不良影响。

（三）膳食保障措施

营养教育、早期检测和适当补铁是预防铁缺乏的重要措施。女运动员最好一年筛查一次，重点应放在长期节食者，月经期长、量多者，运动训练量大的耐力性项目运动员和素食运动员等高危人群，以便早期发现铁缺乏。

我国运动员每日铁的适宜摄入量为 20mg（大运动量或高温环境下训练为 25mg）。

动物性食物中含有丰富的铁。动物肝脏、瘦肉、动物全血、禽肉、鱼肉、鸡蛋均是铁的良好来源。运动员应增加动物性铁的摄入，动物性铁主要是血红素铁，比植物性铁更易吸收。维生素 C 和蛋白质可促进铁吸收。肉类（如禽和鱼）与蔬菜混合食用可增加蔬菜铁的吸收，与含维生素 C 的食物（如橙汁）同时食用可增加动物性铁的吸收。黑木耳、芝麻酱、干果、豆类也是铁的较好来源。此外，使用铁制炊具同样可以有效地增加铁摄入量。必要时应补充铁剂。

对已经出现贫血的运动员，需要进行补铁治疗。由于大剂量补铁可能引起中毒，补铁应在医生严格的监督下进行。预防性补铁应采用小剂量，每日 0.1～0.3g，不可超过 3 个月。铁中毒时会出现恶心、便秘、消化功能紊乱、肝组织中铁剂沉着，严重时可导致肝硬化。

六、锌与运动

（一）运动对锌代谢的影响

长期进行大运动量训练的运动员血清锌处于较低水平。运动员血清锌水平低下与运动员锌代谢较快、排出量增多、吸收率下降等因素有关。高温环境下训练，运动员每日从汗液中丢失的锌可达 5mg。运动员在运动日尿锌排出量高于非运动日。急性、剧烈的短时间运动可使锌从尿液中排出增多，运动后恢复期从尿液中排出的锌减少。可见，运动引起锌消耗增多，运动员的锌需要量高于普通人。另外，训练期运动员肠道锌吸收率明显降低，可能是运动员发生低锌血症的重要原因之一。训练期肠道锌吸收率降低可能与运动时肠道供血量减少有关。

另有研究发现，短时间、大强度的无氧或缺氧运动，可使血清锌水平升高。剧烈运动后血清锌水平升高的原因可能是：①运动导致肌肉损伤，锌从肌肉细胞中溢出入血。②运动时机体对锌进行重新分布，调节各组织器官的锌水平，将锌通过血液向需要锌的组织器官转移，如女子长跑运动员血清锌水平较低，而红细胞锌水平却较高。

（二）锌对运动能力的影响

充足的锌对肌肉正常代谢十分重要，锌缺乏可引起肌肉生长发育缓慢和重量减轻，可能是由于缺锌导致骨骼肌总 RNA 减少，骨骼肌 α 肌动蛋白 mRNA 表达下调，蛋白质合成速率下降，含锌酶活力降低。锌缺乏大鼠骨骼肌收缩力和游泳能力明显下降。锌不足的运动员补锌，可加强运动员肌肉代谢，提高肌肉力量。

（三）膳食保障措施

我国运动员每日锌的适宜摄入量为 20mg（大量运动、高温环境下训练或比赛为 25mg）。

一般情况下，运动员通过选择富含锌的食物，可满足锌的需要量。锌的来源较广泛，贝壳类海产品（如牡蛎、海蛎肉、蛏干、扇贝）、畜肉及其内脏均为锌的良好来源。蛋类、豆类、谷类胚芽、燕麦、花生等也富含锌。蔬菜、水果锌含量较低。如果膳食供给不足，可以考虑使用营养补充剂。

盲目过量补锌可能引起锌过量或锌中毒。过量的锌可干扰铜、铁和其他微量元素的吸收和利用。成人摄入 2g 以上锌可发生锌中毒，引起腹痛、腹泻、恶心、呕吐等临床症状。

中国运动员每日矿物质适宜摄入量见表 5—10。

表 5－10 中国运动员每日矿物质适宜摄入量

矿物质	每日适宜摄入量
钾	3～4g
钠	<5g（高温环境下训练或比赛<8g）
钙	1000～1500mg
镁	400～500mg
铁	20mg（大量运动，高温环境下训练或比赛为 25mg）
锌	20mg（大量运动，高温环境下训练或比赛为 25mg）
硒	50～150μg
碘	150μg

引自：陈吉棣. 运动营养学［M］. 北京：北京医科大学出版社，2002.

第七节 维生素与运动

一、运动对代谢和维生素需要量的影响

运动训练增强能量代谢。维生素是能量代谢的辅助因子，适量摄入维生素有利于能量生成并改善神经系统功能。运动量加大时，维生素需要量增加的幅度超过按能量比例计算的数值。研究证实，肌肉运动可加速维生素缺乏症的发生，并使其症状加重。

运动员维生素的需要量高于一般人群，原因可能为：①运动训练使胃肠道对维生素的吸收率降低；②运动员汗液、尿液及粪便中维生素排出量增加；③维生素在体内的周转率加快；④高强度运动训练的初期适应和（或）急性运动训练使能量代谢速度突增。

一般情况下，运动员摄入平衡膳食即可满足各种维生素的生理需要量。运动员在能量摄入充足时，中、低强度运动训练不会引起维生素营养状况恶化，但营养调查结果常显示运动员存在边缘性维生素缺乏。值得注意的是，目前对运动员的维生素营养状况缺乏经常性监测，维生素的吸收程度及其在食品加工、储存、制备过程中的损失常被忽略。运动员的膳食营养素供给量标准尚不完善，还不能准确评价运动员的维生素营养状况。

运动员是维生素补充的主要目标人群，额外补充维生素的目的是增强运动竞技能力，延缓疲劳发生和加速能量供应。尽管缺乏摄入大剂量维生素可提高运动能力的证据，许多运动员仍采用大剂量补充维生素的措施，补充剂量超过供给量的 10 倍甚至更高，不仅花费大，而且脂溶性维生素如维生素 A 和维生素 D 可在体内蓄积，引起中毒，危害健康。

二、维生素与运动能力

维生素与运动能力的关系已引起广泛重视。维生素参与机体的各种代谢过程，缺乏或不足时会对运动能力产生不利影响。维生素轻度缺乏表现为倦怠、食欲不振、头痛、便秘、易怒、疲劳、活动能力减弱、免疫力下降、做功量减少、运动效率降低；维生素进一步缺乏，可导致生活能力及组织器官功能衰退。

（一）水溶性维生素

维生素补充与运动能力关系的研究结果不一致。有报道称，受试者食用维生素 B_1、维生素 B_2、维生素 B_6 和维生素 C 含量低的饮食（摄入量仅能满足 1/3 需要量），8 周后 4 种维生素轻度或中度缺乏，有氧做功量降低 16%，无氧阈值降低 24%；再以 2 倍维生素需要量进行补充，2 周后受试者的运动能力得到改善，但未能恢复到缺乏前状态，可能与体内维生素营养状况未完全恢复有关，且维生素要在体内转变成辅酶才能发挥作用。所以在赛前纠正 B 族维生素缺乏状态，应在比赛 2～3 周前补充，补充时间短可能无作用。

目前尚缺少单独补充维生素 B_1、维生素 B_2、维生素 B_6 和维生素 C 提高运动能力的有力证据。维生素 B_1、维生素 B_2、维生素 B_6 和维生素 C 缺乏影响红细胞转酮醇酶活力和有氧运动能力。运动员补充 1～3 个月的 B 族复合维生素，虽然血中维生素水平和红细胞转酮酶醇活力增加，但运动能力未见改善。Van der Beck 给运动员补充多种维生素，观察到运动员的最大摄氧量、射击准确性和神经肌肉兴奋性得以改善。但另一些研究未观察到维生素 B_1、维生素 B_2、维生素 B_6 和维生素 C 营养状况与最大摄氧量或其他运动能力间有任何联系。

维生素 B_{12} 缺乏可降低红细胞携氧能力，影响最大有氧运动能力和亚极量运动能力，但运动员与普通人一样，维生素 B_{12} 缺乏罕见。

（二）脂溶性维生素

目前未见有关补充维生素 A 和维生素 D 引起运动能力改变的报道。补充维生素 A 对运动能力无作用。膳食均衡、维生素 A 营养状况良好的运动员，无需额外补充维生素 A。β-胡萝卜素和维生素 A 的抗氧化作用是否能减少自由基所致运动损伤仍需进一步研究。

补充维生素 E 对提高高原训练者的运动能力有一定作用。受试者补充维生素 E 后，在海拔 1667m 处最大摄氧量增加 9%，在海拔 5000m 处最大摄氧量增加 14%。Nagawa 等还发现，补充维生素 E 后，运动员在海拔 2700m 和 2900m 高度上进行力竭运动后血乳酸浓度显著下降。一般运动训练状态下，不提倡补充维生素 E，尤其是补充大剂量维生素 E，因为大剂量维生素 E 可减弱蛋白质分解。Booth 曾提出，蛋白质分解是刺激运动后蛋白质合成所必需的。补充维生素 E 对体能的影响仍缺少证据，维生素 E 与运动致肌肉酸痛和损伤以及肌肉蛋白质转换之间的关系有待进一步研究。

缺乏维生素可导致工作能力下降，纠正维生素缺乏或不足，可提高运动能力。但如运动员体内维生素状况已处于良好水平，额外甚至超常量补充（DRI 的 10 倍或更多）一种或几种维生素制剂，效果往往不明显。过量补充某种维生素会引起体内维生素失衡。过量摄入的脂溶性维生素 A 和维生素 D 可在体内蓄积而引起中毒，如维生素 D 中毒可引起异位钙化。过量补充水溶性维生素也会引起严重的副作用，如维生素 C 摄入过量，可引起胃肠不适、维生素 B_{12} 缺乏、尿液酸化及草酸结石形成、肾脏及膀胱损害等副作用。有必要对运动员维生素营养状况进行定期监测。

三、运动员的维生素参考摄入量

（一）维生素 B_1

运动增加维生素 B_1 的需要量。维生素 B_1 的需要量与运动强度及气温条件等因素有关。体力活动时，维生素 B_1 的消耗量增加，排出量减少。此外，运动员维生素 B_1 的需要量还与运动负荷量有关。耐力性运动和神经系统负担较重的运动项目如游泳、马拉松、体操、乒乓球等，其运动员需要较多维生素 B_1。有报道称，维生素 B_1 的供给量为 5mg/d 时，游泳运动员的耐力增加；马拉松运动员每日维生素 B_1 摄入量达到 10mg 才能保持机能正常；乒乓球运动员每日摄入 4mg 维生素 B_1 时，尿排出量才能达到正常水平。

我国运动员维生素 B_1 每日适宜摄入量为 3～5mg。应尽可能从食物中摄取维生素 B_1，必要时可采用维生素 B_1 制剂。

（二）维生素 B_2

训练可能增加维生素 B_2 的需要量。虽然我国优秀运动员维生素 B_2 缺乏或不足的检出率低于维生素 B_1 缺乏或不足，但仍有 20%～30%的运动员处于维生素 B_2 不足或边缘性缺乏状态。因此，应特别关注生长发育期的儿童青少年，能量消耗大、控制体重或减重以及素食运动员的维生素 B_2 营养状况。

我国运动员维生素 B_2 每日适宜摄入量为 2.0～2.5mg。

（三）其他 B 族维生素

由于运动引起代谢加速，Manore 建议运动员和运动活跃人群应增加维生素 B_6 摄入量。理论上，维生素 B_6 耗损会影响糖原分解和无氧代谢能力，但糖原磷酸化酶不是糖原分解的限速酶，维生素 B_6 耗损时其活力变化不大，不影响糖原代谢。但维生素 B_6 严重耗损会影响血红蛋白的合成，影响氧的转运。运动中氨基酸分解供能不超过总能量的 10%，尚不清楚维生素 B_6 不足对氨基酸分解的影响是否会损害运动能力。我国运动员维生素 B_6 每日适宜摄入量为 2.5～3.0mg。

维生素 B_{12} 缺乏罕见，但完全素食人群容易发生维生素 B_{12} 缺乏，故完全素食的运动员应注意适量补充维生素 B_{12}。我国运动员维生素 B_{12} 每日适宜摄入量为 2μg。

（四）维生素 C

运动可增加维生素 C 的需要量。一次运动可使血中维生素 C 含量增加，而组织器官中维生素 C 含量减少。为使体内维生素 C 达到饱和水平（口服维生素 C 500mg 后，4 小时尿排出负荷量的 50%），运动员在训练期维生素 C 的适宜摄入量为 140mg/d，比赛期间为 200mg/d。改善运动员维生素 C 的营养状况，最好通过增加膳食中的新鲜蔬菜和水果来增加维生素 C 的摄入量。

（五）脂溶性维生素

运动员维生素 D 和维生素 E 缺乏少见。维生素 A 的需要量随运动强度、生理状况及视力紧张程度改变而变化。有报道称，运动员在高原或低氧压条件下训练，补充维生素 E 有提高最大摄氧量、减少氧债和降低血乳酸水平的作用。维生素 E 毒性较低，但过量补充维生素 E 可减弱白细胞杀菌能力，还增加维生素 K 的需要量。当补充量达到 200～1000mg时，可出现消化功能紊乱、软弱无力等症状。因此高原训练情况下维生素 E 的补充应适量。室内训练的运动员应适量增加维生素 D 的摄入。

中国运动员每日维生素适宜摄入量见表 5－11。

表 5－11　中国运动员每日维生素适宜摄入量

维生素	每日适宜摄入量
维生素 B_1	3～5mg
维生素 B_2	2.0～2.5mg
维生素 B_6	2.5～3.0mg
维生素 B_{12}	2μg
烟酸	20～30mg
叶酸	400μg
维生素 C	140mg（比赛期 200mg）
维生素 A	1500μgRAE（视力紧张项目 1800μgRAE）
维生素 D	10.0～12.5μg
维生素 E	15～20mg（高原训练 30～50mg）

引自：陈吉棣. 运动营养学［M］. 北京：北京医科大学出版社，2002.

第八节　运动员膳食

一、运动员膳食指南

根据运动员训练和比赛的生理代谢特点、营养需要特点和存在的主要问题，我国学者为运动员提出了简明扼要的膳食指南：①食物多样，谷类为主，营养平衡；②食量和运动量平衡，保持适宜体重和体脂；③多吃蔬菜、水果、薯类、豆类及其制品；④每天喝牛奶或酸奶；⑤肉类食物要适量，多吃水产品；⑥注重早餐和必要的加餐；⑦重视补液和补糖；⑧在医学指导下，合理食用营养素补充品。

二、合理膳食的主要目标

运动员合理膳食的主要目标是保证运动员良好的健康状态，取得最佳的训练效果和竞技能力，最终取得优异的成绩。

（一）食物要多样化

膳食组成：①谷薯类（如米、面、杂粮和薯）；②乳及乳制品（确保发酵乳供给）；③动物性食物（肉类、蛋类及水产品类）；④豆类及豆制品（包括鲜豆浆）；⑤新鲜蔬菜和水果；⑥菌藻和坚果类；⑦适量的纯热量食物，其中油脂以植物油为主。

（二）保证营养素数量和质量的需要

食物营养素在数量方面应满足运动员训练和比赛能量消耗的需要，而在质量方面也应保证全面营养需要和适宜的比例。一般训练情况下，运动员膳食碳水化合物提供的能量应占总能量的55％～65％（耐力性项目运动员可以适当增加到60％～70％），脂肪应占总能量的25％～30％（耐力性项目运动员脂肪供能可为35％），蛋白质占总能量的12％～15％（其中鱼、奶、蛋、肉类蛋白质和大豆类蛋白质来源的优质蛋白质至少应占1/3）。

（三）注意选择浓缩、体积小的食物

运动前用餐应选择重量轻、能量密度高而且易消化吸收的食物。应该以谷薯类食物为主、动物性食物为辅，特别要保证碳水化合物的供给。运动后可以适量增加蔬菜和水果的摄入，满足维生素、矿物质和膳食纤维的需要。一般情况下，运动员食物的总重量不宜超过2500g/d。

（四）合理饮食制度

运动员进食的时间和餐次应有规律，定时进餐可使大脑皮层兴奋性有规律地提高，促进食物的消化吸收与利用。运动员三餐分配比应符合运动训练或比赛的需要，建议的分配比是早餐25％、中餐35％～40％、晚餐不超过30％。如果训练中需要加餐（仅占5％～10％），应注意添加营养全面、能量密度高的食物，切忌暴饮暴食。进食时间应该与训练或比赛时间相适应，运动后不宜立即进食，需要休息40分钟后再进食。

第六章　不同项目运动员的营养

运动员的合理营养，可促进健康，有助于维持适宜的体重和体脂，也有利于促进运动能力的提高。由于不同运动项目对力量、耐力、爆发力、协调性、反应性等素质要求不同，运动员的营养需要也各有特点（表6－1）。因此，运动员的膳食安排应尽可能做到因人而异，针对每位运动员的具体情况制订相应的膳食计划。

表6－1　不同项目运动员的营养需要

项目类型	举例	运动特点	营养原则
耐力性项目	马拉松、长跑、长距离自行车、长距离游泳、滑雪等	1. 运动时间长，运动中无间歇，运动强度小，以有氧代谢供能为主。 2. 能量消耗大，出汗量大。	1. 提供充足的能量，保持适宜的血糖水平。碳水化合物占总能量的60%～70%，膳食脂肪可略高于其他项目，可占总能量的30～35%。 2. 及时补液，预防脱水。 3. 补充钙和铁（尤其是女性）。
力量性项目	举重、投掷、摔跤、短跑、有助力的骑车、短距离游泳、划船、冰球、足球、橄榄球等	1. 运动有间歇，运动强度大，缺氧，无氧代谢供能。 2. 氧债大。	1. 提供丰富的蛋白质。 2. 补充矿物质，增加体内碱储备。 3. 合理控制体重。
灵敏、技巧项目	体操、花样滑冰、击剑、跳水、跳高等	1. 神经活动紧张，动作多变。 2. 要求协调、速度和技巧并举。	1. 选择营养素密度高的食物。 2. 提供丰富的蛋白质、B族维生素、钙、铁、磷等。 3. 避免快速减重。
团体项目	篮球、橄榄球、足球、曲棍球、冰球、排球、手球、垒球等	1. 运动强度大且多变，间歇性，运动持续时间长。 2. 能量转换率高。	1. 高碳水化合物膳食，选择高血糖指数食物。 2. 运动前、中、后及时补液补糖。

第一节　耐力性项目运动员的营养原则

耐力性项目，如马拉松、长跑、长距离自行车、长距离游泳、滑雪等，具有运动时间长、运动中无间歇、运动强度小、以有氧代谢供能为主等特点。

一、以高能量膳食为主

耐力性项目运动员的摄氧量、最大摄氧量及单位体重的最大摄氧量均比其他项目运动员高，运动员能量消耗大，1 小时运动的能量消耗量可达 628～7531kJ（150～1800kcal）。膳食应提供充足能量以满足需要，否则可能导致运动能力下降，影响训练和比赛。如果运动员一日三餐的能量摄入不能满足需要，可在三餐外安排 1～2 次加餐，但选择加餐食物时应考虑营养素平衡和营养素密度。此外，膳食蛋白质应占总能量的 12%～14%；为促进肝内脂肪代谢，应提供牛奶、奶酪、牛羊肉等富含蛋氨酸的动物性食物。由于运动时间长，运动强度相对较低，耐力性项目运动员对脂肪的利用率和转换率也高，血浆中游离脂肪酸供能可占总能量的 25%～50%，而且脂肪可缩小食物的体积，增加色、香、味，并节约肌糖原。耐力性项目运动员膳食脂肪供能可略高于其他项目运动员，达到总能量的 30%～35%。膳食碳水化合物供能应占总能量的 60%～70%。运动员进餐应在赛前 3 小时，比赛当日应食用低纤维素食物，以利于训练和比赛的正常进行。

二、增加糖原储备

糖原储备对运动耐力极为重要。为提高运动耐力和促进疲劳恢复，推荐运动员摄糖 8～10g/kg 体重。研究表明，摄入混合膳食时，无训练者肌糖原约为 80mmol/kg 肌肉湿重，而进行规律训练者肌糖原含量升高，约为 125mmol/kg 肌肉湿重。如摄入含糖 8g/kg 的膳食，并减少训练量，则肌糖原含量可升高至 175～200mmol/kg 肌肉湿重。训练良好者摄入中等至高碳水化合物膳食，肌糖原可逐日发生超量补偿。也有报道称，经训练的跑步者摄入含碳水化合物 525g 和 650g 的膳食时，肌糖原含量无明显差别，因此认为摄入碳水化合物含量较高的膳食（>600g/d），肌糖原的超量补偿将不再进一步增加。糖原负荷的作用在于延缓由肌糖原耗损引起的疲劳，节约肝糖原。但糖原负荷的已有研究结果并不一致，其效果和作用机制尚待进一步阐明。

三、及时补液

耐力性运动中出汗量大，失水率高，运动员容易发生脱水，因此重视在运动前、中、后及时补液，有利于维持机体内环境的稳定。大负荷的耐力性运动中，运动员丢失水分和矿物质较多。由于低浓度的含糖液（含糖量≤6%）有利于胃排空和提高运动能力，故适合在运动中补充。而矿物质的补充则应在运动前或运动后进行。运动员在夏季或高温环境中进行耐力训练或比赛时，副食中应增加含盐较高的食品，如咸菜或菜汤。B 族维生素和维生素 C 的供给则应随能量消耗的增加而相应增加。

四、补充铁

耐力性项目运动员缺铁性贫血的发生率较高，特别是女运动员体内铁储备较低，月经失血，再加上不良的饮食习惯，更容易发生缺铁性贫血。为改善耐力性项目运动员的铁营养状况，应提供铁含量丰富的食物。

第二节　力量性项目运动员的营养原则

力量性项目要求力量和速度，如举重、投掷、摔跤、短跑、有阻力的骑车、短距离游泳、划船、冰球、足球、橄榄球等。此类项目运动员一般体重较重，运动中要求具有较好的神经肌肉协调性和较大力量，并在短时间内爆发力量。此类运动具有运动强度大、缺氧、氧债大、运动有间歇以及无氧代谢供能等特点。

一、摄入充足的蛋白质

力量性项目运动员蛋白质代谢增强，对蛋白质的需要量增加。国外建议力量性项目运动员蛋白质供给量应达到1.2～1.7g/kg，或供能占总能量的12%～15%。我国建议蛋白质的供给量应提高到2g/kg，其中优质蛋白质至少占1/3。

力量性项目运动员也应采用平衡膳食，膳食中应含有丰富的碳水化合物、维生素和矿物质等营养素。值得注意的是，运动员往往过分重视蛋白质的补充，而忽视了碳水化合物的作用，导致蛋白质摄入过多，引起体液酸碱失衡、钙丢失、肝肾负担加重。为防止因蛋白质摄入过多而引起体液偏酸，应增加体内的碱储备。食物中应有丰富的钾、钠、钙、镁等矿物质，并增加蔬菜和水果的摄入量。

二、合理使用营养强力物质

（一）肌酸

力量性项目运动员可以适当补充肌酸，增加体内磷酸肌酸储备量。

（二）糖原负荷

在剧烈运动或比赛前几天，糖原负荷对一次性冲刺运动无强力作用，但仍推荐适量摄糖以支持日常紧张训练。

（三）其他营养强力物质

某些氨基酸（如精氨酸、鸟氨酸、赖氨酸等）和中链脂肪酸可能提高运动能力，可适量补充。

外源性生长激素的肌肉合成作用至今尚有争议。冲刺、爆发用力和重复的离心性运动本身可有效增加体内生长激素水平，但其机制尚不完全清楚。

短跑、举重等力量性项目运动员如膳食能量和营养素适宜，无需额外补充维生素或矿物质。

此外，力量性项目运动员，尤其是控制体重期的运动员，还应定期检测运动前后的体重，尤其是减重期的尿液颜色、尿比重等，以了解是否存在脱水情况，并及时纠正。

第三节　灵敏、技巧性项目运动员的营养原则

体操、花样滑冰、击剑、跳水和跳高等项目运动员在运动中神经活动紧张，动作具有非周期性和多变性，并对协调、速率和技巧性等要求较高。

一、科学控制体重

体操、跳水和跳高等项目运动员为完成复杂的高难度动作，经常需要控制体重和体脂水平，运动员常采取控制饮食措施来控制体重。一般来讲，此类项目运动员的膳食能量不宜过高，应略低于实际需要。在减重期，蛋白质供能比可增加至 15%～20%；膳食脂肪的供给量不宜过高，应在 25%以下；碳水化合物供能则应在60%～65%。

二、增加维生素和矿物质的摄入

灵敏、技巧性项目运动员在运动过程中神经活动或视力活动紧张，对维生素、矿物质等营养素的需要较大。为保证紧张神经活动的需要，食物应提供充足的蛋白质、B 族维生素、钙、磷等。如维生素 B_1 的供给量应达到 4mg/d。此外，乒乓球、击剑等项目运动员在运动中视力活动紧张，应保证充足的维生素 A 供应，应达到 1800μgRAE/d（6000IU/d），其中 1/3 应来自动物性食物。

第四节　部分专项运动员的营养特点

一、中长跑运动员的营养特点

（一）运动中适量补糖和补液有利于提高运动能力

中长跑运动员在训练中的补糖量和补糖时间一直为人们所关注。适量补糖有利于提高运动能力，但过量补糖会延长胃的排空时间，损害运动能力。1992 年，Hawley 等在运动中重复补液的同时测量胃的排空率和糖的氧化率。结果显示，液体自胃的排空量至少是运动肌肉完全氧化糖量的 2 倍；70～90 分钟运动后，糖氧化率峰值的摄糖量约为 1g/h。这提示运动中的补糖量不宜超过 1g/kg 体重。中等强度运动的第 1 小时，糖的氧化量不大于 30g，运动至 90 分钟时，糖浓度可增加至 7%。国际业余田径联合会（International Amateur Athletic Federation，IAAF）提倡在超过 10km 以上的比赛，应采用含糖、电解质饮料，提供充足的液体、糖和电解质以补充运动中液体和能量的损失。

（二）女运动员在集训或比赛期间应注意补充铁和钙

女运动员体内的铁储备低，由于月经失血，加上不良的饮食习惯，容易发生缺铁性贫血。为改善女运动员的铁的营养状况，应增加动物性铁的摄入，如瘦肉、猪肝等，为增加铁的吸收，还应增加维生素 C 的摄入量，必要时在医生指导下可采用铁剂，同时避免过量补充。

女运动员在运动超负荷时，可发生月经紊乱、雌激素水平下降，可能导致运动性骨量减少甚至骨质疏松，应注意监测钙的营养状况。女运动员每日至少应摄入钙 800～1000mg，闭经的女运动员是应激性骨折的易感人群，每日应摄入钙 1200～1500mg。

二、举重运动员的营养特点

举重运动员体重差别大（48～130kg），营养需要差异很大，即使体重相同，营养需要也会因运动负荷不同而有差别。

（一）能量和营养素需要

国外推荐男、女举重运动员训练期间每日能量摄入量分别为 14.6～23.0MJ（3500～5500kcal）和 12.5～18.8MJ（3000～4500kcal）。我国推荐的举重运动员能量摄入量为 14.6～19.6MJ（3500～4700kcal）。Rogozkin 提出蛋白质的供给量应为 1.4～1.8g/kg（总能量的 15%～16%），碳水化合物的供给量为 8～10g/kg（总能量的 58%～60%），脂肪的供给量为 1.7～2.4g/kg（总能量的 25%～26%），有充足的维生素和矿物质调节细胞代谢、生物合成及修复过程等。膳食多样化，食物易消化吸收，适合个体生理需要，口感好等。我国举重运动员的蛋白质和脂肪的摄入量均超过 2g/kg，而碳水化合物摄入不足，维生素 A、维生素 B_1、维生素 B_2 等维生素摄入不足，主要原因是运动员肉类食物摄入过多，食物烹调用油量大和主食摄入过少。

（二）营养补充剂

1. 肌酸：目前肌酸被国内外运动员广泛使用，但服用后可导致体重增加和肌肉僵硬。

2. 氨基酸补充剂：许多举重和健美运动员为增加生长激素和胰岛素分泌，采用氨基酸补充剂，常用的有精氨酸、鸟氨酸和赖氨酸三种。

3. 中链脂肪酸（6～12 个碳原子的脂肪酸）：这种脂肪酸的吸收速度快，能量密度高，每克提供能量 35.3kJ（8.4kcal）。但高剂量会引起胃肠道不良反应，而且价格昂贵。

三、体操运动员的营养特点

体操运动员的特点：①年龄偏小，优秀运动员多数在 16～19 岁，处于生长发育阶段。②训练时间长，每日训练可达到 3～5 小时，一周可达 30 小时。③普遍存在能量摄入不足、钙和铁缺乏等营养问题。运动员采取限制饮食措施控制体重，容易发生饮食紊乱及其他影响生长发育的健康问题，如女运动员月经异常和闭经、应激性骨折、缺铁性贫血等。④竞技体操运动是反复高强度、短时间的无氧运动，主要以糖和磷酸肌酸作为能源。⑤外伤发生率高，与多种因素有关。

（一）能量

体操运动员能量需要和摄入水平因年龄、训练水平以及控制饮食等情况不同而异，许多国家的体操运动员能量摄入量未能满足需要，我国男、女体操运动员能量推荐摄入量分别为 14.6 MJ/d（3500kcal/d）和 11.7 MJ/d（2800kcal/d），而男、女体操运动员实际能量摄入分别是 3310kcal 和 2298kcal。体操运动员对低能量产生适应反应，为增加能量储备，可能通过降低代谢率、提高胰岛素敏感性，使体脂肪增加。这说明限制能量摄入对维持低体脂不利，并可造成运动员进一步限制饮食的不良循环。

体操运动一般为无氧运动，主要以糖原和磷酸肌酸作为能源。糖原储备与摄入碳水化合物有关，而肌酸储备可由适量摄入肉和蛋类食物获得。根据体操运动的性质，运动员应限制脂肪的摄入量，脂肪不仅代谢慢，而且摄入过多会加增体脂。体操运动员产能营养素供能比以脂肪 20%～25%、蛋白质 15%、碳水化合物 60%～65%为宜。

营养调查显示，体操运动员的脂肪摄入量常超出总能量的 30%，而碳水化合物摄入不足。虽然碳水化合物对体操运动员很重要，但糖原负荷对体操运动员并不适宜，因为 1g 糖原携带 2.7g 水分，肌肉组织糖原过度饱和时，水分也被带入肌肉，使肌肉僵硬和笨重，这对体操需要的柔韧性、易适应性和弹性等不利。因此，应鼓励运动员摄入碳水化合物，但无需进行糖原负荷。低碳水化合物饮食还会影响运动员情绪。高碳水化合物、适量蛋白质、低脂肪膳食对有氧或无氧运动都是最好的能源，增加复合糖，减少脂肪，保证能量充足是体操运动员合理营养的基础。

（二）维生素

我国体操运动员营养调查结果显示，约 20%运动员血清维生素 A 处于不足状态，但无明显的临床体征。约 40%运动员处于维生素 B_1 不足或缺乏状态，应选择维生素 A 和 B 族维生素含量丰富的食物，必要时可补充维生素制剂。

（三）钙

国内外体操运动员，尤其是女运动员普遍存在钙缺乏的问题。我国运动员钙摄入量不足与部分运动员不饮奶有关。体操运动员虽然钙摄入量不足，但骨密度较高，可能与体操运动刺激钙在骨骼沉积有关。体操运动员骨密度虽高，但骨发育不良，与骨丢失有关。引起运动员骨丢失的因素：①女运动员原发性闭经和继发性闭经；②运动训练所致较高的皮质醇水平；③钙摄入量低；④低体重和低身高；⑤运动员的瘦体重（肌肉）水平高，可能使骨密度不足以维持其肌肉力量。因此，体操运动员要增加钙的摄入量，以 1000～1500mg/d 为宜，保证骨发育，减少骨外伤。膳食钙不能满足需要时，可适当补充钙制剂。

（四）铁

女子体操运动员铁摄入量较低，多数运动员铁摄入量未达到供给量标准。铁营养不良引起免疫力降低，对生长发育、肌肉力量和智力均有影响。即使轻度缺铁性贫血也会影响运动能力。少年运动员处于快速生长期，同时伴有血容量扩大，铁的需要量增加。女子体操运动员月经初潮后延，生长曲线相对缓慢，也可能使铁的需要量减少。应增加铁含量丰富食物的摄入，必要时可补充铁剂。

四、游泳运动员的营养特点

游泳运动员包括不同类型（如自由泳、仰泳、蛙泳和蝶泳）、不同强度和不同年龄组的运动员。运动员根据其专项特长，参加不同类型的训练，如长距离耐力、间歇性、冲刺性和划水动作练习等；此外，还可参加一些陆地训练，如力量或补充性耐力训练。一次游泳训练的时间可持续 3 小时，游泳距离达万米或更多，能量消耗很大，营养需要有一定特殊性。

（一）能量

国外一些研究指出，如果运动员每日进行 4 小时游泳训练，估计男、女运动员的能量消耗分别为 16.8～22.6MJ/d（4000～5400kcal/d）和 14.2～16.8MJ/d（3400～4000kcal/d）。运动员能量消耗因运动量（运动强度和持续时间）、体重和运动的力学效率不同可有较大差异。我国游泳集训队运动员由于运动量不同，能量摄入差异较大。游泳运动员不同于跑步运动员，由于低于环境温度的水温对食欲有刺激作用，运动员能量摄入量较高，体脂比同年龄的跑步运动员高 4%～6%。但游泳运动消耗能量大，部分运动员膳食摄入的能量不能满足需要，且游泳运动员的能量来源也存在脂肪摄入过多和碳水化合物摄入量较低的问题。长期能量不足，加上膳食碳水化合物比例低，可引起慢性肌肉疲劳，故应及时监测和预防。

（二）碳水化合物

进行大运动量训练的游泳运动员能量需要大，碳水化合物供能应占总能量的 60% 或以上。竞技游泳运动员如一次训练课后糖原再合成不完全，会影响下一次训练课或比赛。要解决这一问题，应减少训练的负荷量以减少糖原的消耗，并摄入含碳水化合物至少 500g/d 的膳食，建议在运动后的头 2 小时补糖以促进糖原的再合成。肌糖原的再合成与摄糖量成正比，但在摄糖量达到 600g/d 后，肌糖原的再合成不一定继续增加。运动中补糖的个体差异很大。少数运动员在长时间运动后会出现血糖下降现象，甚至降至低血糖水平。对有低血糖倾向的运动员，应采取运动前和运动中补糖的措施，但也有人主张全队在运动中都补糖。运动后补糖可促进肌糖原恢复，和其他项目一样，补糖时间应在头 2 小时内，越早越好，并采用高血糖指数的食物补充，因为胰岛素是糖原合成酶有效的激活剂。最近的研究提示运动后膳食应有适量蛋白质，可增加胰岛素对糖的反应，从而增加肌糖原的储备。

长时间进行高强度、大运动量训练常可导致慢性肌肉疲劳。慢性肌肉疲劳与大运动量训练和训练后肌糖原未能及时再合成有关。国外游泳赛季可持续 25 周，运动员的慢性糖原耗损可达到 6 个月。赛季结束，运动量逐渐减少、肌糖原储备增加可能是运动能力提高和肌肉力量改善的原因之一。

（三）蛋白质

蛋白质分解可因慢性肌糖原耗竭和膳食能量不足而加速。蛋白质丢失会使瘦体重减少。保持瘦体重和肌肉力量对游泳运动员的比赛能力极为重要。研究表明，竞技游泳运动员经常进行大运动量的耐力和抗阻力训练，在训练期对蛋白质的需要增加。因此，应增加蛋白质摄入量至 1.5～2.0g/kg 体重。

（四）微量营养素

在大运动量训练期，小剂量补铁有利于预防血红蛋白、铁蛋白下降。大运动量训练期应对运动员的营养状况进行定期监测。

五、冰雪项目运动员的营养特点

冰雪项目包括速滑、冰球、花样滑冰和滑雪等不同类型的运动，一般具有连续、有节奏、多次起停、方向改变等特点。冰雪项目运动员在冷环境中臀部收缩和膝伸滑冰等基本动作可占到总动作的 50%以上。运动员除冰上运动外，还有在陆地上的力量和技巧训练，涉及无氧和有氧供能系统。

（一）营养需要

我国推荐滑冰、冰球、高山滑雪运动员每日能量适宜摄入量为 15.5～19.7MJ（3700～4700kcal），越野滑雪运动员每日能量适宜摄入量大于或等于 19.7MJ（4700kcal）。产能营养素的比例为碳水化合物 60%，蛋白质 12%～15%，脂肪不超过 30%。

运动后 2 小时补糖 100g 以及赛后进食高碳水化合物膳食有利于糖原恢复和预防慢性糖原耗损。赛前 4 小时应进食高碳水化合物膳食，赛前如时间允许，还可进食易消化的甜点。

蛋白质的摄入量应达到 1.6g/kg 以保持组织蛋白质和肌肉力量。

应注意在运动前、中、后及时补水以预防脱水，训练和比赛场地应有随手可及的运动饮料。

维生素和矿物质需要同其他项目运动员。

（二）营养补充剂

国内外研究显示，冰球、自由式滑雪、速度滑冰、花样滑冰等项目运动员的运动损伤发生率较高，膝关节、踝关节、大小腿以及腰背部为主要受伤部位，常见的损伤类型是关节扭伤、皮肤擦伤、挫伤、身体个别部位摔伤及撞伤。花样滑冰、自由式滑雪、速度滑冰等项目运动员颈椎病的患病率为48.3%，明显高于其他项目运动员。

除了控制体重、注意保暖、避免损伤关节的动作，营养补充剂也有助于关节健康。

1. 氨基葡萄糖（氨糖）：氨基葡萄糖是广泛存在于真菌细胞壁和甲壳类动物外骨骼中的一种氨基己糖。氨基葡萄糖在人体内也广泛存在，参与构成人体组织（如眼睛晶状体）和细胞膜。氨基葡萄糖参与体内的糖代谢，与半乳糖、葡萄糖醛酸等物质结合形成透明质酸、角质硫酸等具有生物活性的产物，发挥生理功能，如免疫调节、保护骨关节、抗氧化、延缓衰老、抑菌防腐等。

大量研究表明，氨基葡萄糖可以帮助修复和支持软骨，并刺激软骨细胞的生长。氨基葡萄糖通过多种途径发挥抗炎和抗氧化作用，可缓解骨关节炎的疼痛症状，改善关节功能，并阻止骨关节炎的发展。

2. 硫酸软骨素：硫酸软骨素是从动物的结缔组织（主要是软骨）中提取制备的一类黏多糖类物质，具有抗炎、免疫调节、保护心脑血管、保护神经、抗氧化、调节细胞黏附、抗肿瘤等作用，目前临床上主要用于骨关节炎、心脑血管疾病和眼科疾病的预防和治疗。

临床试验证明，硫酸软骨素与氨基葡萄糖配合使用，能减轻骨关节炎患者的疼痛，改善关节功能，减少关节肿胀和积液，防止膝关节和腕关节部位的间隙狭窄；能将水分吸入蛋白多糖分子内，使软骨变厚，提供垫衬作用，同时增加关节滑液的量，缓冲运动带来的冲击和摩擦。

中国营养学会建议，有关节运动损伤和骨关节炎的成人，氨基葡萄糖每日补充量应达到1000mg，相当于盐酸/硫酸氨基葡萄糖每日补充1500mg。目前市场上常见的氨基葡萄糖类营养补充剂可以分为盐酸氨基葡萄糖和硫酸氨基葡萄糖。盐酸氨基葡萄糖的氯离子对肠胃道有刺激作用，硫酸氨基葡萄糖对肠胃道刺激作用较小。氨基葡萄糖最好随餐或饭后立刻服用。

六、乒乓球运动员的营养特点

乒乓球运动既属于耐力性项目，又属于灵敏、技巧性项目，制胜法宝可以概括为快、转、准、狠、变。乒乓球运动回合多，在大型国际比赛中，一名运动员的比赛时间在10天左右，以最多出场次数计算，1天有可能进行10场20局比赛，每局按7分钟计算，一天有140分钟在比赛，时间相对较长。一场高水平比赛移动距离约为8.4km，随时要根据对手的变化灵活应付，精神高度紧张，注意力集中。因此，速度、爆发力、力量、协调性和耐力都很关键。

（一）营养需要

1. 碳水化合物：运动时的能量供应系统大致分为瞬时的磷酸原系统、短时的无氧糖酵解供能系统和长时的有氧氧化供能系统。乒乓球运动是由若干低强度无球活动和高强度有球活动组成的间歇性运动，无球活动时间占30%～60%。每争夺1分，往返击拍的平均时间为4～12秒，平均7秒。在此期间，运动员要完成大力挥拍、快速移动扑救球、近台的爆冲、中近台的相持弧圈球的对拉动作。从时间上看，7秒的快速爆发力运动只有磷酸原系统才能满足需要。两个回合的间隔时间在 17 秒左右，而磷酸原系统供能的恢复时间为 20～30 秒，即一个回合结束以后到下一回合开始磷酸原系统还不能正常供能，于是开始启用糖酵解系统。在无球活动的间隙，运动强度降低，主要依靠有氧供能系统。

碳水化合物能同时维护有氧供能系统和无氧供能系统。在训练或比赛的短暂间隙，高血糖指数食物碳水化合物的消化速度快，有助于磷酸原的及时补充。

2. 蛋白质：蛋白质不仅是肌肉力量的物质基础，还是神经系统发挥作用的重要保障，很多神经递质的合成离不开蛋白质。

3. 维生素：乒乓球运动员在运动过程中神经活动或视力活动紧张，对维生素、矿物质等营养素的需要量较大。为保证紧张神经活动的需要，食物应提供 B 族维生素，如维生素 B_1 的供给量应达到 4mg/d。此外，乒乓球运动中视力活动紧张，应保证充足的维生素 A 供应，应达到 1800μgRAE/d（6000IU/d），其中 1/3 应来自动物性食物。

（二）保持适宜的体重和体脂

乒乓球运动员要求体形匀称，手腿相对长，体重相对小。男运动员身高 168～180cm，体重 60～78kg；女运动员身高 158 ～ 170cm，体重 55～65kg。运动员体脂的最低水平为 5%～7%（男）和 6%～10%（女）。

（三）储备水和矿物质

养成良好的饮水习惯，在训练或比赛前、中、后及时补液。建议补充运动饮料、矿泉水、稀释的果汁、柠檬水、果茶等。运动饮料不仅能补水，还能补充碳水化合物（葡萄糖、蔗糖、低聚糖），维持运动能力，因此是首选。

（四）比赛时的营养补充

1. 比赛前：比赛前 3～4 小时进食碳水化合物含量高、经常食用且易于消化的食物。避免进食高脂食物（尤其是油炸食物）和高纤维食物。精神紧张的运动员可以尝试半流质食物，如米粥等。

2. 比赛中：利用一切可能的机会补充含碳水化合物和电解质的运动饮料。中场休息时饮用足量的运动饮料，以维持赛前体重。

3. 比赛后：比赛结束后立即补充 1.5 倍的失液量（根据比赛前后体重变化计算），摄入含碳水化合物的饮料和食物（如香蕉、面包）、添加乳清蛋白的果汁。比赛结束后 24 小时内补足液体和食物，使体重恢复到赛前水平。

七、球类团体项目运动员的营养特点

球类团体项目包括篮球、橄榄球、足球、曲棍球、冰球、排球、手球等。这些项目运动员需要进行不同类型的运动：多数进行高强度运动，但运动强度随时可变（例如足球运动中，运动员可以静止站立或冲刺跑），具有能量转换率高、间歇运动、运动持续的总时间长等特点，由于运动中跑跑停停的间歇性质，不仅运动能力在运动后期因肌糖原耗损受影响，而且在训练和比赛中经过一段时间高强度运动后，因磷酸肌酸消耗影响ATP再合成速度，可发生疲劳。球类团体项目运动员运动强度因动力、体能和战略战术不同，个体差异很大。

（一）能量

不同运动员能量需要差别很大。一些调查发现，足球、篮球和手球等项目的平均运动强度为70%～80% VO_2 max；足球运动员能量摄入量为10.5～26.8MJ（2500～6400kcal），平均为20.7MJ（4900kcal）。我国篮球、足球和排球运动员的能量适宜摄入量为17.6～19.7MJ（4200～4700kcal）或更多。

大部分球类团体项目运动员的能量主要来自碳水化合物和脂肪氧化，间歇运动中，肌糖原消耗很大，糖原水平低可能成为限制运动能力的因素。多数团体项目运动员的脂肪氧化量较大，脂肪在高强度运动后氧化，高强度运动休息期脂肪氧化的主要来源可能是肌肉TG。足球和篮球运动员在运动中蛋白质氧化供能小于10%。

适宜的能量来源为：碳水化合物供能占总能量的55%～65%，蛋白质占12%～15%，脂肪占25%～30%。

（二）膳食安排

1. 重视比赛期营养：目前广泛推荐的球类团队项目运动员的营养措施如下。①在剧烈运动前的3～4小时采用高碳水化合物膳食；②在长时间的训练或比赛前，每隔20分钟补充运动饮料150mL；③为了加速糖原的恢复，在运动结束后尽快补充50g糖，以后每隔1～2小时重复补充，直至下一餐；④恢复期的前24小时内，补糖总量应达到10g/kg体重，并采用高GI的食物。

2. 保证水电解质平衡：人体试验表明，运动前补充含糖饮料，足球赛后半场的跑步距离比对照组长40%。另有报道称，足球运动员在练习赛前10分钟补充7%葡萄糖溶液0.5L，然后在比赛的半时再补充同样量和浓度的葡萄糖，可节约肌糖原39%，疲劳发生延迟。同样，补液对其他球类团体项目运动员也有良好的作用，补液可减轻自觉的疲劳感觉、提高运动耐力，可能与儿茶酚胺分泌减少有关。

脱水是间歇运动引起疲劳和运动能力下降的主要原因，运动员应注意运动前、中、后及时补液，可采用含糖和电解质的运动饮料。赛前一天和比赛当日应充分补液，补液量应大于满足口渴感觉的量。运动中少量多次补液，比赛后液体补充量应达到运动后体重减轻量的150%。运动员可自我监测尿液的颜色，预防脱水。

第七章　比赛期的运动营养

为了有效指导运动训练和比赛期的合理营养，学者将比赛期营养分为四个时期：比赛前营养、比赛当日赛前一餐营养、比赛中营养和比赛后营养。总体来讲，比赛期的饮食应含高碳水化合物、低脂肪、适量的蛋白质和充足的水分，并含丰富的矿物质和维生素。所选食物应为运动员所喜爱，避免干豆、含膳食纤维多的粗杂粮、韭菜等容易产气和推迟胃排空的食物，少用或不用辛辣和过甜的食物，以免刺激胃肠道，给比赛带来不良影响。

第一节　比赛前营养

一、比赛前营养与竞赛能力

运动员的比赛成绩取决于科学的训练、良好的竞技状态和心理素质、合理营养。合理营养有助于提高运动员训练效果和竞赛能力，并促进运动后体力的迅速恢复。但值得指出的是，合理营养提高竞赛能力的作用不是在短期内产生的，所以不能过高地期望比赛前营养带来“奇迹”。运动员在比赛前处于高度兴奋和精神集中的生理、心理应激状态，消化系统血流量减少，肠蠕动增加，消化功能减弱，可出现食欲减退和腹部不适甚至腹泻等症状。比赛前合理营养为运动员保持良好的竞技状态创造条件；相反，如果比赛前饮食不当，如采用饥饿和脱水等不合理措施快速减重，会使运动员的竞赛能力下降，甚至出现腹胀、腹痛、呕吐、腹泻、低血糖、疲乏无力和肌肉痉挛等症状，导致竞赛能力降低，影响比赛成绩。

二、比赛前营养原则

（一）保持能量平衡，维持适宜体重

运动员在赛前均会不同程度地减少运动量，故膳食能量供应应随运动量减少而减少，以保持能量平衡。如果运动量减少而能量摄入量不变，运动员体重会增加，多余的体重和体脂会限制耐力、速度和力量等。所以比赛前的饮食应使运动员维持适宜的体重和体脂，以获得最佳竞赛能力。

（二）减少蛋白质和脂肪摄入

应避免在比赛前添加过多高蛋白质和高脂肪食物，因为蛋白质和脂肪的代谢产物呈酸性，使体液偏酸，促进疲劳发生。比赛前切忌大量补充氨基酸。大量补充氨基酸会使血氨增加，消耗丙酮酸，影响有氧代谢，刺激胃肠道，并使水分吸收减少，影响运动能力。

（三）增加碱储备

比赛前运动员应多吃蔬菜、水果等碱性食物，或在医生指导下补充碳酸氢钠，以增加体内碱储备，延缓疲劳发生。

（四）纠正维生素缺乏

过量补充维生素对运动员的运动能力无促进作用，但如果已存在维生素缺乏，及时纠正维生素缺乏状态有利于运动员运动能力的发挥。维生素 B_1 临时服用对运动能力的影响不明显，至少应在比赛前 10 天～2 周补充，每日补充 5～10mg 才有效。维生素 A 的补充量可达每日 5000～10000IU，但过量可引起中毒。因此，在比赛前应从食物中摄取各种维生素，必要时也可以补充维生素制剂。

三、比赛前的饮食措施

（一）均衡膳食

运动员的营养状况受膳食供应、运动负荷等因素影响。摄取品种多样、营养素充足的膳食，不但可以满足运动员日常训练的营养需要，而且可以储备和调整某些营养素，使之满足比赛需要，促进运动员运动能力和竞赛能力的提高。

（二）比赛前补糖、补液和糖原负荷措施

机体内糖原储备包括肌糖原、肝糖原和血糖三部分。其中，肌糖原的储备量最大。在大于 1 小时的耐力性项目中，体内糖原耗竭可影响竞赛能力，特别是耐力。比赛前及比赛中适量补糖可维持血糖水平并提高竞赛能力，延缓疲劳发生。比赛前补糖的目的是使体内有充足的肝糖原和肌糖原。近年来发展的一种改良的糖原负荷方法如下：在比赛前的第 6 天进行 60 分钟的较大运动量运动，以后的 2 天每天进行 40 分钟运动，到比赛前的第 3 天和第 2 天每天进行 20 分钟运动，赛前 1 天完全休息，运动强度逐渐减少。前 3 天膳食中碳水化合物占总能量的 40％～50％，后 2 天增至 70％～75％，碳水化合物的摄入总量为 525～600g/d。通过这种糖原负荷措施，肌糖原含量可提高到 207mmol/kg，为混合膳食的 2 倍以上。但由此引起的某些不良反应，如体重增加和肌肉僵硬，也应加以注意。

大量出汗和失水项目的运动员在赛前还应注意及时补液。

（三）增加抗氧化剂的摄入

为了增加食物中的抗氧化成分，应进食适量的瘦肉以合成抗氧化物谷胱甘肽；增加新鲜蔬菜和水果的摄入量，必要时可在医生指导下补充抗氧化维生素或微量元素制剂。

第二节　比赛当日赛前一餐营养

一、比赛当日赛前一餐营养原则

比赛当日赛前一餐对某些项目运动员在比赛中运动能力的发挥有重要影响，为此，比赛当日赛前一餐营养应遵循以下原则：

1. 食物应体积小、重量轻，能提供2.09～4.18MJ（500～1000kcal）能量。

2. 应在比赛开始3小时前吃完。赛前30分钟进餐，不论固体还是液体食物，都会产生胃肠饱胀感，不利于比赛。

3. 比赛当日不宜进食不熟悉的食物或不习惯的食物，进食新食物有发生过敏、胃肠不适或腹泻的可能；应食用可口且营养素含量丰富的食物，不要勉强吃不爱吃的食物。

4. 对于大量出汗的比赛项目及在高温环境下比赛时，运动员应在比赛前补液500～700mL。比赛前一般不宜喝咖啡或浓茶。比赛前不可喝含酒精的饮料。

二、耐力性项目的特殊饮食措施

耐力性项目运动员应进行赛前补糖，为避免胰岛素效应，补糖应在赛前15～30分钟进行。目前国外学者不强调赛前补糖的时间。补糖的种类以低聚糖为好，低聚糖的渗透压为葡萄糖的1/4，吸收较快，因此可通过补充低聚糖使运动员获得较多糖原储备。低聚糖的甜度低、口感好，但不同个体对低聚糖的吸收率差异较大，建议在赛前试用。补糖量应控制在50g/h或1g/kg左右。

第三节　比赛中营养和比赛后营养

一、比赛中营养

运动员在剧烈的比赛中大量出汗，因失水而使体液处于相对高渗状态。因此，比赛中补充的饮料应是低张和低渗的（含糖和含盐量低）。能量消耗较大项目的运动员可在途中摄入一些容易消化吸收的液体型或质地柔软的半流质食物。液体食物排空快。食物体积要小，以免影响呼吸，运动员可根据饥饿感选用。

除比赛前少量补液外，比赛中每隔15～30分钟补液100～300mL，或每跑2～3km补液100～200mL。但每小时补液量不宜超过800mL。比赛中的补液量一般为出汗量的1/3～1/2。决定补液量的一种简单方法是通过称体重了解失水量，然后按照每失水500mL，补液2杯左右，找出自己能耐受的补液量。比赛中的饮料应以补水为主，15%的低聚糖饮料在比赛中饮用效果良好。饮料中应含少量钠盐，浓度一般为18～25mmol/L。

二、比赛后营养

比赛后饮食仍然应是高碳水化合物、低脂肪、适量蛋白质、富含矿物质和维生素的易消化食物。为促进比赛后恢复，补液（含电解质饮料）极为重要。补液量应满足体重恢复到比赛前水平的要求。为促进体内储能物质恢复，补充含碳水化合物食物或含糖饮料的时间越早越好。因大强度、大运动量运动后即刻糖原合成酶活性最高。此外，为促进关键酶的恢复，应补充矿物质、维生素、微量元素和碱性食物；为加速抗氧化酶的恢复，可补充具有抗氧化性质的天然食物，如蔬菜和水果，或具有抗氧化性质的植物化学物等。

第四节　运动员旅行和异地训练比赛的营养

竞技体育的发展使国际国内赛事越来越多，如奥运会、大学生运动会、世界杯、锦标赛等。为了参加这些比赛及满足训练的需要，运动员旅行的时间和次数不断增加，长途旅行已成为运动员日常生活的一部分。但旅行造成的时差、水土不服等问题，可能削弱运动员的运动能力。饮食问题是旅行中经常遇到的问题。异地训练比赛运动员的食物摄入通常取决于比赛地或训练基地的经济水平、餐饮设施、供应标准、饮食习惯等，摄入不熟悉的食物和饮料，可能引起胃肠不适，如腹胀、腹泻、腹痛等，导致运动能力下降。即使摄入熟悉的食物，因旅行干扰了运动员的正常进食时间和作息时间，也可能对运动能力造成不良影响。更严重的是，如果摄入污染或不卫生的食物，可能引起运动员食物中毒。因此，必须密切关注运动员旅行和异地训练比赛的营养问题，以避免削弱运动员的运动能力。

一、食物供应

长途旅行途中或某些训练基地的食物供应条件较差、食谱单调，因此，如何选择适宜的食物是运动员必须解决的问题。

（一）随身携带旅行中食用的食物

旅行前，负责运动员营养的人员或运动员本人应选择随身携带旅行中食用的食物。

所选择的食物应针对运动员赛前或赛后的营养需要、易打包、易冷藏，如牛奶、烹制好的瘦肉、麦片、水果、果汁和蔬菜、运动饮料、高碳水化合物点心等，还要准备冷藏运输的小容器和餐具、饭盒。这种方法对于只有一天的短途旅行非常合适，也可用于长途旅行中的食物补充。

我国运动员出国比赛时，常自带方便面、罐头（鱼和肉）、运动饮料、咸菜、巧克力等食物。在进行食物选择时，应注意膳食平衡，食物多样化，避免食物种类单调导致营养不平衡。

（二）自己动手，烹制食物

喜欢自己烹调的运动员，应携带烹调用的炊具和电源接线板等，在目的地购买大部分食物，自己烹制食物，以便在不同的生活条件下，满足合理营养的需要。

在旅行中，自带食物的运动员和运动队不仅要考虑食物种类和保存期限，还要考虑航空公司对行李重量和件数的限制。国际旅行应重点考虑食物种类。许多国家海关禁止新鲜水果、蔬菜和肉制品进口。对违反进口条例的处罚非常严重，因此应预先计划，以免违反当地法律。

（三）进餐原则

旅途中和到达目的地后，可以选择大饭店、小餐馆、食堂、快餐店、超市等处进餐；进餐方式可以为点菜、自助餐或盒饭、快餐。进餐原则是选择卫生、高碳水化合物、低脂肪、适量蛋白质、含充足水分的膳食。随队伙食管理人员可以与当地餐饮部门联系并协调做一些符合本队运动员饮食习惯的特殊安排，以保证运动员的营养需要，尤其是对运动训练强度大或因宗教信仰而有食物限制的运动员，应做好膳食调整。

二、体重变化

（一）体重下降

运动员如果在旅行时不能吃到充足可口的饭菜，会导致体重下降；但在食物供应充足时也可能体重下降，尤其是第一次出国的运动员，由于吃不到自己熟悉的食物或不喜欢吃自己不熟悉的食物，很容易导致能量摄入不足和体重下降。对当地饮食条件和就餐设施不适应、时差以及旅行疲劳恢复不良等问题，也会造成饮食紊乱、体重下降。随身携带的食物可帮助运动员解决体重下降问题。

（二）体重增加

如果当地膳食味美可口，运动员食欲大增，进食过量可引起体重增加。体重增加多发生于食堂可供选择的食物种类繁多、自己烹制食品或增加进食机会、自助餐式的自由进餐方式等情况。在大型比赛期间，这种情况尤其多见。如在奥运村食堂，每天 24 小时可以免费吃各种各样的食物。参加按体重级别比赛项目的运动员，首次比赛往往要到整个比赛快结束时才开始，如果从开始就一直住在奥运村，2～3 周时间内，想在训练负荷减轻、训练时间减少的情况下控制体重不增加，必须自我限制饮食。

（三）体重变化的对策

通过密切监测体重来指导能量摄入。但要注意体重下降可能由能量摄入不足引起，也可能由脱水引起，尤其是高温环境下。训练和比赛时，如果运动负荷超过正常训练水平，运动员也可能出现体重下降。体重增加可能是进食过量引起的，但也可能是比赛前几天运动量减少引起的正常现象。此外，膳食的改变引起的便秘，也会使体重轻微增加。

三、脱水

旅行增加运动员脱水的风险。因此，旅行时摄入大量的液体是必要的，尤其是乘飞机进行长途旅行时，机舱内水蒸气压力低，导致水分从呼吸道和皮肤丢失增加。

为防止脱水，在旅行前、中、后均应摄入大量液体。随身携带饮水瓶及时补充液体是一种方法。运动饮料、软饮料等既便于提供液体，又能补充碳水化合物，不失为一种补液选择。集体旅行时，可以预先告诉航空公司多准备一些水和饮料。在任何情况下，自以为体力充沛、不需要补液的想法都是不明智的。去气候炎热的地方时，尤其应注意预先摄入充足的液体。

四、时差

（一）时差反应

运动员跨时区旅行时会遇到时差问题。由于人体生物节律和醒睡生物钟周期紊乱，运动员常常会出现疲劳、睡眠颠倒、注意力不集中、消化不良和易激动等症状。研究显示，进行跨越一个或两个时区的旅行后，运动员可能不能正常发挥运动能力。通常自西向东旅行时出现的时差反应比自东向西旅行时严重。虽然运动员出现时差反应比无训练者少，但对运动能力仍有一定影响。一般情况下，每跨越一个时区，到达目的地后需要一天时间来调整时差，但调整速度个体差异很大。

（二）膳食因素的作用

就餐方式和运动时间安排对帮助身体适应时区转换十分重要。膳食组成和进食量也影响时差调整速度。有报道指出，高蛋白质食物，如肉、鱼、禽、豆腐、乳制品，可以通过刺激肾上腺素增加觉醒；高碳水化合物食物，如面食、米饭、面包、水果，增加胰岛素分泌，促进色氨酸摄入，色氨酸在体内转化为5－羟色胺，如果膳食中碳水化合物含量过高可引起昏昏欲睡的感觉。由于运动员的食物种类和就餐时间直接影响时差反应的严重程度和持续时间，因此，建议早餐吃高蛋白质食物，晚餐吃高碳水化合物食物。在到达目的地的上午，摄入对中枢神经系统有刺激作用的食物，如咖啡和茶，也有助于时差调整。避免在下午饮用这些刺激性饮料。脱水会加重疲劳和时差反应引起的不适，应适当增加液体摄入量，但要避免含有咖啡因和酒精的饮料，因为这些成分具有利尿作用。

（三）褪黑激素的使用

近年来，一些运动员使用褪黑激素（melatonin）预防时差反应。褪黑激素是一种影响人睡眠周期的垂体激素。研究表明，晚上服用低剂量褪黑激素有助于诱导睡眠。睡前1小时口服0.5～3.0mg褪黑激素既安全又有效。但服用褪黑激素可能产生耐受性。据报道，服用褪黑激素会出现多梦等不良反应。因此，打算服用褪黑激素的运动员，应在旅行前或赛前试用。褪黑激素不属于违禁药物，但应注意商品褪黑激素的纯度，某些产品褪黑激素含量可能与标注的剂量不一致。

五、食源性疾病

据统计，跨国旅行的运动员有60％出现胃肠功能紊乱，食源性疾病引起的胃肠功能紊乱可能使运动员丧失参加比赛的机会或削弱运动能力。水土不服是造成旅行运动员腹泻的一个重要原因。运动员腹泻的另一个原因是摄入被细菌、病毒和寄生虫污染的食物或饮水。

（一）预防措施

1. 选择卫生安全的就餐地。
2. 制定合理的就餐制度。
3. 提前进行免疫接种。
4. 选择清洁安全的食物：可以削皮的水果和用沸水彻底洗涤的蔬菜通常是安全卫生的食物。大多数情况下，运动员最好只喝瓶装水或软饮料。如果怀疑食用的食物有问题，应蒸煮或削皮后再食用，或干脆不吃。食物和饮料不是唯一的致病源。如果不清楚净化水的净化程度，运动员应用瓶装水刷牙，洗澡时不要吞咽洗澡水。参加水上运动（如冲浪、划船）的运动员应避免吞咽湖水和河水。
5. 预防用药：用于预防成人运动员旅行途中腹泻的口服药有多西环素、磺胺甲基异噁唑-磺胺增效剂、诺氟沙星、环丙氟哌酸、碱式水杨酸铋。通常在到达目的地的第一天服用，并持续服药到离开目的地后的1～2天。然而，预防用药时间过长，可出现不良反应，如舌变黑、黑便、光敏性皮疹等。预防用药也可能给运动员一个安全的假象，使其认为已经用药，随便什么样的食物和饮料都可以摄入，在选择食物和饮料时不注意食品卫生。需要强调的是，避免摄入被污染的食物和饮料才是预防食源性疾病的根本措施。

（二）补液

一旦发生腹泻，应尽快治疗。腹泻可导致脱水，补液对预防脱水很重要。运动饮料的成分与治疗儿童腹泻的口服液相似，因此用运动饮料效果更好。随身携带一些复水口服液也很有用。这些液体内的电解质浓度比运动饮料高，有助于维持体液平衡和快速复水。如果食用盐片或盐末，一定要用瓶装水冲调。如体液丢失量很大，难以通过口服液体达到补水目的，应采用静脉补液，以便快速恢复体液平衡。

六、食物过敏和食物不耐受

食物过敏是过敏体质运动员在旅行时要面对的一个问题。食物过敏指机体免疫系统对正常食物或食物中的某一成分产生免疫反应。食物过敏原是对食物过敏个体的免疫系统具有刺激作用的部分食物，一种食物可含有多种过敏原。最常见的食物过敏原是蛋白质。

食物不耐受与食物过敏不同，它与机体免疫系统无关，是机体对食物的不耐受。引起食物不耐受的原因很多，最常见的是体内某种酶缺乏，如乳糖不耐受的原因是体内缺乏乳糖酶。

旅行运动员还可能发生的其他医学问题有上呼吸道感染、牙龈炎和一般感染性疾病等。这些问题同样会损伤运动能力，甚至妨碍运动员参加比赛。充分的睡眠和休息，保持体内水合状态，合理的膳食营养，均有助于预防感染。每天服用复合维生素和（或）矿物质补充剂有助于摄入充足的维生素和矿物质。另外，要养成勤洗手的好习惯，尤其是饭前便后用肥皂洗手。

七、制订合理的膳食计划

运动员要想在远离家乡的陌生环境中取得优异成绩，保证旅行时的营养需要很重要。为达到这一目的，有必要制订明确的膳食计划。对于团体旅行，应当有全面的团队计划，而且应针对每位队员的个体需要和喜好制订个体化方案。

1. 制订饮食计划和备用计划。
2. 与目的地的宾馆和饭店取得联系，做出适当安排。
3. 如果需要，出发前向航空公司预定航空餐。
4. 要求额外增加面包、米饭、面食或其他富含碳水化合物的食物。
5. 随身携带食物和饮料。适合短途旅行随身携带的食物有面包、饼干、蛋糕、蔬菜罐头、密封的果汁、水果罐头、水果干、瓶装水、运动饮料、罐装饭、坚果等。

此外，要考虑素食运动员等有特殊营养需要的运动员到不能满足其营养需要的地区时可能遇到的困难。

第八章　控制体重期运动员的营养

运动员为适应训练和比赛，促进运动能力最优化，需要控制体重。但面临来自比赛、社会以及自身的压力，运动员控制体重时会采取一些不科学甚至有损健康的方法。为减轻控制体重给运动员带来的健康危害，应采取正确的控制体重方法和营养措施。运动员在控制体重期的营养具有特殊性，应引起重视。

第一节　运动员控制体重的目的和类型

不同运动员控制体重的目的不同。由于运动性质与要求不同，有的运动员需要减少体重和体脂，有的运动员则希望保持甚至增加体重，主要是瘦体重。

一、运动员控制体重的目的

运动员控制体重的目的与普通人不同，虽然也强调保持良好的体型和健康状态，但其主要目的是在体育比赛中占据优势，充分发挥运动能力，获得理想的比赛成绩。

（一）快速减轻体重，以满足按体重级别比赛的要求

在举重、摔跤、拳击、柔道、跆拳道、轻量级划船等按体重级别比赛的项目中，一般认为参加低于实际体重级别的比赛有利于取得好成绩，故运动员在赛前减轻体重，以参加较低体重级别的比赛，在比赛日称体重后，再尽量补充食物和水分。但这种做法忽略了竞争对手也会减轻体重，而且减轻体重不当会影响运动能力等问题。此外，如果比赛当日称体重距比赛间隔时间过短（如 2～5 小时），积极补液和进食对恢复因快速减轻体重而丢失的血容量无效，而且可能会增加胃肠负担，影响比赛能力。

（二）长期保持适宜体重或减轻体重和体脂，以在对体型和体重有较高要求的项目中占优势

在体操、跳水、花样滑冰、健美、长跑、跳高、跳远、越野滑雪、公路自行车等项目中，为顺利完成高难度动作或减少消耗，运动员需要长期保持适宜体重或减轻体重和体脂，以期较轻体重在需要举起或移动身体的过程中具有生物力学优势，获得单位体重的最大肌肉力量比，减少运动耗氧量和能量消耗，保持良好体型以获得较高印象分等。

（三）适当增加体重，以在允许合理冲撞的运动项目中占优势

对于篮球、足球、橄榄球等允许合理冲撞的运动项目，以及举重、摔跤、柔道等项目的大体重级别比赛，运动员要在赛前适当增加体重，以在比赛中进行合理冲撞和对抗时占据优势，从而取得理想的比赛成绩；在大体重级别比赛中发挥体重优势，获得比赛的胜利。需要注意的是，如果增加的体重多为脂肪，反而会降低运动能力，给比赛造成不利影响。因此，增加的体重应尽可能为瘦体重，即肌肉、骨骼、内脏、体液及其他非脂肪组织，才能达到增加体重的目的。此外，体重的增加，尤其是瘦体重的增加需要较长时间，同时要加强肌肉锻炼，否则也无法达到增加瘦体重的目的。

二、运动员控制体重的类型

（一）减轻体重

1. 快速减轻体重：在数小时到 96 小时降低体重属快速减轻体重。通常采用限制饮食、减少饮水、加大运动负荷、增加排汗等方法。其中，以限制饮食和减少饮水最常用。据报道，饥饿加限制饮水一天可减轻 4.5％～4.9％体重，桑拿浴 1 小时可失去原体重的 2％～5％。因此，快速减轻体重采用的是以脱水为主的措施。当上述措施仍不能达到预期目标时，运动员还会采用其他措施，如服用利尿剂（虽已列入兴奋剂，但仍有人使用）、食欲抑制剂或泻药，自我催吐等。

2. 缓慢减轻体重：时间大于 7 天并以能量负平衡措施为主的减轻体重属缓慢减轻体重。通常采用减少能量摄入，并增加运动量以增加能量消耗的方式。但应注意，只有在运动量较小的情况下才有可能增加运动员运动量。如果运动员每日训练时间较长，再增加运动量既不合理也不可能。而且增加运动量常伴随食欲增加。所以，限制饮食仍然是缓慢减轻体重的主要方法。此外，缓慢减轻体重的运动员偶尔也使用利尿剂、食欲抑制剂或泻药，以及自我催吐等致病性减重措施，且采用致病性减重措施的女运动员比男运动员多。

（二）保持体重

对于体重已较为适宜的运动员，其控制体重的目的是保持适宜体重。运动员的适宜体重较难确定，通常是从对本项目优秀运动员的体重和体成分的观察得来。对运动员来讲，保持适宜体重的方法与普通人一样，即保持能量摄入和消耗的动态平衡，通过日常膳食中能量摄入与日常生活和运动训练中能量消耗保持平衡来达到保持体重的目的。

（三）增加体重

运动员增加体重的方法就是维持能量正平衡，即能量摄入大于消耗。这一过程也是动态的，即运动员的能量摄入和消耗都应增加。由于运动员增加的体重主要是瘦体重而非脂肪，故运动员应进行抗阻力力量训练，而不能仅靠摄入更多蛋白质和高能量食物。食用高能量食物，虽可在短期内增加体重，但增加的主要是脂肪，不能达到运动员增加

瘦体重的目的。运动员体重的增长率及附加肌肉组织的部位，取决于训练计划、性别和遗传因素。运动员在进行适宜的抗阻力力量训练的同时，摄入平衡膳食，在此基础上适当增加能量即可。有的运动员在增加饮食量后感到不适，可改用每日增加两次点心的方法。此外，运动员体重的增加应循序渐进。

第二节　运动员控制体重期的常见医学问题

不论长期控制体重还是快速控制体重，不论保持体重、减轻体重还是增加体重，如果方法不当，会带来诸多医学问题，影响运动能力甚至有损运动员身体健康。

一、快速减体重期的常见医学问题

（一）脱水

脱水是快速减体重期最早出现的医学问题。减体重速度越快，体内水分丢失越多。限制饮食同时限制饮水会加重水分的丢失；如再使用高温或运动发汗，脱水将进一步加重，体内矿物质也随汗液大量丢失。脱水对运动员的损害不仅表现为运动能力降低，影响运动成绩，而且有损身体健康。运动员快速减体重造成血容量减少，致使汗液蒸发量减少，严重时汗腺甚至关闭，使体温调节功能受到严重损害。一般来讲，运动员感到口渴时，体内早已脱水，故运动员必须及时补液才能有效预防脱水。

（二）心血管系统和泌尿系统负担加重

脱水引起血液浓缩导致心血管系统负担加重。体液丢失使血容量减少导致心排血量、每搏输出量、耗氧量都减少，亚极量运动负荷时心率增加及心功能下降。

脱水会引起肾脏负担加重，肾血流量和肾小球滤过率降低，致使尿量减少，并伴有尿钾增加、尿钠减少、尿比重增加、尿渗透压增高、尿 pH 值降低等改变。尿液变化可能与脱水引起的肾缺血有关，但是否会引起肾脏损害，尚不清楚。

（三）体脂、组织蛋白质、矿物质及维生素丢失

研究发现，个别运动员在快速减体重期体脂百分比可由原来的10%减少到5%。

有报道称，人体饥饿期每日的蛋白质丢失量为60g。我国举重运动员减体重期氮平衡实验表明，快速减体重期运动员的蛋白质丢失量为30～56g/d，同时伴有血清白蛋白水平降低，白蛋白/球蛋白比下降。组织蛋白质丢失意味着瘦体重减少。

采用低热量膳食减体重，除能量和蛋白质缺乏外，矿物质和维生素的摄入量也明显减少，仅为正常膳食的1/3或更少。矿物质大量排出，尤以钾盐丢失量最大。运动员减体重期钾、钠、钙等矿物质均为负平衡，表明快速减体重使体内矿物质大量丢失。维生素A、维生素 B_1、维生素 B_2、烟酸和维生素C的摄入量分别只达到供给标准的

11.3%、16.7%、16.0%、16.0%、38.6%。

（四）肌肉和肌糖原储备耗竭

国外研究报道，体重减轻8%时，肌糖原减少48%。快速减体重的第1～2天，由于糖原储备耗竭，加上蛋白质和脂肪分解以及矿物质丢失的联合效应，运动员可出现低血糖及尿酮症状。

二、长期控制体重的医学问题

（一）营养不良

控制体重运动员营养调查的结果表明，运动员采用的控制饮食措施造成能量不足，蛋白质及矿物缺乏，血红蛋白水平低及维生素缺乏。营养不良不仅影响运动能力，而且会妨碍青少年运动员的生长发育，对健康极为不利。

（二）激素代谢异常和月经紊乱

研究表明，控制饮食会影响人体激素水平。其中，长期限制饮食的女运动员月经异常是一个常见的问题。国外资料报道，女子体操运动员月经异常的发生率高达44%，而一般正常人仅为5%。我国优秀女体操运动员月经初潮年龄比城市青少年晚1.0～1.5年，少数运动员甚至发生闭经。其原因可能与体脂水平过低、膳食能量不足、饮食紊乱以及大运动量训练干扰下丘脑－垂体－卵巢功能等有关。但近期研究提出运动应激可能是造成运动员月经异常的主要原因。女运动员的月经失调或闭经是可恢复的。

闭经造成的应激性骨折或骨质疏松不容忽视。雌激素水平降低会使骨质吸收增加，导致骨钙丢失。原因是骨骼中有雌激素受体，雌激素对骨钙有保护和平衡作用。雌激素水平降低的闭经运动员骨密度降低，女运动员月经异常伴雌激素水平低下者，骨密度低于正常静态生活妇女的骨密度。闭经女运动员由于骨质疏松，轻微损伤即可导致骨折。骨折多发部位是脊柱、骨盆和股骨上部。月经正常后，女运动员的骨密度可增加，但已引起的变化不会逆转。月经紊乱应视为由训练不当、膳食不合理造成激素代谢异常的严重结果，会影响女运动员的健康和运动能力。

（三）精神压力和便秘

长期采用低能量膳食和脱水措施使运动员长期处于精神应激状态。运动员感到饥饿和口渴，难以坚持，但考虑到控制体重是事业发展的需要，一般能够自觉限制饮食和饮水，并造成对食物和脂肪的病理性厌恶，严重时可发展为神经性厌食。

食物或液体摄入量过少，胃肠道缺少应有的刺激，容易造成便秘。

第三节　运动员减体重期的营养

有研究表明，每减轻1kg体重约消耗能量29.2MJ（7000kcal）。运动员在快速减体重时，减轻的体重不是脂肪，而是体液和瘦体重。减体重速度越快，脱水程度也越严重，脱水会损害运动员的健康和运动能力。基于此，运动员在减体重期应注意合理营养。

一、确定减体重适宜的量和速度

运动员减体重的量既要满足比赛等实际需要，也应兼顾运动员的健康问题。如运动员每日能量摄入不应过少，一般不应低于6.3MJ（1500kcal）。要根据运动员的体重和运动量等确定其减体重的适宜量。运动员体脂的最低水平为5%～7%（男）和6%～10%（女），运动员体脂低于此水平时，不宜再减体重。研究认为，运动员减体重的速度以每周1kg为宜。为最大限度减少体脂成分，每周减体重不可超过1.5～2.0kg。减体重过快不仅造成脱水和瘦体重丢失，减体重的效果也不牢固。

二、在减体重的同时避免营养不良

除了运动员的能量供应不应低于保证健康的安全水平，运动员在减体重期间还应确保各类营养素供应充足，避免出现营养不良。具体来讲，减体重期间，运动员应摄入低热量但营养素均衡的膳食。可适当增加蛋白质摄入量，使其达到总能量的18%或2g/kg体重。同时，减少食物中的脂肪含量，少吃或不吃奶油、花生米、巧克力、油炸食品等高能量食物。膳食脂肪可减至1.4g/kg体重。此外，还应保证食物中含有充足的矿物质、微量元素和维生素等营养素，必要时可采用专门为运动员研制的减体重期强化食物。

三、少用或不用药物类和非常规措施

少用或不用自我催吐、利尿剂、食欲抑制剂或泻药等。自我催吐会带来不良影响，长期自我催吐会造成习惯性呕吐。药物多有副作用，如利尿剂虽曾被运动员用作快速减体重的药物，但已被国际奥委会列入禁用的兴奋剂，应杜绝使用。其他药物易导致脱水，损害健康和运动能力。

四、运动员快速减体重期的综合措施

在实践中，需要减轻5%～10%体重的运动员常需要在比赛前4～6周就开始采取相应的措施。根据北京体育科研所对102名运动员自控减体重期进行的营养调查结果，依据减体重期摄入能量，减体重期大致划分为六个阶段，每一阶段的原则和措施如下。

第一阶段：准备期（也称平衡膳食期），指比赛前6周，每日摄入能量14.6～16.7

MJ（3500～4000 kcal）。平时运动量较大，减体重和不减体重的运动员能量摄入基本相同。配餐原则：高蛋白质、低脂肪、适宜碳水化合物、高维生素、高矿物质、充足水分。配餐特点：增加碱性食物的摄入，谷类、肉类、蔬菜、水果、豆类、乳制品和水七大类食物缺一不可。

第二阶段：慢性控体重期，赛前2～6周，每日摄入能量10.5～12.5MJ（2500～3000kcal）。配餐原则：不控水，摄入低能量高营养素密度食物（如蔬菜和水果）。

第三阶段：急性减体重期，赛前1～2周至最后称重前3天，每日摄入能量2.1～3.3MJ（500～800kcal）。10％以上的运动员基本处于禁食阶段，摄入能量低于2.1MJ（500kcal）。此阶段，半饥饿或全饥饿会导致代谢性酸中毒，因此是运动员最难控制的阶段，也是体重最后达到比赛要求的关键阶段。配餐原则：增加矿物质和维生素制剂。为了解决运动员难以忍受的饥饿感问题，建议少量多次进食熟花生米、海带、果冻（不含糖）、魔芋食物等以充盈胃，减少饥饿感。此外，还应少量多次补充包含钾在内的矿物质、低聚糖饮料等。

第四阶段：称重后恢复期，不同项目为2～16小时不等。摄入能量从每日2.1MJ（500kcal）逐渐恢复到6.27MJ（1500kcal）。配餐原则：有条件时实施肠外营养支持，同时肠内以碳水化合物半流食为主；无条件时仍以肠内营养为主，可酌情使用胃肠消化药物。该期运动员体能的恢复速度是比赛制胜的关键，也是科研人员可以采取积极措施的时期。

第五阶段：比赛期间，继续称重的项目仍需控制摄入能量。配餐原则：以肠内营养为主，早期以碳水化合物为主，随时间推移逐渐增加蛋白质食物；有条件时增加肠外营养支持；纠正酸中毒和水电解质紊乱。

第六阶段：赛后恢复期。配餐原则：严禁暴饮暴食，逐渐过渡和恢复到平衡膳食，完全肠内营养。

通过以上综合措施可部分改善运动员自控体重期的代谢紊乱。

第四节　运动员增体重期的营养

一些允许合理冲撞（如足球）及大体重级别比赛（如摔跤）项目的运动员常常需要在比赛前适当增加体重。可以通过能量正平衡来增体重，但运动员增体重的目的是增加瘦体重，尤其是肌肉。为此，运动员在增体重期应采取以下措施。

一、通过力量性训练增加瘦体重

一般来讲，能量摄入超过需要时，多余的能量转变成脂肪储存起来。因此通过增加体脂来增加体重容易做到，而增加瘦体重，尤其是肌肉重量则必须通过一段时间相当强度的连续性力量训练，并且对体力应激适应后才能使肌肉增加。采用高能量食物，虽可在短期内增加体重，但增加的主要是体脂。为此，建议在增体重期，制订加强肌肉力量训练的计划，对大肌肉群，如腿、髋、肩、臂、胸等部位的肌肉进行一定强度的力量训练。运动员体重的增长率及肌肉组织增长的部位取决于训练负荷，与运动员的性别、体型及遗传因素亦有一定关系。

二、摄入营养全面、均衡的膳食

运动员进行力量训练时，应摄入含充足能量和营养素的平衡膳食。摄食量可以比平时适当增加，但应定期监测体重和体脂，防止过量。避免食用体积过大的食物，防止胃肠不适。可食用浓缩食品或采取加餐等措施。

三、蛋白质摄入适量

肌肉的增加要通过蛋白质合成来实现，因此蛋白质的摄入量应达到总能量的10％～15％，即1.5g/kg体重。但仅多吃蛋白质或氨基酸对肌肉、肌力或体力的增加是无效的，因为进食高蛋白质食物本身不会增加肌肉。摄入的多余蛋白质会氧化产能，还会转变成脂肪，而且过多的蛋白质代谢产物以尿素、氨和尿酸形式排出，增加肝和肾的负担，对运动员的健康和运动能力有害无益。高蛋白质食物常伴随高脂肪，脂肪摄入过量是心血管疾病的危险因素。高蛋白质饮食后，对碳水化合物的食欲下降，影响适宜的糖原储备，运动员易疲劳。

四、控制体重增长的速度

一般认为，运动员防止体重增长过多的最好办法是控制体重增长速度，以每周增长体重不超过1kg为宜。为此，运动员应根据增长体重的目的，做好增长体重的计划。

第九章　特殊运动员的营养

第一节　女运动员的营养

现代社会，参加各项运动的女性人数越来越多，几乎所有运动项目都设有女子项目。由于女性的生理特点，在营养方面，除需要适宜的训练膳食、充足的糖原储备、个性化的比赛期的膳食安排，女运动员还有特殊的营养需要和健康相关问题，如女运动员三重综合征不仅影响运动能力，而且对运动员的健康造成严重影响。因此，对女运动员的营养问题应给予特别关注。

一、能量摄入不足与营养不良

营养调查发现，某些女运动员摄入的能量尚不能达到同龄女性的能量供给量标准。低能量摄入会导致运动员维生素、矿物质和蛋白质摄入不足，造成营养不良并危及运动员的运动能力和健康，应严格监控和及时纠正。

（一）原因

1. 能量需要量低：某些运动项目如花样滑冰、体操、舞蹈的运动员，由于完成动作需要低体重，常常通过持续摄入低能量膳食来维持低体重。适应后，能量需要量降低。

2. 能量负平衡：运动员为了减少体脂或维持低体脂而节食，这是运动员能量摄入低的主要原因。某些运动员限制能量摄入是为了提高运动成绩，但相当一部分运动员只是把节食当作一种时尚。

女运动员能量摄入低于供给量，虽然不一定像饮食紊乱那样对运动能力有害，但长期低能量摄入可能损害运动员的最大运动能力，甚至导致不良后果，如碳水化合物、蛋白质、维生素和矿物质摄入不足，增加运动性损伤和患病的风险。

女运动员能量摄入不足的常见表现：对体重或体成分组成表现忧虑，甚至在本项目的适宜体重期仍然为之担心；耐力、爆发力等运动能力下降；闭经或月经过少；体重持续缓慢下降；经常生病；不吃膳食脂肪等。

（二）干预措施

1. 确定女运动员限制能量摄入的原因：由于限制能量摄入可能是神经性厌食和其他饮食紊乱的症状，因此，首先应确定运动员限制能量摄入的原因，排除神经性厌食和其他原因引起的饮食紊乱。

2. 记录膳食摄入情况：在确定了女运动员能量摄入不足的确切原因后，要求女运动员记录膳食摄入情况是增加膳食摄入量的有效措施。如果增加能量摄入，运动成绩得以改善，女运动员就容易接受。对于不愿增加膳食摄入的女运动员，可以适当使用营养补充剂。

二、铁缺乏与缺铁性贫血

对于女运动员，铁缺乏一直是一个备受关注、与身体健康和运动能力密切相关的问题。女运动员由于月经丢失铁，加上不良的饮食习惯，铁储备常处于低水平状态。铁储备低会增加发生贫血的风险并影响运动能力。许多国家的膳食调查结果显示，女运动员铁摄入量低于供给量标准。女运动员的铁营养状态不仅与运动能力有关，也与认知能力有关。

（一）原因

1. 膳食铁摄入不足：动物性食物是铁的良好来源，其中的铁主要是血红素铁，比植物性食物来源的铁更易于吸收。在发展中国家和经济落后地区，铁缺乏的一个重要原因是肉类和富含维生素 C 的食物摄入量少。在发达国家和经济良好地区，随着静态生活方式的增加，食物摄入量显著下降，铁的摄入量也随之减少。

2. 铁的生物利用率低：生物利用率是影响铁吸收的主要因素。铁的生物利用率与下列因素有关：①铁的存在形式（血红素铁或非血红素铁）；②是否存在促进因子（如肉类蛋白质、维生素 C）和抑制因子（鞣酸、植酸盐、草酸盐）；③铁营养水平，体内铁含量越少，由肠道吸收的铁越多。

3. 女性的特殊生理特点：中等量月经的女运动员每天丢失铁 0.4～0.5mg，加上每天的基础丢失量 0.8mg，如果每天吸收 1.3mg 铁，50％的女运动员可以维持体内的铁平衡；如果每天吸收 2.8mg 铁，95％的女运动员可以维持铁平衡。

此外，病理性出血、消化不良、抗酸剂也可干扰铁吸收。

女运动员铁缺乏表现为血红蛋白降低、易疲劳、运动能力下降、体温调节功能受损、注意力下降、认知能力下降、指甲和趾甲薄脆、皮肤和黏膜苍白等。

（二）干预措施

早期检测和营养教育是预防铁缺乏的重要措施。女运动员最好每年筛查一次，以便及早发现铁缺乏，重点应放在铁缺乏高危人群，如长期节食者，月经期长、量多者，运动训练量大的耐力性项目运动员和素食运动员。

对于已经出现缺铁性贫血的女运动员，单纯通过膳食补充很难治愈，所以缺铁性贫血的女运动员需要进行补铁治疗。值得注意的是，由于大剂量的铁可能引起中毒，补充应在医生严格的监督下进行。铁中毒时会出现恶心、便秘、胃肠功能紊乱、肝组织中铁沉着，严重时可发生肝硬化。预防性补铁应采用小剂量，每日 0.1～0.3g，时间不超过 3 个月。

三、钙缺乏

（一）原因

1. 钙摄入量不足：控制体重和闭经的女运动员约有 1/3 存在钙摄入量不足的问题。原因除了某些运动员限制能量摄入、选择食物不当，还有对脂肪和能量的消极认识、不吃乳制品。

2. 钙丢失量大：运动可增加钙丢失。运动员在运动训练和比赛中从汗液中丢失大量的钙（300～500mg/d）。

长期钙摄入不足可导致骨密度下降、骨质疏松和应激性骨折。闭经的女运动员更容易发生应激性骨折。目前女运动员闭经的机制尚不完全清楚。大运动量训练引起的雌激素水平下降和骨丢失，仅靠补钙是不能逆转的。但研究显示，并不是所有竞技运动员都有发生骨丢失/骨量减少的风险。高强度运动也可以增加骨密度，即使是闭经的女运动员。

（二）干预措施

通过营养教育，调整膳食结构，增加乳制品的摄入量，是改善女运动员钙营养状况的有效方法。但应注意钙的最高摄入量每日不应超过 2000mg。

四、女运动员三重综合征

女运动员三重综合征是指女运动员容易发生的饮食紊乱、闭经和骨质疏松或骨量减少。女运动员三重综合征不仅影响运动能力，而且严重影响女运动员健康。

（一）饮食紊乱

饮食紊乱是指进食无规律，进食行为异常，甚至出现神经性厌食或神经性贪食。大多数女运动员饮食紊乱的程度较轻，未达到神经性厌食的程度。据美国运动医学会报道，所有女运动员都有发生三重综合征的风险，参加强调低体重项目的女运动员风险最大。这些项目包括强调瘦体型与运动能力有关的项目（如长跑和游泳），按体重分级比赛的项目（如划船、柔道和举重），以及体型影响主观印象分的项目（如体操、跳水和花样滑冰）。个人项目运动员发生饮食紊乱的风险比团体项目运动员高。

饮食紊乱损害运动和工作能力，增加受伤的风险，减少能量摄入，导致水电解质紊乱，使耐力、力量、反应时、速度等素质下降，注意力不集中。限制食物摄入和催吐可导致月经失调、不可逆骨丢失及严重的心理和医学问题。

（二）闭经

闭经指1年内只有1次或不到1次月经。饮食紊乱引起急性体重下降和明显的体重波动（如减4.5kg，又反弹4.5kg）可导致闭经。女运动员出现月经紊乱，包括月经周期异常、不排卵和闭经的频率高于普通人群。研究显示，一些女运动员闭经发生率为3.4%～6.6%，明显高于普通人群（2%～5%）。据估计，10%～20%参加剧烈运动的女性、40%～50%优秀跑步女运动员和职业芭蕾舞女演员会出现闭经。

与运动有关的闭经的病理生理很复杂，与体重丢失、低体脂、身心压力有关。运动强度大、压力大者发生闭经的多。有些闭经的女运动员休息一段时间后，月经恢复正常，而体重和体脂并没有增加，表明闭经不是单纯由低体重或低体脂引起的。开始训练的年龄小（月经初潮前开始训练者）、训练量大、能量摄入低和低体重易导致闭经或月经过少。

（三）骨质疏松/骨量减少

骨质疏松指骨形成不足，原发性骨丢失，导致骨密度下降，增加骨折的风险。闭经的妇女，无论是否为运动员，其椎骨骨矿物质密度（bone mineral density，BMD）均低于健康人。最近的研究也表明闭经或月经紊乱的运动员股骨颈BMD较低。

研究显示，并不是所有竞技运动员都有发生骨质疏松/骨量减少的风险。高强度运动也可以增加BMD，即使是闭经的女运动员。Robinson等对闭经或月经过少的体操和跑步运动员的BMD进行比较研究，发现体操运动员股骨颈、腰椎和全身骨量都高于正常对照，而跑步运动员低于正常对照和体操运动员。这表明体操训练过程中增加负荷和肌肉收缩，对骨形成有益，可对抗闭经或月经过少引起的骨吸收。肌肉力量和瘦体重与腰椎、股骨颈和全身BMD正相关。

（四）干预措施

饮食紊乱重在预防。详细全面地了解女运动员的膳食习惯、月经周期和任何应激性骨折史，向运动员、教练、家属等了解女运动员的不良饮食习惯、过度训练情况和月经周期紊乱情况，以便及早发现问题、解决问题。女运动员对运动、体重和体形应有正确健康的认识。

闭经和骨量减少的运动员，宜减轻运动强度，或使体重增加2%～3%，每日摄入钙1200～1500mg。每天喝3杯牛奶或服用钙制剂以增加钙的摄入量，通过抗阻力量训练增加肌肉重量和力量，改善骨骼，增强应力，防止软组织损伤。不愿改变膳食或运动方式的人，可用雌激素替代疗法（estrogen replacement therapy，ERT）。

第二节　青少年运动员的营养

本节主要介绍18周岁以下的青少年运动员的营养及其相关问题。生长发育是青少年运动员的生理特点。与成人运动员不同的是，青少年运动员摄入的能量和营养素，除了满足基础代谢、日常活动和运动训练的需要，还要满足生长发育的需要。由于要进行一定负荷的运动训练，青少年运动员在营养需要上与一般青少年有所不同。合理营养可保证青少年运动员正常的生长发育和运动训练，有利于提高运动能力；营养不良则会影响其身心健康，有损运动能力。

一、青少年运动员的营养特点

1. 青少年运动员处于生长发育阶段，摄入的营养素不仅要满足基础代谢、日常活动和运动训练的需要，还要保证生长发育的需要。因此，相对于单位体重，青少年运动员对能量和各种营养素的需要均高于成人运动员。

2. 不同性别的青少年运动员在不同时期生长发育的速度不同，在青春期生长发育速度最快，因此营养的供给必须考虑性别和年龄因素，做出相应的调整。

3. 青少年运动员的生长发育和代谢状况存在个体差异，且运动项目不同，营养需要也不同。在实际工作中，要因人而异地考虑能量和营养素的供给，不可“一刀切”。

4. 青少年运动员的消化系统、泌尿系统和神经系统的功能随年龄增长而逐渐完善，与成人运动员有所不同。故在膳食结构、烹调加工和餐次安排上要考虑这些生理特点。

5. 由于生长发育迅速和生理功能尚待完善，青少年运动员在营养物质的吸收、储备、排泄和代谢调节等方面的能力都较成人运动员差，在膳食安排上稍有疏忽就会引起一些营养问题，甚至导致营养缺乏病。

二、青少年运动员的营养需要

（一）能量

成人运动员的能量消耗包括基础代谢、食物热效应和日常活动及运动训练三方面，而青少年运动员生长发育还需要消耗能量。一般来讲，生长发育所消耗的能量占总能耗的比例随年龄增长而下降，其中9～17岁占总能耗的1%～2%。由于消化吸收功能不健全，青少年运动员摄入的食物中有部分蛋白质和脂肪不能被消化吸收而从肠道排出。这部分从消化道丢失的食物能量约占总能量的10%。因此，青少年运动员单位体重的能量需要量高于成人运动员。

青少年运动员理想的供能比：碳水化合物50%～60%，脂肪25%～30%，蛋白质14%～16%。在实际工作中，可利用身高别体重、年龄别体重来监测和评价青少年运动员的能量营养状况。

目前国内外还缺乏不同项目、不同年龄、不同性别青少年运动员能量消耗量的标准数据。在实际工作中，可酌情根据青少年运动员的运动强度和运动时间，参照重体力活动的普通青少年和成人运动员的能量推荐量，评价青少年运动员的能量摄入状况。一般认为，如果每天训练 2～4 小时，能量应比非运动训练或轻体力活动青少年多摄入 1.225～3.765MJ（300～900kcal）。

（二）蛋白质

蛋白质是机体组织细胞的构成成分，骨骼、肌肉、内脏等组织器官的生长均需要蛋白质。一部分蛋白质还为体力活动和运动训练提供能量。青少年运动员的蛋白质需要量高于一般同龄人。因其正处于生长发育阶段，按单位体重计算，蛋白质需要量也高于成人运动员。

我国目前还没有青少年运动员蛋白质供给量标准，可参照一般青少年蛋白质的推荐供给量。青少年运动员蛋白质供给量可在一般同龄人蛋白质供给量的基础上增加 10～20g。我国建议成人运动员蛋白质摄入量占总能量的比例：力量性项目者为 15%～18%，其他项目者为 12%～15%。由于青少年运动员的体力活动水平高于一般青少年，陈吉棣建议，7～11 岁的青少年运动员蛋白质供给量为每日 3g/kg，占总能量的 14%～18%；12～17 岁的青少年运动员蛋白质供给量为每日 2g/kg，占总能量的 14%～16%。青少年运动员摄入的优质蛋白质应占摄入的总蛋白质的 30%以上。

（三）脂肪

在青春期前，男、女性的生长发育速度基本保持一致，发育曲线比较平稳。青春期时，男、女性进入生长发育的第二个突增期，生长发育速度明显加快，而且男性骨骼和肌肉的发育速度快于女性，能量需要量也达到高峰，食物摄入量明显增加，但脂肪占总能量的比例下降。2～7 岁者膳食脂肪占总能量的 30%～35%，7～17 岁者减少到 25%～30%。

脂肪中的多不饱和脂肪酸（亚油酸和 α－亚麻酸）为机体不能合成的必需脂肪酸，在维持细胞膜功能、基因表达、心血管疾病防治和生长发育等方面有重要作用，但因结构不稳定，容易发生过氧化反应。单不饱和脂肪酸（油酸）具有与多不饱和脂肪酸相同的预防心血管疾病功效，但结构较稳定。因此，青少年运动员应多摄入含必需脂肪酸和单不饱和脂肪酸较多的植物油（棕榈油、椰子油等除外），少摄入含饱和脂肪酸较多的动物脂肪。

此外，$n-6$ 脂肪酸有促进生长发育的作用。$n-3$ 脂肪酸对维持脑、视网膜、皮肤和肾的正常功能具有重要意义，缺乏时可影响视力和学习能力等。因此，青少年运动员在摄入脂肪时应按适宜的比例摄入这两类多不饱和脂肪酸。

我国成人运动员脂肪的推荐摄入量为总能量的 25%～30%，游泳和冰上运动项目运动员可增加到 35%。饱和脂肪酸∶单不饱和脂肪酸∶多不饱和脂肪酸为 1∶1∶（1.0～1.5）。我国目前还未制定青少年运动员脂肪供给量标准，在实际工作中，可参考一般青少年和成人运动员的脂肪推荐摄入量进行膳食安排和评价。

（四）碳水化合物

供能是碳水化合物的主要功能，此外，碳水化合物还以糖脂、糖蛋白的形式发挥作用。碳水化合物中的膳食纤维对刺激肠蠕动和排便、预防便秘和结肠癌有重要作用。青少年运动员经常进行训练比赛，保持体内充足的糖原储备十分必要，因此应摄入碳水化合物含量丰富的食物，如谷类和薯类食品。

一般青少年碳水化合物供能应占总能量的50%～65%，因青少年运动员运动训练消耗较多能量，应适当增加碳水化合物的供能比，碳水化合物占总能量的60%～65%比较合适。

（五）维生素

1. 维生素A：维生素A可维持正常视觉，还参与细胞的增殖与分化，促进生长发育。我国建议青少年运动员维生素A供给量：7～11岁，每天1200μgRAE/d；12～18岁，每天1500μgRAE/d。研究表明，维生素A原毒性极低，青少年运动员可选择富含类胡萝卜素的深色蔬菜和水果来补充维生素A。

2. B族维生素：维生素B_1、维生素B_2和烟酸与能量代谢和运动能力关系密切，能量消耗越多，其需要量就越大。青少年运动员能量消耗要比一般青少年大，再加上生长发育对B族维生素的需要量也大，所以应增加B族维生素的摄入量。我国一些学者推荐青少年运动员维生素B_1和维生素B_2供给量为1mg/4.184MJ（1000kcal），高于一般青少年的0.41～0.55mg/4.184MJ（1000kcal）；叶酸的供给量为10mg/4.184MJ（1000kcal）。

3. 维生素C：维生素C参与机体内多种物质的羟化代谢过程，与生长发育和组织修复有关。另外，运动训练导致机体氧化作用增强，自由基产生增多，致使抗氧化剂维生素C的消耗也增加。因此，青少年运动员维生素C供给量应适当增加。我国学者建议青少年运动员维生素C供给量为35～40mg/4.184MJ（1000kcal）。

4. 维生素D：维生素D调节钙磷代谢，维持血钙水平稳定，在促进骨骼和牙齿的发育中起重要作用。由于生长发育和运动训练，青少年运动员骨代谢较快，维生素D的需要量较大。青少年运动员维生素D供给量不应低于10μg/d。

5. 维生素E：鉴于维生素E的抗氧化作用，青少年运动员维生素E供给量应高于一般青少年。

（六）矿物质

1. 常量元素：由于运动训练，青少年运动员的出汗量比一般青少年多。汗液中含有钾、钠、钙和镁等矿物质，大量出汗可造成矿物质丢失。在夏季训练中，青少年运动员每日出汗量为1～2L。冬季训练也有一定的出汗量。虽然青少年运动员的出汗总量比成人运动员少，但其出汗率和单位体表面积的出汗量却高于成人运动员。由于青少年运动员的体温调节能力较差，高温大量出汗时易发生中暑等，因此要及时补充矿物质和水分。

青少年运动员的骨骼生长迅速，骨骼增长高峰期女性为 10～14 岁，男性为12～16 岁，18 岁以后增长速度减慢。故青少年运动员的钙需要量大。我国青少年钙摄入量较低，主要原因是乳制品摄入较少。青少年运动员应增加乳制品的摄入量。

2. 微量元素：运动训练使锌、铜、铁、硒等微量元素从汗液中丢失增加，吸收率下降，代谢周转加快，加之生长发育的需要，青少年运动员对锌、铜、铁、硒的需要量增加。通过营养补充剂补充锌、铜、铁、硒等微量元素时，要注意避免摄入过量，引起副作用。

青少年运动员的贫血发生率较高，主要原因是缺铁。青少年运动员生长发育速度快，瘦体重和血容量的增加，使其对铁的需要量增加。女性月经失血可损失一定量的铁，运动中大量出汗也可损失铁。青少年运动员膳食铁吸收率在训练期为 8.8%，明显低于停训期的 11.9%。轻度缺铁性贫血可影响青少年运动员的运动能力和身体健康。

三、青少年运动员的营养措施

（一）科学配餐

青少年运动员一日食物建议量见表 9-1，在具体使用时应根据运动员年龄、体重、运动项目、训练量及训练季节调整。改进烹饪技术，减少烹调用油，增加主、副食的品种。

表 9-1　青少年运动员一日食物建议量（g）

食物	早餐		中餐		晚餐	
	男	女	男	女	男	女
谷类及其制品	100	90	120	100	90	90
薯类	20	—	30	25	30	25
蔬菜	80	80	150	100	150	100
水果	80	80	150	150	150	150
畜肉	30	25	60	50	20	20
禽肉	—	—	—	—	40	30
水产品	—	—	80	60	80	60
蛋类	50	50	25	25	25	25
乳类及其制品	200	200	100	100	100	100
豆类及其制品	—	—	20	10	20	10
食用油	7	5	20	18	20	18

注：男运动员能量供给量为 3000～3200kcal/d，女运动员能量供给量为 2700～3000kcal/d。蛋白质供能比约为 14%，脂肪供能比约为 30%，碳水化合物供能比约为 56%。早、中、晚餐供能比比例：30%、40%、30%（一般运动员上午学习，下午训练）。

（二）营养教育

应对青少年运动员进行合理的营养教育，必要时采用必选食物和可选食物相结合的进餐制，要求青少年运动员必须先吃完规定的食物后，才能选择其他食物。青少年运动员肝糖原储备不多，体内碳水化合物相对少，参加运动训练容易饥饿。若吃得过多，又会加重胃肠负担。可适当增加餐次，运动训练休息时增加一次点心。在炎热天气或大运动量训练时，及时补充水分、矿物质和糖。补液时遵循少量多次的原则。

（三）合理使用营养补充剂

除了合理的营养措施，在特殊情况下，有必要补充某些营养补充剂，如复合维生素制剂、矿物质或矿物质缓释制剂、含有矿物质的饮料、维生素或矿物盐强化食物、运动饮料等。

第三节　素食运动员的营养

素食是人类在发展过程中逐渐形成的一种饮食习惯，指膳食中长期只含植物性食物或膳食中严格限制某种或全部动物性食物的一种膳食模式。随着人们对健康的关注，许多人为了健康而吃素。有的运动员也希望通过素食来提高训练和运动成绩。到目前为止，素食对运动能力的影响仍不清楚。素食运动员如果不注意食物的选择，可能出现营养素缺乏问题，并因此而损害运动能力。

一、素食者的定义及类型

（一）素食者的定义

有的人只是将素食作为饮食的一部分，而有的人终生保持素食；有的人因喜欢素食的独特风味与花色品种而定期吃素，或者为了改变口味而偶尔吃素；有的人则因生活环境，或受宗教、信仰、伦理的影响而成为素食者。

广义上讲，素食者不吃肉、禽和鱼等动物性食物，而将植物性食物如谷类、豆类、坚果、蔬菜和水果作为膳食的基本内容。实际上，许多素食者也吃乳类食物和蛋类食物，有的素食者偶尔也吃鱼肉和禽肉。如今的素食者只有很少一部分完全不吃动物性食物。

（二）素食者的类型

1. 严格素食者：又称绝对素食者，不食用任何动物性食物（包括畜肉、禽肉、水产品、蛋类和乳类），也不食用动物性食物加工制品（如用猪油炒的饭、加奶油或鸡蛋烹制的食物）。

2. 半素食者：大多数情况下吃素，偶尔吃畜肉、禽肉、水产品。吃一些动物性食物而不是所有动物性食物。

3. 乳-蛋素食者：吃蛋类食物和乳类食物，但不吃畜肉、禽肉、水产品。

4. 乳素食者：不吃畜肉、禽肉、水产品、蛋类食物，但吃乳类食物。

5. 蛋素食者：不吃畜肉、禽肉、水产品、乳类食物，但吃蛋类食物。

6. 白肌素食者：只吃水产品、禽肉等白肉和植物性食物，不吃畜肉等红肉。

7. 果素食者：膳食主要由鲜果或干果、坚果、蜂蜜和植物油等组成。

二、素食对机体的影响

（一）素食的健康效应

研究表明，素食并不比混合膳食更有益健康，但素食可以降低某些疾病的风险。一般素食者心脏病、高血压、2 型糖尿病、肥胖和某些癌症的患病率低于非素食者，而且素食者患肾结石、胆结石及乳腺癌的风险也较低。主要原因：①素食中脂肪和饱和脂肪酸含量低，且植物性食物中的少量脂肪通常是不饱和脂肪酸；②植物性食物不含胆固醇，因此，素食者的血脂（甘油三酯和胆固醇）通常比非素食者低，有助于预防冠心病；③植物性食物含有大量膳食纤维和植物化学物；④如果食物选择适当，素食可以提供丰富的营养素，因此，素食可以作为减体重者的有效膳食。

值得注意的是，非素食者如果因追求健康想变为素食者，首先应了解素食的特点，然后再循序渐进地逐步过渡到素食。素食与非素食膳食的主要区别在于素食饱和脂肪酸和胆固醇含量低。非素食者可以通过选择低脂和低胆固醇的动物性食物获得与素食相似的健康效应，同时还可以保证优质蛋白质的摄入。

（二）素食对运动员健康的影响

素食与乳腺癌、子宫内膜癌和前列腺癌发病率低有关。但素食者血浆雌激素水平低，尿雌激素排泄增加，可造成月经失调，损害骨健康。研究发现，出现闭经的女运动员大多数是素食者，女运动员发生闭经会影响骨骼健康。

女运动员闭经和骨骼健康的研究结果表明，闭经的跑步运动员腰椎 BMD 显著降低。出现闭经的女运动员平均年龄为 25 岁，但其平均 BMD 却相当于 51 岁的老年人。运动性闭经与 BMD 的关系很清楚，但有关素食对其影响的资料却有限。素食运动员应定期检查 BMD，适当补钙，以防止低雌激素水平对骨骼的潜在损害。

素食不是女运动员三重综合征的危险因素。但如果女运动员闭经是由素食饮食方式引起的，就有可能成为其危险因素。

（三）素食对运动能力的影响

素食对体力和运动能力的影响研究较少，最近的研究表明，素食者的有氧运动能力和无氧运动能力均与非素食者没有差别。进食水果素食 2 周后，长跑的能力既无改善也无损害，乳素食对运动员的耐力也无负面影响。

有报道称，非运动员、耐力性项目女运动员的运动性贫血和耐力性项目男运动员睾酮水平降低与素食有关。素食中肌酸含量低，可能对运动能力的发挥有一定影响。但如果素食中含有充足的营养素，运动能力不会因此而受影响。

素食通常含有较多碳水化合物，这对耐力性项目运动员很重要。碳水化合物有利于体内糖原储备的恢复。

三、素食运动员常见的营养问题及改善措施

素食虽然有益健康，但由于素食的特点，如果安排不合理，容易出现能量、蛋白质、矿物质和维生素缺乏等营养问题。

（一）能量

素食者出现能量缺乏的情况较少，但由于植物性食物能量密度较低，素食者摄入的能量可能不足以维持适宜的体重，不能满足运动训练的能量需要。对此，解决办法是多选用能量密度较高的食物，如坚果、豆类、玉米、马铃薯、葡萄干、小麦制品等。这些食物可作为主食或点心。

（二）蛋白质

乳－蛋素食者和蛋素食者能摄入高质量的优质蛋白质，一般不会出现蛋白质缺乏。素食运动员所摄取的蛋白质的质量可能会导致其出现蛋白质缺乏问题。蛋白质分为完全蛋白质和不完全蛋白质两种。通常动物性食物含完全蛋白质，而植物性食物多含不完全蛋白质。严格素食者仅从谷类、豆类、坚果和植物种子、水果和蔬菜等植物性食物中获取蛋白质，必需氨基酸的种类和数量不能满足机体需要，因此蛋白质缺乏在严格素食运动员中容易发生。应补充大豆及其制品，同时充分发挥蛋白质的互补作用。谷类和豆类是常用的两类植物性食物，小麦、玉米、大米、小米等谷类与大豆、蚕豆、豌豆、绿豆、小红豆等豆类具有蛋白质互补作用。通过适当选择蛋白质互补的食物，素食者可以获得数量充足、比例适当的必需氨基酸。

因为植物性食物蛋白质质量较差，素食运动员应适量增加蛋白质摄入量，每日1.2～2.0g/kg蛋白质基本可以满足素食运动员日常生活和运动训练的需要。

（三）维生素

维生素B_{12}缺乏可出现感觉异常（手足麻木和针刺感）、虚弱、疲劳、方位感丧失以及一系列精神症状，如迷惑、沮丧和记忆丧失。烟、酒和某些药物如抗酸剂、新霉素、秋水仙碱也可引起维生素B_{12}吸收障碍。素食者易缺乏维生素B_{12}，尤其是仅吃植物性食物的严格素食者，因为植物性食物中维生素B_{12}含量较少。乳类和蛋类富含维生素B_{12}，因此乳－蛋素食者很少出现维生素B_{12}缺乏。严格素食者应多食用含有维生素B_{12}的豆制品或补充维生素B_{12}。

室内训练、日照较少的素食者还需要补充维生素D。

（四）矿物质

素食者容易缺乏的矿物质为铁、钙、锌。植物性食物中的植酸盐和草酸盐与铁、钙、锌结合形成不溶性物质，影响其吸收。膳食纤维和鞣酸也影响铁、钙、锌的吸收利用。

1. 钙：与乳素食者相比，严格素食者钙缺乏的风险更大。严格素食者也较易缺乏维生素 D，进一步影响钙的吸收和利用。不食用乳类的素食者应增加含钙丰富食物的摄入，如豆制品的摄入，或选择钙强化食物，如钙强化面包、早餐粥和点心等。乳类食物是钙的良好来源，非严格素食者应尽量选用。

2. 铁：由于动物性食物是铁的良好来源，且较易吸收，因此不吃畜肉的素食者很容易发生铁缺乏。乳－蛋素食者也存在铁缺乏的风险，因为乳类食物属于贫铁食物，蛋类食物含铁虽然丰富，但蛋黄中的卵黄磷干扰铁的吸收，使蛋类食物铁的吸收率较低，仅为 3%。调查表明，男性素食者和非素食者的膳食铁摄入量大致相同，而女性素食者的铁摄入量显著低于非素食者。素食运动员，尤其是素食女运动员铁缺乏和缺铁性贫血发生率较高。因此，素食者应摄入豆类、菌藻类、绿叶蔬菜以及铁强化的谷类。干果类也可为素食者提供铁。另外，用铁制炊具烹制食物时，铁可以从炊具中少量溶出，增加膳食铁含量。

3. 锌：锌的良好来源是水产品、动物内脏和瘦肉，因此素食者的锌营养状况应受到关注。许多素食者膳食锌主要来源于谷类食物，锌的生物利用率较低。此外，运动增加锌的丢失。研究证实，素食者的锌营养状况处于较低水平，锌缺乏发生率较高。素食运动员应多选用坚果、豆类和全谷类等含锌量较高的食物。

四、素食运动员的膳食指南

素食运动员在膳食方面的优势：碳水化合物摄入较多，碳水化合物供能比较高。而运动员，尤其是耐力性项目运动员需要摄入较多碳水化合物，以保证体内的糖原储备。因此，增加膳食碳水化合物对运动员耐力有益。

如果运动员选择素食，首先必须了解素食的不足与局限性，保证满足营养需要，防止因营养素缺乏而影响运动能力。通常情况下，不主张运动员采用严格的素食，除非他们以前曾经是严格素食者。尤其不鼓励处于生长发育期的青少年运动员采用严格的素食，因为严格素食可能抑制青少年的生长发育，限制其运动能力的发挥。

无论采用何种素食，运动员都应合理选择食物，保证能量和铁、钙、维生素 B_{12} 的摄入。表 9−2 是素食者的每日膳食指南，素食运动员可在此基础上调整摄入量以满足能量和营养素需要。

表 9-2　素食者的每日膳食指南

食物种类	需要量	食物举例	意义和作用
谷类	≥480g/d	大麦、小麦、燕麦、黑麦、麦片、全麦面包、面条、通心面、馒头，玉米、玉米饼、窝窝头，大米、小米、黑米、香米，淀粉、土豆、红薯等	蛋白质、B 族维生素和能量的良好来源
豆类及其制品	≥240g/d	大豆、豆腐、豆腐干、腐竹、豆腐皮、豆浆，蚕豆、绿豆、豇豆、豌豆	蛋白质、烟酸、铁、能量的良好来源，可与肉类等量交换
坚果、植物种子	≥60g/d	杏仁、核桃、花生、松仁、葵花籽、南瓜子、西瓜子	良好的零食是能量、蛋白质、烟酸和铁的良好来源，可与脂肪等量交换
蔬菜	≥480g/d	黄瓜、西红柿、大白菜、白萝卜、茄子、芦笋、花椰菜，菠菜、油菜、豌豆苗、胡萝卜、土豆、南瓜、莴苣	维生素和矿物质的良好来源
水果	≥360g/d（鲜果）	苹果、香蕉、桃、梨、葡萄、菠萝，橙子、橘子、柚子、蕉柑及其果汁、草莓、柠檬汁，杏干、梅干、枣椰子干、干无花果、桃脯、葡萄干、李子汁	维生素和矿物质的良好来源

第十章　特殊环境下的运动营养

处于高温、低温和高原缺氧等特殊环境时，人体的代谢功能会发生变化，如果不及时采取相应的营养措施提高机体的免疫力，人体健康会受到损害。

习服（acclimatization）即气候环境适应，包括热习服、冷习服、高原习服等。习服能力又称为适应环境能力。改善处于不利环境下人群的营养状况，可增加其习服能力。

研究高温、低温和高原缺氧等特殊环境下的运动营养问题，具有重要意义，能够减轻或避免不利环境因素对运动员健康和运动能力的影响。

第一节　高温环境下的运动营养

高温环境一般指 35℃以上的生活环境或 32℃以上的工作环境，相对湿度大于 80%、温度大于 30℃的环境亦可视为高温环境。

高温环境可引起人体代谢和生理功能发生一系列变化，如机体代谢增强、体内蓄热、体温升高、中枢神经系统兴奋性降低等。大量出汗丢失大量水分、氨基酸、含氮物质、维生素和矿物质等营养物质，加上食欲不振和消化功能减退又限制了营养素的摄入，如果长期在高温环境下运动训练而又得不到及时的营养补充，势必影响机体的营养状况，降低耐热及运动能力，甚至影响运动员健康。

一、高温对机体的影响

运动训练时，剧烈的肌肉活动使机体产热增加、体温升高。而在高温环境下运动训练，由于高温环境的作用，机体散热效率下降，同时机体还接受来自外界的热，当体温升高到一定程度时，机体发生一系列热应激反应。

（一）体温调节系统

人体在中枢神经系统和内分泌系统的调控下，通过心血管系统、皮肤、汗腺和内脏等组织器官的协调作用，维持机体产热和散热的动态平衡，使体温保持恒定。

机体的散热方式有多种。当外界温度低于体温时，机体有辐射、传导和对流三种散热方式；当外界温度等于或高于体温时，散热方式只有蒸发，即以出汗的形式散热，在此过程中，机体会不同程度丢失水分。每蒸发 1L 汗水，可消耗 2.4MJ（575kcal）热量。机体的产热和散热过程受下丘脑体温调节中枢和外周温度感受器的调控，引起代谢变化的各种神经体液因素也可对体温调控过程产生影响。

炎热的外界环境可刺激皮肤温度感受器，通过神经冲动将信号传到下丘脑体温调节中枢；同时，外来热和肌肉活动产生的内热使血液升温，通过血液循环直接加热视前区－下丘脑前区的中枢温度感受器，导致散热中枢兴奋，引起心排血量增加，内脏血管收缩，皮肤血管扩张，汗腺活动增强，出汗增多，散热增强。同时产热中枢受到抑制而减少产热，最终使体温维持在正常范围。但是，如果机体产热和接受外来热超过机体的散热能力和空气的冷却力，就会导致体内热蓄积，体温升高。

（二）心血管系统

高温环境下机体会出现心率增加和血压降低等一系列反应。在高温环境下皮肤血管扩张，血流量增加，末梢血管阻力降低 5%～7%。因此在高温环境下心血管系统功能适应性增强。

在高温环境下运动训练，心排血量增加，以适应机体散热增加和供氧增加的需要。体温每升高 0.9℃，心排血量增加 60%。心排血量的增加主要靠增加心搏次数来实现。高强度运动时，心率可达 180～200 次/分钟。高温环境下安静时，皮肤血管舒张，末梢血管紧张度下降，血压略有降低。高温环境下运动训练时，大强度运动产热超过高温环境对机体的热作用，则收缩压升高，舒张压变化不大，脉差增大。如果此时心率和收缩压过度升高，或收缩压过度下降，则表明机体对热不适应。

（三）免疫系统

免疫系统对高温的反应具有明显的时相性，在热应激状态下机体的免疫功能先有一短暂的反应性增强，随后出现免疫抑制。长时间暴露于高温环境可引起血清 IgG、IgA、IgM 等免疫球蛋白含量下降。

（四）消化系统

1. 消化液分泌减少：高温环境下运动训练时体内血液重新分配，皮肤血管扩张，腹腔内血管收缩，可出现消化液（包括唾液、胃液、胰液、肠液等）分泌减少，食物消化过程所需的胃酸、蛋白酶、淀粉酶、胆汁酸等相应减少，致使消化功能减退。

2. 胃酸减少：胃酸的氯离子来自血液。高温环境下运动训练时，由于大量出汗引起氯化钠大量丢失，从而影响胃酸的生成。胃液酸度降低可影响胃肠道的消化功能，出现食欲不振、消化不良以及其他胃肠不适症状。

3. 胃排空加速：高温环境中，胃的排空加速，致使胃中的食物尚未完全消化就进入十二指肠，影响营养物质的吸收。

4. 食欲不振：高温环境下，除消化液分泌减少外，体温调节中枢兴奋引起饮水中枢兴奋，而后者对摄食中枢有抑制作用。

在高温环境下运动训练，乳酸产生较多，可抑制胃肠道蠕动。同时大量出汗，造成脱水，引起口渴感，造成饮水中枢兴奋，也可抑制摄食中枢。大量饮水可稀释胃液，也可降低食欲和消化功能。在运动前、中、后少量多次补液，既可保持体液平衡又不加重胃肠负担，既可避免饮水中枢兴奋又可防止大量饮水稀释胃液，从而保持正常的食欲和消化功能。

（五）泌尿系统

肾在机体水盐代谢和酸碱平衡中起重要作用。在高温环境下运动训练，机体大量出汗以蒸发散热，此时机体急需保留体内水分和调节电解质平衡。在抗利尿激素和醛固酮等激素作用下，肾减少水分和电解质的排出。在高温环境下运动训练，乳酸等酸性代谢产物增多，肾排出酸性物质和重吸收 Na^+ 及 HCO_3^- 的作用增强。应该注意，由于大量出汗导致循环血量以及肾血流量减少，可造成肾缺氧，严重时引起肾损害。

（六）呼吸系统

热应激时，机体为了加强气体交换和蒸发散热，出现呼吸频率加快、肺通气量增多的现象。

（七）神经系统

在高温环境下运动训练，中枢神经系统出现先兴奋后抑制的现象。如果抑制作用占优势，可出现注意力不集中、神经肌肉兴奋性降低、肌肉活功能力减弱、动作反应迟缓、动作的准确性和协调性降低等，易导致运动损伤。

（八）骨骼肌系统

高温环境可引起骨骼肌收缩力下降。骨骼肌中含有较多水分，高温环境下运动训练导致骨骼肌细胞大量失水，骨骼肌收缩过程紊乱，引起收缩力减弱。

高温环境下运动训练对机体的影响是多方面的。研究表明，高温环境下大鼠运动时间明显缩短，肺通气障碍，出现代谢性酸中毒，血皮质醇、泌乳素水平升高，对机体有保护作用的前列环素浓度和超氧化物歧化酶（SOD）活性下降，对机体有损伤作用的物质如血栓素和脂质过氧化物大量释放，细胞能量代谢障碍，细胞膜转运水、电解质和代谢产物的能力减弱，不能有效维持细胞内外电位差和渗透压，细胞膜内线粒体数量减少、分布异常，引起组织器官的广泛损伤，导致运动能力下降。因此，高温环境下运动训练的营养问题值得注意。

二、高温对营养素代谢的影响

（一）能量

目前认为，高温环境下能量需要量增加。高温环境一方面引起机体代谢率增加及 ATP 酶活性升高；另一方面在高温应激和适应过程中，大量出汗、心率加快等调节方式可引起机体能量消耗增加。在高温环境下运动训练，能量代谢既受高温环境又受运动训练的影响。高温环境中能量消耗增加。在30～40℃的环境中，温度每升高1℃，能量消耗增加0.5%。在高温环境下运动训练，体内产生的热量不易散发至体外，可使体温升高。研究表明，体温升高将导致机体能量代谢增强。一般在高温环境下运动训练，机体对能量的需要量可增加10%～40%。

运动训练负荷也影响能量消耗，运动负荷越大，消耗的能量越多，能量需要量越大。运动员对高温环境产生热适应后，运动负荷将会增大，能量消耗也将增大。如果能量摄入不能满足需要，易引起疲劳，影响运动训练效果。因此，在高温环境下运动训练，应增加能量摄入。但考虑到高温环境下食欲和消化功能有所减退，增加进食量以提高能量摄入有一定困难，故认为以增加10%能量摄入为宜。热适应后可逐步增加能量摄入，以满足高温环境下运动训练的能量需要。

（二）蛋白质

高温环境下，失水和体温增高的相互作用引起蛋白质的分解增加；此外，大量出汗也可引起氮和氨基酸的丢失，每100mL汗液中含氮20～70mg。研究还发现，高温环境下如果水盐代谢和体温调节能力强，则不会引起蛋白质分解明显增加。研究发现，热习服人群汗氮排出量增加的同时尿氮排出量代偿性降低，且随着对热环境的适应，汗氮排出量也逐渐减少。因此，高温环境下蛋白质需要量增多一般只见于大量出汗未及时补充水而引起体温升高的情况，以及对高温环境尚未适应时。

在高温环境下运动训练，机体对蛋白质的需要量增加，主要原因：①在高温环境下运动训练，可造成体温升高，进而引起出汗散热，导致失水。体温增高和失水是两个相互促进的因素，在体温较高和失水的情况下，机体组织细胞蛋白质分解代谢加速，尿氮排出增多。但如果补水补盐及时适量，水盐代谢和体温保持正常，这部分损失则不多。②高温环境下运动训练引起氮从汗液中大量丢失，从而导致对蛋白质的需要量增加。氨基酸、肌酸酐、肌酐、尿酸、氨等含氮物质可从汗液中排出，高温环境下运动训练时，汗液中丙氨酸、精氨酸等十余种氨基酸含量显著升高。35～40℃环境下，汗氮排出量可达200～230mg/h，而25℃时仅为125mg/h。汗液中氮、尿素氮、氨氮、肌酐氮的含量亦升高。此外，由于高温环境下消化功能减退，粪氮排出量也增加。机体氮排出量增多，表明机体对蛋白质的需要量增多，因此应提高蛋白质摄入量。但由于蛋白质的热效应较强，可达其本身产能量的30%，摄入含蛋白质较多的食物，机体因食物热效应产热较多，对水分需要增多，加重机体在高温环境下的散热负担。同时，因蛋白质代谢产物主要从尿液排出，摄入过多蛋白质将加重肾脏负担。因此，应提高摄入蛋白质的质量，增加优质蛋白质，提高其吸收利用率。蛋白质摄入量应占总能量的12%，其中1/2应来自优质蛋白质。

随着在高温环境下运动训练时间延长，机体逐渐产生热适应，尿氮、粪氮和汗氮排出量可逐渐减少。随着热适应的形成和巩固，可逐渐减少蛋白质摄入量，以减轻机体的代谢负担。

研究发现，机体受热后，一种被称作热应激蛋白（heat stress protein）的特殊蛋白质合成增加，这种蛋白质可能与机体对热应激的适应和耐受有关。

（三）脂肪

高温环境下，运动员食欲不振，高脂肪食物不易消化，且摄入量大可引起厌食。应增加碳水化合物的摄入量，降低脂肪的摄入量，还应减少烹调用油。研究表明，体脂较多的个体由于储热能力差，对热应激的耐受性较差。

高温环境下不同人群膳食脂肪占总能量的比例差异较大，可能与膳食习惯及个体差异有关。目前人们认为高温环境下脂肪供给量应以进食者乐于接受为宜。在高温环境下运动训练，膳食中脂肪供能比应在25％～30％，不宜超过30％。

（四）碳水化合物

高温环境对碳水化合物代谢影响的研究报道不多。动物实验表明高碳水化合物饲料促进热习服，高碳水化合物膳食可提高人的耐热能力。

在高温环境下运动训练，碳水化合物氧化代谢明显增强，需要量相应增加。因此，应增加碳水化合物的摄入量，包括提高膳食中的碳水化合物比例，以及在运动训练的前、中、后补充碳水化合物。有研究显示，在高温环境下运动训练导致4％的体重丢失后，按1g/kg体重补糖，可以较长时间维持血糖水平。高温环境下运动训练使肌糖原的消耗也增加，运动后高碳水化合物食物有利于肌糖原的合成和恢复。以碳水化合物占总能量的60％为宜。

（五）水和矿物质

水盐代谢与机体内环境稳定密切相关。高温环境下，人体主要通过汗液蒸发调节体温。汗液中水分占99％以上，钠、钾、钙、镁、锌、铜、铁等矿物质约占0.3％，其中钠盐含量最高，浓度约为80mmol/L，出汗多时每天随汗液丢失的氯化钠可达25g左右。钠离子对维持细胞渗透压、肌肉的正常收缩和酸碱平衡有重要作用。高温下大量出汗后可引起电解质紊乱，此时若只补充水分而不补充盐分，会使细胞外液渗透压降低、细胞水肿、神经肌肉兴奋性增强，出现以缺盐为主的水电解质紊乱，导致肌肉痉挛；大量出汗后若不及时补水，由于汗液是一种低渗液，可出现以缺水为主的水电解质紊乱。这两种类型水电解质紊乱对人的危害都很大。

大量出汗时亦可造成钾、钙、镁等矿物质的丢失。高温环境下钾排出量增加，以及一般膳食中钾含量偏低，容易导致血钾偏低，出现负钾平衡。

在高温环境下运动训练，大量出汗对水盐代谢影响极为明显，运动性疲劳、运动性损伤以及各种运动性热病均与水盐代谢紊乱关系密切。大量出汗，水分大量丢失，可使血液浓缩，血容量减少，体温调节能力下降，体温升高，心率加快，尿量减少，代谢废物堆积，导致疲乏无力，运动能力下降，热适应能力明显下降。当水、钠和钾丢失严重时，易发生各种热病。

高温环境下运动训练的营养重点是及时补充水分和矿物质，保持水电解质平衡和酸碱平衡。补液时避免只补水不补盐，补充的液体应为低渗溶液。坚持少量多次的原则，运动训练前、中、后均应适量补充。

（六）维生素

高温环境下机体代谢增强，营养素消耗也增加，使机体对维生素的需要量增加。汗液中含有几乎所有水溶性维生素，大量出汗引起水溶性维生素丢失增加。汗液中维生素C含量可达10mg/L，维生素B_1可达0.14mg/L。若以每天出汗5L计算，从汗液中损失的维生素C和维生素B_1可达50mg和0.7mg。同时，高温引起能量代谢增加，使与能量代谢有关的维生素B_1、维生素B_2和烟酸消耗增加。因此，在高温环境下运动训练，应增加维生素B_1、维生素B_2和维生素C的摄入量。

三、高温环境下运动训练的营养需要

（一）能量

在高温环境下运动训练，应增加能量摄入量。环境温度在30～40℃时，应将环境温度每升高1℃，能量供给增加0.5%作为能量供给标准。但高温环境下食欲和消化功能有所减退，增加摄食量以提高能量摄入有一定困难，故认为以增加10%能量摄入为宜。热适应后可逐渐增加能量摄入，以满足高温环境下运动训练的能量需要。

（二）蛋白质

在高温环境下运动训练，蛋白质供给量可稍高于常温条件下的供给量，但也不宜过高，以免加重肾脏负担。蛋白质供给量可占总能量的12%，且应多摄入优质蛋白质以保证吸收利用。

（三）脂肪和碳水化合物

在高温环境下运动训练，膳食中脂肪供能比应在25%～30%，不宜超过30%。碳水化合物供能比不应低于58%。

（四）矿物质

在高温环境下运动训练，钠供给量小于8g/d，钾供给量可达4g/d，钙供给量为1500mg/d，镁供给量为500mg/d，铁供给量为25mg/d，锌供给量为25mg/d。

钠盐的补充在运动训练之初应偏多一些，同时也要考虑出汗量。全日出汗量为2～3L时需补充钠盐7～10g。含盐饮料以盐浓度0.1%～0.15%、温度15～20℃为宜。

（五）维生素

高温环境下运动训练时，应增加水溶性维生素供给量，其中维生素C供给量应为150～200mg/d，维生素B_1供给量为3～5mg/d，维生素B_2供给量为3～5mg，烟酸供给量为30～50mg。

四、高温环境下运动训练的膳食原则

高温环境下运动训练者的能量和营养素的需要量相应增加，同时消化功能和食欲有所减退。为了维护运动员的健康，避免其运动能力下降，必须给予运动员相应的营养保障，以满足其营养需要。

（一）提供平衡膳食，全面补充营养

膳食应注意优质蛋白质的供给，其中瘦肉、鱼、牛奶、蛋类及豆制品是优质蛋白质的良好来源。同时也应及时补充矿物质，钾、钙含量高的食物有水果、蔬菜、豆制品、海带和禽蛋等，铁含量高的食物有动物肝脏、血液、豆制品、鸡毛菜等，锌含量高的食物有牡蛎、鲱鱼、动物肝脏等。此外，高温环境下运动训练者维生素 C、维生素 B_1、维生素 B_2、维生素 A 的需要量也增加。含维生素 B_1 较多的食物有小麦、黑米、瘦肉等，含维生素 B_2 和维生素 A 较多的食物有动物肝脏和蛋类，含维生素 C 较多的食物为各种新鲜绿色蔬菜。

（二）合理搭配和烹饪食物

高温环境下运动训练者能量摄入不足的原因往往是食欲不振。因此，改善伙食、增强食欲是保证高温环境下运动训练者能量供给的重要措施。就餐环境应凉爽舒适；菜肴应尽量保证色、香、味俱全；副食应新鲜，荤素搭配，油而不腻；食物种类应多样化。

（三）补充水和矿物质

高温环境下运动训练者常因出汗在短时间内丢失大量的水和矿物质，因此应及时补充以避免水电解质紊乱。可用喝汤作为补充水和矿物质的重要措施。由于含盐饮料普遍不受欢迎，因此可用汤来补充盐分，菜汤、肉汤、鱼汤交替供应。在饭前饮用少量汤还可以增强食欲。

水的补充以补偿出汗丢失的水量，保持体内水平衡为原则。口渴感是主要的饮水依据，但同时也要参照其运动负荷及具体生活环境确定补水量。补水应少量多次，以免影响食欲。饮水的温度以 12～18℃为宜。

（四）营养补充剂的使用

为了改善高温环境下运动训练者的生理功能和主观感觉，促进恢复，提高运动能力，可以适当使用营养补充剂。近几年来，电解质饮料的研究和使用较多，如 25％氯化钾和 12.5％氯化钙的枸橼酸溶液，高温环境下运动训练者服用后主观感觉良好，训练效率较佳；有的耐热保健饮料的主要成分为氯化钠、维生素 B_1、维生素 C、山楂、乌梅等，根据需要可再加上维生素 B_6、烟酸、泛酸钙、磷酸二氢钾等。目前研制的高温保健饮料中，除了水和矿物质，还补充了蛋白质。

五、补液

（一）补液目的

一般来说，如果环境温度高、运动训练负荷大、出汗量大，膳食中水分和矿物质的

摄入量不能满足机体的需要，则需要额外补充。补液的主要目的是补足水分和矿物质，维持机体水平衡，调节体温，防止因大量出汗引起机体水盐代谢紊乱，导致疲劳、运动能力下降、身体免疫力下降以及各种热病。运动员在运动前、中、后，特别是在高温环境下做到及时补液者并不多。对此要引起足够重视。

（二）补液时间

在运动前、中、后都要补液。运动前补液要使机体达到水平衡。在长时间耐力性运动中，补充含糖和电解质的运动饮料有助于改善运动能力，提高运动成绩。一般认为，运动中补液量应相当于汗液丢失量。含糖和矿物质的饮料可促进水在小肠的吸收，并增强饮料口感和适口性。如果运动中补液不足，运动后应及时补充。运动后补充的饮料可含糖和较多钠盐。

（三）补液种类

补充的液体包括凉开水、市售的各种饮料或运动饮料以及自制的低盐低糖运动饮料。出汗量在3L以下时，补充凉开水或一般市售饮料即可，不需要额外补盐。出汗量在3L以上时，可采用低渗（低盐和低糖）的运动饮料。低盐低糖运动饮料可含0.2%氯化钠、0.1%氯化钾、2%葡萄糖、4%蔗糖，以及适量水溶性维生素和酸味剂。

（四）补液原则

补液应遵循少量多次的原则，禁止暴饮。大运动量训练前，可适当补液500mL左右。运动训练中每次喝100～150mL，次数不限。运动后也要补充。液体温度一般应在13～20℃，不应低于10℃，以免对胃肠道产生不良刺激。也可将复合盐片按要求溶于饮料中摄入。

一般认为，应适量补液，维持机体体液平衡即可。没有必要过量补液，否则有可能适得其反，反而增加运动员胃肠道和肾脏负担，影响运动能力。

第二节　低温环境下的运动营养

低温环境一般指气温在10℃以下的外界环境。我国大部分地区低温环境具有季节性，主要见于冬季。北方地区冬季持续时间较长，南方地区持续时间较短。严格来说，人体实际感受的温度，除与环境温度有关外，还与所处的海拔高度、纬度、环境湿度、风速以及个人防护等综合因素有关。对运动员来说，低温环境下运动训练主要为冬季进行室外运动训练，以及运动员在低温水中的游泳训练等。低温环境还可见于登山运动员在高海拔寒冷地区进行登山运动。低温环境影响运动员的生理功能和物质代谢，对营养有特殊的要求。

一、低温对机体的影响

（一）体温调节系统

在低温环境下，人体交感神经兴奋，产热增加，散热减少，以保持热平衡。同时皮肤血管收缩，皮肤血流量减少，身体中心体热通过血流传导到皮肤散热减少，加之皮肤温度下降，皮肤与环境的温差减小也可减少皮肤散热。如果通过血管作用和血流再分布机体仍不能维持体温，可引起骨骼肌不自主收缩，即寒战。寒战产热量有限，仅为基础代谢的 2～3 倍，寒战不能产生足够热量维持体温，机体中心体温（以直肠温度或食管温度表示）就会降低。如果中心体温降至 35.5～36.0℃，思维能力和运动能力将受到影响，如果降至 35℃以下，出现体温过低。

低温环境下运动训练可增加产热，以保持体温恒定。但运动还使外周血流量增多，造成散热增加。

运动员在低温环境下特别是在冷水中运动应避免疲劳。研究表明，即使短时间大强度运动后体内糖原储备没有耗竭，但如果出现疲劳，也影响体温调节。长期的精神疲劳降低人体在低温环境下产热的阈值，损害血管收缩功能，导致体温过低。长期精神疲劳加上过度运动训练，将严重损害机体冷习服能力。

（二）消化系统

在低温环境下胃液分泌有所增加，胃排空减慢，食物在胃内消化较为充分。低温环境可增强食欲，反映机体能量需要增加。

（三）心血管系统

寒冷刺激可直接或反射性地引起皮肤血管收缩，同时由于交感神经兴奋，血中儿茶酚胺浓度升高使心排血量增加，血压上升，心率加快。

（四）呼吸系统

吸入冷空气，直接刺激上呼吸道，同时呼吸道阻力增高，成为冬季哮喘发作的主要原因。暴露于低温环境的呼吸道及肺实质血流亦受影响，可表现为肺静脉收缩，可能引起进行性肺高压。

（五）神经肌肉系统

寒冷刺激可影响外周神经系统，造成皮肤和肢端感觉迟钝，骨骼肌协调性和关节灵活性减弱。关节处血管较少，低温环境下关节温度降低较快，致使关节囊液黏度升高，活动阻力增大。在低温环境下运动训练，关节容易受伤。由于骨骼肌协调性和关节灵活性下降，容易发生肌肉和肌腱撕裂、肌肉痉挛等运动性损伤。

寒冷刺激对中枢神经系统亦有一定影响，导致注意力不集中、迟钝、反应时间延长、易激动或冷漠等。

（六）内分泌系统和免疫系统

急性冷暴露时甲状腺及肾上腺皮质活动增强，血中儿茶酚胺浓度升高。冷习服后甲状腺和肾上腺皮质活动逐渐恢复正常，但血中去甲肾上腺素水平仍然较高，此现象与冷习服的维持有关。动物与人体试验均表明，在冷暴露开始的一周内免疫功能有所下降，随后恢复且呈逐渐上升的趋势。

二、低温对营养素代谢的影响

（一）能量

低温环境下运动员的能量消耗增加，主要原因：①机体为抵御寒冷，产热增加，基础代谢率增加5%～17%；②人体在低温环境下易出现寒战和其他不随意肌肉运动，从而使能量消耗增加；③在低温环境下甲状腺分泌增加，使体内物质氧化所释放的能量不能以ATP形式储存，而以热的形式向体外散发，造成能量耗损；④为御寒穿着的防寒服装的重量造成额外的能量消耗。因此，低温环境下运动训练的能量消耗比常温情况增加5%～20%。

（二）蛋白质

低温环境下蛋白质代谢增强，尿氮排出量增多。动物实验表明，大鼠在32℃、24℃和16℃温度下，随着温度降低，蛋白质代谢产生能量增加。但因为蛋白质不是主要的供能营养素，在冷习服过程中蛋白质代谢增强不如脂肪和碳水化合物明显。

研究发现，某些氨基酸能提高机体的耐寒能力，如蛋氨酸经过甲基转移作用后可以提供适应寒冷所需要的甲基，酪氨酸也能提高低温环境下的作业能力。

（三）碳水化合物和脂肪

碳水化合物和脂肪能够提高人体的耐寒能力，低温环境下机体对碳水化合物和脂肪的利用增加。研究发现，虽然低温环境下碳水化合物、脂肪和蛋白质代谢都增强，但机体在抗寒产热的过程中，首先利用血糖、肝糖原和肌糖原等碳水化合物氧化供能，然后才动员脂肪氧化供能。在低温环境的开始阶段，寒冷刺激肝糖原和肌糖原氧化分解，心肌和骨骼肌摄取和利用葡萄糖加速。但由于血糖和糖原的储备量有限，如果冷暴露持续，机体即动员脂肪参与供能。研究表明，处于低温环境一定时间后，机体对脂肪的动员利用增加，脂肪氧化分解加强，游离脂肪酸代谢加快。同时，糖异生作用增强，而参与碳水化合物代谢的一些酶活性下降。

冷习服产生后，机体利用脂肪的能力明显提高，参与脂肪代谢的酶活性显著升高，脂肪动员的速度加快。机体组织细胞脂肪氧化供能的比例升高，使机体对低温环境的代谢适应，可以节约糖原，这对运动员尤为重要，因为肌糖原、肝糖原和血糖的状况与运动能力密切相关。

（四）水和矿物质

低温环境下，机体水盐代谢发生改变。低温环境下运动训练时，运动员容易因失水过多而引起脱水，其主要原因：①低温引起交感神经兴奋，肾上腺素分泌增多，外周血管收缩，血容积减少，导致尿量显著增多；②由于防寒服装的保温作用，运动员在运动训练（如滑雪）中体热不易散发，导致排出相当量的汗液；③运动员在低温环境下运动训练，从呼吸道丢失的水分增多；④在低温环境下，口渴感受到抑制，虽然机体已失水较多，但口渴感却不明显，而运动员往往根据口渴感来补充饮料，结果造成补水不足。

由于低温环境下汗、尿排出增多，钠、钾、钙、镁等矿物质的排出也增多。

（五）维生素

低温环境下体内水溶性维生素的代谢变化较大，体内水溶性维生素含量有夏季偏低、冬季偏高的特点。由于低温引起机体产热增加，维生素 B_1、维生素 B_2 的消耗量增加，此时从尿中排出的维生素 B_1、维生素 B_2 减少。另有研究表明，低温环境下补充维生素 B_6、烟酸和泛酸，对机体抗寒能力有促进作用。

维生素 C 对低温环境下的机体有保护作用，国内有研究报道，摄入大量维生素 C 可明显减慢低温环境下直肠温度的下降，缓解肾上腺的过度应激反应，增强机体的耐寒性。还有人观察到低温可使血液维生素 C 水平降低，尿维生素 C 排出减少。这说明维生素 C 在低温环境下代谢增强，因此，维生素 C 需要量也增加。

机体在低温环境下氧化磷酸化加强，在此过程中维生素 A 起重要作用，因而维生素 A 需要量也增加。

寒冷季节日照时间和日照强度都减少，而人们又穿着较多衣服以防寒，暴露于日光的皮肤面积减少，维生素 D 易缺乏，可影响钙的吸收，因此维生素 D 摄入量也应增加。

三、低温环境下运动训练的营养需要

（一）能量及产能营养素的比例

低温环境下人体的能量需要增加。一般情况下，基础代谢提高 10%～15%，每日总能量可在此基础上考虑运动负荷、居住条件以及对气候的习服程度来适当调节。由于运动员在低温环境下需要消耗一部分能量对抗严寒、保持体温，因此能量供给应增加，一般情况下应增加 10%～15%。

在产能营养素中，蛋白质的比例可保持不变或增至上限。对于脂肪和碳水化合物在膳食中的比例，不同项目运动员应有所不同。从事水中运动项目的运动员脂肪可占膳食总能量的 35%，从事陆上运动项目的运动员，脂肪供能比则不应超过 35%。由于防寒设施和防寒服的不断完善，即使在寒冷的冬季，运动员在非运动时，以及在室内运动训练或在室外穿着防寒服运动训练时，一般不是真正暴露于低温环境。即使在室外脱去防寒服训练，肌肉收缩散发的热量可以部分满足维持体温的需要，这意味着运动员不必额外消耗较多能量以维持体温，因此脂肪的需要量增加不多。长期暴露于低温环境，产生冷习服后，由于脂肪代谢增强，膳食中脂肪的比例可适当提高。高碳水化合物膳食可以提高肌糖原含量，使运动员初次暴露于低温环境时的运动能力增强。因此，运动员初次接触低温环境时，应提高膳食中碳水化合物的比例，保证充足的糖原储备，以满足抗寒和运动的需要。

（二）蛋白质

低温环境下，蛋白质供给正常或略高，多选用蛋白质含量高、质量好的动物性食物，增加蛋白质的利用率，还可提供蛋氨酸，有利于冷习服。如果难以提高优质蛋白质的比例，应使蛋白质摄入量达到膳食推荐量的上限，即占总能量的15%，优质蛋白质至少应占1/3。

（三）水和矿物质

大量出汗的运动员应在训练前、中、后适量补液。补液应少量多次，且液体的温度不能过低，以25～30℃为宜。在低温环境下进行耐力性运动，体内糖原储备不足是导致疲劳的重要原因。运动饮料中含有一定浓度的糖，对维持血糖和糖原水平、供能有一定的作用。饮料中的糖含量应该低于7%。同时，要指导运动员在低温环境下补充水分。有研究发现，在低温环境下，饮水与摄入食物的量成正比，摄水少，摄入食物也少，往往导致体重下降。经常补水，保证机体水平衡，有利于食物的正常摄入，以维持充沛的体能。

低温环境下由于代谢加强和出汗、尿液较多等，矿物质损失较大，其中最主要的损失是钙和钠，因此应注意钙和钠的补充。钙缺乏的原因主要是日照时间短、维生素D合成受限等，每日应补充钙600～1200mg，可以从含钙丰富的奶类、豆类、虾皮等食物中摄取。据调查，寒冷地区居民为了适应其产热需要，食盐摄入应是温带地区的1.0～1.5倍。对于寒冷地区较多的微量元素缺乏问题，应从食物来源和生物利用率方面解决，保证微量元素的供应。

（四）维生素

在低温环境下人体B族维生素和维生素A消耗量均较常温环境多30%左右。在低温环境下运动训练，维生素供给量应在运动员平时供给量的基础上再增加30%～50%，包括与能量代谢有关的维生素B_1、维生素B_2、烟酸等，与抗寒有关的维生素C，以及维生素A、维生素D等。必要时，可补充复合维生素制剂。

（五）其他

低温环境下，食物容易冷却。应采取有效措施保持食物温度，避免冷食对胃肠道的不良刺激。

饮酒有抗寒作用这一说法至今没有定论，且大多数研究不支持此观点。但酒精对于长时间暴露于低温环境的危害，特别是对在低温环境下运动训练的危害，却毋庸置疑。因为酒精可扩张皮肤表面小血管和毛细血管，加速体温丢失；酒精降低血糖浓度，不利于碳水化合物氧化供能；饮酒后产生利尿作用，减少血容量，促进机体丢失水分，影响运动能力；酒精推迟机体对寒冷产生应激反应（寒战），并缩短寒战时间，导致产热减少。此外，酒精使中枢神经系统先兴奋后抑制，引起协调能力和动作失控，容易造成运动损伤。如果大量饮用啤酒，还可减少其他食物的摄入，造成能量供应不足。

四、低温环境下运动训练的膳食原则

（一）提供平衡而合理的膳食

低温环境下的膳食能量供给量应比常温增加10%～15%，增加部分主要通过提高脂肪和碳水化合物的供给量来实现。在低温环境下摄入适量脂肪有助于提高机体的耐寒能力，膳食中脂肪供给量应占总能量的35%，而碳水化合物仍然是能量的主要来源，约占总能量的50%，每日应供给450～600g大米或面粉。此外，要注意膳食中钙、钠、钾、镁等矿物质的供给，以预防矿物质缺乏。维生素的供给要特别强调维生素C，其他维生素如维生素B_1、维生素B_2、维生素A、烟酸等的供给量也应有所增加，增加幅度为30%～50%。

（二）食物供给的要求

1. 在食物的数量和种类上要遵循平衡膳食的原则，适当增加能量，高能量食物的供给要充足，如谷类、豆类、动物性食物和食用油等。

2. 寒冷地区人群有维生素和矿物质的额外消耗，同时这些营养素的主要来源蔬菜和水果常常供给不足，因此在寒冷地区确保新鲜蔬菜和水果的供给对运动员营养保障具有重要的现实意义。为了保证维生素C、胡萝卜素和钙、钾等矿物质的供给，膳食中应有数量充足、种类丰富的蔬菜和水果；同时应增加动物肝脏、蛋类及瘦肉的供给，以满足机体在低温环境下对维生素A、维生素B_2、维生素B_1的需要。另外，为了保证蔬菜和水果的供给，可采取温室种菜、发展蔬果冷冻技术、选育营养价值高的品种等方法。

3. 深入研究寒冷地区居民饮食习惯特点和当地食物特征，尽量减少寒冷地区食物营养价值的损失。

（三）科学的膳食制度

在低温环境下人体散热增加，除采取各种防寒保暖措施外，在饮食上要注意供给热食。热食不仅有利于消化吸收，也能保证食品卫生。为了适应寒冷地区能量需求大、摄食量多、运动强度大等特点，每日可安排4餐，早餐占每日能量的25%，间餐占15%，午餐占35%，晚餐占25%。

第三节　高原环境下的运动营养

地理学上把海拔500m以上的地区称为高原地区。高原地区具有独特的地理特点，如空气稀薄、大气压低、氧分压低、气温低、昼夜温差大、太阳辐射强等。海拔越高，大气压越低，氧分压也越低。海拔超过3000m，低压缺氧将对人体产生明显的影响。利用低压缺氧的环境，在高原地区进行训练，可改善运动员机体氧的摄取、携带和释放能力，可提高运动员的耐缺氧能力和抗乳酸能力，增强呼吸系统和心血管系统功能，有助于提高运动成绩。这种训练手段近年来越来越受到重视。资料显示，国外的高原训练基地一般建在海拔1500～3100m处，我国的各专项或综合高原训练基地位于海拔1245～2366m处。

在高原环境下运动训练，除低温外，缺氧是运动员面临的主要问题。

一、高原缺氧环境对机体的影响

运动员进入高原后，对高原的缺氧环境产生一系列生理上的代偿和适应性反应，以提高机体摄氧和用氧能力。如果不能适应，可出现缺氧症状，发生不同程度、不同类型的高原反应或高原病。运动员进入高原一段时间后，机体对缺氧逐渐适应，即高原习服。运动员每次到高原训练，都存在高原习服的问题，但到高原次数越多，越容易习服。

（一）中枢神经系统

大脑的重量虽然只占体重的2%，其耗氧量却占总耗氧量的20%。中枢神经系统的耗氧比（耗氧量/组织重量）在各组织器官中最高，因此对缺氧也最为敏感。高原缺氧可引起中枢神经先兴奋后抑制，并出现相应的行为改变。急性缺氧引起类似酒精中毒的症状，如头痛、嗜睡、意识错乱、肌无力、运动协调障碍等，严重急性缺氧可引起意识突然丧失、失去知觉，而慢性缺氧引起的变化则类似脑力疲劳和体力疲劳。

（二）呼吸系统

缺氧引起通气量增加，每分通气量随缺氧程度加重而增加，表现为呼吸频率增加，呼吸深度加深，以便呼入更多氧气，呼出更多二氧化碳。但如果通气量过度增加，二氧化碳排出过多，血浆$NaHCO_3/H_2CO_3$升高，引起呼吸性碱中毒。高原低氧耐受训练可提高摄氧量和血氧饱和度。用低压氧舱模拟4500m高原低氧环境，受试者暴露于低氧环境1周（1h/d）后进行高强度和亚高强度运动，通气量、摄氧量和动脉血氧饱和度明显升高。

（三）心血管系统

进入高原，心血管系统最早的变化是心率加快，随着高原习服，心率逐渐下降，但一般仍高于平原水平。大多数研究显示，进入高原初期心排血量开始有所增加，随后回落到初始水平。缺氧还引起冠状动脉扩张，冠状动脉血流量增加，肺动脉高压，脑血流量增加。高原环境下运动训练可使运动员心室壁增厚，心腔增大，每搏输出量增加，心脏供血效率提高。研究还发现，在缺氧环境中进行耐力性运动训练，可引起骨骼肌血管内皮生长因子 mRNA 表达增高，骨骼肌毛细血管增生，骨骼肌血管供血能力改善。

缺氧可引起促红细胞生成素（erythropoieyin，EPO）合成增加，血红蛋白含量增加，红细胞生成增加，红细胞代谢速率加快，红细胞中二磷酸甘油酸含量升高，血液摄氧和携氧能力增强，在组织释放氧的能力也增强。

（四）消化系统

进入高原后，消化系统的变化较为明显，常有恶心、胃胀、食欲不振等表现。原因是高原气压低，胃张力降低，饥饿收缩减少。由于缺氧，胃肠道血流量下降，进食后胃蠕动减弱，幽门括约肌收缩，胃排空时间延长，消化液分泌减少。上述变化可导致消化功能减退，食物摄入减少，摄入的营养素不能满足机体需要。

（五）骨骼肌系统

有人用低压氧舱模拟海拔 2000m、3000m 和 4000m 的低氧环境，分别对大鼠进行游泳训练（60min/d）1 周后，发现大鼠腓肠肌乳酸脱氢酶（无氧酵解标志酶）活性没有变化，而苹果酸脱氢酶（有氧氧化标志酶）活性均明显升高，其中，3000m 训练组的大鼠苹果酸脱氢酶活性升高幅度最大。有氧氧化酶活性升高，可能是一种代偿性表现，由于氧摄入减少，影响产能营养素有氧氧化产生能量，组织上调有氧氧化酶的活性，以增加氧的利用效率。这说明高原低氧训练有助于骨骼肌有氧代谢能力的提高。

模拟高原（海拔 2300m）间歇性游泳训练 4 周后，小鼠股四头肌乳酸含量明显下降，提示高原低氧训练减少骨骼肌乳酸生成或有利于乳酸的清除。

中长跑运动员在海拔 1917m 高原训练 1 周和 4 周后，血清乳酸脱氢酶和肌酸激酶活性明显下降。这两种酶活性的变化可能反映骨骼肌损伤程度较小或肌细胞膜通透性下降，而骨骼肌损伤减少与运动员在高原训练时机体氧化作用减弱、自由基产生减少有关。

（六）体重

初入高原，运动员的体重普遍下降。主要有以下原因：①进食量下降，主要与食欲不振、食谱改变、进食环境不舒适、生活习惯发生变化等因素有关；②进入高原后，基础代谢率增高，或运动训练量较大，而能量摄入不能满足需要；③呼吸和体表失水增加而补水不足，导致体液减少，水代谢改变；④消化功能减退；⑤运动训练减少或停止，缺氧造成骨骼肌蛋白质合成受阻等，使骨骼肌重量下降；⑥脂肪动员和分解加速，导致脂肪组织减少。

（七）其他

运动员在高原缺氧环境下，内分泌系统、泌尿系统等都有相应变化，如运动员进入高原训练，血浆睾酮和游离睾酮浓度呈下降趋势，血浆皮质醇浓度一般呈下降趋势，但也有相反的报道。内分泌系统变化的结果：保证重要组织器官在缺氧环境下优先供氧。研究表明，高原训练使运动员体内氧自由基产生增多，但机体的抗氧化作用也增强，超氧化物歧化酶和过氧化氢酶的活性代偿性增加。

有报道称，运动员在高原训练后，在递增负荷实验中出现乳酸－速度曲线右移，表明有氧运动和无氧运动能力增强。高原训练可使血乳酸水平普遍较平原高 2～6mmol/L，可将高原训练视为承受高乳酸能力的训练。

二、高原缺氧环境对营养素代谢的影响

高原缺氧环境对能量代谢和物质代谢产生影响。合理营养能够提高运动员对缺氧的耐受性，加速习服，使运动员适应组织代谢的变化，避免高原病的出现，最大限度地减少体重的丢失，有利于运动训练，增强体能和提高运动成绩。

（一）能量

进入高原地区，由于机体组织器官的一系列代偿和适应反应导致机体基础代谢率增加，运动员的能量消耗增加。高原气温较低，风速较大，致使机体产热增加。由于缺氧的影响，食欲不振，进食量减少，再加上消化功能减退，产能营养素摄入不足，可引起体重下降。初上海拔 4300m 高原 8 天后，体重下降 3%；在海拔 5000～8000m 停留 3 个月，体重可下降 15%。体重下降，最初是由于体液丢失，随后是由于脂肪组织和肌肉组织的减少。但如果为防止体重丢失，初入高原就增加能量摄入，可能诱发或加剧消化道不适症状，加剧体重丢失。故这种做法不宜采用。在习服适应阶段，应适当减少有氧训练运动量，以减少能量的消耗和需求。习服以后，机体对能量的需要逐渐增加，可以增加食物摄入以满足能量需要。

（二）蛋白质

进入高原初期，体内蛋白质和氨基酸的分解增强、合成减弱，氮排出增加，加上食欲不振和食物吸收利用率下降，造成摄入和吸收的蛋白质减少，因而出现不同程度的负氮平衡，血中必需氨基酸/非必需氨基酸下降。有报道称，缺氧初期一些氨基酸的代谢和与其代谢有关酶的活性发生变化，如急速进入高原后短期之内，酪氨酸的氧化增强，与合成儿茶酚胺有关的酶活性增强，表明儿茶酚胺的转换率加快。这些变化与缺氧的应激效应有关。

习服过程中，体内蛋白质合成代谢逐渐加强，一些与氧代谢有关的蛋白质，如血液中的血红蛋白，心肌、骨骼肌中的肌红蛋白和能量代谢的蛋白酶等的合成增加。

有研究报告，高原环境下运动训练在增加血容量的同时，使血浆白蛋白和纤维蛋白

原的合成也明显增加，与低氧和运动训练有关。

（三）脂肪

高原缺氧加速脂肪动员，脂肪合成速度低于脂肪分解速度，造成体脂减少，血脂（包括血浆游离脂肪酸和甘油三酯等）浓度增高。严重缺氧可使脂肪氧化不全，酮体生成增多，尿中出现酮体。酮体堆积可使机体耐缺氧能力降低。

随着机体对高原缺氧环境的适应，脂肪酸利用下降而葡萄糖利用增高。

运动项目不同，运动时主要供能营养素不同。高原习服后主要供能营养素发生变化。研究发现，登山运动员在海拔 2500～3800m 的高原进行重复性耐力训练后，机体动用脂肪和分解脂肪仍在增强。另有研究显示，经过高原运动训练习服的大鼠，进行 60％VO_2max 运动及休息时，甘油三酯和脂肪酸的代谢速率均加快。这些研究提示，通过习服和运动训练，耐力性运动员机体供能的主要营养素与平原一样，逐渐以脂肪为主。

（四）碳水化合物

高原缺氧可使体内碳水化合物分解代谢增强，糖原分解加快，糖原储备减少，葡萄糖利用率增加，糖异生作用减弱，血糖下降。糖原储备减少，易发生疲劳，影响训练效果。由于缺氧，机体组织细胞有氧代谢下降，无氧酵解增强，可引起血乳酸含量增加。

在习服过程中，一些氧化酶的活性首先增强，经一段时间后，一些糖酵解酶和调节磷酸戊糖旁路的酶活性也增强。酶活性的变化具有代偿性和适应性特征。习服可以降低机体安静时或运动时组织细胞糖无氧酵解的速率，也可提高机体摄氧和利用氧的能力。

（五）水和矿物质

进入高原后，由于缺氧和低温的作用，尿量可增加，这是一种适应性反应。如果最初几小时少尿，则预示易发生急性高原反应。高原空气干燥，再加上缺氧，使肺通气量增大，从呼吸道丢失的水分可增加。运动员进行运动训练时，通气量更大，更容易从呼吸道丢失水分。急性缺氧时水代谢紊乱，体液从细胞外进入细胞内，致使细胞外液减少，细胞内液增多，出现细胞水肿，导致机体虽然失水，但常无口渴感，使脱水情况加重。

由于缺氧，肺通气量增加，以便从低氧空气中摄取更多的氧。通气过度可导致二氧化碳过量呼出，造成呼吸性碱中毒，酸碱平衡紊乱。

缺氧初期，食物铁的吸收率增加，这是机体的一种代偿性反应。由于缺氧使骨髓制造红细胞增加，铁的需要量增大，铁的吸收率升高。

（六）维生素

由于机体能量代谢增加，B 族维生素在缺氧初期消耗增加，从尿中排出的维生素 B_1、维生素 B_2 和维生素 C 也增多。调查显示，多雨的高原地区人群中血清钙水平偏低，补充维生素 D 后，血清钙水平回升。血清钙水平较低可能与日照少、体内维生素 D 不足有关。

三、高原环境下运动训练的营养需要

（一）能量

人在高原，基础代谢率升高，在相同的运动情况下，能量的消耗或能量的需要高于平原。运动员的能量消耗受运动量的影响较大。虽然缺氧初期能量消耗增加，但在习服前，由于胃肠道反应和食欲不振，增加能量摄入量较困难，所以能量供应不足。习服前，应减少运动量，降低能量消耗。习服后，逐渐增加能量摄入，同时逐渐增加运动量。体重和体脂的变化是判断能量摄入是否适宜的简易指标。一般情况下，在高原适应5天后，进行与平原同等量的运动训练，能量需要量增加3%～5%；适应9天后，能量需要量增加17%～35%。一般来说，从平原进入高原，能量的摄入量应增加7%～25%。

（二）蛋白质

有报道称，蛋白质有利于高原习服，因为习服过程中蛋白质合成加强，而且某些氨基酸能够提高缺氧耐受性，如色氨酸、酪氨酸、赖氨酸和谷氨酸等，所以需要供给一定量的蛋白质。但高蛋白质膳食又不利于高原习服，因为蛋白质氧化时耗氧最多，食物热效应最强，高蛋白质膳食不易消化并可能引起组胺等在体内聚积。在高原习服过程中并不需要增加食物蛋白质的供给量，重要的是选用优质蛋白质，注意维持氨基酸平衡。在习服期间，运动员蛋白质摄入量应占总能量的13%～15%，同时增加优质蛋白质的摄入。

（三）脂肪

高原缺氧环境下，脂肪摄入量因人而异。有的研究认为高原缺氧时，应适当增加脂肪摄入。但一致的看法是，缺氧初期，宜以低脂膳食为主。初进高原，膳食脂肪应适当减少，而增加碳水化合物的摄入，脂肪供能比达20%～25%。减少饱和脂肪酸的摄入，不应减少多不饱和脂肪酸的摄入。在高原缺氧环境下，多不饱和脂肪酸可有效地维持红细胞的可变形性，使红细胞在微循环中畅通流动，有利于氧气释放和二氧化碳排出。

（四）碳水化合物

葡萄糖和糖原是机体在紧急情况下首先被动用的能源物质，并且维持正常血糖水平对脑功能至关重要。研究发现，碳水化合物能提高急性缺氧的耐受性，有利于肺部气体交换，且高碳水化合物对缺氧动物的高级神经活动有良好的作用。另外，研究显示，高碳水化合物膳食可减轻高原反应症状（头痛、恶心、嗜睡等），补充葡萄糖有助于防止初到高原后24小时内的体力下降，每日增加一定碳水化合物摄入量不仅可提高有氧运动能力，而且可防止高原暴露24小时内的负氮平衡。在正常氧分压下可以利用其他能源物质的组织如心肌，在缺氧时转为利用葡萄糖作为能源，高碳水化合物膳食有利于这些组织对能量的利用。碳水化合物还有其他优点，如容易消化、抗生酮作用等。

碳水化合物提高缺氧耐受性的可能原因：①其含氧原子多于脂肪和蛋白质；②消耗等量氧时，其产能高于脂肪和蛋白质；③其代谢能产生更多二氧化碳，有利于纠正缺氧及过度通气所致碱中毒。

初期进入高原的运动员应摄入高碳水化合物食物。碳水化合物供能应占总能量的60％～70％。

（五）矿物质

补铁有利于血红蛋白、肌红蛋白、含铁蛋白质和酶的合成，所以也有利于高原习服。补充钾和限制钠的摄入量对防治急性高原反应有益，也有利于高原习服。还有报道，服用磷酸盐能够提高缺氧耐受性。

（六）维生素

维生素作为辅酶或辅基参与有氧代谢，在呼吸链电子传递过程中起重要作用，有利于 ATP 的生成，缺氧时辅酶含量下降，从而阻碍有氧代谢。研究发现，维生素、复合维生素、维生素＋微量元素、酵母或核苷酸等，都可以不同程度地提高动物缺氧耐受性。高原缺氧初期食欲不振易使维生素摄入不足，而机体对缺氧的代偿和适应反应可使维生素的消耗量增加，所以容易发生维生素不足或缺乏，进而降低缺氧耐受性。按稍高于海平面的供给量标准额外补充维生素或增加膳食维生素的供给，可使体内维生素保持较好的水平，而且可显著提高缺氧耐受性，加速习服过程。

补充维生素 E 能减少组织氧的消耗，提高氧的利用率，同时促进红细胞生成，所以能够提高缺氧耐受性，也有利于高原习服。

补充维生素 C 可改善缺氧状况下的氧化还原过程，提高氧的利用率。缺氧的应激效应使肾上腺活动增强，维生素 C 的消耗量增加。补充维生素 C 有助于纠正缺氧初期的呼吸性碱中毒。有研究证明，大剂量补充维生素 C 能够提高缺氧耐受性。

总之，补充多种维生素能够提高缺氧耐受性，但剂量要适当。

（七）水

高原缺氧使呼吸次数增多，肺通气量增大，由于空气干燥，气压低，呼吸性失水增多，再加上尿量增加，运动员在运动训练时容易出现脱水，引起血循环和散热障碍。因此应注意补液。训练前、中、后均可补液，但要遵循少量多次的原则。要保持尿量在1.0～1.5L/d，以排出体内的代谢废物，每日至少饮水 3～4L。如果要保持水平衡，每日应摄入水 5L。

（八）增强缺氧耐受性的特殊营养物质

国外研究还发现酪氨酸可提高寒冷和高原环境下的作业能力，减轻高原反应症状，可能是因为酪氨酸与多种神经递质如多巴胺、肾上腺素等的合成有关。其他如色氨酸、胆碱可通过影响 5－羟色氨（5－HT）和乙酰胆碱的合成与释放，进而影响高原缺氧机体神经系统功能。大量研究还表明，缺氧可致脑内氨基酸释放增加，尤其是兴奋性氨基酸递质谷氨酸、天冬氨酸大量释放，从而介导兴奋性氨基酸的神经毒性作用。

为了改善机体能量代谢，也有人主张给进入高原的人员补充胞二磷胆碱、复合维生素、能量合剂等。对如何改善机体在低氧环境下氧的运输和利用，国内外也有较多研究报道。有人认为高原适应性训练对改善机体在低氧环境下氧的运输与利用有一定作用，营养素提高缺氧耐受性和预防高原适应不良的作用已被广泛接受，但营养素改善机体急性缺氧时的氧运输与利用的作用及其机制研究还较少。研究还发现，牛磺酸能减轻急性缺氧对大鼠心肌线粒体功能的损害，预防急性缺氧时大鼠线粒体中某些酶活性的降低。维生素 C 的抗氧化作用可以保护线粒体膜结构、改善线粒体呼吸功能，有研究还显示维生素 C 对改善缺氧条件下氧的运输和心血管功能是有益的。

四、高原环境下运动训练的膳食原则

对于初入高原的平原人来说，高原病或急性高原反应的发病率较高，合理的营养和膳食制度是预防及辅助治疗急性高原反应的有效措施。凡有利于少消耗氧、多摄取氧和有效利用氧的措施都有利于提高缺氧耐受性。

（一）维持正常食欲和消化功能

消化道症状是急性高原反应的主要表现。消化道症状以食欲不振、恶心和呕吐为主，高原缺氧引起的食欲不振甚至厌食，使进食量减少和体重减轻。

进入高原前，应通过体育锻炼或体力活动进行体力适应，消除对高原的顾虑，保持良好的心理状态。如果能够保持高度的精神振奋状态和良好的体力状态，高原习服过程就会缩短。进入高原后头几天，应逐步增加体力活动，避免剧烈快速活动，必要时可静卧或使用氧气袋，提高食物的可接受性。另外，为了维持正常食欲，食物既要符合初入高原者的饮食习惯，又要符合高原饮食的习惯；既要有一定品种的食物以供选择，又要保持食物的质量。

（二）合理营养

1. 能量：一般主张初入高原者应减轻体力活动，并避免剧烈运动或重体力活动。因此，能量供给量一般按平原地区轻度或中等体力活动的供给量标准即可，重要的是要保持良好的食欲。

2. 蛋白质、脂肪和碳水化合物供能比：初入高原时一般采用蛋白质 10%～15%、脂肪 20%～25%和碳水化合物 60%～70%的比例供给能量，习服后脂肪供能比可提高到约 35%。适当增加动物性蛋白质，用容易消化的小分子糖（如葡萄糖、蔗糖等）代替部分多糖可以提高人的适应能力，减轻急性高原反应，促进高原病患者康复。

3. 维生素：适量补充多种维生素制剂。有研究证明，在 4700m 高度上，每日补充维生素 A 6000IU、维生素 B_1 20mg、维生素 B_2 2mg、维生素 C 300mg、烟酸 20mg、维生素 B_6 5mg、泛酸钙 5mg、维生素 E 60mg 和维生素 P 50mg，不但能保持较高的营养水平，而且可提高缺氧耐受性。

（三）科学的膳食制度

初进高原，增强运动员的食欲十分重要。要使运动员能够摄入足够和高质量的食物，保证各种营养素的需求，避免体重下降和营养素缺乏。尽可能地调剂膳食的花色品种，做到色、香、味俱佳。适当减少烹饪油和食盐的用量。主食宜多选用大米。根据经验，米饭和大米粥有利于抑制恶心、呕吐，而面食易引起恶心、呕吐。习服期间，要采用少量多餐的原则，每日可以 4 餐，甚至 5 餐。不要暴饮暴食，以免诱发消化道症状。高原地区因气压低、沸点低，食物不易煮熟。为避免食物不熟影响食欲和消化吸收，蒸煮食物时要用高压锅。有人建议运动员可适量饮用咖啡，咖啡有兴奋中枢神经的作用，可对抗初上高原的一些机体不适感，有助于食物的摄入。

疾病防控篇

第十一章　运动、营养与自由基

在生理状况下，机体内不断进行氧化还原反应而生成自由基（free radical），同时自由基也不断被体内抗氧化系统清除，因此自由基在体内保持低浓度的动态平衡。如果体内自由基产生过多或清除自由基的能力下降，则会损伤体内的生物大分子，破坏细胞的结构与功能，导致衰老和疾病的发生。研究证明，运动和营养均与自由基反应有关。适量运动可使体内抗氧化系统功能增强；而合理营养，防止营养不良，补充抗氧化剂，有利于自由基的清除，从而保护机体免受自由基攻击，增进健康，提高运动能力。

第一节　自由基与抗氧化系统

一、自由基和氧化应激

（一）自由基

自由基是指带有不成对电子的原子、原子团、分子或离子，如带不成对电子的氧，则称为氧自由基（oxygen free radical）。由于体内电子传递过程大多发生在氧原子或氧分子上，因此代谢过程中产生的自由基90%以上为氧自由基。生物体内常见的氧自由基有超氧阴离子（O_2^{-}）、羟自由基（·OH）、脂氧自由基（ROO·）、烷氧自由基（RO·）、氮氧化物（NO·和NO_2·）等。这些氧自由基及其衍生的单线态氧（$^1O_2$）、过氧化氢和脂质氢过氧化物统称为活性氧（reactive oxygen species，ROS）。

自由基是有关酶系统催化的需氧代谢过程和电子传递过程的中间产物，人体在应激、炎症等生理病理状态下能产生O_2^{-}和氮氧化物参与正常的生化过程，调节花生四烯酸代谢，提高吞噬细胞和中性粒细胞的吞噬杀菌功能等。但当体内自由基产生超过机体自身清除能力时，自由基攻击核酸、蛋白质、多不饱和脂肪酸等生物大分子，使之发生交联或断裂，导致组织损伤或机体衰老。

（二）氧化应激

大多数情况下，机体内被称为活性氧的性质活泼的含氧物质与自身抗氧化系统保持动态平衡，当这种平衡倾向于活性氧时，就造成氧化应激（oxidative stress）。细胞能耐受轻度的氧化应激，但严重的氧化应激使细胞代谢失调，包括 DNA 损伤、细胞内游离钙离子和游离铁离子增多、对膜离子转运体和其他蛋白质的损害及脂质过氧化，最终可导致细胞损伤和凋亡。

（三）氧化应激的结果

1. 脂质过氧化：自由基从脂肪酸侧链甲烯碳中夺取氢原子可启动脂质过氧化，经一系列连锁反应形成脂质过氧化物，脂质过氧化物具有毒性，能损伤大多数体细胞。机体细胞膜和细胞器膜都以脂质双分子层为膜骨架，活性氧与多不饱和脂肪酸反应生成脂质过氧化物后，膜结构被破坏，膜的流体性、流动性、交联性、通透性、离子转运和屏障作用等受到影响。溶酶体膜破裂，细胞发生自溶。

2. 蛋白质变性：羟自由基和脂质自由基可以吸引核酸和蛋白质分子上的 H^+，或引起加合反应，生成核酸自由基和蛋白质自由基。蛋白质自由基可与另一蛋白质发生加成反应，生成二聚体、三聚体或多聚体，导致蛋白质变性和酶失活，细胞严重受损或凋亡。

3. 基因突变：氧自由基可使 DNA 中胸腺嘧啶 5、6 位的双链发生氧化、交联，可导致基因突变。一方面可引起转录异常，形成非正常的 mRNA，产生异种蛋白，引起免疫反应；另一方面可引起 DNA 复制异常，导致突变或诱发癌症。

二、抗氧化系统

体内自由基虽然不断产生，但同时存在清除自由基的抗氧化酶系统和非酶抗氧化剂，不断清除自由基，使自由基生成与清除处于动态平衡，从而保护机体免受自由基损伤。

（一）抗氧化酶系统

1. 超氧化物歧化酶（superoxide dismutase，SOD）：清除体内氧自由基的主要酶系，广泛存在于生物组织中，其按金属辅基可分为三类：CuZn－SOD、Mn－SOD 和 Fe－SOD。它们是清除 O_2^- 的歧化酶，但半衰期较短，且清除氧自由基的能力有限。

2. 谷胱甘肽过氧化物酶（glutathione peroxidase，GSH－Px）：一种含硒的氧化酶，主要存在于胞浆和线粒体中，催化过氧化物或 H_2O_2 与还原型谷胱甘肽（reduced glutathione，GSH）反应，生成氧化型谷胱甘肽。

3. 过氧化氢酶（catalase，CAT）：也称触酶，主要存在于红细胞及某些组织细胞中，催化 H_2O_2 分解成 H_2O 和 O_2，从而减少或消除对机体有害的·OH 生成。

4. 其他过氧化物酶：细胞色素 C 过氧化物酶、抗坏血酸过氧化物酶等在体内都具有清除氧自由基的作用，构成机体的抗氧化系统。

（二）非酶抗氧化剂

体内非酶抗氧化剂由许多具有抗氧化功能的营养素或其他物质组成。重要的非酶抗氧化剂有维生素 E、β－胡萝卜素、还原型谷胱甘肽、维生素 C、半胱氨酸、牛磺酸、

辅酶 Q_{10} 等。

（三）食物中的抗氧化物质

1. 抗氧化营养素：维生素 E、维生素 C、维生素 A、β－胡萝卜素，微量元素硒、铜、锌、锰等。此外，食物中还有许多具有抗氧化功能的多肽、酶和蛋白质等。

2. 非营养素抗氧化物质：一些植物化学物具有抗氧化作用，详见表 11－1。

表 11－1　具有抗氧化作用的植物化学物

种类	食物来源
类胡萝卜素	番茄、胡萝卜、南瓜、玉米、柑橘等
类黄酮	银杏、茶叶、薯类、大豆、洋葱等
多酚化合物	茶叶、葡萄、人参、芦丁等
叶绿素	绿叶蔬菜、甜椒、胡萝卜等
柠檬烯	各类柑、橘、橘皮
番茄红素	番茄、西瓜、葡萄柚
二烯丙基硫化物	葱属植物
其他（吲哚－三甲醇、磷酸肌醇、皂苷、异硫氰酸酯等）	十字花科蔬菜、大豆

第二节　运动与自由基

一、急性运动与自由基反应

（一）急性运动引起自由基产生增加，体内抗氧化剂减少

研究表明，体力活动使氧摄入增加 10～20 倍，运动中骨骼肌纤维氧流出量可增加 100～200 倍。在运动增加氧消耗的同时，自由基生成及伴随自由基生成的脂质过氧化物增加，对人体组织和功能均会造成一定损伤。采用电子自旋共振技术（ESR）直接探测组织中的自由基，发现大鼠在跑台上进行力竭性运动后肝脏和骨骼肌的自由基浓度增加 2～3 倍。大量研究显示，体力活动与氧化应激相互关联，生成过量的活性氧，而还原型谷胱甘肽含量明显下降。急性运动造成机体自由基产生增加的原因目前还不清楚。可能的机制包括线粒体电子漏机制、黄嘌呤氧化酶机制、钙过载机制、前列腺机制、中性粒细胞呼吸爆发机制、儿茶酚胺自氧化机制等。有人认为，骨骼肌和肝脏线粒体氧自由基代谢以线粒体电子漏为主，而心肌氧自由基代谢则有黄嘌呤氧化酶的参与。运动中

骨骼肌线粒体产生的一氧化氮也与过氧化物、过氧化氢和羟自由基的产生有关。

急性运动引起自由基产生增加有以下特点。

1. 自由基产生的组织器官特异性：急性运动引起自由基反应明显增强的组织器官多是与运动密切相关的组织器官，如骨骼肌、心脏、肝脏、肾脏等；而与运动关系不太密切的组织器官，自由基反应一般不强烈。例如，大鼠力竭性运动后脑组织中脂质过氧化产物丙二醛（malondialdehyde，MDA）的变化不大，SOD的活性变化也不明显。一种可能是运动诱导产生的自由基和脂质过氧化物尚未累及中枢神经系统，另一种可能是中枢神经系统存在高效的抗氧化系统。

2. 自由基反应程度与运动形式有关：即使是同一组织，急性运动后自由基反应的程度也不同。大鼠力竭性游泳运动后，股四头肌白肌纤维、红肌纤维以及心肌纤维的MDA水平和SOD活性升高程度不同，以白肌纤维升高幅度最小，心肌纤维升高幅度最大。一方面说明，运动形式不同，骨骼肌纤维类型不同，自由基反应的程度不同；另一方面说明，骨骼肌纤维类型不同，产生和清除自由基的体系和功效也可能不同。

（二）急性运动引起抗氧化酶系统活性增高

急性运动可使机体血清（血浆）或全血、红细胞、骨骼肌、心肌、肝脏等组织器官MDA的含量增高，同时CuZn-SOD、Mn-SOD、GSH-Px、CAT等的活性也明显增高。虽然急性运动使机体抗氧化酶系统活性增高，消除自由基能力增强，但仍不能及时清除大量生成的自由基，致使机体自由基和脂质过氧化物增加。

（三）运动致自由基反应增强的结果

运动引起体内自由基产生增加，导致脂质过氧化反应加强，从而对组织和细胞造成损伤。这些损伤主要表现在以下几个方面。

1. 运动性贫血和血红蛋白尿：主要原因是急性运动时因细胞内氧合血红蛋白自动氧化速率加快而产生大量自由基，使红细胞膜脂质过氧化，降低细胞膜的流动性，降低细胞膜的变形能力，脆性增加，导致红细胞溶血，血中游离的血红蛋白过多，由肾脏排出，出现血红蛋白尿，最终出现运动性贫血。

2. 肌肉疲劳：急性运动后，过多的自由基可攻击肌纤维膜和肌浆网膜，使其完整性受到破坏，造成一些离子的转运与代谢紊乱。另外，由于线粒体是运动性自由基生成的场所，所以自由基的大量增加使线粒体呼吸链受到破坏，ATP的生成受阻，从而导致肌肉的工作能力下降，加速疲劳的发生。

3. 骨骼肌损伤：急性运动引起肌细胞氧消耗增加（比安静时高出约20倍），机体代谢旺盛产生自由基。酸性代谢产物的堆积也造成机体产生大量自由基，从而导致脂质过氧化，最终导致骨骼肌损伤。

4. 心脏功能受损：运动对心血管的作用分为有益和有害两个方面，适当的运动可增强心脏和血管的功能，对防治心血管疾病具有重要意义；而不适当的运动对心血管有害，由于血液儿茶酚胺浓度增高，能量代谢转向主要依靠脂肪酸氧化供能，供氧系统超负荷，在组织供氧不足的情况下，线粒体外用氧异常比线粒体内缺氧更容易发生，超氧阴离子、H_2O_2、羟自由基的生成增加，促进脂质过氧化，损伤生物膜，导致心血管疾病的发生，如造成心肌损害甚至猝死。

二、运动训练与自由基

研究表明，有氧运动训练可使人和动物运动后血液、肌肉、肝脏等组织器官中自由基和脂质过氧化物减少，自由基引起的损伤程度减轻。但训练并不能完全抑制自由基的产生，而主要是通过提高机体抗氧化能力，即提高抗氧化酶活性，加快自由基的清除。同时，运动训练也使人体安静时自由基的基础生成量减少，并能使人体在运动时自由基的高峰值降低。运动时产生的活性氧可消耗抗氧化维生素和还原型谷胱甘肽，但经过运动训练，抗氧化酶系统和非酶抗氧化剂对急性和慢性运动产生适应，抗氧化酶的适应表现为酶活性提高，非酶抗氧化剂的适应表现为抗氧化剂利用效率和储备能力提高。补充抗氧化剂有利于提高机体的抗氧化能力。

但运动训练后，抗氧化酶系统活性升高是有一定限度的，与机体疲劳程度有关。一般认为，经过运动训练后的机体，短时间运动后抗氧化酶系统活性升高，清除自由基效果明显；而较长时间的亚极量或高强度运动，尤其是力竭性运动后，抗氧化酶系统活性不可能仍维持较高水平，而呈逐步下降的趋势，清除自由基的效率下降。这提示我们为避免自由基引起的运动损伤，应避免疲劳性运动训练或力竭性运动训练。

运动训练还可减少骨骼肌损伤，使血浆肌酸激酶活性下降，原因可能是运动训练引起抗氧化酶系统活性升高，自由基被及时清除，使得自由基对骨骼肌细胞膜脂质过氧化作用减弱。有人观察到，短时间高强度运动后，未受训练者血浆肌酸激酶活性明显升高，而受过训练者其活性变化不明显。

流行病学研究表明，经常参加体育锻炼，可减少疾病的发生。但超强和超长的体育锻炼可产生大量自由基，引起细胞大分子的氧化损伤，其中，DNA 碱基的氧化修饰，特别是鸟嘌呤 C−8 的羟基化，有可能加速细胞衰老和引起癌症。而补充抗氧化剂，如维生素 C 和维生素 E，具有预防 DNA 氧化损伤的作用，短时间或长时间的适度运动不会引起 DNA 氧化损伤，甚至还减轻 DNA 氧化损伤。

有人观察到运动员在大强度运动训练和极限运动训练后尿中脂质过氧化物明显增加，且在周期性运动训练中，尿中脂质过氧化物随运动量增加而增加，故可利用尿脂质过氧化物作为评价和监测运动性疲劳的指标。

第三节　营养素对运动机体自由基产生和清除的影响

营养素在清除因运动而产生的自由基过程中起着重要的作用。营养素或参与抗氧化酶的构成，或作为还原剂直接清除自由基。一般来说，维生素直接清除自由基或在清除自由基的反应体系中提供 H^+，而微量元素则通过参与抗氧化酶的构成发挥作用。这些营养素不足或缺乏，可引起抗氧化能力减弱，自由基反应和脂质过氧化作用增强，组织细胞结构和功能受损。因此，运动人群要注意合理营养和平衡膳食，必要时可补充复合维生素和复合矿物质片，以保护机体免受自由基损伤，提高训练效果和运动能力。

一、维生素

（一）β-胡萝卜素和维生素 A

β-胡萝卜素是目前已知的作用最强的单线态氧清除剂，可减轻脂质过氧化反应。

维生素 A 缺乏引起大鼠血清、肝脏及脑组织 SOD 活性明显下降，全血、肝脏及脑组织 GSH-Px 活性明显降低，血清、肝脏及脑组织 MDA 水平显著升高，故认为维生素 A 缺乏可以使大鼠脂质过氧化反应增强，抗氧化能力明显减弱。

（二）维生素 E

维生素 E 是公认的抗氧化剂，它与其他抗氧化物质以及抗氧化酶包括超氧化物歧化酶（superoxide dismutase，SOD）、谷胱甘肽过氧化物酶（glutathione peroxidase，GPx）等一起构成体内抗氧化系统，保护生物膜及其他蛋白质免受自由基攻击。

生育酚分与自由基发生反应后，自身被氧化成生育酚羟自由基（tocopheroxyl radical），即氧化型维生素 E。氧化型维生素 E 在维生素 C 谷胱甘肽和 NADPH 的参与下重新还原成生育酚（还原型）。可见，体内抗氧化功能是由复杂的体系共同完成的，维生素 E 是这个体系的一个重要组成成分。

补充维生素 E 可以明显降低运动后自由基的浓度，减轻自由基损伤，提高抗氧化酶活性，增强运动能力。维生素 E 缺乏时，运动能力下降。

（三）维生素 C

维生素 C 在组织中以还原型维生素 C 和氧化型维生素 C 两种形式存在，前者占绝大多数。还原型维生素 C 在抗氧化过程中起重要作用，可提供 H^+，还原氧自由基，直接清除自由基。此外，还原型维生素 C 作为性质活泼的还原剂，通过提供 H^+，还原氧化型的抗氧化剂，起到间接清除自由基、抗氧化的作用。如可将氧化型谷胱甘肽还原为还原型谷胱甘肽。还原型维生素 C 还可还原氧化型生育酚为还原型，使其继续发挥抗氧化作用。补充维生素 C，可使运动后机体 MDA 水平下降，减少脂质过氧化。

流行病学资料显示，耐力性训练往往导致运动员免疫系统功能降低而引发上呼吸道感染。营养干预试验显示，维生素 C 能有效地减少耐力性训练或比赛后运动员上呼吸道感染。原因在于，耐力性训练或比赛后，神经内分泌系统对中性粒细胞的刺激加剧，使活性氧释放入血的速率加快，高浓度维生素 C 清除活性氧，可减轻自由基对免疫功能的不良影响，使上呼吸道感染发病率下降。因此，补充外源性抗氧化剂对经常从事耐力性训练或比赛的运动员有益。

（四）维生素 B_2

维生素 B_2 的活性辅基通常为黄素腺嘌呤二核苷酸（FAD），FAD 是谷胱甘肽还原酶的辅基，谷胱甘肽还原酶可催化氧化型谷胱甘肽转变为还原型谷胱甘肽。维生素 B_2 缺乏时，谷胱甘肽还原酶活性降低，可导致氧化型谷胱甘肽水平升高。维生素 B_2 缺乏还可使红细胞中维生素 E 水平和 SOD 活性降低，而红细胞膜 MDA 水平明显升高，红细胞谷胱甘肽还原酶活性下降，红细胞膜脂质过氧化加重，红细胞膜流动性下降。

（五）维生素 B_6

维生素 B_6 也在抗氧化系统中发挥作用。缺乏维生素 B_6 大鼠的红细胞、骨骼肌、心肌、脾脏中 GSH－Px 活性显著低于补充维生素 B_6 大鼠。维生素 B_6 缺乏还使大鼠胰腺谷胱甘肽还原酶活性下降。

（六）烟酸

烟酸以烟酰胺的形式在体内构成辅酶Ⅰ（或 NAD^+）及辅酶Ⅱ（或 $NADP^+$），是组织细胞中极其重要的递氢体，在生物氧化中起着重要作用。如 NADPH 可还原氧化型谷胱甘肽，发挥抗氧化作用。

二、矿物质

（一）硒

硒参与 GSH－Px 的组成，每分子 GSH－Px 中含 4 个硒原子。硒还参与磷脂过氧化氢谷胱甘肽过氧化物酶的构成，该酶含有一个硒原子，主要分布于细胞膜上。GSH－Px 和磷脂过氧化氢谷胱甘肽过氧化物酶分别还原细胞可溶部分和生物膜上的脂质过氧化物，并起节约维生素 E 的作用。

硒营养状况良好的运动员，体内脂质过氧化程度低。运动员红细胞、血小板、血浆中的硒含量与相应部位的 GSH－Px 活性成正比。补硒可降低运动员运动后 MDA 水平。缺硒使机体在运动中抗氧化能力减弱，运动强度越大，脂质过氧化反应越强烈，抗氧化能力越低。运动训练可在硒营养水平不变的情况下提高机体抗氧化能力。

（二）锌

锌原子在 CuZn－SOD 中发挥稳定结构的作用。研究表明，锌对产生自由基的有关酶系有抑制作用。金属硫蛋白含有丰富的巯基，被认为是有效的自由基清除剂，而金属硫蛋白中含有锌原子和铜原子。锌缺乏时，体内自由基产生增加，脂质过氧化加强，与自由基生成有关的酶活性升高。运动训练明显增加缺锌动物体内脂质过氧化物，缺锌动物补锌后，运动训练可使体内抗氧化酶活性提高。运动员红细胞 SOD 含量与红细胞锌、铜水平正相关。

（三）铜

CuZn－SOD 中含有铜。铜为此酶活性所必需，任何金属离子都不能取代铜的作用。缺铜可导致组织 SOD 活性下降，自由基形成增多。血清 SOD 可灵敏地反映铜的营养状况。铜还是血浆铜蓝蛋白的成分，缺铜可使铜蓝蛋白水平下降，而铜蓝蛋白具有抗氧化作用。体内铜含量较高时，脂质过氧化作用明显，表明铜含量过高可促使自由基的产生。补铜过量引起的铜中毒，可能与过量铜导致自由基损伤有关。

（四）锰

锰参与 Mn－SOD 的构成，在线粒体中发挥清除超氧阴离子的作用。缺锰可导致 Mn－SOD 活性下降。

（五）铁

Fe^{3+} 为 CAT 的辅基，缺铁动物血浆和肝脏线粒体 MDA 水平明显增高，运动可进一步增加脂质过氧化物水平。缺铁还引起红细胞变形性降低，可能与红细胞膜脂质过氧化损伤有关。

（六）镁

缺镁动物骨骼肌羟自由基含量增高，线粒体肿胀，肌浆网结构被破坏，表明缺镁可造成自由基损伤。

三、其他营养素

（一）蛋氨酸

蛋氨酸是一种必需氨基酸，可使大鼠心肌 GSH－Px 活性增加。低水平蛋氨酸可加重缺硒大鼠全血和组织 GSH－Px 活性下降，MDA 水平升高，心肌超微结构改变。

（二）半胱氨酸

半胱氨酸在体内由必需氨基酸蛋氨酸转变而来，含有一个巯基，利用其还原性发挥抗氧化作用，可保护许多依赖巯基保持活性的重要酶系。半胱氨酸还通过构成谷胱甘肽参与清除自由基。

（三）牛磺酸

牛磺酸可增强红细胞 SOD 和 GSH－Px 的活性，降低红细胞 MDA 水平，抑制红细胞溶血，有稳定红细胞膜的作用。研究表明，牛磺酸可以减少运动诱导的自由基产生，减轻自由基损伤，稳定生物膜，调节钙转运，从而对抗运动性疲劳。

（四）还原型谷胱甘肽

急性运动后血浆还原型谷胱甘肽（GSH）减少，氧化型谷胱甘肽（GSSG）增多，表明骨骼肌和肝脏消耗 GSH 增多。运动训练可使血浆 GSH 水平升高，GSSG 水平下降。GSH 有效地保护组织免受氧化损伤。补充 GSH 可降低运动后血中 GSSG 水平，提高运动员的耐力。

（五）辅酶 Q_{10}

辅酶 Q_{10} 也称泛醌，其生物功能是在线粒体呼吸链的电子转移过程中携带电子。辅酶 Q_{10} 是一种抗氧化剂和膜稳定剂，具有清除自由基、防止线粒体损伤、维护心肌钙离子通道完整等作用。

第十二章 运动、营养与免疫

早在 19 世纪人们就开展了针对运动与免疫关系的研究，但直到 20 世纪 80 年代，运动对机体免疫功能的影响才受到重视。大量研究表明，大运动量训练或比赛可引起运动员免疫抑制，增加感染的风险，特别是上呼吸道感染。许多因素可以影响运动引起的免疫抑制，如体质、环境因素和心理应激等。营养缺乏会降低机体的免疫功能，增加感染的风险，影响运动员的运动能力。运动员合理营养有助于维持机体适宜的免疫功能，促进健康。

第一节 免疫系统概况

免疫（immunity）在医学上指人体免于罹患疾病、抵抗特定病原体的能力。现代免疫的定义是机体对外来异物的一种反应，指机体识别“自己”与“非己”物质，并对“非己”物质加以排斥和清除，以维持机体内环境平衡稳定的一种生理性防御反应。免疫系统由免疫器官、免疫细胞和免疫分子组成，是一个极其复杂而又十分重要的生理系统。

一、免疫器官

1. 胸腺：T 是“胸腺”的英文缩写。T 细胞形成于胸腺，它的主要功能是吞噬外来异物。

2. 骨髓：位于骨髓腔和稀松骨质网眼中的一种海绵状组织，是主要的造血器官，也是各种免疫细胞的发源地和 B 细胞成熟的场所。此外，骨髓还是抗体产生的主要部位。

3. 淋巴结：具有重要的免疫过滤作用，是 T 细胞、B 细胞等定居的场所和这些细胞识别外来抗原、发生免疫应答反应的部位。

4. 脾脏：在胚胎早期是一个造血器官，人出生后，脾脏只产生淋巴细胞。它具有过滤血液的职能，清除死亡的血细胞，吞噬病毒和细菌。它还能激活 B 细胞使其产生大量的抗体。

5. 扁桃体：位于咽喉部位，是抵御经口鼻进入人体的异物的天然屏障。

6. 皮肤和黏膜：皮肤和黏膜是抵御外源性病原体侵入的第一道防线。完整的皮肤和黏膜既能作为物理屏障阻挡病原体穿越，也能分泌多种杀菌抑菌物质，如皮肤的汗腺能分泌乳酸，不利于细菌生长，皮脂腺分泌的脂肪酸有杀菌作用，不同部位的黏膜腺体能分泌溶菌酶、胃酸、蛋白酶等杀菌物质。

大量研究表明，胃肠道也具有重要的免疫功能。

二、免疫细胞

免疫细胞在体内的分布与分工具有重要的战略意义。

1. 肥大细胞：主要分布在皮肤和黏膜下组织，以及血管壁周围等微生物进入机体所必经的通道。它们识别微生物特有的各种危险信号，随后释放胞质颗粒中的炎症因子，召集各种免疫细胞至被入侵组织部位，启动炎症过程。

2. 巨噬细胞：具有较强的吞噬和杀伤能力，是微生物入侵体表后的第一道防线。

3. 中性粒细胞：占外周血白细胞总数的2/3，是不停随血液循环巡逻的“野战部队”，能够在免疫分子的趋化下穿出血管壁，迅速抵达发生感染的部位，执行吞噬和消化微生物的任务。它的寿命仅有几天，又被称作免疫系统的“敢死队”。

4. 自然杀伤细胞（NK细胞）：机体重要的免疫细胞，不仅与抗肿瘤、抗病毒感染和免疫调节有关，而且在某些情况下参与超敏反应和自身免疫性疾病。

5. T细胞和B细胞：免疫系统基本的防御“战士”是能移动的淋巴细胞，由于其特点和记忆能力不同而被分为B细胞和T细胞两种。

T细胞分为CD4+T细胞和CD8+T细胞两大类。前者为辅助性T细胞，是免疫应答的“指挥官”，可以发号施令。CD8+T细胞为杀伤性T细胞，能直接杀伤被微生物感染的宿主细胞，清除病原体在体内的“加工厂”和“避风港”。

B细胞通过受体识别抗原后被活化，可增殖并分化为浆细胞。浆细胞分泌的抗体（又称为免疫球蛋白）与微生物结合之后，可以阻止微生物继续感染其他细胞，激活补体直接杀伤微生物，通过抗体分子Fc段与吞噬细胞结合，使抗原－抗体复合物被捕捉和清除。

此外，在免疫应答过程中参与捕捉、加工、处理抗原，并将抗原提呈给T细胞、B细胞的一类免疫细胞称为辅佐细胞或者抗原提呈细胞，其包括单核吞噬细胞系统以及树突状细胞等。单核吞噬细胞不仅参与抗原提呈，还具有许多其他生物学功能。

三、免疫分子

免疫分子包括各种免疫球蛋白、补体、细胞因子等，在抗感染、炎症反应、清除外源性病原体、调节各种免疫细胞功能以及自身免疫性疾病中起重要作用。细胞因子分为干扰素（interferon，IFN）、白细胞介素（interleukin，IL）、集落刺激因子（colony stimulating factor，CSF）、肿瘤坏死因子（tumor necrosis factor，TNF）四大类，它们的生物学作用可参见有关免疫学书籍。近来的研究表明，细胞因子还直接或间接地参与调节机体的营养代谢，如TNF及IL－1可以刺激肌肉蛋白质和脂肪分解，增加糖原异生，促进结缔组织重建和组织中锌、铁和铜的重新分布。

四、非特异性免疫系统和特异性免疫系统

正常情况下，非特异性免疫系统和特异性免疫系统保护机体免受外源性病原体的侵害。非特异性免疫系统包括皮肤、黏膜、单核吞噬细胞、补体、溶菌酶、黏液、纤毛；特异性免疫系统包括T细胞介导的细胞免疫应答反应和B细胞介导的体液免疫应答反应。正常的免疫应答反应需要非特异性免疫系统和特异性免疫系统的协同参与。

特异性免疫系统的特点是具有识别自身物质和外来入侵物质（识别“自己”与“非己”）的能力。正常情况下，机体对自身抗原产生负应答（免疫耐受），以保护组织器官不受自身免疫系统的攻击。当免疫系统受抗原刺激后，未成熟的免疫细胞分化为对特异性抗原有应答能力的特异性免疫细胞，这些特异性免疫细胞表面具有能识别特异性抗原（靶细胞）并与之发生反应的受体结构。一些被称为记忆细胞的特异性免疫细胞在与外来抗原发生反应后，其记忆能力增强，当再次接触同一种抗原时，其免疫应答会更加迅速有效。

第二节　运动对免疫功能的影响

研究发现，运动可影响机体免疫功能。过度运动会引起免疫功能下降，而适度的运动可以改善或提高免疫功能。长期适度或轻、中度运动对免疫功能的影响可能是机体对运动应激的生理性适应，其机制可能是这种长期慢性训练使淋巴细胞反复暴露于对免疫起抑制作用的激素（如儿茶酚胺），淋巴细胞表面激素受体敏感性下降，使激素的抑制作用减弱，表现为机体免疫功能增强。与此相反，急性运动和长期激烈的运动训练促进体内具有免疫抑制作用激素的释放，从而抑制免疫功能。

一、运动与免疫细胞

（一）运动与T细胞

T细胞是细胞免疫反应中极为重要的细胞，而CD4+T细胞和CD8+T细胞是T细胞中功能各异的两个亚群，机体的免疫平衡主要由这两类细胞相互影响来维持。一般说来，CD4+T细胞在免疫反应中主要发挥辅助和诱导作用，CD8+T细胞则主要发挥杀伤和抑制作用，两类T细胞亚群比例失调就会导致机体免疫功能失常。一般认为，T细胞在不同强度、不同持续时间的运动中或运动后都会增加。研究表明，运动员CD8+T细胞比例高于普通人，经4周高强度大负荷运动训练后，CD8+T细胞比例更趋升高。从理论上讲，CD8+T细胞比例上升会增加该细胞对机体免疫功能的抑制作用，剧烈的运动训练可能导致机体免疫调节功能紊乱，免疫功能减弱。大运动量训练后运动员的CD4+/CD8+比值出现倒置现象。

（二）运动与NK细胞

NK细胞是一群具有自然杀伤能力的淋巴细胞，不需抗原激活就能直接杀伤肿瘤细胞、病毒感染细胞及移植的组织细胞，在机体免疫防御反应中起着重要作用。一般认为，短时间高强度的急性运动往往会引起外周血NK细胞的大量募集，运动强度是影响急性运动中外周血NK细胞募集程度的关键。运动开始几分钟内NK细胞数量可增加40%～100%，但持续一定时间后，NK细胞数量就会下降，甚至低于运动前水平，同时伴随细胞功能下降。可能的机制是没有更多的成熟NK细胞被募集参与再循环，急性运动后淋巴细胞在外周血循环和器官之间重新分配；还有学者认为与急性运动时肌肉损伤释放趋化因子，导致淋巴细胞（包括NK细胞）大量进入肌肉组织有关。

二、运动与免疫球蛋白

运动与体液免疫中分泌型免疫球蛋白A（SIgA）的水平变化有密切关系。SIgA是存在于呼吸道黏膜、眼、肠黏膜表面的免疫球蛋白，对机体局部免疫（如保护呼吸道黏膜）有重要作用，在机体抵御外来微生物入侵方面具有重要意义。

连续高强度运动或超长时间运动会降低运动员安静时SIgA水平，比赛后运动员SIgA水平亦明显低于非运动员。由于黏膜免疫力减弱，各种病原体侵入机体，引起各种亚临床感染和临床感染，尤其是上呼吸道感染。

在运动与SIgA和上呼吸道感染的研究中，研究者发现女性比男性上呼吸道感染率高，原因尚不清楚。Nieman以运动强度和持续时间作为横坐标，以运动后恢复期上呼吸道感染发生率作为纵坐标，发现运动强度和持续时间与感染之间存在“U”形曲线关系，提示当运动强度和持续时间适宜时，运动后的上呼吸道感染率最低，表明适宜的运动有利于机体抵御外界致病因素的侵袭。以后随运动强度的增加和持续时间的延长，上呼吸道感染率呈线性上升。

三、运动与细胞因子

目前，运动对细胞因子的影响研究多集中在IL－1、IL－2、IL－6和TNF。运动可促进IL－1生成。运动对IL－2分泌的影响研究报道不多，且结果也不一致。长期参加适量体育锻炼的老年人安静时血液中NK细胞和IL－2水平显著增高；而自行车运动员经过6个月的高强度运动训练后，其IL－2水平显著低于训练前和对照组。可能适度运动增加IL－2的分泌，而过度运动抑制IL－2的分泌。有报道称17名马拉松运动员中15人在运动后IL－6水平显著升高。2～5小时跑步测验和5km赛跑后均可见血浆TNF－α水平升高。目前认为，运动尤其是离心性肌肉运动导致肌肉细胞的机械性损伤，组织碎片作为抗原激活巨噬细胞，引起IL－1、IL－6及TNF等细胞因子合成与分泌增加。因此，运动后细胞因子的释放可能与肌肉组织的损伤有关。

四、运动与免疫功能的调节

目前研究最多的是神经内分泌系统对免疫功能的调节，且多集中在儿茶酚胺、胆碱、多巴胺等，以及糖皮质激素、生长激素、内啡肽等激素。实际上，免疫功能还受其他多种因素的影响，如谷氨酰胺、免疫抑制因子和营养补充剂等。

（一）神经内分泌系统的调节

中枢淋巴器官（骨髓、胸腺）与外周淋巴器官（脾脏、淋巴结、淋巴组织）受交感神经、副交感神经的支配，一般认为，交感神经兴奋引起免疫抑制，而副交感神经兴奋则引起免疫增强。许多研究证实，免疫细胞表面和内部都存在神经递质和激素受体，神经内分泌系统正是通过这些受体作用于免疫细胞，从而对免疫应答进行双向调节。体外研究表明，儿茶酚胺、糖皮质激素、前列腺素对免疫应答有抑制作用，而生长激素、甲状腺激素 T_3、胰岛素和雌激素能促进免疫应答。乙酰胆碱、肾上腺素、去甲肾上腺素、多巴胺、内啡肽及5－羟色胺等神经递质对免疫应答的影响，因免疫细胞的种类不同而不同。免疫促进因子与免疫抑制因子在体内相互作用，共同维持机体正常的免疫应答与免疫反应。在运动训练时出现最快、最明显的反应就是儿茶酚胺分泌增加。一般认为，儿茶酚胺的分泌与运动时间和强度正相关，可引起机体多种变化，如其他激素的分泌、心血管反应、物质代谢。但儿茶酚胺持续性分泌过多可导致机体免疫功能抑制。生长激素是垂体前叶分泌的多肽，对多种免疫细胞具有促进分化和增强免疫功能的作用。运动过程中，外周血生长激素变化明显，长时间或短时间高强度运动都可使生长激素释放，运动强度的变化对生长激素的影响更明显。一般认为，血浆糖皮质激素浓度的变化主要与运动时间有关，长时间高强度运动会导致糖皮质激素水平升高，从而抑制机体免疫功能。

（二）谷氨酰胺的调节

谷氨酰胺是免疫系统的重要能量来源。通常情况下，机体可自身合成谷氨酰胺并供组织利用，但在运动训练情况下，容易出现谷氨酰胺缺乏。有报道，在持续时间较长、强度较大且经常进行的耐力性运动中，血浆谷氨酰胺浓度显著下降，使一些免疫细胞功能下降。研究证明，骨骼肌是谷氨酰胺生成的主要部位，其中支链氨基酸是肌细胞合成谷氨酰胺的重要氮源。肌肉收缩时，大量支链氨基酸经葡萄糖—丙氨酸循环，导致谷氨酰胺合成不足，血浆浓度下降，抑制免疫功能。

（三）免疫抑制因子的调节

免疫抑制因子具有较强的免疫抑制效应。研究发现，持续高强度的运动使机体产生免疫抑素。在应激情况下，血清中会出现许多免疫抑制因子，它们可抑制淋巴细胞生成IL－2。免疫抑制因子的产生部位、生成条件、作用机制等方面还有待进一步研究。

第三节　营养对运动时机体免疫功能的影响

大强度的运动以及营养缺乏都可影响机体的免疫功能。如果运动应激和营养缺乏共同作用，则对免疫功能的影响很大。运动训练增加机体对营养素的需要，而在日常训练中，许多运动员并未摄入平衡膳食，在一定程度上会损害免疫功能。因此，运动员在运动训练中应合理营养，尽可能将运动引起的免疫抑制降至最低程度。

一、蛋白质和氨基酸对运动时机体免疫功能的影响

大多数研究表明，蛋白质摄入不足可损害机体免疫功能，特别是T细胞的功能，导致感染发生率增加。有报道称，运动员在减体重时，体重减少4%就可以出现吞噬细胞功能下降。动物实验表明，大鼠如在喂饲低蛋白质饲料的情况下运动，会出现高皮质醇血症，继发免疫功能下降，并常见免疫器官萎缩。大多数研究者认为，如果蛋白质摄入不足，加之训练增加机体对蛋白质的需要，最终导致免疫系统能量供给不足，这可能是运动时蛋白质营养不良影响免疫功能的主要原因。

但膳食中蛋白质过多可能对免疫功能产生潜在的危害。有研究表明，摄入富含蛋白质的饮食（24%蛋白质、72%脂肪、3%碳水化合物）4天后，骨骼肌和血浆中谷氨酰胺浓度降低25%。

谷氨酰胺是肌肉和血浆中含量丰富的游离氨基酸，白细胞以较高的速度利用其提供能量，其是核苷酸生物合成的重要氨基酸来源。运动后如果发生血浆谷氨酰胺浓度下降，则可影响机体的免疫功能。有研究证明，长时间的运动导致血浆谷氨酰胺浓度下降，从而损害免疫功能。过度运动训练时，血浆谷氨酰胺浓度也下降，这可能也是运动导致机体免疫抑制的主要原因。每天额外摄入20～30g蛋白质，可以恢复过度运动训练运动员的血浆谷氨酰胺浓度。有研究表明，补充外源性谷氨酰胺可以有效预防长时间运动后机体免疫功能抑制。也有研究表明，在运动中补充谷氨酰胺并不能对机体的免疫功能产生有益的影响。因此，补充谷氨酰胺是否能真正改善运动所引起的免疫抑制，还有待于进一步研究。

二、脂肪对运动时机体免疫功能的影响

有研究表明，膳食脂肪种类和含量通过改变细胞膜脂质成分影响免疫细胞的功能，尤其是多不饱和脂肪酸可直接影响细胞膜磷脂组成。一般来说，当细胞膜磷脂中$n-6$脂肪酸比例升高时，增加花生四烯酸合成，提高细胞内前列腺素浓度，可导致机体免疫细胞功能抑制，即IL－2生成减少和抑制淋巴细胞对丝裂原的增殖反应，并使T细胞和NK细胞的功能降低。反之，当细胞膜磷脂中$n-3$脂肪酸比例升高时，则通过相反的机制提高免疫细胞的功能。因此，细胞膜中$n-3$脂肪酸和$n-6$脂肪酸的比例是影响细胞免疫功能的关键。有研究表明，运动员在赛前或强化训练前2个月摄入富含$n-3$脂肪酸的膳食，可明显减轻运动后的免疫抑制，其机制主要是干扰前列腺素介导的免疫抑制。

三、碳水化合物对运动时机体免疫功能的影响

葡萄糖是机体产生免疫细胞（包括淋巴细胞、中性粒细胞、巨噬细胞）的重要原料。有研究表明，当葡萄糖和谷氨酰胺这两种底物以正常的生理剂量加入培养基中时，

吞噬细胞利用葡萄糖的速度比利用谷氨酰胺快 10 倍。淋巴细胞和巨噬细胞在体外对刀豆蛋白（concanavalin A，ConA）引起的增殖反应依赖超过生理剂量的葡萄糖。摄入高碳水化合物膳食还能通过保持血糖水平而减小运动时皮质醇等应激激素的升高幅度，减轻运动引起的免疫抑制。

四、微量元素对运动时机体免疫功能的影响

微量元素锌、铁、硒和铜对机体的免疫功能具有重要的调节作用。

运动员，特别是耐力性项目运动员常存在铁缺乏，原因：①铁在抗氧化反应中转移；②高蛋白质、高脂肪膳食限制铁的吸收。铁不足时，NK 细胞活性减弱，淋巴细胞对丝裂原的应答降低，免疫组织萎缩。铁缺乏引起的细胞免疫功能损害可能是由生化功能改变所致。然而，过量摄入铁可导致免疫抑制，有助于细菌的生长。

锌和硒在维持免疫功能中也起着重要的作用。硒对机体免疫功能有多方面的影响。硒是免疫应答的调节剂，能增强和恢复机体防御效应。硒调节前列腺素的生物合成，而前列腺素又影响 NK 细胞活性。运动增加机体对硒的需要量。但补硒必须十分小心。每日摄入 25mg 硒可能引起呕吐、腹痛、脱发和机体疲劳等不良反应。

锌是免疫系统不可缺少的成分之一，缺锌伴随着淋巴组织显著减少，特别是胸腺。缺锌还可引起 T 细胞活性降低，使体液免疫应答不足，体外淋巴细胞对丝裂原和抗原的应答减弱。重复性大强度运动使运动员对锌的需要量增加，但运动员血浆锌浓度往往较低，因此运动员在大运动量训练期间应保证足够的锌摄入。然而，长期摄入大量锌可出现不良反应，健康成人锌的补充量超过推荐供给量的 10～20 倍，可降低淋巴细胞和中性粒细胞的功能。

五、维生素对运动时机体免疫功能的影响

体内维生素缺乏或维生素摄入不足都会影响免疫功能。已知维生素 B_6 和维生素 A 缺乏可引起 T 细胞对 ConA 反应下降，维生素 E 和维生素 C 缺乏导致中性粒细胞和巨噬细胞吞噬能力降低。大运动量训练后口服维生素 E 可以抑制机体氧自由基的生成，提高机体抗氧化能力，并使大鼠血浆内皮素含量降低，血清一氧化氮含量升高，表明维生素 E 对大运动量训练大鼠的内皮细胞具有保护作用，可提高运动能力和抗疲劳能力。也有实验表明，赛前补充维生素 C 600mg/d，共 3 周，运动员赛后上呼吸道感染率比未补充者下降。强化训练期膳食中增加维生素 E 和维生素 C 可明显减轻运动急性反应，如炎性细胞因子过量分泌等，间接促进运动后疲劳恢复。

然而，摄入大剂量的维生素对机体也会产生潜在的损害。有研究发现，每天补充 300mg 维生素 E，3 周后外周血中白细胞的杀菌能力和淋巴细胞对丝裂原的增殖反应被抑制。大剂量维生素 A 也可影响炎症反应及补体形成。

第十三章　运动、营养与慢性病防治

第一节　概述

一、中国居民营养与慢性病状况

居民营养与慢性病状况是反映国家经济社会发展、卫生保健水平和人口健康素质的重要指标。2015—2019 年，国家卫生健康委员会组织中国疾病预防控制中心、国家癌症中心、国家心血管病中心开展了新一轮的中国居民营养与慢性病监测，覆盖全国 31 个省（自治区、直辖市）的近 6 亿人口，现场调查人数超过 60 万，完成《中国居民营养与慢性病状况报告（2020 年）》。该报告显示，近年来，随着健康中国建设和健康扶贫等民生工程的深入推进，我国营养改善和慢性病防治工作取得积极进展和明显成效，主要体现在三个方面。

一是居民体格发育与营养不足问题持续改善，城乡差异逐步缩小。居民膳食能量和宏量营养素摄入充足，优质蛋白质摄入不断增加。成人平均身高继续增长，青少年生长发育水平持续改善。我国 18～44 岁的男性和女性平均身高分别为 169.7cm 和 158.0cm，与 2015 年发布的结果相比分别增加 1.2cm 和 0.8cm，6～17 岁男孩和女孩各年龄组身高平均分别增加了 1.6cm 和 1.0cm。6 岁以下儿童生长迟缓率降至 7%以下，低体重率降至 5%以下。尤其是我国农村儿童的生长迟缓问题得到了根本改善，农村 6 岁以下儿童生长迟缓率降至 5.8%，6～17 岁青少年生长迟缓率降至 2.2%。我国 18 岁及以上居民贫血率为 8.7%，6～17 岁青少年贫血率为 6.1%，孕妇贫血率为 13.6%，与 2015 年发布的结果相比均显著下降，居民贫血问题持续改善。

二是居民健康意识逐步增强，部分慢性病行为危险因素流行水平呈现下降趋势。近年来，居民吸烟率、二手烟暴露率、经常饮酒率均有所下降。家庭减盐取得成效，人均每日烹调用盐 9.3g，与 2015 年相比下降了 1.2g。居民对自己健康的关注程度也在不断提高，定期测量体重、血压、血糖、血脂等健康指标的人群比例显著增加。

三是重大慢性病过早死亡率逐年下降，因慢性病导致的劳动力损失明显减少。2019 年，我国居民因心脑血管疾病、癌症、慢性呼吸系统疾病和糖尿病等四类重大慢性病导致的过早死亡率为 16.5%，与 2015 年的 18.5%相比下降了 2 个百分点。

随着我国经济社会发展和卫生健康服务水平不断提高，居民人均预期寿命不断增长，随着慢性病患者生存期的不断延长，加之人口老龄化、城镇化、工业化进程加快和行为危险因素流行对慢性病发病的影响，我国慢性病患者基数仍将不断扩大，同时因慢性病死亡的比例也会持续增加。我国居民面临的突出营养问题主要体现在以下三个方面。

一是居民不健康生活方式仍然普遍存在。膳食脂肪供能比持续上升，农村首次突破30%推荐上限，家庭人均每日烹调用盐和用油量仍远高于推荐值，而蔬菜、水果、豆及豆制品、乳及乳制品消费不足。同时，居民在外就餐比例不断上升，食堂食品、餐馆食品、加工食品中的油、盐应引起关注。青少年经常饮用含糖饮料问题已经凸显，15 岁以上人群吸烟率、成人 30 天内饮酒率超过 25%，身体活动不足问题普遍存在。

二是居民超重/肥胖问题不断凸显，慢性病患病率和发病率仍呈上升趋势。城乡各年龄组居民超重/肥胖率继续上升，有超过一半的成年居民超重/肥胖，6～17 岁青少年、6 岁以下儿童超重/肥胖率分别达到 19%和 10.4%。高血压、糖尿病、高胆固醇血症、慢性阻塞性肺疾病患病率和癌症发病率与 2015 年相比有所上升。

三是部分重点地区、重点人群，如婴幼儿、育龄妇女和高龄老年人面临重要微量营养素缺乏等问题，需要引起关注。

面对当前仍然严峻的慢性病防治形势，党中央、国务院高度重视，将实施慢性病综合防治战略纳入《"健康中国 2030"规划纲要》，将合理膳食和重大慢性病防治纳入健康中国行动，进一步聚焦当前国民面临的主要营养和慢性病问题，从政府、社会、个人（家庭）三个层面协同推进，通过普及健康知识、倡导健康行动、提供健康服务等措施，积极有效地应对当前挑战，推进实现全民健康。

二、运动和营养在慢性病防治中的作用

大量研究证实，绝大多数慢性病与体力活动不足以及营养不合理有关。提高体力活动水平与合理营养相结合，有助于防治和减轻严重危害健康的慢性病，如动脉粥样硬化、慢性阻塞性肺疾病、脑血管疾病、高血压、糖尿病、肥胖、骨质疏松及某些恶性肿瘤，而且适量体力活动和合理营养还具有促进儿童育少年生长发育、改善心肺功能、提高耐力、减少身体脂肪量、防治肥胖和改善心理状态等健康效应。提倡体力活动已成为当今许多国家提高居民健康水平和预防慢性病的一个重要举措，其原因有二：①当前疾病谱中慢性病已成为危害居民健康的首要因素。研究证明，缺乏体力活动是引起慢性病的一个主要危险因素。②大量研究表明，适量体力活动有益于各年龄组人群的健康、体能改善和减少慢性病危险因素，这种非药物、经济、实用、有效又无副作用的措施，已成为提高生活质量和健康水平的重要措施。流行病学调查、临床和实验研究还证明，膳食营养影响一些常见慢性病的发生，如合理营养对机体有保护作用，能量过剩引发肥胖并增加 2 型糖尿病的发生风险。

大多数慢性病受多种因素影响。慢性病的发生是遗传因素和环境因素相互作用或共同作用的结果。具有遗传基因缺陷者，在不利的环境因素作用下易患慢性病，其发病年龄提前，病情严重。但遗传基因缺陷者如能做到合理营养、进行适量体力活动和选择健康生活方式，可能不发病或病情轻。相反，无基因缺陷者，如长期处于不利的环境因素

下（包括缺乏体力活动、营养不合理、吸烟、酗酒等不健康的生活方式），也可发病。凡营养因素起一定作用的慢性病也可能伴有遗传因素或其他环境因素的影响。并非所有环境危险因素都已明确定性，大多数易感基因也尚未鉴定出来。遗传因素和环境因素相互作用的机制目前尚待深入研究。但肯定的是，膳食营养和体力活动是大多数慢性病发生发展的重要影响因素。合理营养和适量体力活动能降低慢性病的发生风险。

三、健身防病的体力活动量

每日 30 分钟中等强度体力活动量，能量消耗 150～400kcal，是保证健康的适宜体力活动量。在对多种危险因素的干预实验中，观察 7 年内患冠心病的相对危险度，结果发现，每日进行 47 分钟中低强度的体力活动（6METs）与同样强度体力活动时间小于 30 分钟者比较，前者患冠心病的相对危险度为 0.63，但增加体力活动时间到每天 2 小时，冠心病的相对危险度未进一步下降。从实际出发，活动方式可采取步行、慢跑、游泳、爬山、骑车、上楼梯、室内或庭院内活动。

1998 年，美国运动医学会的一份报告中提出了体力活动金字塔（图 13－1）。

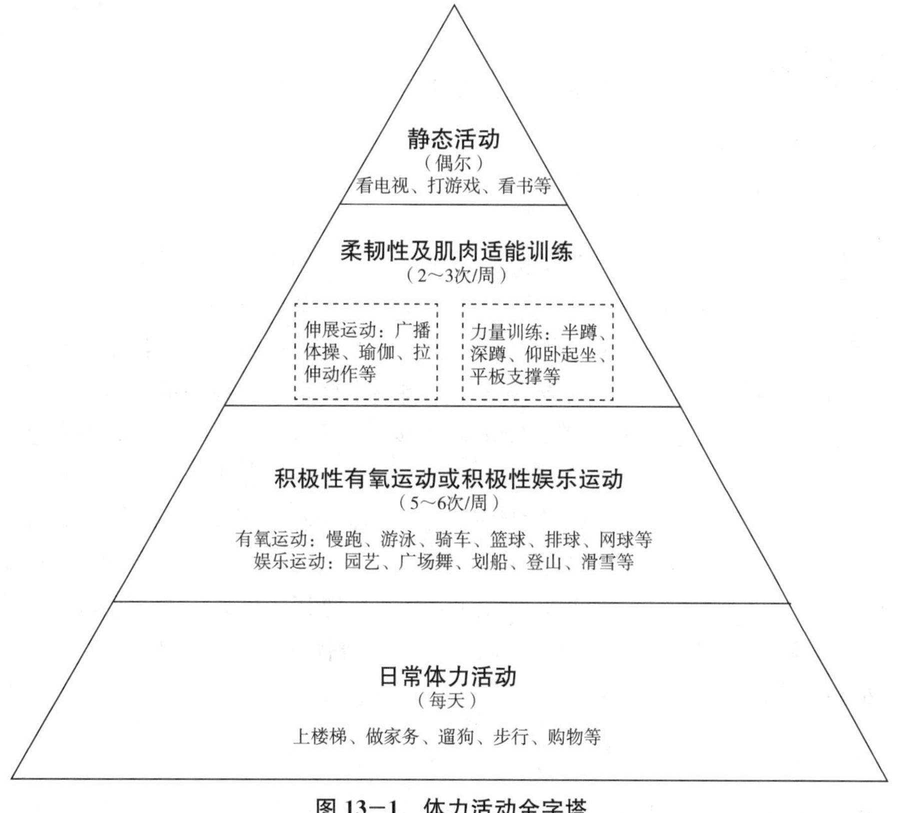

图 13－1　体力活动金字塔

体力活动金字塔可以作为开始规律性锻炼的指引。日常体力活动可作为进行较为剧烈活动前的适应手段。活动方式在金字塔的位置越高，其进行的次数相应越少。例如，第一层的日常体力活动应每天进行，而位于第二层和第三层的强度较大的积极性有氧运动或积极性娱乐运动和柔韧性及肌肉适能训练每周次数相对较少。除了正常睡眠外，第四层（顶层）的静态活动应只占一天中的很少时间。美国运动医学会建议每个人都应进行每周3～5次、每次20～60分钟、强度为最高心率（最高心率=220－年龄）60%～90%的体力活动。

体力活动的主要原则：有氧运动，包括大肌肉群、规则、重复的方式；每周3～5次，最好每天1次，每次持续30～60分钟；强度达到50%VO_2max（40%～85%VO_2max）；根据年龄和身体情况安排活动，每次活动的能量消耗为240～300kcal，循序渐进，然后保持在一定的活动量和强度。

对静态生活者，第一步，每日内有常规的30分钟日常体力活动；第二步，逐渐增加规律的运动和休闲体力活动；第三步，为增强心脏和呼吸系统耐力，加入一些有氧运动，如步行、慢跑、体操等，每周3～5次，并可加上2～3次的柔韧性及肌肉适能训练（中老年人和存在心血管疾病危险因素者，在进行一些较为剧烈的运动前应有医师指导）。

四、运动处方

运动处方（exercise prescription）于20世纪50年代由美国生理学家Peter Karpovich提出，1969年人们正式采用"运动处方"这一术语，其概念和内容得到不断完善。根据运动处方进行体力活动，既安全可靠又有计划性，可在较短时间内起到健身、预防疾病和治疗疾病的作用。

（一）运动处方的概念

运动处方是指对不同年龄、功能状态、健康或疾病的个体，以处方形式确定运动方案，以达到增进健康和防治疾病的目的。具体来讲，运动处方是由运动处方师、康复治疗师、医师等专业人员依据个体的年龄、性别、个人健康信息、医学检查结果、心肺耐力等以及目前身体活动水平，用处方的形式，制订系统化、个体化的运动指导方案。运动处方的关键要素包括运动频率（每周运动多少次，frequency，F）、运动强度（费力程度，intensity，I）、运动方式（运动类型，type，T）、运动时间（每次或每周运动的时间，time，T）、总运动量（由运动频率、运动强度和运动时间组成，volume，V）（或能量消耗目标）和运动处方实施进程（progression，P），即运动处方的FITT－VP原则。FITT－VP原则体现了运动处方的可调整性，使其适合锻炼者的个体化特点。使用FITT－VP原则制定运动处方时需要根据个体的身体状况（健康和体能）、需要、限制、运动适应性及运动的目的进行调整。

（二）制定运动处方的基本原则

1. 安全性原则：安全性是指根据运动目的进行合理运动时，避免发生由不恰当的运动方式或强度引起的心血管事件（如心绞痛发作、猝死等）、代谢紊乱和骨关节肌肉韧带损伤。因此，制定运动处方时应充分考虑运动的目的、运动个体目前的健康状况、运动能力和水平。运动处方的制定流程：①病史、家族史、身体活动史等个人健康信息采集。②制定运动处方前的医学检查，包括心率、血压、心电图、血脂、血糖。③运动风险评估，对一般锻炼者可以使用“身体活动前准备问卷”（physical activity readiness questionnaire，PAR－Q）进行运动风险评估；有条件时可根据锻炼者身体活动水平，有无已经诊断的心血管疾病、代谢性疾病和肾脏疾病，或者上述疾病的症状、体征，以及拟采用的身体活动强度进行运动风险评估。④体质评估，通过身体成分、肌肉力量、肌肉耐力和柔韧性评估锻炼者的运动能力，更重要的是通过运动负荷试验评估心肺耐力，观察运动中的心血管反应，这成为制定运动处方的主要依据。⑤根据上述流程为每一位锻炼者确定适宜的运动量。⑥运动处方中明确提出运动中的注意事项。⑦通过多种方式对运动强度和运动量进行监控，是运动安全性的重要保证。

2. 有效性原则：运动处方的制定必须科学有效。按照运动处方有计划地进行锻炼，能够以较短的时间、适宜的运动负荷，获得较大的锻炼效果，有效地提高身体功能，达到预防和治疗某些慢性病的目的；同时显著减少运动伤病的发生率，达到事半功倍的效果。

3. 系统化原则：运动处方的基本内容应包括运动目的、运动频率、运动强度、运动方式、运动时间、总运动量和运动处方实施进程，以及运动中的注意事项和运动中医务监督的力度。

4. 个体化原则：在制定运动处方之前首先了解锻炼者的年龄、性别、个人健康信息、体力活动的经历、医学检查结果，以及心肺耐力、身体成分、肌肉力量、肌肉耐力、柔韧性等体质测试结果，综合判断锻炼者的健康状态、身体活动现状，有无疾病或危险因素等具体情况之后，有针对性地制定运动处方。

5. 全身性原则：在制定运动处方时首先考虑全身性原则，尽量使全身多数部位都得到锻炼，以提高心肺耐力和全身功能，在此基础上进一步体现特异性原则，即减少局部劳损和损伤、有针对性地解决问题。

6. 特异性原则：在整体锻炼的基础上实现特异性原则。特异性原则是根据具体运动目标选择专门的、有针对性的运动方案。如以增强心肺功能为目标，应从运动频率、运动强度、运动时间入手调整有氧运动运动量；以增肌为主要运动目标时，选择力量训练，并采用中低强度、多次重复的方案，针对不同部位设计不同方案。

7. 可行性原则：制定运动处方时应充分考虑可操作性、可持续性和可评价性，选择运动方式时应考虑环境条件和兴趣爱好，评价运动效果时应考虑与运动处方的目的一致、目标可实现以及效果可量化。

8. 循序渐进原则：根据进展情况对运动方式、运动频率、运动时间和运动强度进行调整，使锻炼者逐渐适应运动量，即运动方式由简到难、运动频率由少到多、运动强度由低到高、运动时间由短到长，逐渐增加。

9. 周期性原则：要结合运动目的，明确运动周期，保持一致的锻炼方案，定期进行。有些运动效果在 1 次运动结束后即可出现，如运动对血压的影响；有些指标的改变 3～6 周初步见效，如血糖、胰岛素；多数运动效果需要较长时间才能逐渐体现，有些指标至少 8 周以上才有所改善，如低密度脂蛋白胆固醇（LDL－C）、糖化血红蛋白（HbAlc）、最大摄氧量、体脂百分比。

（三）制定运动处方的流程和基本要素

1. 健康信息筛查。

（1）一般信息：性别、年龄、身高、体重、BMI 等。

（2）病史及医学信息：基本测量指标有心率、血压、心电图、血脂（4 项）、血糖，通过临床检查判断有无已经诊断的心血管疾病、代谢性疾病及肾脏疾病，有无心血管疾病、代谢性疾病及肾脏疾病的症状或体征，动脉粥样硬化性心血管疾病（atherosclerotic cardiovascular disease，ASCVD）危险因素数量（含家族史）。

（3）身体活动水平：可以使用国际身体活动问卷、加速度计或者计步器评估身体活动水平。

2. 运动风险评估。

（1）运动风险评估的目的：确定个体的医学禁忌证，有禁忌证者应在相关问题减少或得到控制后开始实施运动计划；针对不同危险分层的个体，明确医务监督力度；作为运动量（运动强度、运动时间、运动频率）调整的依据。

（2）自我筛查：使用身体活动前准备问卷（PAR－Q），见表 13－1。如果表 13－1 所有问题中有一个答案为“是”，应进行相应的专科检查，明确诊断。

表 13－1　PAR－Q

请如实回答下列问题：在“是”或“否”下画“√”	是	否
1. 是否有医师说你有心脏问题，必须在医师指导下才能运动？		
2. 你在进行身体活动时感到过胸痛吗？		
3. 在过去的一个月，在不运动时感到过胸痛吗？		
4. 有过因头晕而失去平衡或晕过去吗？		
5. 有因运动而引起骨关节不适或疼痛吗？		
6. 现在是否在服用降压药或治疗心脏病的药？		
7. 还有其他原因限制你运动吗？		

（3）专科筛查：根据锻炼者的身体活动水平，有无已经诊断的心血管疾病、代谢性疾病及肾脏疾病，有无心血管疾病、代谢性疾病及肾脏疾病的症状或体征，ASCVD 危险因素数量（含家族史），拟采用的运动强度，建议是否进一步进行医学检查，明确可以采用的运动强度范围和运动中医务监督的力度。

3. 体质评估：主要进行心肺耐力、身体成分、肌肉力量、肌肉耐力、柔韧性和平衡能力的测试。

4. 制定运动处方：一个完整的运动处方的运动方式应该包含有氧运动、抗阻运动、柔韧性运动和平衡性运动，每一种运动方式的核心内容应该包括运动频率、运动强度、运动时间、运动类型和运动进阶等。

运动处方的内容见表 13－2。

表 13－2　运动处方的内容

项目	有氧运动	抗阻运动	柔韧性运动和平衡性运动
运动类型	持续时间长、使用大肌肉群、有节律的活动（如步行、骑车和游泳），可以持续完成或间歇高强度运动（HIIT）	抗阻器械、自由力量训练器、弹力带和（或）自身重量训练	拉伸：静态、动态和其他拉伸；瑜伽平衡（对于老年人）：练习单腿站，使用平衡器械的训练、下肢和核心力量训练、太极拳
运动强度	中等至高强度（主观感受是“适度”到“非常疲劳”）	中等（如一项训练重复 15 次且只能完成 15 次）到高强度（如一项训练重复 6～8 次且只能完成 6～8 次）	拉伸到紧张或轻度不适的程度，轻或中等强度的平衡性运动
运动时间	至少 150 分钟/周中等至较高强度运动；75 分钟/周较高强度运动；25 分钟/周，对有能力连续以 9.7km/h 的速度跑步的成人	在训练早期，每项训练完成 1～3 组，每组重复 10～15 次至疲劳，至少 8～10 项训练	进行动态拉伸 10～30秒，每项训练重复 2～4 次；平衡性运动不要求持续时间
运动频率	3～7 天/周，运动日间隔时间不超过 2 天	最少不连续的 2 天/周，但最好 3 天/周	柔韧性运动：≥2～3 天/周 平衡性运动：≥2～3 天/周
运动进阶	如果增强体能是运动的首要目标，且无禁忌证，应强调较高强度的有氧运动、HIIT；持续运动训练适用于大部分慢性病患者	开始时训练强度应中等（10～15次/组），在每组的目标重复数量始终可以被超量完成时，可增加重量或阻力等减少重复次数（8～10 次/组）。在更多组数后可以先增加重量或阻力，最后增加运动频率	继续进行柔韧性运动和平衡性运动，一段时间后，通过增加运动时间和（或）运动频率来进阶

5. 运动处方的实施。

（1）适应阶段：1～4 周，多数人为 1～2 周，强调人体的适应，以较低运动强度、较低运动频率、较短运动时间开始。

（2）提高阶段：1～5 个月，可以进一步分早、中、晚期调整运动处方。

（3）稳定阶段：规律运动 5～6 个月后，人体功能相对稳定，保持规律运动的习惯，可以维持已经获得的益处；可继续增加运动量，提高幅度较小，可能增加运动损伤的风险。

运动处方以训练课的形式实施。①热身：至少 5～10 分钟低到中等强度的心肺活动和肌肉耐力活动。②训练内容：至少 20～60 分钟有氧、抗阻、神经肌肉训练和（或）体育活动（有氧运动也可以由多次运动累计达到 20～60 分钟，但是每次运动不少于 10 分钟）。③整理活动：至少 5～10 分钟低到中等强度的心肺活动和肌肉耐力活动。④拉伸：在热身或整理活动之后进行至少 10 分钟的拉伸活动。

针对锻炼者的实际情况说明注意事项，主要包括：①准备活动和整理活动的重要性；②按照循序渐进、超量负荷原则控制运动处方的实施进度；③注意运动环境；④注意运动与进餐时间的关系。

6. 运动效果评估：①疾病状态评估，症状＋物理检查＋生化检查；②体质评估，包括心肺耐力、身体成分、肌肉力量、肌肉耐力、柔韧性和平衡能力等 6 项；③ASCVD 危险因素评估；④用药种类和数量的变化；⑤心理状态评估。

第二节　运动、营养与肥胖

目前肥胖及其相关疾病已成为全球性的重大公共卫生问题。肥胖既是一个独立的疾病，又是 2 型糖尿病、心血管疾病、高血压和某些癌症的危险因素，被 WHO 列为导致疾病负担的十大危险因素之一，给个人和社会带来沉重的经济负担。

一、概述

（一）定义

肥胖指一种由遗传因素和环境因素引起的，由于机体的能量摄入大于机体的能量消耗，从而使多余的能量以脂肪形式储存，导致机体脂肪总含量过多和（或）局部含量增多及分布异常，对健康造成一定影响的慢性代谢性疾病。WHO 标准建议成年男性体脂含量超过 25%、成年女性体脂含量超过 30%可诊断为肥胖。

（二）体脂的测量方法

脂肪蓄积是个循序渐进的过程，轻度肥胖和正常体重之间往往没有明确的界限。简易的体脂测量方法如下。

1. 体质指数（BMI）：详见第三章第二节营养调查与评价。BMI 评价标准对运动员不适用。运动员身体中肌肉成分较多，体重较重多由肌肉造成。

2. 皮褶厚度（TSF）：详见第三章第二节营养调查与评价。因为脂肪分布于身体各部位，不同部位皮褶的平均厚度能更好地反映体内脂肪的含量。

3. 其他：双能 X 线吸收法（DXA）、气体置换法、计算机断层扫描（CT）、磁共振成像（MRI）、水下称重法、双标水和生物电阻抗法（BIA）等。这些方法需要特殊设备，多用于科研。

（三）分类

1. 根据发生原因，肥胖可分为遗传性肥胖、继发性肥胖和单纯性肥胖。

（1）遗传性肥胖：主要指遗传物质变异（如染色体缺失、基因突变）导致的一种极度肥胖，这种肥胖比较少见。目前已识别超过 200 个与肥胖相关的基因位点，其根据主要作用分为三类：①调节能量消耗的基因位点，如 β－肾上腺素能受体（β－adrenergicreceptor，ADRB）、解偶联蛋白（uncoupling proteins，UCPs）、IRX3 和 IRX5 基因等；②调节能量摄入的基因位点，如瘦素（leptin）以及瘦素受体（leptin receptor）、黑素皮质激素 4 受体（melanocortortin－4 receptor，MC4R）、阿黑皮素原

（proopiomelanocortin，POMC）等；③调节脂肪细胞储存脂肪的基因位点，如过氧化物酶体增殖物激活受体 γ（peroxisome proliferators activated receptor gama，PPARγ）、脂联素（adiponectin，ADPN）等。尽管如此，目前已经被识别出来的基因及基因位点也只能解释 2%～4%的肥胖变异程度。

（2）继发性肥胖：主要是由下丘脑－垂体－肾上腺轴发生病变、内分泌紊乱或其他疾病、外伤引起的内分泌障碍导致的肥胖。

（3）单纯性肥胖：主要指排除遗传性肥胖，由代谢性疾病、外伤或其他疾病所引起的继发性、病理性肥胖，而单纯由营养过剩造成的全身性脂肪过量蓄积，是一种由遗传因素和环境因素相互作用导致的复杂性疾病，也常表现为家族聚集倾向。可能与遗传、神经系统、生命早期营养因素、饮食生活习惯等导致的代谢紊乱有关。

2. 根据脂肪在身体的分布，肥胖可分为中心型肥胖和外周型肥胖。

（1）中心型肥胖：又称腹型肥胖或内脏型肥胖，脂肪主要在腹壁和腹腔内蓄积过多，包括腹部皮下脂肪，器官周围、网膜和系膜脂肪以及腹膜后脂肪。与外周型肥胖相比，中心型肥胖与肥胖相关性疾病有更强的关联，是许多慢性病的独立危险因素。

（2）外周型肥胖：脂肪沉积基本上呈匀称性分布，臀部和肢体脂肪堆积明显多于腹部。

（四）流行情况

无论是发达国家还是发展中国家，肥胖患病率正以惊人的速度在全球范围内升高。随着社会经济的发展，我国城乡居民营养状况有了明显的改善，膳食结构趋于合理，生长发育水平稳步提高，贫血患病率和营养不良率呈下降趋势。但是，我国地域广阔，社会经济发展不平衡，由于膳食结构和生活方式变化，我国居民肥胖患病率呈现上升趋势。《中国居民营养与慢性病状况报告（2020 年）》指出，我国 18 岁及以上男性平均体重为 69.6kg，女性为 59kg，与 2015 年相比分别增加 3.4kg 和 1.7kg。成年居民超重率和肥胖率分别为 34.3%和 16.4%，6～17 岁青少年、6 岁以下儿童的超重率和肥胖率分别达到 19%和 10.4%。肥胖防治刻不容缓。

（五）肥胖对健康的影响

1. 肥胖对儿童健康的影响。

（1）心脑血管疾病风险升高：肥胖可使儿童血脂和血压增高，心血管功能异常，肥胖儿童有心功能不全、动脉粥样硬化的风险。

（2）内分泌系统及免疫系统功能失调：肥胖可使生长激素和泌乳素处于正常低值、T_3水平升高、性激素水平异常、胰岛素水平增高、糖代谢障碍以及超重率升高等。免疫功能紊乱、细胞免疫功能降低最为突出。

（3）体格、智力和心理发育受影响：肥胖儿童骨龄均值大于正常体重儿童，第二性征出现明显早于正常体重儿童。智商、反应速度、阅读量以及大脑工作能力等指标低于正常体重儿童。心理上倾向于抑郁、自卑和不协调等。

2. 肥胖对成人健康的影响。

（1）与心血管疾病和高血压的关系：肥胖容易使人患高血压，使血胆固醇水平升高和糖耐量受损，而这些均是心血管疾病的重要危险因素。

（2）与某些癌症的关系：研究发现，肥胖与许多癌症的发病率正相关。肥胖妇女患子宫内膜癌、卵巢癌、宫颈癌和绝经后乳腺癌等激素依赖性癌症的风险较大。另外，结肠癌和胆囊癌等消化系统肿瘤的发生也与肥胖有关。

（3）与糖尿病的关系：流行病学研究证明，腹部脂肪堆积是发生 2 型糖尿病的一个独立危险因素，常表现为糖耐量受损、对胰岛素有抵抗性。

（4）与胆囊疾病的关系：肥胖者发生胆结石的风险是非肥胖者的 4～5 倍，而上身性肥胖发生胆结石的风险更大。肥胖妇女中几乎有 1/3 可能发生胆囊炎，其原因可能是肥胖者胆汁过饱和、胆囊收缩功能下降。

（5）与内分泌和代谢的关系：肥胖者内分泌和代谢异常，血中生长激素浓度明显下降，男性的血浆睾丸酮浓度下降，妇女表现为月经周期规律性下降、月经失调、过早闭经。

（6）与死亡率的关系：研究表明，BMI 为 22～25 的人死亡率最低，BMI 大于或等于 27 的人死亡率明显增加，BMI 为 40 的人死亡率达到最高峰，且也是以上身性肥胖明显。

二、肥胖防治的饮食原则

肥胖诊断与治疗流程图见图 13－2。

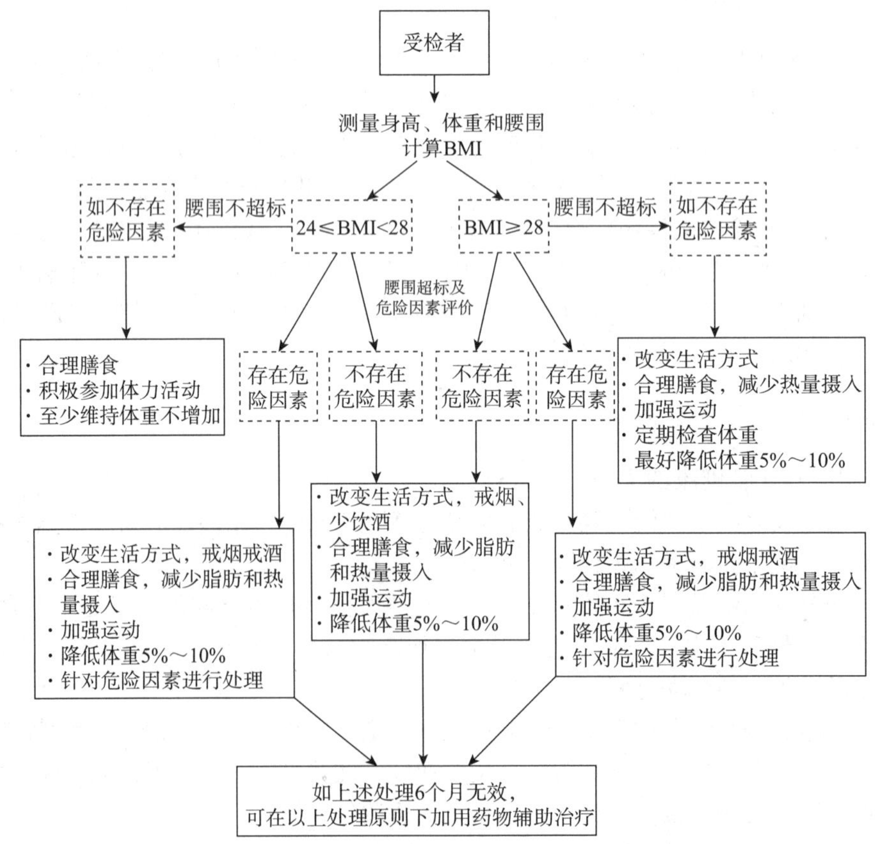

图 13－2　肥胖诊断与治疗流程图

引自：《中国成人超重和肥胖症预防控制指南》。

（一）目的

调整膳食结构，保证机体蛋白质及其各种营养素的需要，维持机体能量负平衡状态。

（二）总能量的控制

肥胖的饮食原则首先是控制总能量，即饮食供给的能量必须低于机体实际消耗的能量，在机体造成能量的负平衡，直至体重恢复到正常水平。要尽可能根据肥胖程度考虑每天供给的最低能量，控制能量摄入与消耗，并维持这种负平衡。能量供给的具体数值，则应依据上述情况统筹考虑。首先要看治疗前长期以来患者的日常饮食能量水平；其次应视肥胖是处在上升阶段还是在平衡稳定阶段，针对不同人群做出针对性考虑。对儿童青少年要考虑其生长发育的需要，对老年人则要注意有无并发症存在。

此外，对能量的控制，一定要循序渐进、逐步降低，以增加能量消耗。对于正处于发育期而又刻意追求线条美的青少年来说，更应以强化日常体育锻炼为主，千万不可盲目控制饮食，以免发生神经性厌食。而对孕妇来说，为保持其胎位正常，减少妊娠并发症的发生，则应合理控制能量摄入，同时鼓励有规律地进行身体活动。针对肥胖患者的肥胖程度，能量限制也应区别对待。对轻度肥胖的成年患者，一般在正常能量供给量基础上按每天少供给 523～1046kJ（125～250kcal）的标准来确定其一日三餐饮食的能量供给量，这样每月可稳步减重 0.5～1.0kg。中度以上肥胖的成年患者常伴有食欲亢进及贪食高能量的食物等，同时因肥胖限制身体活动，使能量消耗又进一步下降，易于形成恶性循环，以致肥胖的趋势往往难以遏止。必须严格限制能量供给，每天以减少能量供给量 2.30～4.60MJ（550～1000kcal）为宜，可以每周减重 0.5～1.0kg。一般认为，在 6 个月内将体重降低 5%～15%是可行且有利于维持健康状态的减重目标，对于重度肥胖患者来说，体重在 6 个月内可降低 20%。

对于年龄很小或刚刚发生的轻中度肥胖儿童，考虑到生长发育，可按不太严格的饮食调整方案进行治疗，并不绝对限制能量摄入。但对于重度肥胖儿童，其摄食量就应予以适当限制。

（三）三餐分配及安排

肥胖患者的三餐分配应遵循平衡膳食原则，在控制总能量摄入的基础上，保证蛋白质、必需脂肪酸、矿物质、维生素和膳食纤维等营养素的合理摄入量与适宜的分配比例。同时，纠正不健康的饮食行为，维持肥胖患者的身心健康。

1. 调整宏量营养素的构成比和来源：目前，比较常用的减肥膳食对宏量营养素的供能比有一定的调整和限制，需要在营养师的指导下选择。建议多摄入优质蛋白质和含不饱和脂肪酸的食物，少摄入含饱和脂肪酸的食物；碳水化合物应选择全谷物，严格限制糖、巧克力、含糖饮料及其他零食。

2. 保证维生素和矿物质的供应：新鲜的蔬菜和水果含能量低，又可以提供维生素和矿物质，营养丰富且饱腹感明显，不仅有助于减重，还能改善代谢紊乱。

3. 增加膳食纤维的摄入：每天膳食纤维的供给量以 25～30g 为宜。

4. 三餐合理分配：进食餐次应因人而异，通常每日 3～5 次。三餐的能量分配可参照早餐 27%、午餐 49%、晚餐 24%。在分配三餐比例时，应体现出两个原则：一是将动物性蛋白质和脂肪含量多的食物尽量安排在早餐和午餐吃，晚餐以清淡食物为主，含糖量低且利于消化；二是三餐量的比例应是午餐>早餐>晚餐。

5. 采用合理烹调方式：宜采用蒸、煮、炖等，忌用油煎、炸的方法，煎炸食物含脂肪较多，并刺激食欲，因此不利于减肥治疗。同时，食物必须大众化、多样化，切勿迷信时髦减肥饮食。事实上，只要含能量低、来源分配得当，而且营养平衡，那么任何普通饮食都可成为良好的减肥饮食。至于色、香、味、形的选择与调配，则应尽可能符合患者的具体爱好。

（四）减重膳食的模式和建议

超重/肥胖者应减少总能量摄入，遵循限制能量平衡膳食或低能量平衡膳食原则；减少高糖和高脂肪食物摄入，增加高膳食纤维食物摄入。如果采取其他膳食模式减肥，必须在医师或营养师等专业人员的严格指导和监督下进行。常见减重膳食的特点与评价见表 13－3。

表 13－3 常见减重膳食的特点与评价

膳食	特点	评价
限制能量平衡膳食	每天总能量控制在男性 1000～1800kcal，女性 1200～1500kcal；或在现有能量供给量的基础上减 500～750kcal/d；三大营养素供能比为碳水化合物：脂肪：蛋白质＝(50%～60%)：(20%～30%)：(15%～20%)	有效减轻体重，降低体脂，改善代谢，易长期坚持，达到减重目标，无健康风险；适用于所有年龄阶段及不同程度的超重/肥胖人群
低能量平衡膳食	每天总能量控制在 800～1200kcal，比正常能量供给量减少 50%左右；三大营养素供能比为碳水化合物：脂肪：蛋白质＝(50%～60%)：(20%～30%)：(15%～20%)	有效减轻体重，降低体脂，易出现营养代谢问题，需要适量补充微量营养素，需要营养师或医师的指导和监督
轻断食/间歇式断食膳食	1 周内 5 天正常进食，其他 2 天（非连续）摄取平常膳食 1/4 的能量（男性 600kcal/d，女性 500kcal/d），即 5：2 膳食模式	有益于体重控制和代谢改善，但易出现代谢紊乱；不适于孕妇和儿童减肥；患者依从性较好，长期坚持较易；长时间（如超过 2 个月）应在营养师的指导下进行
高蛋白质膳食	基于低能量平衡膳食，蛋白质的供给量占总能量 20%以上，以肉类和蛋类等高蛋白质食物为主或添加蛋白粉	减脂，保留瘦体重；更适于伴有高甘油三酯血症、高胆固醇血症的成年肥胖者；可增加全因死亡风险；使用时间不宜超过半年；不适于孕妇、儿童、青少年和老年人，以及肾功能异常者

续表13－3

膳食	特点	评价
代餐	以多维营养素粉或能量棒等非正常的饮食形式代替一餐或多餐的膳食，或者代替一餐中的部分食物	作为低能量的一餐或多餐替代，可有效减轻体重，降低体脂；是营养素补充和减少能量摄入的一种较好方式；不适于孕妇和儿童减肥，非可持续饮食方式，应在营养师指导下使用

三、肥胖的运动处方

（一）运动减重的机制

合理运动结合平衡膳食是公认的减重良方。减重的主要方法是进行饮食控制和适当运动，造成能量负平衡，逐步消除多余的体脂，同时预防和治疗各种合并症，以增强体质。

1. 运动调节代谢功能，促进脂肪分解：肌肉运动时其能源来源与肌肉收缩持续的时间、强度，以及机体营养状况有关。健康人在安静时肌肉的能量来源以游离脂肪酸为主（约占96%），而在肌肉收缩初期（5～10分钟），肌肉利用的主要能源是肌肉中的糖原，其次是血液中的葡萄糖（占30%～40%）。当运动持续时间达2小时以上时，游离脂肪酸供能达50%～70%。

肌肉运动需要大量能量，供应肌肉能量的脂肪酸来源：①血浆中脂质，包括乳糜微粒、脂蛋白和游离脂肪酸；②细胞内的甘油三酯池和磷脂池；③肌纤维间脂肪组织中的甘油三酯池。通过放射标记法测定脂肪酸代谢也证实游离脂肪酸是提供能源的主要物质。运动时肌肉对血液内游离脂肪酸和葡萄糖的摄取和利用增多，一方面使脂肪细胞释放出大量游离脂肪酸，脂肪细胞缩小，另一方面使多余的血糖被消耗而不能转变为脂肪，体脂减少、体重下降。有报道在40% VO_2max 运动时，脂肪氧化供能约占肌肉能量来源的60%。

2. 运动可降低血脂：运动可改善脂质代谢。运动时肾上腺素、去甲肾上腺素分泌增加，可提高脂蛋白酯酶的活性，加速乳糜微粒和极低密度脂蛋白（VLDL）的分解，使高密度脂蛋白（HDL）升高。

3. 耐力性运动增强胰岛素受体功能：经常的耐力性运动能使肌细胞的胰岛素受体功能增强，改善组织与胰岛素的结合能力。胰岛素具有强力的抑制脂肪分解的作用，胰岛素减少伴有儿茶酚胺和生长激素升高，加快了游离脂肪酸的利用。

4. 改善心肺功能，提高机体耐受性：运动加强了心肌的收缩力量，增加血管的弹性，提高对体力活动的耐受性，有人认为这种作用在某种意义上比减重更为重要。

（二）运动减重的优点

1. 坚持运动可改善肌肉组织对胰岛素的敏感性。
2. 持续进行运动锻炼可促进血脂的利用，降低血中甘油三酯，并升高HDL。

3. 中度以上的肥胖患者，应同时采用饮食疗法和运动疗法，可减少瘦体重的丢失而选择性地减少体脂。

4. 运动锻炼增强心肺功能，保持良好的体力，维持较好的健康水平。

5. 运动锻炼使人轻松愉快，消除生活中的紧张抑郁感，改善代谢功能。

6. 运动锻炼可培养良好的生活习惯。

（三）运动处方

1. 目标：肥胖患者的运动目标是使能量消耗最大化以促进减重、减脂；改善身体成分构成；将运动融入生活中，为减重成功后维持体重做准备。

2. 适应证。

（1）BMI≥28 的肥胖患者。

（2）伴有已经明确诊断的各种心脏病，如冠心病、高血压心脏病、瓣膜病、肺心病等，应按照心脏康复的原则进行运动。

3. 禁忌证。

（1）重度肥胖，合并实质性器官病变。

（2）肥胖合并运动器官急性创伤病变。

（3）运动时若有胸痛、呼吸困难、气喘等现象，则不宜做运动。

4. 处方内容。

（1）运动方式及推荐运动量：少于 150 分钟/周的身体活动可使体重轻度降低，超过 150 分钟/周的身体活动可使体重降低 2～3kg，超过 225～420 分钟/周的身体活动可使体重降低 5～7.5kg，200～300 分钟/周的身体活动可预防减重后体重反弹。

（2）不同运动形式对减重的影响：①有氧运动是减脂的主要运动形式，若能通过运动负荷试验测得最大脂肪氧化强度（FATmax%），并在此强度下运动，可以增强运动减脂的效果；②抗阻运动能加强超重/肥胖患者的肌肉力量和身体功能，带来其他健康获益；③柔韧性运动增加运动的依从性和加速代谢产物的排出。

（3）肥胖患者运动的 FITT 建议见表 13－4。

表 13－4　肥胖患者运动的 FITT 建议

	有氧运动	抗阻运动	柔韧性运动
运动频率	≥2 天/周	2～3 天/周	≥5 天/周
运动强度	以中等强度（如 40%～59% VO_2R/HRR）起始；逐渐递增至较高强度（≥60% VO_2R/HRR），以获得更多健康收益	60%～70%1－RM，可逐渐递增以增加肌力和肌肉力量	拉伸至感觉紧张或轻度不适
运动时间	30 分钟/天（150 分钟/周），逐渐增加至 60 分钟/天或不少于 250 分钟/周	每个主要肌群进行 2～4 组、每组重复 8～12 次的训练	静态拉伸 10～30 秒，每个动作重复 2～4 次

续表13-4

	有氧运动	抗阻运动	柔韧性运动
运动类型	持续性、有节律、动员大肌肉群的运动（如步行、骑车、广场舞）	抗阻器械和（或）自由力量训练器、弹力带/哑铃操	静态拉伸、动态拉伸和（或）PNF拉伸

注：VO_2R，储备摄氧量；HRR，储备心率；1－RM，1次最大重复次数；PNF，本体感觉神经肌肉促进法。

（4）减重1kg所需要的运动量：1g脂肪供能37.67kJ（9kcal），但体脂含水分和其他物质，故1g的体脂供能约为29.30 kJ（7kcal），1kg体脂含能量29.3MJ（7000kcal）。可选择适当的运动消耗这些能量。可用下列公式粗略计算运动量：

运动量（kJ）＝RMR×运动时间（分钟）

例如，以140m/min的速度慢跑时，RMR为7.0左右。消耗29.3MJ能量需要慢跑1000分钟，每天30分钟，每周6次，慢跑40天。按此比例减10kg体重，要用1年以上。其他运动也可同样计算。一般每小时慢跑8.8km可消耗3034.5 kJ（725kcal）能量，每小时步行6.4km，可消耗1611kJ（385kcal）能量。

（5）减重运动的强度：长时间、中低强度的运动（40%～60%VO_2max）对减重效果最好。运动后心率可达［（170－年龄）～（210－年龄）］。

（6）制订减重目标和计划：减重必须采取理智、稳健的方法，即根据个人的实际情况制订切实可行的减重目标和计划，然后逐渐调整能量消耗和饮食。在1周内减重不应超过0.45kg，否则不能真正长久地减重。

第三节　运动、营养与冠心病

常见的与膳食营养关系密切的心血管疾病包括高血压、脑卒中和冠状动脉粥样硬化性心脏病（coronary atherosclerotic heart disease，CAHD），这是一组以血压升高和动脉粥样硬化为病理基础的心血管疾病。大量流行病学研究表明，生活方式是这些心血管疾病发病率和病死率的决定因素，而营养因素和体力活动又是其中的重要环节。CAHD是冠状动脉血管发生动脉粥样硬化病变引起血管腔狭窄或阻塞，造成心肌缺血、缺氧或坏死而导致的心脏病，常常被简称为冠心病（coronary heart disease，CHD）。冠心病严重危害人类健康，是全世界主要死亡原因之一。近30年来，我国冠心病的发病率和死亡率迅速上升。冠心病是基因与环境多因素联合作用所导致的慢性病，是多种危险因素长时间共同作用的结果。合理营养和运动可降低冠心病的发病风险。

一、概述

（一）血浆脂蛋白分类和功能

血脂中的主要成分是甘油三酯和胆固醇。甘油三酯和胆固醇是疏水性物质，不能直接在血液中运转，也不能直接进入组织细胞。它们必须与特殊的蛋白质和极性类脂（如磷脂）一起组成一个亲水性的球状大分子脂蛋白，才能在血液中运输，并进入组织细胞。

1. 血浆脂蛋白的种类：应用超速离心法，可将血浆脂蛋白分为乳糜微粒（CM）、VLDL、LDL、HDL等（表13－5），后来还发现了脂蛋白（a）［lipoprotein（a），Lp（a）］。血浆总胆固醇（TC）、LDL－C、甘油三酯和Lp（a）的升高与HDL－C的降低是动脉粥样硬化的危险因素。近年来的研究表明，LDL升高，尤其是氧化型LDL升高是动脉粥样硬化的独立危险因素。

表13－5　血浆脂蛋白的组成和功能

组成（%）	CM	VLDL	LDL	HDL
甘油三酯	80～90	55～65	10	5
胆固醇	2～7	10～15	45	20
磷脂	3～6	15～20	22	30
蛋白质	1～2	5～10	25	45～50
合成部位	小肠黏膜细胞	肝细胞	血浆	肝、肠、血浆
功能	转运外源性甘油三酯及胆固醇	转运内源性甘油三酯及胆固醇	转运内源性胆固醇	逆向转运胆固醇

2. 血浆脂蛋白的临床意义。

（1）CM：正常人空腹12小时后，血浆中CM已完全被清除。CM颗粒大，不能进入动脉壁内，一般不导致动脉粥样硬化。近年来研究表明，餐后高脂血症（主要是CM浓度升高）亦是冠心病的危险因素。CM的代谢残骸可被巨噬细胞表面受体识别而摄入，因而可能与动脉粥样硬化有关。

（2）VLDL：目前多数学者认为，血浆VLDL升高是冠心病的危险因素。

（3）LDL：所有血浆脂蛋白中首要的致动脉粥样硬化性脂蛋白。研究证明，粥样硬化斑块中的胆固醇来自血液循环中的LDL。LDL直径相对较小，能很快穿过动脉内膜层。LDL易被氧化修饰，形成氧化型LDL，失去其原有的构型，不能被受体识别，具有更强的致动脉粥样硬化作用。

（4）HDL：一种抗动脉粥样硬化的血浆脂蛋白。HDL能将周围组织中（包括动脉壁内）的胆固醇转运到肝脏进行代谢，还具有抗LDL氧化的作用，并能促进损伤内皮细胞修复，还能稳定前列环素的活性，因此是冠心病的保护因子。

（二）发病情况

ASCVD在发达国家和发展中国家均具有较高的发病率和死亡率。2022年国家心血管病中心发布的《中国心血管健康与疾病报告2021》显示，中国心血管疾病患病率处于持续上升阶段，2019年农村、城市心血管疾病分别占死因的46.74%和44.26%。每5例死亡中就2例死于心血管疾病。推算心血管疾病现患病人数3.3亿，具体来说：脑卒中1300万人，冠心病1139万人，心力衰竭890万人，肺源性心脏病500万人，心房颤动487万人，风湿性心脏病250万人，先天性心脏病200万人，下肢动脉疾病4530万人，高血压2.45亿人。根据《2020中国卫生健康统计年鉴》，2019年中国城市居民冠心病死亡率为121.59/10万，农村为130.14/10万。心血管疾病危险因素为高血压、血脂异常、糖尿病、慢性肾病、代谢综合征、空气污染。

二、膳食因素与冠心病的关系

（一）脂类

过去曾认为膳食总脂肪的摄入量与冠心病的发生密切相关，而膳食脂肪的组成与冠心病关系的研究结果表明，膳食脂肪的组成比脂肪摄入量更为重要。

1. 饱和脂肪酸（SFA）：饱和脂肪酸是导致血胆固醇水平升高的主要脂肪酸，其中以豆蔻酸（myristic acid，C14：0）作用最强，其次为棕榈酸（palmitic acid，C16：0）和月桂酸（lauric acid，C12：0）。流行病学研究及动物实验和人群干预试验表明，饱和脂肪酸可以通过抑制LDL受体活性、提高血浆LDL－C水平而导致动脉粥样硬化。

2. 单不饱和脂肪酸（MUFA）：摄入富含单不饱和脂肪酸的橄榄油较多的地中海地区居民，尽管脂肪摄入总量较高，但冠心病的病死率较低。以富含单不饱和脂肪酸的油脂（如橄榄油和茶油）替代富含SFA的油脂，可以降低血LDL－C水平和甘油三酯水平，而且不会降低HDL－C水平。

3. 多不饱和脂肪酸（PUFA）：长链多不饱和脂肪酸尤其是$n-6$与$n-3$系脂肪酸在防治动脉粥样硬化方面起重要作用。$n-6$系脂肪酸如亚油酸能提高LDL受体活性，显著降低血清LDL－C水平并同时降低HDL－C水平，从而降低血清总胆固醇水平。$n-3$系脂肪酸如α－亚麻酸、EPA和DHA能抑制肝内脂质及脂蛋白合成，降低血胆固醇水平、甘油三酯水平、LDL水平、VLDL水平，提高HDL水平，参与花生四烯酸代谢。花生四烯酸的代谢产物前列环素（PGI2）可舒张血管及抗血小板聚集，防止血栓形成，因此EPA和DHA具有舒张血管、抗血小板聚集和抗血栓作用。$n-3$系脂肪酸还具有预防心肌缺血导致心律失常的作用，以及改善血管内膜的功能，如调节血管内膜一氧化氮的合成和释放。

多不饱和脂肪酸由于含有较多双键，易发生氧化，摄入过多可导致机体氧化应激水平升高，从而促进动脉粥样硬化的形成和发展，增加心血管疾病的发生风险。

4. 反式脂肪酸（TFA）：又名氢化脂肪酸，是油脂氢化产物。增加反式脂肪酸的摄入量，可使LDL－C水平升高、HDL－C水平降低以及Lp（a）水平升高，明显增加冠心病的发生风险。反式脂肪酸导致动脉粥样硬化的作用甚至比饱和脂肪酸更强。

5. 膳食胆固醇：人体内30%～40%的胆固醇为外源性的，直接来自食物，其余在肝脏内合成。3－羟基－3－甲基戊二酰辅酶A（HMG－CoA）还原酶是肝脏合成胆固醇的限速酶。膳食胆固醇摄入增加，可降低肠道胆固醇的吸收率，并可反馈抑制肝脏HMG－CoA还原酶的活性，减少内源性胆固醇的合成，从而维持体内胆固醇的相对稳定。目前膳食胆固醇与血清胆固醇之间的关系尚不明确。但仍有研究报道称15%～25%的人属于胆固醇敏感者，摄入高胆固醇食物后会引起血胆固醇水平升高，乃至增加心血管疾病发生风险。近年来，国际上很多国家最新版的膳食指南已经去除了膳食胆固醇摄入量的限制，我国2016年发布的膳食指南也去除了对胆固醇每日摄入量的限制。但是，这并不意味着大量摄入高胆固醇食物是安全的，对于本身有血脂紊乱、心血管疾病发生风险的个体，适当限制膳食胆固醇摄入量是有必要的。膳食诱发高胆固醇血症的敏感性存在个体差异，影响因素包括膳食史、年龄、遗传因素及膳食中各种营养素之间的比例等。

6. 磷脂：一种强乳化剂，可使血液中胆固醇颗粒变小，易于通过血管壁为组织利用，从而降低血胆固醇水平，避免胆固醇在血管壁沉积，有利于防治动脉粥样硬化。

（二）碳水化合物

碳水化合物对血脂的影响比较复杂，这种影响除与碳水化合物的种类和数量有关，还与人体的生理和病理状态有关。碳水化合物摄入过多时，多余的能量在体内转化成脂肪，容易引起肥胖，并导致血脂代谢异常，同时过量的碳水化合物（主要是单糖和双糖）本身又可以直接转化为内源性甘油三酯，导致高脂血症，特别是高甘油三酯血症的发生。膳食纤维的摄入量与心血管疾病的发病风险负相关。

（三）蛋白质

蛋白质与动脉粥样硬化的关系不是很清楚。动物实验显示，高动物蛋白（如酪蛋白）膳食可促进动脉粥样硬化的形成。人体试验发现，减少脂肪、增加蛋白质的摄入可减少冠状动脉的损伤。以大豆蛋白和其他植物蛋白代替高脂血症患者膳食中的动物蛋白能够降低血胆固醇水平。研究发现，一些氨基酸与动脉粥样硬化的形成有关。如蛋氨酸摄入增加可引起血浆同型半胱氨酸水平升高，而目前公认高同型半胱氨酸血症是血管损伤或动脉粥样硬化的独立危险因子。牛磺酸能减少氧自由基的产生，提高还原型谷胱甘肽水平，有利于保护细胞膜的稳定性，同时具有减少肝脏胆固醇合成、降低血胆固醇水平的作用。

（四）维生素和矿物质

1. 维生素E：具有抗氧化活性的脂溶性维生素。流行病学资料显示，维生素E的摄入量与心血管疾病的发病风险负相关。有研究发现，大剂量补充维生素E有预防动脉粥样硬化或延缓其病理进展的作用。推测其机制可能为：①抑制LDL的氧化；②抑制与炎症反应相关的细胞因子的释放；③抑制血小板聚集和血管平滑肌细胞增殖；④控制血管的张力。

2. 维生素C：具有多种重要生理功能，其中，参与体内羟化反应和抗氧化功能在防治动脉粥样硬化方面起重要作用。维生素C作为羟化反应必需的辅助因子，能够促进胶原蛋白的合成，为保持血管的弹性发挥重要作用。胆固醇转化为胆汁酸是肝脏清除胆固醇的主要方式。维生素C作为肝脏胆固醇代谢的关键酶7α-羟化酶的辅助因子参与胆固醇的代谢，有利于肝脏清除胆固醇。维生素C缺乏时，胆固醇转化为胆汁酸减少，导致肝脏胆固醇蓄积、血胆固醇水平升高。维生素C的抗氧化功能可阻止LDL的氧化，保护血管免受氧化型LDL诱发的细胞毒性损伤，防止血管内皮及平滑肌细胞的氧化损伤。维生素C具有降低血胆固醇水平、提高HDL-C水平、抑制血小板聚集的作用，有助于防治冠心病。

3. B族维生素：维生素B_{12}、维生素B_6、叶酸是同型半胱氨酸向蛋氨酸、胱氨酸转化代谢过程中的辅酶。这些维生素缺乏时，可影响同型半胱氨酸代谢，导致高同型半胱氨酸血症。高同型半胱氨酸血症导致心血管疾病的可能机制：①损伤血管内皮细胞；②促进血栓形成；③促进血管平滑肌细胞增殖；④增加氧化应激，导致LDL中载脂蛋白B的游离氨基巯基化，被巯基化修饰的LDL可被吞噬细胞吞噬并在细胞内降解，导致细胞内胆固醇堆积。同型半胱氨酸还能与LDL反应形成复合体，被吞噬细胞吞噬形成泡沫细胞，而从复合物中水解释放出的同型半胱氨酸可促进自由基和脂质过氧化物的产生。维生素B_6与构成动脉管壁的基质成分酸性黏多糖的合成及脂蛋白酯酶的活性有关，缺乏时可引起脂质代谢紊乱和动脉粥样硬化。

4. 矿物质：饮水的硬度与冠心病发病负相关，增加钙的摄入有利于降血压。动物实验显示，钙可以抑制血小板聚集。而动物缺钙可引起血胆固醇水平和甘油三酯水平升高。镁具有降低血胆固醇水平、增加冠状动脉血流和保护心肌细胞完整性的功能。镁通过调节血管弹性调节血压。流行病学资料显示，镁的摄入水平与心血管疾病发病率负相关。铜和锌是超氧化物歧化酶的组成成分，尽管铜缺乏不多见，但体内铜的水平处于临界低值时，可能会导致血胆固醇水平升高和动脉粥样硬化。锌具有抗氧化作用，保护细胞免受炎性细胞因子的破坏，摄入充足的锌有助于保持血管内皮细胞的完整性。铬是人体糖耐量因子的组成成分，缺乏可引起糖代谢和脂肪代谢紊乱、血胆固醇水平升高、动脉受损。硒是体内抗氧化酶谷胱甘肽过氧化物酶的核心成分，谷胱甘肽过氧化物酶使体内形成的过氧化物迅速分解，减少氧自由基对机体组织的损伤。缺硒可引起心肌损害，可通过减少前列腺素合成、促进血小板聚集和血管收缩，增加动脉粥样硬化的发病风险。有资料显示，长期摄入富含硒食物的人群，心血管疾病发病率低，而硒缺乏者心血管及外周血管疾病的发病率升高。

5. 植物固醇：植物固醇对人体健康有许多益处。植物固醇在肠道内可以与胆固醇竞争性形成“胶粒”，抑制胆固醇的吸收，有效地降低高脂血症患者血液中的总胆固醇水平和LDL-C水平，而不会降低HDL-C水平。

（五）各类食物与冠心病的关系

1. 全谷类食物：增加全谷物（如燕麦、大麦、小麦全谷）摄入量（每天1～3份，

30～90g）可通过降低血脂、血压，缓解冠心病和脑卒中的危险因素，降低心血管疾病的发病风险。

2. 蔬菜和水果：增加蔬菜和水果的摄入量可降低心脑血管疾病的发病率和死亡率。大蒜和洋葱具有防治动脉粥样硬化的作用，其可能的机制包括抑制肝脏胆固醇的合成，抑制 LDL 的氧化，抑制血小板聚集及血栓形成。其作用与大蒜和洋葱中的含硫化合物有关。

3. 动物性食物：过多摄入加工畜肉（烟熏、腌渍等）可增加心血管疾病的发病风险。由于蛋黄中富含胆固醇，一些人选择不吃或少吃鸡蛋。研究表明，每天吃一个鸡蛋，对一般人群心血管疾病的发病风险无影响，但对于糖尿病患者可能增加冠心病的发病风险。鱼肉含有丰富的多不饱和脂肪酸、维生素和矿物质，增加鱼肉摄入可降低冠心病和脑卒中的发病风险。

4. 大豆及其制品：增加大豆及其制品的摄入，有利于降低血总胆固醇水平、LDL－C水平和甘油三酯水平。而单独的大豆异黄酮对胆固醇的影响不明显。

5. 坚果：适量摄入坚果可改善血脂异常，降低血总胆固醇水平和 LDL－C 水平，降低心血管疾病发病风险。

6. 添加糖、含糖饮料：国外的人群研究显示，过多糖/含糖饮料的摄入（尤其是果糖）可增加血脂异常的风险，但基于中国人群的研究资料较少。

7. 茶、咖啡：流行病学资料及动物实验均显示，饮茶有减少胆固醇在动脉壁沉积、抑制血小板聚集、促进纤维蛋白溶解和清除自由基等作用。人群研究显示，增加饮茶（＞12g/d）有利于降低心血管疾病患者的血压、血中总胆固醇水平和 LDL－C 水平，从而降低心血管疾病和脑卒中的发病风险。咖啡含有咖啡因、绿原酸和鞣酸，在补充水分的同时，对健康有一定益处。国外大量人群研究发现，适量饮用咖啡可降低心血管疾病的发病风险。

8. 酒：多项研究表明，饮酒量与心血管疾病发病风险呈“J”形曲线关系，酒精摄入 5～25g/d 对心血管疾病有保护作用，可能机制包括增加血 HDL－C、降低血小板聚集性、促进纤维蛋白溶解。葡萄酒中的多酚类物质具有抗氧化和血小板抑制作用。但是，大量饮酒可导致肝脏损伤，脂代谢紊乱，升高血甘油三酯水平和 LDL－C 水平，增加心血管疾病的发病风险。

9. 钠盐：人群研究显示，高盐摄入增加脑卒中、心血管疾病发病风险，升高血压、导致血管壁水肿为其可能的机制。

三、冠心病防治的饮食原则

冠心病防治涉及对所有可调控危险因素的控制，包括戒烟、控制体重、调节血脂、积极的生活方式、饮食控制等。合理营养是重要的防治措施之一。冠心病的危险因素有高胆固醇血症（特别是高 LDL－C 血症）、高甘油三酯血症、高血压和糖尿病等。其营养防治从根本上讲要从这些危险因素着手。

（一）膳食原则

在平衡膳食的基础上控制总能量和总脂肪的摄入，限制饮食中 SFA 和胆固醇含量，保证充足的膳食纤维和多种维生素，补充适量的矿物质和抗氧化营养素。

（二）营养措施

1. 限制总能量摄入，保持理想体重：能量摄入过多是肥胖的重要原因，而肥胖又是动脉粥样硬化的重要危险因素，故应该控制总能量的摄入，保持能量摄入与消耗平衡，适当增加运动，保持理想体重，预防超重/肥胖。已经超重者应通过控制能量摄入量来减重。

2. 限制脂肪和胆固醇摄入：限制总脂肪、SFA、胆固醇和 TFA 的摄入量是防治高胆固醇血症和冠心病的重要措施。脂肪摄入量以占总能量 20%～25%为宜，SFA 摄入量应少于总能量的 10%，TFA 每天摄入量应不超过 2.0g。适当增加 MUFA 和 PUFA 的摄入。MUFA 摄入量不宜少于总能量的 10%，PUFA 摄入量占总能量的 10%。鱼类富含 $n-3$ 系列 PUFA，对心血管有保护作用，可适当多吃。少吃富含胆固醇的食物，如猪脑和动物内脏等. 但吃鸡蛋时不必弃去蛋黄。高胆固醇血症患者应进一步降低 SFA 摄入量，使其低于总能量的 7%，控制胆固醇的摄入量。TFA 摄入量应低于总能量的 1%。

3. 增加植物性蛋白质的摄入，少吃甜食：蛋白质摄入量应占总能量的 15%左右。应提高植物性蛋白质的摄入，如大豆及其制品。大豆蛋白富含异黄酮，多吃大豆蛋白有利于调节血脂，从而达到防治动脉粥样硬化的目的。有资料显示，每天摄入 25g 含异黄酮的大豆蛋白，可降低心血管疾病的发病风险。碳水化合物应占总能量的 60%左右，限制单糖和双糖的摄入，少吃甜食，控制含糖饮料的摄入。

4. 摄入充足的膳食纤维：膳食纤维在肠道与胆汁酸结合，可减少脂类的吸收，从而降低血胆固醇水平。同时，高纤维膳食可降低血胰岛素水平，提高人体胰岛素敏感性，有利于脂代谢的调节。因此应提倡多摄入含膳食纤维丰富的食物，如燕麦、玉米、蔬菜等。

5. 保证充足的维生素和微量元素：维生素 E 和很多水溶性维生素及微量元素具有改善心血管功能的作用，特别是维生素 E 和维生素 C 具有抗氧化作用，应多食用新鲜蔬菜和水果。

6. 饮食清淡，少盐限酒：高血压是动脉粥样硬化的重要危险因素，为预防高血压，每天食盐的摄入量应限制在 6g 以下。可少量饮酒，但切勿酗酒。

7. 适当多吃富含植物化学物的食物：植物化学物有利于心血管的健康，鼓励多吃富含植物化学物的食物，如大豆、黑色和绿色食物、洋葱、香菇等。

四、冠心病的运动处方

（一）运动防治冠心病的作用机制

1. 增加心肌供氧量，增强心脏工作效率：对运动前后的冠状动脉核素造影证实，运动可使冠状动脉狭窄和阻塞段两端的小血管分支扩张并互相接通，使侧支循环明显增加，从而增加心肌的血液灌注，提高心肌摄取和利用氧的能力，降低心肌耗氧量。

运动可使心肌发达肥厚，收缩力加强，心率变慢，使心舒张期相对延长，每搏输出量增加，静脉血回流加速。运动增强心肌收缩力的原因可能是运动提高心肌细胞胞浆网对钙离子的摄取、储存和释放能力。

2. 运动降低血胆固醇水平：运动可降低血胆固醇水平和 LDL 水平，同时升高 HDL 水平，有利于预防和治疗冠心病。

3. 抗血栓形成：运动通过减少血小板黏附和聚集、降低红细胞比容和纤维蛋白原水平、增加纤维蛋白溶解来减少动脉粥样硬化斑块的形成。

4. 减少冠心病的危险因素：运动能够减轻体重，减轻心脏负担，纠正脂代谢异常，有助于防止病变进展。运动减轻体重的机制，主要与影响脂肪代谢酶的活性有关。运动能使脂肪酸分解加强、合成减少，组织对脂肪酸的利用增加，从而降低体重和防止肥胖。适当的运动还能稳定血压、降低血糖等，还有助于戒烟。

5. 改善情绪：运动能有效纠正焦虑、抑郁等不良心理状态，提高应激能力。

（二）针对冠心病患者的运动建议

美国疾病预防控制中心建议，冠心病患者每天进行 30 分钟以上的运动对健康非常有益，应以中等强度有氧运动为主。《冠心病患者运动治疗中国专家共识》建议：冠心病患者的运动形式主要以有氧运动为主，如步行、慢跑、爬山和太极拳等，以抗阻运动为辅。有氧运动的频率为每周 3～5 天，每天 30～60 分钟，运动时稍微出汗，运动后无明显的疲惫感，对睡眠和饮食均无影响。抗阻运动每周 2～3 天，每天 8～10 个动作，每个动作做 3 组，每组重复 10～15 次，隔天进行。冠心病患者应在心脏康复专业人员评估后，按运动处方运动，切不可盲目运动。表 13－6 列出了 4 种有氧运动的具体方法和注意事项，稳定型冠心病患者可以从中选择适宜的运动方式。

表 13－6　冠心病患者的运动建议

运动形式	方法	注意事项
步行	中速或快速走，每天 30 分钟，5 天/周	步行选择相对平坦的道路，注意步态稳定，步伐均匀，呼吸自然，防止跌倒；如餐后步行，应在餐后 1 小时，以避免诱发心绞痛
慢跑	每天 20～30 分钟，3～5 天/周	急行 2000～3000m 距离而无心绞痛发作者才可以参加慢跑；适用于病情较轻、有运动基础者；循序渐进，逐渐增加运动时间

续表13－6

运动形式	方法	注意事项
爬山	选择坡度小于 30°的坡，首次进行该运动时可以从 15～20 分钟开始，上坡后休息 5 分钟左右，再以同样的速度下坡，3～4 天/周	强度相对较大，运动前要做好相应的准备活动，运动结束后要进行放松活动；如有极度疲劳、胸闷或心前区有紧迫感和疼痛，应立即停止运动；随身携带药物，以便在不适时及时服用
太极拳	在运动时，身体各个部位需遵循以下要求：虚灵顶劲、含胸拔背、松腰敛臀、圆裆松胯、沉肩坠肘、舒指坐腕、尾闾中正。每天 20～30 分钟，3～4 天/周	运动过程中保持心静体松、动作舒缓、连绵不断；应在专业人员指导下，掌握太极拳动作要领后进行

第四节 运动、营养与糖尿病

糖尿病（diabetes mellitus，DM）是一类因胰岛素利用障碍（胰岛素抵抗）或分泌缺陷（胰岛 β 细胞受损）引起的以高血糖为特征的代谢性疾病。长期高血糖导致各种组织器官，尤其是眼、肾、下肢、神经、心血管的慢性损害、功能不全和衰竭。

糖尿病病因目前尚未完全阐明，流行病学研究表明，糖尿病发病受遗传和环境两方面因素影响，肥胖和体力活动减少是两个重要的危险因素。

一、概述

（一）糖尿病分型

1. 1 型糖尿病（type 1 diabetes mellitus，T1DM）：以胰岛 β 细胞受损导致胰岛素绝对缺乏为主要病因学特征。T1DM 分为：①自身免疫性，急发型或缓发型［谷氨酸脱羧酶抗体和（或）胰岛细胞抗体阳性］；②特发性，无自身免疫证据。

T1DM 的病因和发病机制尚不清楚，一般认为由自身免疫系统缺陷引起。在某种诱因下，自身免疫系统攻击了胰腺 β 细胞，引起胰岛 β 细胞数量显著减少和消失，导致胰岛素分泌显著下降或缺失，进而引起高血糖。这种自我破坏的原因涉及遗传易感因素和环境触发因素（如病毒感染、毒素或一些饮食因素）的单独或联合作用。T1DM 可在任何年龄发病，但多发于儿童青少年时期。

2. 2 型糖尿病（type 2 diabetes mellitus，T2DM）：以胰岛素抵抗和（或）胰岛素分泌缺陷为主要病因学特征。

T2DM 的病因和发病机制目前亦不明确，其显著病理生理学特点为胰岛素降低餐后血糖的能力下降，空腹血糖升高；病因涉及组织细胞不能对胰岛素的作用（促使血糖进入细胞）予以充分反应（胰岛素抵抗），或同时伴随胰岛 β 细胞代偿性分泌功能下降所导致的胰岛素分泌减少，从而引起高血糖。

T2DM是最常见的糖尿病类型，在老年人中最为常见。但由于饮食不当、缺乏运动、超重/肥胖等原因，2型糖尿病在非老年人群中也越来越多。

3. 特殊类型糖尿病：病因比较明确，由基因突变或缺陷、其他内分泌疾病、药物及化学品、感染等引起，也称继发性糖尿病，如胰腺炎、胰腺切除、血色病等引起的糖尿病，垂体性糖尿病，激素性糖尿病等。原发病治愈后，糖尿病症状可随之消失。

4. 妊娠期糖尿病：妊娠期发生的不同程度血糖升高的糖代谢异常。妊娠期糖尿病的病因可能与自身免疫和遗传有关，也可能与胎盘产生激素减弱了胰岛素作用进而引起胰岛素抵抗有关。妊娠期糖尿病可在妊娠期的任何时间发生，通常出现在妊娠中期和妊娠晚期，在妊娠结束后绝大部分会消失。

（二）发病情况

我国2015—2017年糖尿病患病率达到11.2%。我国经济发达地区的糖尿病患病率高于中等发达地区和不发达地区，城市高于农村。20岁以上起病的成人T1DM患者最常见，占新发患者的65.3%。在0～14岁年龄组，女孩、高纬度地区人群和特定少数民族（朝鲜族、蒙古族、维吾尔族、哈萨克族）患T1DM的风险更高。2015—2019年，我国T2DM总体患病率已达到14.92%，男性患病率持续高于女性。各年龄段人群T2DM患病率自1980年以来均呈现上升趋势，尤其老年人T2DM患病率一直保持高水平，且持续快速增长，中国65岁及以上的老年糖尿病患者数约为3550万，居世界首位，约占全球老年糖尿病患者数的1/4。

（三）主要临床表现

糖尿病典型症状为“三多一少”，即多尿、多饮、多食和体重下降。因血糖超过肾糖阈，大量葡萄糖从尿中排出，尿渗透压升高形成高渗性利尿，24小时尿量可达2000～10000mL。排尿次数明显增加，每天可达20余次，且夜尿明显增多。多尿势必多饮，患者感到口渴而增加饮水量。饮水越多尿越多，尿越多越要饮水，形成恶性循环，极易造成水电解质紊乱。血糖升高刺激胰岛素分泌，患者食欲增加，故患者常有饥饿感而欲多食。肝糖原、肌糖原分解旺盛，糖异生不断增加，血糖上升更快更高，从尿中丢失的糖更多。大量糖原和蛋白质消耗，患者体重减轻。全身症状有腰痛、四肢酸痛、手足蚁走感、麻木、视力减弱及高脂血症，妇女有外阴瘙痒、性欲减退、月经失调、闭经，男性有阳痿，儿童有遗尿等。轻型患者开始无症状，尤其是T2DM患者。重症患者常伴有心脏、肾脏、神经系统及视网膜病变。所有患者在应激状态下都可发生酮症酸中毒。典型病例诊断不难，对可疑患者做糖耐量试验，测定空腹血糖、血胰岛素及尿糖定性等，以此做出诊断。

糖尿病诊断标准见表13-7。

表 13－7　糖尿病诊断标准

诊断标准	静脉血浆葡萄糖或 HbA1c 水平
典型糖尿病症状	
加上随机血糖	≥11.1mmol/L
或加上空腹血糖	≥7.0mmol/L
或加上口服葡萄糖耐量试验（OGTT）2 小时血糖	≥11.1mmol/L
或加上 HbA1c	≥6.5%
无糖尿病典型症状者，需改日复查确认	

注：空腹状态指至少 8 小时没有进食。

二、糖尿病的营养治疗

糖尿病是一种病因尚不十分明确的慢性代谢性疾病。糖尿病的防治应采取综合措施，主要包括健康教育、营养治疗、合理运动、药物治疗及自我监测等，其中营养治疗是控制血糖最基本、最有效的治疗措施之一。糖尿病营养治疗的总目标是帮助患者制订营养计划和形成良好的饮食习惯，通过良好的营养供给改善健康状况，减少急性和慢性并发症的发生风险。合理地控制饮食有利于控制糖尿病的病情发展，轻型患者（空腹血糖≤11.1mmol/L）单纯采用营养治疗即可达到控制血糖的目的。

1. 能量：合理控制总能量摄入是糖尿病营养治疗的首要原则。糖尿病患者应接受个体化能量平衡计划，目标是既达到或维持理想体重，又满足不同情况下的营养需求。对于正常体重的糖尿病患者，能量摄入量以使体重维持或略低于理想体重为宜。肥胖者应减少能量摄入量，使体重逐渐下降至理想体重±5%的范围。儿童、孕妇、乳母、营养不良者及消瘦者、伴有消耗性疾病而体重低于标准体重者，可适当增加体重，能量摄入量可适当增加 10%～20%。根据患者的体型和理想体重，估计每日能量摄入量。

可根据年龄、劳动强度、肥胖程度等按下式计算：

能量摄入量（kJ）＝理想体重（kg）×能量供给标准（kJ/kg）

（1）理想体重：根据患者身高按下式计算。

理想体重（kg）＝身高（cm）－105

（2）糖尿病成人患者能量供给标准见表 13－8。

表 13－8　糖尿病成人患者能量供给标准［kJ（kcal）/kg］

体型	极轻体力活动	轻体力活动	中体力活动	重体力活动
正常	84～105*（20～25）	126（30）	146（35）	167（40）
消瘦**	126（30）	146（35）	167（40）	188～209（45～50）
肥胖**	63～84（15～20）	84～105（20～25）	126（30）	146（35）

注：* 50 岁以上者每增加 10 岁，能量可减少 10%，活动量极少者可按每天 84kJ（20kcal）/kg 供给。** 消瘦指体重低于理想体重 20%，肥胖指体重超过理想体重 20%。

2. 碳水化合物：糖尿病患者必须摄入一定比例的碳水化合物，供能比以 45%～

60%为宜，如碳水化合物的来源为低GI食物，其供能比可达60%。碳水化合物摄入不足时，体内需分解脂肪和蛋白质供能，易引起酮症。但碳水化合物摄入过多也会使血糖升高。碳水化合物的摄入量应根据患者个体差异、病情、血糖、HbA1c和用药情况计算并调整至适宜的量。此外，还应注意食物种类、淀粉类型（直链淀粉和支链淀粉）、烹调方式等对餐后血糖的影响。计算碳水化合物的量及其在食物中的供能比时，还要考虑食物的GI。某些单糖和双糖，如果糖、蔗糖的GI并不显著高于面包、米饭、马铃薯等复合碳水化合物。因此，碳水化合物的总摄入量较其供应形式更重要。

膳食纤维分为可溶性膳食纤维和不溶性膳食纤维两种。可溶性膳食纤维能吸水膨胀，吸附并延缓碳水化合物在消化道的吸收，使餐后血糖和胰岛素水平降低，还有降低胆固醇水平的作用。不溶性膳食纤维能促进肠蠕动，加快食物通过肠道，减少吸收，具有间接缓解餐后血糖升高和减重的作用。建议膳食纤维成人每天摄入量为25～30g/d或10～14g/1000kcal。

3. 脂肪：长期摄入高脂膳食可损害糖耐量，促进肥胖、高血脂和心血管疾病的发生。为防止或延缓糖尿病患者的心脑血管并发症，必须限制膳食脂肪摄入量，尤其是饱和脂肪酸摄入量。脂肪较合适的供能比为25%～35%，对超重/肥胖者，脂肪供能比不应超过30%。烹调用油及食物中所含的脂肪均应计算在内。饱和脂肪酸的比例应小于10%。虽然多不饱和脂肪酸有降血脂和预防动脉粥样硬化的作用，但由于多不饱和脂肪酸在体内代谢过程中容易氧化，可对机体产生不利影响，因此也不宜超过总能量的10%。而单不饱和脂肪酸则是较理想的脂肪来源，其在花生油及橄榄油中含量丰富，宜大于总能量的12%。胆固醇摄入量应低于300mg/d。

4. 蛋白质：糖尿病患者机体糖异生作用增强，蛋白质消耗增加，易出现负氮平衡，为维持肌肉的体积和能量消耗的需要，应保证蛋白质的摄入量（占总能量的15%～20%），其中至少30%来自高生物价的蛋白质，如乳类、蛋、瘦肉及大豆制品。但长期高蛋白质饮食对糖尿病患者并无益处，已患糖尿病肾病者，应根据肾功能损害程度限制蛋白质摄入量，一般为0.6～0.8g/(kg·d)。

5. 维生素和矿物质：糖尿病患者因主食和水果摄入量受限制，且体内物质代谢相对旺盛，较易发生维生素和矿物质缺乏。调节维生素和矿物质的平衡，有利于纠正糖尿病患者代谢紊乱、防治并发症。因此，供给足够的维生素也是糖尿病营养治疗的原则之一，其中比较重要的有维生素C、维生素E、β-胡萝卜素、部分B族维生素等。

锌与胰岛素的合成、分泌、储存、降解、生物活性及抗原性有关，缺锌时胰腺和β细胞内锌浓度下降，胰岛素合成减少。三价铬的复合物在人体内被称作糖耐量因子，有利于改善糖耐量。硒参与谷胱甘肽过氧化物酶（GSH-Px）的构成，GSH-Px可降低机体脂质过氧化反应，有保护心肌细胞、肾小球及视网膜免受氧自由基损伤的作用。锰可改善机体对葡萄糖的耐受性。锂能促进胰岛素的合成和分泌。

6. 饮酒：酒是高能量食物，且饮酒的同时往往会摄入高脂食物，可导致能量摄入过多。酒精吸收和代谢较快，但不能较长时间维持血糖水平，饮酒还可使糖负荷后的胰岛素分泌增加，使接受胰岛素、降糖药治疗的患者容易发生低血糖。所以，糖尿病患者应避免空腹饮酒。长期饮酒会引起肝功能受损，还可降低脂肪在体内的消耗率。因此，血糖控制不佳的糖尿病患者不应饮酒。血糖控制良好的患者可适量饮酒，但需严格制订饮食计划。建议每天摄入的酒精量不超过 15g。

7. 餐次分配：根据血糖升高时间、用药时间和病情是否稳定等情况，结合患者的饮食习惯合理分配餐次，至少一日三餐，尽量定时、定量，早餐、中餐、晚餐能量按25％、40％、35％的比例分配。口服降糖药或注射胰岛素后易出现低血糖的患者，可在三次正餐之间加餐 2～3 次。加餐量应从正餐的总量中扣除，做到加餐不加量。在总能量范围内，适当增加餐次有利于改善糖耐量并可预防低血糖的发生。

三、糖尿病的运动处方

（一）运动控制血糖的可能机制

1. 调节碳水化合物代谢：碳水化合物为肌肉运动的主要能源物质。运动中血糖平衡的调节十分复杂。运动有以下作用：①运动时肾上腺素能 α 受体兴奋，抑制胰岛素分泌，血浆胰岛素浓度下降，一方面有助于抑制不运动肌肉对糖的利用，另一方面肌肉运动促进局部血流增加，增强胰岛素与肌细胞膜上受体的结合力，使少量胰岛素就能使葡萄糖进入肌细胞。②运动时在胰岛素浓度下降的协同作用下，胰高血糖素分泌增加和儿茶酚胺浓度增加，都能促进肝糖原分解和糖异生，升高血糖。同时儿茶酚胺使脂肪酸动员和氧化增加，肌肉利用糖下降而使血糖升高。血浆中一系列激素变化的幅度与运动强度有关。皮质醇与生长激素的变化在长时间运动时较为显著。

总之，经常的耐力性运动可使肌细胞的胰岛素受体功能增强，改善组织与胰岛素的结合能力（亲和力），能在胰岛素浓度较低时保持较正常的血糖代谢，即增强了胰岛素的作用，被认为对非胰岛素依赖型糖尿病有重要的治疗意义。

2. 改善脂质代谢和调节体重：运动不仅可防治肥胖，还可降低 LDL 水平，升高 HDL－C 水平。T2DM 患者体重或多或少有所减轻。这是残存的胰岛 β 细胞的一种防卫反应，以求维持机体的内环境稳定。随着体重的减轻，对胰岛素的需要相应减少。糖尿病症状得到控制和改善时，体重会增加。

3. 增加肌肉毛细血管密度：耐力性运动可增加肌肉毛细血管密度，从而扩大肌细胞与胰岛素及血糖的接触面，改善血糖利用。运动还可增加有氧代谢酶活性，改善碳水化合物的分解利用。运动虽然不能增加胰岛素分泌，但可使血糖水平下降，糖耐量改善。

4. 提高大脑和神经功能：运动可消除紧张，改善情绪，有利于保持体力。

（二）运动处方内容

1. 目标：降血糖、减重、增肌、减少 ASCVD 危险因素、改善生活质量和调节心理状态。

2. 适应证。

（1）T1DM 病情稳定者。

（2）空腹血糖为 7.8～8.9mmol/L、餐后血糖为 11.0～13.9mmol/L 的 T2DM

患者。

（3）服用降糖药血糖控制稳定者。

3. 禁忌证。

（1）病情控制不佳、血糖过高（空腹血糖>16.7mmol/L）、血糖波动大。

（2）有急性并发症，如急性感染、酮症酸中毒、高渗性昏迷等。

（3）有慢性并发症，如心力衰竭、肾衰竭、严重视网膜病变、自主神经病变、下肢循环不良、重度高血压等。

4. 运动建议。

（1）运动方式及推荐运动量：缺乏规律运动的糖代谢异常者进行运动时，首选有氧运动。T2DM 高危人群和糖尿病前期人群通过结构化的生活方式干预，包括至少 150 分钟/周的运动和改变饮食结构使体重降低 5%～7%，可以预防或延缓 T2DM 的发生。成年 T2DM 患者应该每周至少有 3 天进行中等至较高强度的有氧运动，总时长不少于 150 分钟，以及2～3 次力量训练，且运动间歇不超过 2 天，最好每天运动。年轻患者或身体素质好的患者可以进行较短时间较大强度或间歇高强度训练（至少 75 分钟/周）。

（2）不同运动方式对血糖的影响：血糖对运动较为敏感，主要影响因素如下：①有氧运动的时间、强度，胰岛素用量，心肺耐力水平，营养状态，运动前血糖水平，中、低强度有氧运动可使血糖水平下降。②有氧无氧混合运动，可使升糖激素浓度升高，血乳酸生成增加，血糖水平下降或升高；在中等强度有氧运动中穿插短时间较高强度的间歇运动有助于运动后早期血糖降低的恢复。③有氧运动与抗阻运动联合时，在有氧运动前先完成抗阻运动可能会降低 T1DM 患者低血糖的发生风险。④无氧运动可使升糖激素浓度升高，血乳酸生成增加，血糖水平升高，升高幅度受运动强度和间歇次数的影响。

（3）糖尿病患者运动的 FITT 建议见表 13－19。

表 13－9　糖尿病患者运动的 FITT 建议

运动项目	有氧运动	抗阻运动	柔韧性运动
运动频率	每周 3～7 天	每周至少在不连续的 2 天进行，最好 3 天	≥2 天/周
运动强度	中等强度（40%～60% VO_2R 或 HRR，或 11～13RPE）至较高强度（60%～80% VO_2R 或 HRR，或 14～17RPE）	中等强度（50%～69% 1－RM）至较高强度（70%～85% 1－RM）	拉伸至感觉紧张或轻度不适
运动时间	T1DM：累计中等强度 150 分钟/周，或较高强度 75 分钟/周，或两者结合；T2DM：累计中等至较高强度≥150 分钟/周，每次≥10 分钟	进行至少 8～10 种不同动作的训练，每组 10～15 次，重复 1～3 组，达到接近疲劳的状态；随着运动的推进，可每组 8～10 次，重复 1～3 组	静态拉伸 10～30 秒，每个动作重复 2～4 次

续表13－9

运动项目	有氧运动	抗阻运动	柔韧性运动
运动方式	持续性、有节律、动员大肌肉群的运动（如步行、骑车、广场舞），应考虑个人兴趣和运动目标	器械训练或自由力量训练器	静态拉伸、动态拉伸和（或）PNF拉伸

注：RPE，主观疲劳感觉。

第五节　运动、营养与骨质疏松

骨质疏松（osteoporosis）是一种骨代谢紊乱的慢性骨病，其特点是骨结构变得稀疏，骨重量减轻，骨脆性增加，容易骨折等。骨质疏松严重威胁老年人，特别是绝经后妇女的健康和生活质量。目前认为，性激素水平低下、缺乏运动、营养不合理是骨质疏松的三大危险因素。防治骨质疏松的三项措施：一是适当补钙，二是经常运动，三是饮食调节。

一、概述

（一）患病率

骨质疏松是老年人和绝经后妇女最为常见的一种骨代谢性疾病。全球骨质疏松患者超过2亿。中国骨质疏松流行病学调查结果显示，我国50岁以上人群骨质疏松患病率为19.2％，65岁以上人群达到32.0％，其中男性为10.7％，女性高达51.6％。调查发现，我国低骨量人群庞大，是骨质疏松的高危人群。我国40～49岁人群低骨量率达32.9％，其中男性为34.4％，女性为31.4％。随着人口老龄化，骨质疏松患病率呈逐年增加的趋势。80岁以前，女性发病率为男性的3～5倍；80岁以后，则无性别差异。

（二）分类

1. 原发性骨质疏松：属于随年龄增长而出现的生理性退行性病变，包括老年性骨质疏松和绝经后骨质疏松。

2. 继发性骨质疏松：由某些疾病和某些原因诱发，如内分泌、骨髓及肝肾疾病或某些药物引起的骨质疏松。

3. 特发性骨质疏松：原因不明的特发性骨丢失，多发生在8～14岁青少年，妊娠期和哺乳期发生的骨质疏松也属此类。

后两类骨质疏松发病率低，去除病因即可缓解；而原发性骨质疏松发病率高，危害大。

（三）主要临床症状

1. 疼痛：半数以上患者有疼痛。常见的是腰背酸痛，其次是肩背、颈部或腕踝部疼痛，其中腰痛最为常见，疼痛有时放射至臀部甚至腿部，活动多时加重，夜间和清晨醒来时明显。患者说不清引起疼痛的原因，可以是坐位、立位、卧位或翻身时疼痛，疼痛时好时坏，个体差异较大。

2. 骨骼变形：由于重力和韧带牵引作用，疏松的骨骼可发生变形。常见的是脊椎骨和肋骨压缩变形，可致驼背、身高变矮；严重者可见胸廓畸形。

3. 骨折：骨质疏松不及时治疗易引起骨折。常见骨折部位是脊椎骨、股骨颈、股骨粗隆间、桡骨、腕骨等。股骨颈骨折较为常见。脊椎骨常呈压缩性骨折，50～54 岁女性发生率为 5%左右，80 岁以上可达 50%以上。

骨质疏松最严重的后果是骨折，特别是髋骨骨折，造成长期病态，使死亡率增高。Rose 报道，尽管医疗条件改善，但髋骨骨折 1 年内因并发症而死亡者占 15%～50%。骨折发病率随年龄增加呈指数上升，骨质疏松骨折危险性女性为 38.7%，男性为 13.1%。骨折不仅使国家和个人的医疗费用增加，而且会导致残疾，造成终身痛苦甚至死亡，给家庭和社会带来严重的不良影响。

二、骨质疏松防治的饮食原则

骨质疏松的预防应贯穿人的一生。从胎儿期开始，孕妇要适量补钙；婴幼儿期至 35 岁以前，要合理补钙，使骨钙峰值达到最高峰；以后随着年龄的增长，要加强补钙，防止骨钙大量丢失。

（一）骨质疏松的预防

1. 合理膳食：我国居民膳食基本上属于贫钙膳食。膳食以植物性食物为主，钙含量低，乳及乳制品摄入量低。据 1996 年调查，钙吸收的干扰因素较多，我国居民膳食以植物性食物为主，粮食是主要能源，因而植酸摄入多，影响钙的摄入。

鉴于上述情况，迫切需要调整膳食结构。针对引起缺钙的原因，依据我国膳食指南，增加乳及乳制品等含钙丰富的食物比例，组成平衡膳食，合理营养，对预防骨质疏松具有重要意义。

2. 适时适量补钙：从理论上讲，只要膳食调配合理，无需额外补钙，但在实际生活中不易做到，因此尚需寻求额外补充途径。

人一生中骨密度峰值达到的年龄和峰值的高度，与骨质疏松的发生时间和严重程度有密切关系。一般情况下，20 岁以前主要为骨的生长阶段，其后 10 余年继续加强，骨质仍有增加，35～40 岁单位体积内骨质密度达到顶峰，此后骨质逐渐丢失。尽管还未发现钙与骨密度峰值达到时间有明显关系，但青春前期和青春期钙的营养状况对骨密度峰值却有显著影响。如果这个时期能供给充足的钙，使骨密度峰值达到最高，保证绝经期和老年期具有较致密的骨质，可使骨质疏松发生的年龄推迟，并可减少骨折的危险性。因此从青少年时期开始就应注意补钙。

钙摄入量增加也可明显提高骨密度峰值，但是钙摄入量过多会产生不良反应。研究表明，青少年和成人每日摄入 2000mg 以内的钙是安全的。当摄入量超过 2500mg/d 时，可引起尿钙排出增加、血钙升高、便秘等，并可干扰铁、磷、锌等元素的吸收。因此钙的补充应适量。目前市售钙剂种类很多，补充时应注意制剂中钙元素的含量，计量应以钙元素计，而不是按钙制剂计。

（二）骨质疏松的营养治疗

1. 营养补充剂。

（1）钙剂：骨质疏松的主要原因是缺钙，因此补钙是治疗此病的首选措施。一旦发现负钙平衡，应给予大剂量钙剂。老年人维持钙平衡需要 10mg/(kg・d)，骨质疏松患者需要 17mg/(kg・d)。口服钙剂主要有碳酸钙、枸橼酸钙、葡萄糖酸钙、乳酸钙等。

（2）维生素 D：单纯补钙往往效果不佳，需要和维生素 D 联合使用，以促进钙的吸收利用。维生素 D 的补充量为每日 7.5～10.0μg。补充维生素 D 的过程中，应每月监测血清钙水平，以防发生高钙血症。

（3）氟化物：氟可与羟磷灰石晶体结合，有稳定骨盐晶体结构的作用，可抑制骨吸收和刺激骨形成，故骨质疏松患者常用氟化物治疗。一般每日口服氟化钠 50～60mg，疗程可达 1 年。为防止新生骨钙化不足，主张与钙剂和维生素 D 联合使用。氟化钠可引起胃肠道不良反应和关节痛，使用时应注意。

此外，对绝经期妇女可采用雌激素替代疗法。可口服己烯雌酚，每日 1.0mg，连续 4 周后，停药 1～2 周再继续服用。雌激素替代疗法可改善临床症状，防止病情进展，但长期使用有增加子宫内膜癌的风险，因此患者需每年定期进行相关检查。如有阴道不规则出血，应立即检查。

降钙素对骨质疏松也有明显治疗作用。降钙素能直接作用于破骨细胞，抑制骨吸收。当患者不能接受雌激素时，可用降钙素代替。目前降钙素已被美国食品药品监督管理局（FDA）认可为治疗骨质疏松的药物。

2. 饮食治疗：对骨质疏松的恢复没有明显效果，但能减缓病情进展。饮食治疗原则是合理选择食物，保证足够的钙和维生素 D 等营养素。

3. 植物雌激素：虽然雌激素替代疗法能有效减少骨丢失及骨折发生，但因其存在远期不良反应，如增加子宫内膜癌、乳腺癌的发生风险，限制了激素替代疗法在绝经后妇女或骨质疏松妇女中的应用。

近年来，植物雌激素越来越受到关注。植物雌激素具有雌激素样作用，且具有选择性，如可作用于骨抑制其过度吸收，但对子宫内膜及乳腺无增生作用。其典型代表药物依普拉芬已开始用于骨质疏松的临床治疗，并取得了良好的疗效。植物性食物中广泛存在的植物化学物——黄酮类，具有类雌激素样作用和抗雌激素作用，能与雌激素受体相互作用。在异黄酮中，染料木黄酮是活性最高的植物雌激素，与雌激素受体亲和力最强。

虽然植物雌激素的活性不如合成或提取的雌激素，但由于无不良反应，而且黄酮类药物还可用于心血管疾病的防治，因此仍是一类很有前途的防治骨质疏松的新药，具有广阔的开发前景。经常食用含黄酮类丰富的大豆及其制品、山楂、蒲公英、葛根等，能在一定程度上预防骨质疏松的发生。

三、骨质疏松的运动处方

（一）运动对骨代谢的影响

骨骼发育和骨量与运动有密切关系。经常从事体力活动和体育运动者骨矿物质含量明显增加。运动可延缓骨质疏松的发生时间，也可减轻骨质疏松的程度。运动可能通过以下机制影响骨代谢。

1. 运动影响内分泌：运动可以提高睾酮及雌激素水平，还可增加生长激素及其受体的合成。睾酮和雌激素可促进骨骼生长发育，使骨质增厚，促进钙储存和沉积，增加骨密度。

2. 运动可促进钙的吸收：经常进行室外运动，有充足的紫外线照射，经皮肤合成更多的内源性维生素 D，使钙吸收增加。经常参加运动可提高骨密度，长期卧床或肢体固定则使骨密度下降，这是由于运动可使钙利用、吸收增加，而卧床使尿钙排泄量明显增加，因此极易发生骨质疏松。

3. 运动增加重力负荷：研究表明，负重运动能增加负重骨的骨量，腰椎约增加 10%、股骨上端约增加 8%、骨盆约增加 11%。长期处于失重状态的宇航员，骨密度下降，回到地面数月后，骨密度可恢复到正常水平。这说明骨骼缺乏重力负荷的刺激，可引起骨丢失。反之，体重增大，使骨负荷增加，骨形成增强，承重性的骨矿物质增加。有调查显示，BMI 与腰椎骨密度（L_2～L_4）正相关。高 BMI 对骨的保护作用来源于体内激素分泌和生物力学机制。

4. 运动增加骨骼局部应力负荷：有研究表明，骨骼肌重量与骨量正相关。骨骼肌重量较大者，骨骼承受的压力负荷也相应增大，压力负荷通过压电效应增强成骨细胞活性，促进骨形成。有人认为肌肉收缩是增加骨量的重要因素。肌力及骨的机械应力对骨形成也有一定的促进作用。骨骼肌的收缩产生对骨的机械应力，该应力对成骨细胞是一种良性刺激，使成骨过程增强。运动也使肌肉强壮，骨骼受到的机械应力增加，机械应力刺激下，成骨细胞代谢活跃，促进骨骼生长，骨密度和强度也缓慢增加。

5. 运动改善血液循环：骨皮质血流量减少是骨质疏松发生的重要因素之一。运动可促进全身血液循环，并适当增加骨皮质的血流量，改善骨周围组织的血液供给，促进钙的吸收。

（二）运动处方内容

1. 运动目标：骨质疏松患者及其高风险人群的运动目标是增加肌肉质量和力量，延缓骨丢失，减少跌倒和骨折风险。

2. 适应证。

（1）有一个以上的骨质疏松危险因素（低骨密度值、年龄>45 岁、女性）的个体。

（2）骨丢失和骨质疏松患者。

3. 禁忌证：伴有疼痛和全身恶化的急性病变。

4. 对骨质疏松高风险人群运动的 FITT 建议如下。

(1) 运动频率：每周 3～5 天的承受体重的有氧运动和每周 2～3 天的抗阻运动。

(2) 运动强度：有氧运动，中等强度（40%～60% VO_2R/HRR）至较高强度（≥60% VO_2R/HRR）。抗阻运动，根据骨骼的承受力，从中等强度（60%～80% 1-RM、8～12 次重复的抗阻运动）增加到较高强度（80%～90% 1-RM、5～6 次重复的抗阻运动）。

(3) 运动时间：每天 30～60 分钟（承受体重的有氧运动和抗阻运动相结合）。

(4) 运动方式：网球、上楼梯、步行和间歇性慢跑、排球、篮球、举重等。

5. 对于骨质疏松患者运动的 FITT 建议如下。

(1) 运动频率：每周 3～5 天的承受体重的有氧运动和每周 2～3 天的抗阻运动。

(2) 运动强度：中等强度（40%～60% VO_2R/HRR）有氧运动和中等强度（60%～80% HRmax、8～12 次重复）抗阻运动。

(3) 运动时间：每天 30～60 分钟（承受体重的有氧运动和抗阻运动）。

(4) 运动方式：上楼梯、步行、举重、弹力带操等。

营养补充与兴奋剂篇

第十四章　运动营养补充剂

运动营养补充剂（sports supplement）是专门供运动员使用，由可加到膳食中的一些物质，如维生素、矿物质、氨基酸、活菌及其代谢产物、中草药及其提取物等制成的一类有特定功能的食品。目前，世界各国广泛使用运动营养补充剂。

运动营养补充剂不同于保健食品。保健食品是可以调节机体生理功能，适宜于特殊人群食用的食品，其预防疾病、促进健康的针对性较强；而运动营养补充剂的主要目的是提高体能，增强体力，创造优异的运动成绩。

广义的运动营养补充剂包括无法食用日常食物时，用于提供方便营养来源的运动营养食品和提高运动能力的运动营养补充剂。

第一节　概述

近年来，用以提高运动能力的强力手段主要有五大类：①营养强力手段；②生理学强力手段；③药理学强力手段；④心理学强力手段；⑤机械和生物力学强力手段。营养强力手段是当今广为推崇的一种强力手段，主要用于促进肌肉组织增长，提高肌肉内能量供给并加快肌肉中能量生成。科学选材、训练、合理营养是运动员取得优异成绩的三个基本因素。实践证明，正确运用营养强力手段有助运动员充分发挥运动潜能。

一、营养强力物质、运动营养食品及其作用目标

（一）营养强力物质

营养强力物质（nutritional ergogenics）指提高运动员运动能力的营养物质。从理论上讲，每一种营养素都可能有营养强力作用。营养强力物质可分为五大类。

1. 必需营养素，如大剂量维生素 C，一次用量可达 1000mg。
2. 营养素的代谢产物，如二磷酸果糖。
3. 非必需营养素，如肉碱。
4. 天然植物提取物，如人参提取物。
5. 某些药物，如酒精、咖啡因。

营养强力物质不仅直接参与机体代谢，还具有调节机体新陈代谢和生理功能的作

用。通过补充营养强力物质，可提高训练效率，有助于消除疲劳，改善和提高运动能力。

（二）运动营养食品

1. 定义：根据《食品安全国家标准　运动营养食品通则》（GB 24154—2015）的规定，运动营养食品是为满足运动人群（指每周参加体育锻炼 3 次及以上、每次持续时间 30 分钟及以上、每次运动强度达到中等及以上的人群）的生理代谢状态、运动能力以及对某些营养成分的特殊需求而专门加工的食品。

根据《中华人民共和国食品安全法》，国产运动营养食品需要取得生产许可。进口运动营养食品企业需要满足《中华人民共和国进口食品境外生产企业注册管理规定》的要求，向中国境内出口食品的境外生产、加工或者储存企业都需要进行注册管理。运动营养食品的境外企业需要官方推荐注册，由海关总署统一负责进口食品境外企业的注册管理工作。

2. 分类。

（1）按照特征营养素，运动营养食品分为三类。①补充能量类：以碳水化合物为主要成分，能够快速或持续提供能量的运动营养食品。②控制能量类：能够满足运动控制体重需求的运动营养食品，含促进能量消耗和能量替代两种。③补充蛋白质类：以蛋白质和（或）蛋白质水解物为主要成分，能够满足机体组织生长和修复需求的运动营养食品。

（2）按照运动项目，运动营养食品分为三类。①速度力量类：以肌酸为特征成分，适用于短跑、跳高、球类、举重、摔跤、柔道、跆拳道、健美及力量器械训练的人群使用的运动营养食品。②耐力类：以维生素 B_1 和维生素 B_2 为特征成分，适用于中长跑、慢跑、快走、骑自行车、游泳、划船、有氧健身操、舞蹈、户外运动的人群使用的运动营养食品。③运动后恢复类：以肽类为特征成分，适用于中、高强度或长时间运动后恢复的人群使用的运动营养食品。

3. 配料要求。

（1）按特征营养素分类的各类运动营养食品的技术指标应符合要求。其中补充蛋白质类产品中优质蛋白质所占比例应不低于 50%。

（2）按运动项目分类的各类运动营养食品的必须添加成分和建议添加成分应符合表 14－1 的要求，其每日使用量应符合表 14－2 的要求。

表 14－1　按运动项目分类的各类运动营养食品的必须添加成分和建议添加成分

产品分类	必须添加成分	建议添加成分
速度力量类	肌酸	谷氨酰胺、β－羟基－β－甲基丁酸钙、1,6－二磷酸果糖
耐力类	维生素 B_1、维生素 B_2	肽类、左旋肉碱、咖啡因、维生素 B_6
运动后恢复类	肽类	谷氨酰胺、L－亮氨酸、L－异亮氨酸、L－缬氨酸

表 14-2 按运动项目分类的各类运动营养食品营养成分的种类和每日使用量

成分	每日使用量	成分	每日使用量
咖啡因（mg）	20～100	1,6-二磷酸果糖（g）	≤0.3
肌酸（g）	1～3	L-亮氨酸（g）	1.5～3.0
谷氨酰胺（g）	3.5～15.0	L-异亮氨酸（g）	0.75～1.50
肽类（g）	1～6	L-缬氨酸（g）	0.75～1.50
β-羟基-β-甲基丁酸钙（g）	1～3	—	—

速度力量类项目运动营养食品的必须添加成分为肌酸。速度力量类项目要求机体有快速供能能力，磷酸肌酸和 ATP 是速度力量类项目运动员的主要供能物质，而磷酸肌酸就是由肌酸在体内与磷酸结合生成，通过补充肌酸可以增加肌肉中肌酸和磷酸肌酸的含量，保证机体的能量储备充足。因此把肌酸作为速度力量类项目的特征营养素。

对于需要机体持续供能的运动项目，如果机体产生的能量不足以弥补持续运动消耗的能量，就会导致机体的能量入不敷出。通过补充 B 族维生素，可以提高机体的新陈代谢，促进能源物质参与有氧氧化，加快机体产生能量的速度。耐力类项目运动营养食品的必须添加成分为维生素 B_1、维生素 B_2。

对于运动人群来说，在长时间运动后及时为身体补充促进机体恢复的营养物质极为重要。通过食用含有肽类的食品，可以为身体补充缺失的氮源，促进身体肌肉细胞的修复和缓解机体疲劳。运动后恢复类项目运动营养食品的必须添加成分为肽类。

（三）作用目标

1. 增加肌肉体积和收缩力。
2. 促进能量代谢和刺激能量生成。
3. 促进疲劳消除和体能恢复。
4. 减轻和控制体重的膳食安排和特殊营养素补充。

二、营养强力手段在运动员和健身人群中的应用

（一）运动员

1. 增加肌肉体积和收缩力的营养强力物质：肌肉增大和肌力增长需要两个条件，即蛋白质合成原料和蛋白质的最佳合成环境。营养强力物质不仅提供蛋白质合成原料，还能提高肌肉收缩能力，达到增长肌力的目的。

（1）提供蛋白质合成原料的营养强力物质：优质蛋白质和氨基酸，如乳清蛋白、酪蛋白、卵白蛋白、大豆蛋白及其分解制剂和水解产物（包括寡肽和游离氨基酸），以及谷氨酰胺、鸟氨酸-α-酮戊二酸合剂（ornithine-α-ketoglutarate，OKG）、支链氨基酸、β-羟基-β-丁酸酯、牛磺酸等。这些高生物活性的优质蛋白质和氨基酸除作为蛋白质合成原料，还具有促进蛋白质合成的作用。

（2）创造蛋白质的最佳合成环境的营养强力物质：肌酸、精氨酸、鸟氨酸、甘氨酸、谷氨酰胺、铬、硼、维生素C、锌等。它们促进睾酮、生长激素、胰岛素和相关激素的分泌，创造肌肉合成的最佳激素环境。

2. 促进能量代谢和刺激能量生成的营养强力物质：在竞技体育运动中，促进能量代谢和刺激能量生成的营养强力物质如下。

（1）碳水化合物：科学地选择碳水化合物，考虑其种类、补充量和补充时间，是促进训练后肌糖原恢复和保证后续训练的重要因素。

（2）肌酸：肌酸进入肌肉同磷酸结合生成磷酸肌酸，可快速提供肌肉收缩所需能量。补充肌酸除促进肌肉的合成代谢外，还为反复进行的运动训练及时补充能量。

（3）1,6－二磷酸果糖（fructose 1,6－diphosphate，FDP）：不仅是细胞内供能物质，还通过改善糖无氧代谢的调节能力，加速糖酵解合成ATP，提供能量。

3. 加速运动后疲劳消除和体能恢复的营养强力物质。

（1）抗氧化剂：谷氨酰胺、维生素E、维生素C、β－胡萝卜素、番茄红素、硒和一些中药制剂等都能有效地促进疲劳消除和体能恢复。

（2）蛋白质和寡肽：能减少肌肉蛋白降解，增进蛋白质合成和肌力恢复，成为加速运动后疲劳消除和体能恢复的一个重要手段。

（3）系统补糖。

4. 减轻和控制体重的膳食安排和特殊营养素补充：在一些运动项目中，运动员的体重成为影响比赛成绩的重要因素。这些运动项目大体可分为两类：一类是举重、摔跤、拳击、柔道等按体重级别参加比赛的项目，运动员为参加较低级别的比赛而减体重；另一类是体操、技巧、跳水、花样滑冰等技巧性很强的项目，运动员减轻和控制体重以取得生物力学上的优势，增加动作的难度和观赏性。因此减轻和控制体重已成为以上运动项目训练和比赛计划的重要内容之一。

单纯控制体重的运动员应以缓慢的能量负平衡为主，减少的体成分应为体脂；比赛中有体重级别要求的运动员应在平时采用控制体重的方法，使体重保持在略高于目标体重的水平，赛前采用限食和发汗相结合的手段减去超出的体重。多数学者不主张采用单纯急性脱水减重的方法，限制水的摄入和利尿剂的使用对体能有损害。通过膳食的个体化干预同时配合使用减体重系列食品，如魔芋食品、复合电解质补充剂和能量合剂等，可减轻饥饿造成的心理压力和代谢紊乱，同时在称重后快速为肌肉提供能源和复水，保证运动员以最佳竞技状态进入比赛。

（二）健身者

健身者在运动过程中也会出现各种生理生化变化，运动后机体恢复与健身运动效果息息相关。合理的营养补充是保持健康和运动能力的物质基础，对机能状态、体力适应、运动后的恢复和预防疾病均有促进作用。

1. 运动饮料：运动饮料是按照运动时机体代谢变化而专门设计的饮料。饮料中所添加的营养素的种类、数量、浓度，乃至口感都应严格要求和科学设计。运动饮料的补充时间和补充量也有要求。

2. 蛋白质的合理补充和强化：长时间有氧运动使蛋白质代谢加强，增加蛋白质的需要量；力量训练使肌肉组织增加，需增加蛋白质的摄入量；运动过程中，由于细胞破坏增加、肌细胞和红细胞蛋白质合成代谢亢进以及应激时激素和神经调节等反应，使蛋白质的需要量增加。因此健身者应特别重视蛋白质的补充，蛋白质补充剂成为健身者的一个重要的强力营养素。

3. 抗氧化剂：运动后机体大量生成自由基，同时大强度运动也消耗机体的抗氧化物质（维生素 C、维生素 E、巯基），从而降低机体的抗氧化能力，导致细胞膜脂质过氧化损伤，这是疲劳发生的重要机制之一。要想通过运动达到健身目的，就必须设法减少体内自由基生成或增强机体清除自由基的能力，否则健身运动将适得其反，对机体造成伤害。目前常用的抗氧化剂包括番茄红素、维生素 E、维生素 C、硒、牛磺酸、谷氨酰胺、辅酶 Q_{10} 等。沙棘、猕猴桃、酸枣等是天然的抗氧化剂。

三、AIS 运动营养补充剂使用框架

运动营养食品和运动营养补充剂在高水平运动员的运动营养计划中起着很重要的作用。澳大利亚运动员使用运动营养补充剂和运动营养食品既有潜在收益（如有证据支持的运动营养补充剂），也存在潜在风险（如浪费资源、注意力无法集中、作用较差、违反反兴奋剂条例、降低训练适应、健康风险）。近年来发生的违规事件表明，不当的营养补充措施可能会带来严重的问题。因此，国家体育组织要求在运动员的管理范围内实施明确的指导方针，以确保安全，有效并合法地使用运动营养食品和运动营养补充剂。澳大利亚体育协会（Australian Institute of Sport，AIS）于 2000 年启动了“AIS 运动营养补充剂方案”，管理高水平运动员的补充剂使用。2012 年澳大利亚“制胜之刃 2012—2022”项目（Australia's Winning Edge 2012—2022）开始实施，高水平运动员的营养补充剂使用由国家体育组织和其他体育组织/机构负责监督，“AIS 运动营养补充剂方案”改为 AIS 运动营养补充剂使用框架。其提供专业的知识与资源，帮助国家体育组织/机构制定完善和独立的运动营养补充剂使用指南和方案，帮助运动员和教练就运动营养食品和补充剂的使用做出知情决定，采取适当的营养补充方案。

（一）运动营养金字塔

AIS 运动营养补充剂使用框架提出了运动营养金字塔（图 14－1），用简明的图示向运动员阐明在营养策略中运动营养补充与健康和运动能力的关系。

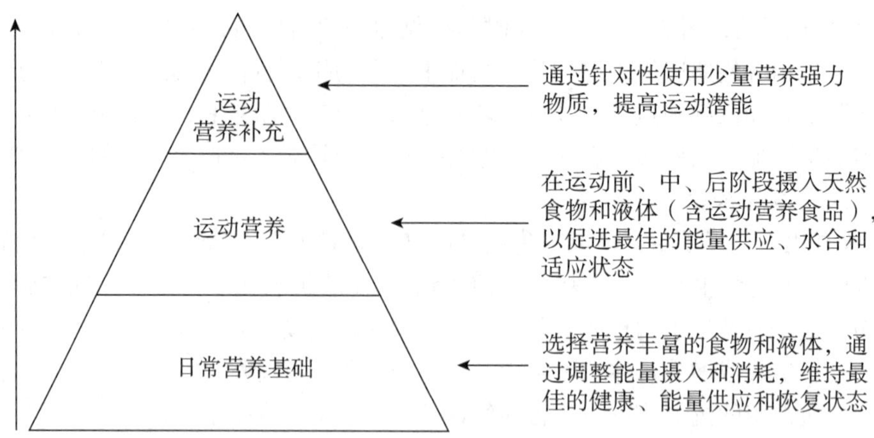

图 14-1　运动营养金字塔

（二）ABCD 分类系统

ABCD 分类系统是 AIS 运动营养补充剂使用框架的关键组成部分，根据科学证据和其他实际考虑因素，将运动营养食品和补充成分分为四类，以确定产品在提高运动表现方面是否安全、合法和有效，并根据最新的知识不断发展完善，以减少因使用运动营养补充剂和运动营养食品而导致违反反兴奋剂条例的风险。

使用 ABCD 分类系统时，应由有资质的运动营养师指导，并将营养补充剂纳入有证据支持的运动营养方案中。特别说明：

1. ABCD 分类系统针对运动营养食品和补充成分，而不是特定的补充剂产品或品牌。每个分类中的“示例”可能不足以涵盖全部实例。

2. 多成分补充剂（如运动前综合补充剂）有一些特殊的注意事项。这些产品含有多种成分，在某些情况下，这些成分的剂量没有在标签上加以注明，理由是它是生产商拥有特殊所有权的“专利混合物”。对这些产品要注意有效成分的缺乏（例如相对运动量而言，成分摄入量不足或摄入时间不佳）、不同成分之间产生不良反应的可能性，以及由成分产地各异而导致的污染。

2021 AIS 运动营养补充剂使用框架见表 14-3。

表 14－3　2021 AIS 运动营养补充剂使用框架

A 类		
类别概况	亚类	示例
证据级别：基于循证方法，在体育运动的特定情况下使用具有强有力的科学证据 在补充计划中使用：根据最佳实践方案，允许指定运动员使用	运动营养食品 无法食用日常食物时，用于提供方便营养来源的专门产品	运动饮料 运动凝胶 运动糖果 电解质补充剂 分离蛋白质补充剂 混合宏量营养素补充剂（棒、粉、液体餐）
	医用补充剂 用于预防或治疗临床问题（包括确诊的营养不良）的补充剂 应在执业医师/注册运动营养师的专业指导下在更大的计划中使用	铁 钙 复合维生素 益生菌 维生素 D 锌
	运动能力补充剂 可支持或提高运动能力的补充剂/成分 最好与个体化和特定活动方案一起使用，并由注册运动营养师提供专业指导	咖啡因 β－丙氨酸 膳食硝酸盐/甜菜根汁 碳酸氢钠 肌酸 甘油
B 类		
类别概况	亚类	示例
证据级别：新的科学研究支持，值得进一步研究 在补充计划中使用：考虑供研究或临床监测情况下指定的运动员使用	食物多酚 可能具有抗氧化和抗炎作用等生物活性的食物化合物，可以食物形式（整体或浓缩）或分离提取物形式食用	水果多酚
	抗氧化剂 食物中发现的可以防止自由基造成的氧化损伤的化合物	维生素 C N－乙酰半胱氨酸
	调味剂 与口腔/肠道中的受体相互作用以激活中枢神经系统的食物源化合物	薄荷醇 瞬时受体电位通道激动剂 奎宁
	其他	胶原蛋白补充剂 肉碱 酮类补充剂 鱼油 姜黄素

续表 14－3

C类		
类别概况	亚类	示例
证据级别：科学证据不支持运动员受益，或没有进行研究以指导学术观点 在补充计划中使用：不建议运动员使用，如果得到运动营养补充剂小组的特别批准或向其报告，则可允许指定运动员使用	A类和B类产品超出批准方案使用	水果多酚
	被命名的产品	镁 α－硫辛酸 β－羟基－β－甲基丁酸盐（HMB） 支链氨基酸（BCAA）/亮氨酸 磷酸盐 益生元 维生素E 酪氨酸
	其余 如果在A类、B类或D类中找不到成分/产品，可能在此类	—
D类		
类别概况	亚类	示例
证据级别：禁止或有被可能导致兴奋剂检测阳性的物质污染的高风险 在补充计划中使用：运动员不得使用	刺激剂	麻黄碱 士的宁 西布曲明 甲基己胺（DMAA） 1,3－二甲基丁胺（DMBA） 其他草药兴奋剂
	前激素和激素增强剂	脱氢表雄酮（DHEA） 雄烯二酮 19－去甲雄烯酮/ol 其他前激素 蒺藜和其他睾丸激素增强剂* 玛咖根粉*
	GH释放物和“肽”	
	β2受体激动剂	海格那明
	选择性雄激素受体调节剂（SARMS）	安达里尼 奥斯塔林 利甘多尔
	代谢调节剂	GW1516（Cardarine）
	其他 有关所有示例，请参阅WADA列表：https://www.wada-ama.org/	初乳：由于其成分中含有生长因子，因此WADA不建议使用初乳

注：* 这些产品没有出现在世界反兴奋剂机构（WADA）清单上，因此没有被特别禁止。然而，它们通常存在于含有违禁成分或高污染风险的多成分产品中，因此不建议使用。

（三）AIS运动营养补充剂决策树

AIS运动营养补充剂决策树见图4－2。

属于AIS运动营养补充剂使用框架中的A类或B类？	否→	这表明缺乏支持使用该补充剂的研究。因此，不要服用该补充剂！
↓是		
你是否与你的运动营养师（或医生）讨论过其用途，以确认其支持预期结果的潜力？	否→	与你的运动营养师（或医生）讨论，因为他们有专业知识。在此之前，不要服用该补充剂！
↓是		
你是否与你的运动营养师（或医生）讨论过将该补充剂纳入你的整体健康和运动营养计划？你有具体的协议吗？	否→	你的运动营养师（或医生）对所有有助于实现你期望目标的营养策略都有专业知识，包括必要时的补充剂处方。
↓是		
补充剂是否经过第三方批次测试，批次号是否显示在Sport Integrity Australia APP上？或者该补充剂是否为AUT－R注册药品？	否→	仅使用第三方批次测试过的补充剂有助于降低风险。
↓是		
你是否拍过补充剂的照片并上传到运动员管理系统（AMS）？你是否记录了所有补充剂的详细信息，包括批次号？	否→	未在AMS上记录使用补充剂可能被判定为未进行尽职调查。
↓是		
你了解与反兴奋剂条例有关的“严格责任”原则吗？	否→	根据世界反兴奋剂条例的“严格责任”原则，你要对体内发现的任何物质负责，不管它是如何进入的。
↓是		
只能在运动营养师（或医生）的具体指导下使用。		

图4－2　AIS运动营养补充剂决策树

第二节　常见的营养强力物质

一、我国运动营养食品中允许使用的成分

（一）咖啡因

1. 性质：咖啡因是一种甲基黄嘌呤类生物碱，也是咖啡饮料、茶、可乐饮料的成

分。咖啡因服用后吸收快而完全，生物利用度接近 100%，30～60 分钟后达血药浓度峰值。世界反兴奋剂机构（WADA）已将咖啡因从禁用名单中删除。

2. 作用：咖啡因是脑内腺苷受体的抑制剂，补充合适剂量的咖啡因可增加多巴胺、内啡肽等神经递质的释放，改善神经肌肉功能，提高警觉性和降低运动时的自觉竭力程度（RPE），还可以显著延缓耐力性运动导致核心体温和皮肤温度升高的幅度，防止运动热损伤。在无氧运动中，补充咖啡因不能显著改善运动能力，但能够增加上肢肌肉力量，这可能与咖啡因促进肌浆网 Ca^{2+} 释放，抑制其对 Ca^{2+} 的重摄取有关。咖啡因有利于肌钙蛋白与 Ca^{2+} 结合，增强横纹肌兴奋收缩耦联。咖啡因的作用存在个体差异。

3. 使用方法：运动前 1 小时摄入 3～6mg/kg，可以丸剂或粉剂形式（无水咖啡因）；在耐力性运动前和中途，可以按 1～2mg/kg 的剂量，连同碳水化合物（如能量啫喱）一起服用。

常见食物、饮料和药物中的咖啡因含量见表 14－4。

表 14－4　常见食物、饮料和药物中的咖啡因含量

食物、饮料和药物	分量	咖啡因含量（mg）	食物、饮料和药物	分量	咖啡因含量（mg）
煮咖啡	250mL	100～150	能量饮料	250mL	80～150
滴滤咖啡	250mL	125～175	黑巧克力	50g	20～40
速溶咖啡	250mL	50～70	牛奶巧克力	50g	8～16
意式特浓咖啡	250mL	50～110	咖啡因片	1 片	200
绿茶	250mL	25～40	安乃静（anacin）	1 片	61
红茶	250mL	40～60	埃克塞德林（excedrin）	1 片	130
可乐类饮料	360mL	35～54	百服宁（bufferin）	1 片	0

引自：https://data.nal.usda.gov/dataset/usda－national－nutrient－database－standard－reference－legacy－release。

4. 潜在不良反应：咖啡因使用量超过 200mg 对于耐受性差者的轻度不良反应包括利尿、胃酸增加、焦虑、失眠、过度兴奋、胃肠不适和心悸等。平时不饮咖啡者赛前服用应慎重。严重的急性不良反应为胃溃疡、谵妄、癫痫发作、室上性或室性心律不齐。慢性不良反应为血清胆固醇水平增高、缺血性心脏病、致畸、纤维囊性乳腺病发生风险增加。摄入极高剂量（≥9mg/kg）咖啡因并不能额外提升运动表现，更可能增加恶心、焦虑、失眠、烦躁不安等的发生风险。

（二）肌酸

1. 性质：又称胍基己酸，是膳食中的天然成分，是磷酸肌酸的重要原料，在肉类食物中含量丰富。人体自身也可由肝脏和肾脏合成肌酸，但合成量不能满足需要。

2. 作用：肌肉收缩时，需要 ATP 供能，而磷酸肌酸是高能磷酸基团储存库和线粒体内外的能量传递者，能满足迅速合成 ATP 的要求。补充外源性肌酸有利于保持体内肌酸和磷酸肌酸储备。补充肌酸提高大强度运动能力的可能原因包括：

（1）提升肌肉肌酸储备能加速磷酸肌酸合成，从而使肌肉量、肌力和爆发力有显著提升。

（2）增强短时间、高强度运动的能力，以及重复进行高强度运动的能力（包括抗阻运动和间歇训练）及长期训练效果。

（3）目前文献多支持单水肌酸，其余种类的功效和长期安全性仍有待进一步研究。

3. 使用方法。

（1）负荷期：5～7天，每天约20g（分成4次的剂量，每次约5g）

（2）维持期：每天单剂量3～5g。

注意：与蛋白质/碳水化合物（共约50g）同时摄取或有助于肌肉肌酸的吸收，这与胰岛素刺激有关。

4. 潜在不良反应。

（1）如遵从合适的负荷方法，没有证据显示长期（长达4年）服用会产生不良健康影响。

（2）经过肌酸负荷后，体重可能增加1～2kg（身体储水），可能影响耐力性运动能力或需要以自身体重对抗重力项目（如跳高、撑竿跳）的运动能力，或影响需要控制体重以达到指定重量级别项目的运动员。

（三）谷氨酰胺

1. 性质：血液和骨骼肌中含量最丰富的氨基酸，占总游离氨基酸的50%以上，是合成氨基酸、蛋白质、核酸和许多其他生物分子的前体物质，在肝脏、肾脏、小肠和骨骼肌代谢中起重要的调节作用，是机体内各器官之间转运氨基酸和氮的主要载体，也是生长迅速细胞的主要能源物质。

2. 作用：为免疫系统提供营养支持，预防感染；改善肠屏障功能和降低内毒素血症发生风险；改善细胞内水肿（增容效应）；刺激肌肉糖原、蛋白质的合成和肌肉组织生长；减轻肌肉酸痛，促进肌肉组织的修复和恢复；改善高强度运动性能等。

3. 用量：有报道称，仅服2g谷氨酰胺就可引起血中生长激素水平显著升高。机体在严重损伤的情况下，补充谷氨酰胺有利于机体免疫力及机能的恢复。而在一般情况下，补充谷氨酰胺与运动能力的关系至今仍存有争议，每天摄入20～30g蛋白质也能使过度训练的运动员下降的血浆谷氨酰胺水平恢复，当前没有向运动员推荐补充谷氨酰胺获益的充分证据。

4. 潜在不良反应：肾病患者不建议使用谷氨酰胺，服用后会增加机体的氨负荷。

（四）β—羟基—β—甲基丁酸盐

1. 性质：β—羟基—β—甲基丁酸盐（HMB）是亮氨酸的代谢中间产物。一些动植物如紫花苜蓿、柚子和鲶鱼等富含HMB。目前使用β—羟基—β—甲基丁酸钙和β—羟基—β—甲基丁酸两种形式，后者的血浆吸收和保留率更高。然而，对β—羟基—β—甲基丁酸的研究尚处于起步阶段，没有足够的研究支持哪一种形式更佳。

2. 作用：大多数关于 HMB 的研究都是动物实验，HMB 可以减少与运动相关的肌肉蛋白质分解，增加与抗阻运动相关的肌肉质量和力量，减少肌肉损伤/酸痛，促进恢复。

3. 使用方法：目前许多研究的 HMB 补充量集中在 0.5～3.0g/d，而 3.0g/d 是推荐的补充量。在剧烈运动期间补充这一剂量对力量的增长、瘦体重的增加和体脂的减少有积极作用。由于 HMB 的半衰期较短（2～4 小时），如果一次服用大剂量 HMB，数小时后血 HMB 水平就恢复正常，因此推荐 HMB 每日分三次服用，有助于发挥作用。

4. 潜在不良反应：与运动后摄入乳清蛋白等公认的饮食干预措施相比，HMB 的作用不明显。

（五）1,6－二磷酸果糖

1. 性质：1,6－二磷酸果糖（FDP）是细胞内糖代谢的中间产物，不仅是细胞内供能物质，还通过改善糖的无氧代谢，加速糖酵解合成 ATP，从而改善细胞在缺氧后的生理功能和应激适应。

2. 作用：FDP 改善缺氧状态下运动能力和抗疲劳的作用受到关注。

（1）外源性 FDP 能够促进内源性 FDP、二磷酸甘油酸、ATP 成倍增加。

（2）FDP 促进红细胞向组织释放更多氧；增加心肌供血，改善微循环，促进心肌细胞能量代谢，加强心肌收缩力。

（3）FDP 提高心搏量和舒张期快速充盈率，减少心肌耗氧量。

（4）FDP 维持细胞内 K^+ 浓度，改善细胞膜极化状态和缺血组织器官功能。

（5）FDP 具有抗氧化作用，抑制肌细胞产生自由基，对维持细胞膜完整性、恢复和改善细胞膜功能有重要作用。

3. 使用方法：中长跑运动员在运动前 50 分钟饮用碳水化合物供能比为 24%的果糖水溶液，能最大限度地提高耐力性运动能力。FDP 的摄入可分为赛前、赛中的促力性补充以及赛后的恢复性补充。有关 FDP 对运动机体保护作用的有效剂量还需进一步研究。

4. 潜在不良反应：临床使用 FDP 的常见不良反应有局部疼痛、口唇麻木，偶有头晕、恶心、胸闷及过敏性皮炎等。有报道静脉滴注二磷酸果糖三钠盐可出现寒战、高热、过敏性哮喘甚至过敏性休克或肾功能受损。

单纯口服果糖可能引起胃肠不适，故补充以摄入含果糖的饮料为宜。

（六）支链氨基酸

1. 性质：支链氨基酸（BCAA）包括亮氨酸、异亮氨酸和缬氨酸（通常比例为 2∶1∶1），是机体不能合成而必须由食物蛋白质提供的三种必需氨基酸。结晶粉末形式的纯化氨基酸难溶于水，味苦。许多产品来源：①从加工过的动物羽毛/毛皮/毛发/皮肤中提纯；②从加工的植物蛋白中纯化；③由转基因微生物发酵（长时间持续运动中参与供能的重要氨基酸）。肌肉中 BCAA 分解代谢活跃，与其他氨基酸相比，BCAA 能以较快速率转氨基和完全氧化，并为丙氨酸和谷氨酰胺提供氨基。

2. 作用：三种氨基酸中实用性强的是亮氨酸。BCAA 主要在骨骼肌内代谢，在细胞能量稳态和肌肉蛋白质合成的调节中发挥作用。理论上，补充 BCAA 可以在糖原耗竭的情况下为工作肌提供能源，通过支持能量代谢和刺激肌肉蛋白质合成，BCAA/亮氨酸可能支持肌肉生长，有助于恢复，防止肌肉损伤。由于 BCAA 与色氨酸竞争，补充 BCAA 可能会限制色氨酸进入大脑，可能减少大脑中血清素的产生，减轻中枢性疲劳。

3. 使用方法：BCAA 在优质蛋白质无法满足需要时予以补充，建议在肌肉损伤性运动前至少 7 天每天摄入超过 200mg/kg，可能缓解肌肉损伤对肌肉性能的影响。此外，只有在损伤程度较低或中等的情况下，补充 BCAA 才有效。

4. 潜在不良反应：大剂量使用 BCAA 时血氨水平升高幅度大，氨对大脑有毒性作用，并消耗丙酮酸以中和氨，影响有氧氧化，引起胃肠道刺激，使水分吸收减少。亮氨酸促进蛋白质合成，抑制蛋白质异生，因此补充以低剂量为宜。

二、AIS 运动营养补充剂使用框架中的成分

（一）β−丙氨酸

1. 性质：β−丙氨酸（β−alanine）是一种主要由肝脏产生或来源于食物的非蛋白质氨基酸，在体内可与组氨酸一起由肌肽合成酶催化生成肌肽。

2. 作用：肌肽结构中含有咪唑基团，其酸碱性系数值 $pKa=6.83$，在持续高强度运动中增强细胞酸性缓冲能力，防止运动时肌肉收缩产生的酸性 H^+ 积聚从而延缓疲劳。

3. 使用方法：持续 10～12 周，每日摄入量不超过 65mg/kg，以每 3～4 小时摄入 0.8～1.6g 为宜。

4. 潜在不良反应：皮疹和（或）短暂的感觉异常。

（二）膳食硝酸盐

1. 性质：硝酸盐是蔬菜中的一种天然无机盐成分，在绿叶蔬菜和根茎类蔬菜中含量尤其丰富，通常蔬菜中硝酸盐含量为 2000～3000mg/kg，硝酸盐含量较高（>1000mg/kg）的蔬菜多为十字花科（芝麻菜）、藜科（甜菜根、菠菜）、菊科（生菜）、伞形科（芹菜）等。成人每日硝酸盐摄入量为 93mg。

2. 作用：

（1）增加体内一氧化氮的合成，调节血管扩张，加速养分输送。

（2）改善白肌纤维（type Ⅱ fiber），减少肌肉发力的能量成本，提升线粒体功能，增加肌肉血流量，提升血管氧气输送效率。

（3）硝酸盐的功效或存上限，例如有研究发现 16.8mmol（1041mg）硝酸盐相比 8.4mmol（521mg），没有带来更佳效果。

3. 使用方法：针对持续性较大强度运动，以及高强度、间歇性短时间运动的常见补充剂。摄入 5～9mmol（310～560mg）的硝酸盐，一般可在 2～3 小时内产生即时表现功效。持续服用硝酸盐（超过 3 天）也对运动表现有利，而且对于较难从硝酸盐补充中

获得效果的高水平运动员来说，亦是一个可行的方法。

4. 潜在不良反应：部分运动员可能出现胃肠不适，因此应在平时训练时使用。

（三）碳酸氢钠

1. 性质：俗称小苏打，是体内的天然物质，但对其有效性仍有争论。

2. 作用：碳酸氢钠为碱性，能增强血液的酸性缓冲能力，减少酸性物质（H^+）在肌肉积聚，对持续高强度运动表现有潜在促进作用。

3. 使用方法：在运动前60～150分钟，按0.2～0.4g/kg体重一次性服用。也可以：①在30～180分钟内分次服用（最终达到相同的总剂量）；②在比赛前连续2～4天，每天服用3～4次较小剂量以进行连续负荷。

4. 潜在不良反应。

（1）胃肠不适，可有恶心、呕吐和腹胀等症状。预防策略：①同时进食少量含有丰富碳水化合物（约1.5g/kg碳水化合物）的食物；②可以柠檬酸钠作为替代品；③使用分剂量或堆叠的策略；④建议在比赛前反复尝试，制定个体化策略和剂量，避免临场出现不良反应。

（2）超量补充可导致碱中毒，表现为冷漠、易刺激、肌肉痉挛等。

（3）过量补钠可引起低血钾、心律不齐等。

补充碳酸氢钠的同时大量饮水可减轻不良反应，而且溶液量增加有利于小肠吸收，碱化尿液。

有学者不主张使用碱性盐，建议采用富含蔬菜和水果的膳食增加机体碱储备，较为安全。

（四）甘油

1. 性质：甘油是一种3－碳糖醇，构成甘油三酯的骨架。人体内的甘油储存在大多数组织中，脂肪分解后释放。食物中的甘油作为植物（如大豆）或动物（如牛油）性食物的脂肪成分存在，安全性高。纯甘油是一种透明且极黏稠的液体，高度溶于水。

甘油作为乳化剂、保湿剂、甜味剂、低能量填料或增稠剂以及防腐剂用于食品和饮料生产。甘油也用于制药工业，用于制造肥皂、牙膏、止咳糖浆、面霜和乳液。

2018年1月1日起，WADA将甘油从禁用名单中删除。

2. 作用：甘油直接影响肾脏重新吸收液体，具体来说，甘油被肾小管重新吸收，增强肾单位对水重吸收，降低尿液量，从而增加液体潴留。研究已表明甘油对体温调节功能、心血管反应以及运动表现有积极影响。在热环境中长时间运动和（或）剧烈运动可能会损害水合状态，限制液体摄入。口服甘油可有利于更好地保留摄入的液体，提高在高温下进行中高强度运动的能力。

3. 使用方法。

（1）运动前高度水合：在运动前通过摄入含或不含水结合剂（如甘油）的液体而导致的体内水分急剧升高的状态。甘油诱导的高度水合可提高运动员承受液体流失的能力，减轻运动期间可能发生的脱水（如失水＞2%体重）的有害影响。

此方法适用于：

其一，在准备比赛时，由于长时间暴露在炎热的环境中，预计会有大量的液体流失，或者液体摄入量与汗液流失量差距较大。

其二，在无法补液的运动项目中，例如在铁人三项比赛的游泳项目中，或在团队运动的锦标赛中，比赛在一天内连续进行，比赛间隙补充液体的时间有限。

其三，比赛规则限制运动员接触液体，如网球、足球比赛。

其四，避免在比赛期间饮水，例如在自行车计时赛中保持流线型的姿势，或者在马拉松比赛中推迟液体摄入以避免调整比赛路线。

其五，运动员因肠胃不适或饮酒而减少液体摄入。

甘油诱导高度水合的有效方案包括在运动前 90～180 分钟在约 25mL/kg 体重的液体中加入 1.2～1.4g/kg 体重的甘油。也可以向水合溶液中添加 3.0g/L 的钠（含或不含甘油）。为了保持适口性，可以选择电解质补充剂。

（2）运动后补水：旨在纠正活动期间累积的液体和电解质损失，以促进恢复和提高在随后连续几天的训练或比赛中的表现。在时间有限或无法食用有助于完全恢复液体平衡的膳食或零食的情况下，可以使用甘油，有以下益处：

其一，与补水相关的利尿减少。甘油诱导的补水可以减少夜间的利尿，避免影响运动员的睡眠。

其二，在进行减重运动或脱水减重的情况下，在称重后积极补水。

补液量取决于前一轮运动中汗液流失量。一般补充丢失体重的 150%的液体。每 1.5L 液体中添加 1.0g/kg 体重的甘油。

4. 潜在不良反应：比赛前向水合溶液中添加甘油（或其他溶质，如碳水化合物或钠）后冷却，制成冰浆和冷饮饮用，除了改善机体水合状态，还可以降低深部体温。已经证明可以提高运动员的能力，但随后可能出现蝶腭神经痛。

（五）益生菌和益生元

1. 益生菌。

（1）性质：益生菌是一种活的微生物补充剂，可能对肠道菌群产生有益影响，进而对健康有益。商业制剂（如酸奶）中使用的种类主要是嗜酸乳杆菌和双歧杆菌。大多数益生菌产品的保质期为 3～6 周，含干燥补充剂的益生菌产品的保质期约为 12 个月，但益生菌的水平会显著下降。注意：各国对益生菌的定义有所不同。

（2）作用：益生菌通过改变肠道微生物组的组成、改变肠道 pH 值、产生抗菌物质、调节肠道通透性、刺激免疫调节细胞、“竞争性排斥”限制病原体定植在胃肠道表面等机制，发挥调节黏膜免疫活性、宿主代谢活性和防止肠道感染等作用。在运动环境中的益处包括改善体成分和瘦体重、减少皮质醇等应激激素、减轻与年龄相关的睾酮水平下降。

（3）使用方法：只有在控制饮食以促进肠道菌群多样性增加后，才考虑补充益生菌。应在旅行、比赛或增加训练负荷前约 14 天开始每日补充，以便细菌在肠道定植。大多数研究报告有效剂量为 10^9～10^{10} 个细菌/日，相当于约 1L 嗜酸乳杆菌乳（以 2×

10^6 cfu/mL 配制）。2020 年可用的一些商业制剂的每剂量细菌数高达 25 亿～500 亿个。大多数运动员可以安全耐受每次 350 亿～500 亿个细菌。

（4）潜在不良反应：有报告称在补充的第 1 周内出现轻微的胃肠胀气或大便性状改变，既往有胃肠道病史（如腹腔疾病或肠易激综合征）的患者出现不良反应的风险更大，这些症状可以通过逐渐加量方案，在 1～2 周内达到推荐剂量。

2. 益生元。

（1）性质：益生元被定义为"被宿主微生物选择性利用的具有健康益处的基质"，包括低聚果糖（FOS）、低聚半乳糖（GOS）、大豆低聚糖、甘露寡糖、低聚木糖、菊粉、部分水解瓜尔胶、乳果糖和抗性淀粉。

（2）作用：益生元是人体肠道菌群选择性利用的基质，有益于人体健康。①增强胃肠道免疫功能和对病原体的竞争性抑制（帮助运动员抗感染）；②改善肠道功能；③预防结肠癌；④具有一定的降脂作用；⑤提高葡萄糖耐量。

（3）使用方法：属于 C 类补充剂，不建议运动员使用，如果得到运动营养补充剂小组的特别批准或向其报告，则可允许指定运动员使用。

（4）潜在不良反应：现有科学证据不支持运动员受益，或没有进行研究以指导学术观点。

（六）食物多酚

1. 性质：多酚是一类存在于植物中的有机化合物，分为木脂素、酚酸、二苯乙烯和类黄酮等四大类。它们对植物的生长、色素沉着、授粉和抵抗病原体起重要作用。多酚还影响水果和蔬菜的味道和颜色特征。颜色鲜艳的水果，包括樱桃、黑加仑、蓝莓、黑莓和石榴是良好的多酚类物质来源。

2. 作用：多酚具有抗氧化和抗炎作用。食物多酚对运动能力和恢复的影响见表 14－5。

表 14－5　食物多酚对运动能力和恢复的影响

食物	产品形式和剂量	作用机制	研究结果
黑加仑（尤其是新西兰黑加仑）	• 主要的多酚是花色苷（飞燕草素－3－芸香糖苷型花青素） • 黑加仑全果粉 • 已知花青素含量的黑加仑提取物 • 黑加仑汁和浓缩汁（不加水） • 在比赛前 7 天服用 105～210 mg/d 黑加仑花色苷，运动前 1～2 小时服用	• 抗炎 • 增强心血管适应和增加血流量 • 可能对运动能力和情绪产生积极影响	• 黑加仑对长时间高强度运动（15～30 分钟）有很小的积极影响（0.45%）

续表14—5

食物	产品形式和剂量	作用机制	研究结果
蓝莓	• 蓝莓主要的多酚是类黄酮（锦葵色素—3—半乳糖苷型花青素） • 蓝莓奶昔 • 蓝莓果实 • 冻干蓝莓	• 抗炎和抗氧化活性	• 无特殊结果
樱桃（特别是酸樱桃，如蒙特默伦西樱桃和巴拉顿樱桃，可能包括冰甜樱桃）	• 含有多酚类黄酮（矢车菊素—3—芸香糖苷型花青素）和褪黑素 • 酸樱桃汁和浓缩果汁 • 酸樱桃粉 • 酸樱桃干 • 在比赛之前和整个比赛期间，每天相当于 90～200 颗樱桃分为 2 次摄入（如酸樱桃浓缩汁，每天 2 次，每次 30mL），持续 4～7天	• 抗炎 • 酸樱桃中的褪黑素有助于改善睡眠	• 食用 7 天后的半程马拉松表现增强，炎症和分解代谢减轻 • 在导致肌肉损伤的剧烈运动或耐力性运动后，力量恢复和肌肉酸痛减轻加快。对于在一天内重复多次或连续几天重复多次的比赛可能有益 • 初步证据支持延长睡眠时间和提高睡眠质量，可能是褪黑激素的重要来源
红葡萄、苹果、覆盆子、柑橘类水果、洋葱和绿叶蔬菜	• 含有槲皮素 • 槲皮素补充粉 • 补充方案：1000mg/d，隔日服用 2×500mg 或 4×250mg，通常持续 7 天	• 抗炎、抗氧化、抗癌、心血管保护作用	每天摄入 1000mg 槲皮素，至少持续 7 天，可提高耐力
石榴	• 主要的多酚是鞣花单宁（主要是安石榴苷） • 石榴饮料（最常用的剂量是每天饮用 1L） • 石榴粉胶囊	• 抗炎、抗氧化作用	只有一项研究调查了力竭时间或有氧运动类型，并报告了益处

大多数多酚的吸收和代谢缓慢且不完全，多酚类物质的作用机制可能包括维持正常肠道菌群，但目前研究甚少。

3. 使用方法：除了槲皮素、樱桃和黑加仑，没有足够的人类证据来推荐其他多酚的有效剂量。

（1）槲皮素：1000mg/d，比赛前至少持续 7 天。长期摄入的影响不确定，但最好避免长期摄入。

（2）黑加仑：比赛前 7 天，每天摄入 105～210mg 黑加仑花色苷。大多数研究都是针对新西兰黑加仑进行的，没有迹象表明其他产品不会具有相同的功效。

（3）酸樱桃：相当于 90～200 颗樱桃（樱桃汁、樱桃汁浓缩物或胶囊粉），在进行偏心运动或引发炎症的耐力性运动（如马拉松）前 4～7 天和后 2～4 天分剂量服用。对于一天内重复多次或连续几天重复多次的比赛可能有益。

（4）大约 150g 蓝莓或 300g 混合浆果足以达到许多研究中提供的多酚含量。

4. 潜在不良反应：高剂量的樱桃等浆果可能导致敏感人群的胃肠不适，对残疾运动员来说尤其值得关注，因为身体缺陷限制了他们的自主排便。摄入高剂量的抗氧化剂和抗炎化合物会降低对运动训练的适应性反应。虽然在运动员的日常饮食中建议大量摄入蔬菜和水果，但在日常训练期间不建议补充高剂量水果多酚。

（七）L－肉碱

1. 性质：L－肉碱（L－carnitine）是一种含氮的水溶性短链羧酸，广泛分布于新鲜的羊肉、牛肉和猪肉中，牛乳制品、水果和蔬菜中也含有少量的肉碱。人体也可在肝脏和肾脏中由赖氨酸和蛋氨酸合成。人体内大部分L－肉碱存在于骨骼肌和心肌。每日膳食中肉碱应不少于250～500mg。

2. 作用：其突出的生理功能在于增加血流量，去除氨的毒性，加强游离脂肪酸转移，促进其穿过线粒体内膜，并加强其后的氧化，节约肌糖原；降低乙酰CoA/CoA比值，增强丙酮酸脱氢酶活力。L－肉碱具有许多重要作用，如减少脂肪、降低体重；在运动时帮助身体燃烧脂肪，提高运动时的能量代谢、耐力和运动成绩；清除过多乳酸，提高做功能力，促进恢复，增强长时间有氧运动耐力。

3. 使用方法：理论上，耐力性运动项目（持续时间超过30分钟）、长时间高强度运动（如团体运动），以及在高负荷训练或抗阻运动后恢复的运动员最可能从补充L－肉碱中获益。

建议剂量为1.4～3.0g/d L－肉碱（2～4g L－肉碱酒石酸盐），每日2次，持续时间不少于12周。应与含碳水化合物膳食一起食用，以促进吸收。如果以减少剧烈运动引起的肌肉酸痛和损伤为目标，可以考虑1.4～3.0g/d L－肉碱，持续3～9周。

4. 潜在不良反应。

（1）L－肉碱可能升高空腹血浆三甲胺氮氧化物（TMAO）水平。TMAO水平升高与动脉粥样硬化形成和心血管事件的发生风险增加有关。

（2）食用L－肉碱可能会引起轻微的胃肠道症状。补充期间有恶心、呕吐、胃痉挛和腹泻的报告，建议随餐摄入。

（3）每天摄入超过3g可能会产生“腥味”体味。

（八）酮类补充剂

1. 性质：酮体（ketone bodies）是脂肪氧化代谢过程中的中间代谢产物，包括乙酰乙酸、β－羟基丁酸和丙酮。肝脏在低能量或低碳水化合物摄入情况下合成酮体，乙酰乙酸和β－羟基丁酸经血流进入肝外组织，进入三羧酸循环为神经组织、骨、心肌、肾皮质等组织提供能量。在饥饿、长时间禁食和极度限制碳水化合物（如生酮饮食）期间，血液酮体水平较高。

从代谢角度来看，β－羟基丁酸是最重要的酮体，血中浓度达1.3 mmol/L是其发挥代谢作用的最佳水平。

酮类补充剂有三种的形式：酮盐（β－羟基丁酸的钠盐、铁盐或钙盐）、1,3－丁醇（β－羟基丁酸的前体），以及英国牛津大学开发的一种酮酯（DetaG）（该产品在英国公路自行车队备战 2012 年伦敦奥运会时得到了广泛应用)。

2. 作用：服用酮类补充剂可显著增加血中 β－羟基丁酸水平，而无需进行能量或碳水化合物限制。目前已知的益处：①通过提供能量改善耐力性运动能力；②长期使用有效促进运动后恢复；③长期或周期性使用可增强健康和训练适应能力。

3. 使用方法：最常见的是在耐力性运动前或在耐力性运动期间摄入酮酯，总剂量为 570～750mg/kg (40～60 g)。

4. 潜在不良反应：补充酮类补充剂会对产能营养素的利用产生影响(减少糖酵解、脂肪分解、糖原利用，增加肌肉内甘油三酯的利用)。其中一些影响对某些运动项目可能产生不利作用。酮盐产生高盐负荷，产生胃肠道刺激症状。

(九) 鱼油

1. 性质：鱼油由 50 多种脂肪酸组成，富含二十碳五烯酸 (EPA) 和二十二碳六烯酸 (DHA)。最常见的鱼油补充形式是由明胶、甘油和纯净水组成的软胶囊。

2. 作用。

(1) 改善 $n-3$ 状态：饮食中天然食物或补充剂中的 EPA 和 DHA 改变全血和红细胞膜的脂肪酸分布，$n-6/n-3$ 低于 5，花生四烯酸 (AA) /EPA 低于 11 有助于心血管健康和抗炎。$n-3$ 指数 (O3I) 是红细胞膜中 EPA%+DHA%的相对总和。O3I 最好大于 8%。

(2) $n-3$ 状态改善有利于发挥生理功能：通过降低心率来减轻生理压力，通过抗炎作用促进恢复，在行动不便(如受伤)期间可能防止肌肉蛋白质合成减少。

3. 使用方法：鱼油补充剂应随餐服用。

(1) 一般健康状况：每天摄入 500～600mg EPA+DHA，建议每周至少摄入 2 份海鱼。

(2) 优化肌肉、心脏和神经组织：每天摄入 500～600mg DHA。

(3) 抗炎 (EPA)/促恢复 (DHA)：每天摄入 1000～2000mg EPA+DHA。

(4) 受伤期间：将 EPA+DHA 的摄入量增加到每天 1000mg 以上。

4. 潜在不良反应：欧洲食品安全局认为每天摄入 5g 鱼油是安全的。EPA 可能改变血液的凝血特性导致出血。每日摄入鱼油超过 5g 的情况下，少数人出现胃肠不适。对鱼类和海产品过敏者选择鱼油产品需谨慎。

(十) 姜黄素

1. 性质：姜黄素是姜黄中最丰富的酚类化合物。姜黄是一种常见于咖喱粉和酱汁的香料，在烹饪以及中国和印度传统医学体系中有悠久的使用历史。目前，姜黄素被美国 FDA 认定为 GRAS 物质，是一种安全的食品添加剂。然而，姜黄素是一种不稳定的化合物，其生物利用度很低。

2. 作用：姜黄素具有非甾体抗炎药样作用，姜黄素与减少运动诱发肌肉损伤 (EIMD)、运动诱发肌肉酸痛 (EIMS) 以及延迟性肌肉酸痛 (DOMS) 有关，能减少运动后的氧化应激，减轻肌肉损伤，促进肌肉恢复。

3. 使用方法：姜黄素补充剂最常见的形式是胶囊，最有效的促进恢复方案是运动前2～5天补充高剂量（每天2次，每次500～2500mg姜黄素；或每天1次含200～1000mg姜黄素的混合产品）。

多种姜黄提取物的使用方案：①180mg/d～5g/d姜黄素；②180mg/d姜黄素Theracurmin©（纳米姜黄素）；③500mg/d Meriva ©姜黄素（含食品级卵磷脂）；④6g/d姜黄提取物+60mg/d胡椒碱；⑤400mg/d Longvida ©姜黄素（半衰期为7.5小时，而标准姜黄素的半衰期为2～3小时）。

4. 潜在不良反应：复杂配方通常含有可能具有生物活性的添加剂和辅助化合物。运动营养师和运动员应谨慎对待无意兴奋剂。姜黄提取物含有多糖（姜黄多糖）和姜黄油等非姜黄素类化合物的活性成分。这些产品在改善健康研究对象的疼痛阈值和关节活动范围方面的疗效证据不足。长期使用对运动能力训练的影响尚不明确。

（十一）N－乙酰半胱氨酸

1. 性质：N－乙酰半胱氨酸（NAC）是一种含硫氨基酸，通过所含的巯基作为半胱氨酸供体维持谷胱甘肽稳态和直接清除活性氧，发挥强大的抗氧化作用，将运动诱导的氧化应激降至最低。NAC的补充形式为胶囊或粉末。

2. 作用。

（1）清除或“缓冲”氧化产物，并使肌肉在剧烈运动期间继续收缩，可提高高强度和重复冲刺成绩。

（2）减少运动引起的炎症，在强化训练和比赛期间有助于运动员健康，促进抗炎细胞因子上调，并最大限度地减少疲劳及收缩活动后骨骼肌损伤。

3. 使用方法：建议的NAC补充方案见表14－6。

表14－6　建议的NAC补充方案

目标事件或训练	剂量	方案	更多信息
重复高强度训练 强化训练期或锦标赛	1200mg	• 比赛前4天开始补充 • 比赛前2小时额外补充	• 50kg以下或80kg以上的运动员补充剂量为70mg/kg • 不建议长期使用（>1个月）
营养补充剂	1200mg	• 比赛前4天的慢性负荷期 • 比赛前2小时额外补充	• 50kg以下或80kg以上的运动员补充剂量为70mg/kg
减少运动引起的炎症	1200mg	• 强化训练期或比赛前4天开始补充 • 每天服用	• 不建议长期使用（>1个月）

4. 潜在不良反应：胃部不适、恶心、胃肠胀气、口有金属味、轻度头痛、脸或手红肿等。NAC最好随餐服用，以减少胃肠道不良反应的发生风险。如果确实出现不良反应，可以在强化训练或高原训练期间用槲皮素作为替代品。如果将NAC用于迅速提升运动能力，则考虑使用碳酸氢盐、咖啡因等其他补充剂。

第十五章　运动饮料

运动饮料（sports drinks）是从运动医学和营养角度促进运动训练、竞赛和健身的积极手段。运动饮料的共同特点：补水、补矿物质、补能量、维持正常体温。正确使用运动饮料有助于提高运动成绩，促进运动训练和全民健身的科学化。

第一节　运动饮料的定义和分类

一、运动饮料的定义

国家标准《运动饮料》（GB 15266—2009）对运动饮料的定义：营养素及其含量适应运动或体力活动人群的生理特点，能为机体补充水分、电解质和能量，可被迅速吸收的饮料。

中国饮料工业协会发布的团体标准《运动饮料》（T/CBIA 002—2017）把运动饮料定义为：营养成分及其含量能适应运动或体力活动人群的生理特点，能为机体补充水分、电解质、能量和（或）有助于运动后机体恢复，可被迅速吸收的预包装液体制品。

每 100mL 运动饮料中钠盐应为 5～120mg，钾盐应为 5～25mg。

二、运动饮料的分类

（一）根据是否含二氧化碳分类

根据是否含二氧化碳，运动饮料可分成含气运动饮料和不含气运动饮料两类。在安静或非运动状态下，饮用含气和不含气运动饮料在饮用量和接受程度上没有显著差异。但运动或体力活动以及炎热出汗需要快速和大量补液时，含气运动饮料的饮用量显著减少，这主要是由于饮料中高浓度二氧化碳引起喉部炙热感和胃部充盈感。研究表明，运动时饮用含防腐剂和二氧化碳气体（相当于软饮料所含的二氧化碳量）的饮料，受试者的喉部炙热感增加，对饮料的甜度和风味的感觉改变，对饮料的可接受程度下降；胃部充盈感增加，饮用量明显下降。运动中补液、补糖的先决条件是饮用量。如果饮用量不够，机体就无法摄入充足的水分、碳水化合物和矿物质。不含气运动饮料不会引起喉部炙热感，也不易引起胃部充盈感，故易被接受，饮用量较大，能满足运动时对水、糖和电解质的需求。

（二）根据渗透压分类

根据渗透压，运动饮料可分为等渗饮料、低渗饮料和高渗饮料。液体渗透压是指单位体积液体所拥有微粒的数目，饮料中的碳水化合物、矿物质、蛋白质、氨基酸等物质都会影响渗透压。血浆渗透压为 280～300mOsmol/kg，渗透压在这一范围内的饮料称为等渗饮料，低于这一范围的饮料称为低渗饮料，高于 300mOsmol/kg 则称为高渗饮料①。

第二节　运动饮料的要素与配方设计

运动或活动时，人体处于高度应激状态，主要生理变化：①代谢增强，体温升高；②水分和矿物质随汗液流失；③糖原耗损，血糖水平下降。运动中生理变化并不是独立存在的，它们互相联系、互为因果。例如，剧烈运动时体内能量物质消耗，体温升高。为维持正常的生理功能，汗液蒸发带走体内多余的热量，同时造成脱水，心率增加，最大摄氧量和血浆容量减少，矿物质丢失，渗透压和酸碱失衡，产生疲劳等。因此对运动饮料的要素和配方设计有特殊的要求。

一、运动饮料的要素

（一）水

失水或脱水直接影响运动能力。运动中保持体内正常水分含量对提高运动能力非常重要。运动中补充水分有助于维持心脏输出功率，增加皮肤的血流量，从而促进热量的散发，防止体温升高。补充水分（或液体）是运动饮料的目的之一。

（二）碳水化合物

一般情况下，运动人群通过主食满足碳水化合物的需要量时，其摄入的脂肪量也会相应增加，因此，可饮用适量运动饮料满足碳水化合物的需要量。机体中水的流动与电解质钠的流动相关，但血容量不依赖血液中钠的浓度。研究发现，碳水化合物可能是维持血容量稳定的最重要因素。目前有学者认为，当碳水化合物的浓度为 6%～8%时便可保证运动员每小时摄入 60～70g 碳水化合物，促进能量产生，有利于血糖水平的保持，减少糖原储存的消耗，延缓疲劳发生，有助于提高运动成绩。

① 屠用利. 浅谈运动饮料及其配方设计 [J]. 食品工业，1997 (2)：33-34.

（三）矿物质

运动中，通过汗液丢失最多的是钠；在高温环境下运动时，汗液中钾和镁的排出也明显增多。矿物质的流失会造成血浆渗透压改变而降低体内酶活性，从而降低细胞兴奋性导致体能下降。适当补充矿物质可以维持体液渗透压，防止脱水造成的肌肉疲劳、肌肉痉挛、意识混乱、眩晕等，同时也可以防止短时间内大量补水造成的水中毒。在运动饮料中需要添加适量矿物质。

（四）蛋白质/氨基酸

运动员在剧烈运动训练初期，由于细胞破坏增加、肌蛋白和红细胞再生等合成代谢亢进以及应激时激素和神经调节反应，常发生负氮平衡。剧烈耐力性运动训练使蛋白质代谢加强，力量训练则需增加肌肉组织，因此，适量增加蛋白质补充量对提高运动员的运动能力十分重要。但仅从食物中补充蛋白质，可能引起过多脂肪的摄入，故可在运动饮料中添加蛋白质。有研究表明，同时食用碳水化合物和蛋白质比单独补充碳水化合物，肌糖原的水平高38%，由此可提高体能和耐力。氨基酸是合成蛋白质的底物，进入人体消化道后可被迅速吸收。其中，支链氨基酸能促进肌肉蛋白质合成，为运动提供能量储备并推迟运动性疲劳的出现。

（五）维生素

目前市售运动饮料多含B族维生素。B族维生素是水溶性维生素，包括硫胺素、核黄素、烟酸、泛酸、生物素、钴铵素等。它们作为辅酶成分，对细胞线粒体正常功能维持和能量产生起着十分重要的作用。运动饮料中含有一定量碳水化合物，B族维生素在促进碳水化合物转化为能量的过程中必不可少。

除此以外，运动饮料会添加咖啡因、牛磺酸等物质，以改善运动能力。

二、运动饮料的配方设计

理想的运动饮料应该具有适当的渗透压（250～370mOsm/L）、合理的糖浓度（<8%）和理想的糖组合（2～3种可转运的糖）。

（一）渗透压

低渗饮料所含溶质数较体液少，摄入低渗饮料（如水）后，血浆渗透压降低，体内溶质析出，喝水的欲望很快被抑制，阻碍继续补水。高渗饮料所含溶质较体液多，易引起胃肠不适（腹胀等），增加运动负担。一般来说，高渗溶液从胃排空入十二指肠的速率慢于等渗溶液或低渗溶液。其机制是高渗溶液使十二指肠的渗透压受体失水，产生延缓胃排空的信号。因此，运动饮料宜设计成等渗型或低渗型。

（二）碳水化合物

各种糖分子大小不同，其渗透压各异。可以利用这种性质在饮料中复合添加葡萄糖、蔗糖或多聚糖，来调节饮料的渗透压，还可进行风味调整。

1. 浓度：运动饮料中加入碳水化合物的量取决于两个因素。①运动时胃肠道对碳水化合物的吸收速率和能量需要。研究表明，胃肠道对碳水化合物的吸收速率为12g/min，在超过1小时的运动中，运动员需额外补充能量500～1042kJ/h，所以运动中补充40～80g/h碳水化合物即可以达到效果。若碳水化合物补充量超过80g/h，会增加胃肠负担；若含碳水化合物量太低，血糖补充不充分，糖原消耗。②运动时水分的吸收。碳水化合物浓度小于8%的溶液，其水分吸收和纯水无显著差异；含碳水化合物量太低（如低于4%），则为保证每小时摄入40～80g碳水化合物，需补充更多的水，增加胃肠负担。因此，运动饮料中碳水化合物的含量最好为6%，或控制在4%～8%范围内。研究表明，饮用含碳水化合物4%～8%的运动饮料比饮用纯水或甜味液更有助于提高运动成绩。目前国内外市售运动饮料的含碳水化合物量基本在这一范围内。

在炎热环境中，运动员大量出汗，所用饮料的碳水化合物浓度以2.5%为宜。而在寒冷环境下运动时，由于机体脱水不是主要矛盾，而能量消耗较多需要及时补充是主要问题，所以饮料的碳水化合物浓度可增加到5%～15%，虽然饮料通过胃的时间较慢，但可较稳定地供给能量和维持血糖水平。

需要注意的是，一种运动饮料不可能同时满足补碳水化合物和补水的需要，因此设计配方时应依据所希望的补碳水化合物程度确定碳水化合物的具体浓度。不同碳水化合物特点见表15－1。

表15－1　不同碳水化合物的特点

指标	葡萄糖	蔗糖	果糖	麦芽糊精	支链淀粉	直链淀粉
胃排空	极好	极好	中等	极好	极好	极好
胃肠适应性	易	易	难	较易	一般	一般
需要消化程度	否	低	高	中	中上	中上
吸收	易	易	较易	易	较易	较易
运动中能量供给	极好	极好	一般	极好	极好	极好
运动后糖原恢复	极好	较好	差	极好	极好	极好
对液体吸收的影响	极好	好	差	较好	较好	较好
GI	高	中	低	高	高	高

2. GI：运动机体能量代谢既要保持体内碳水化合物的含量，又要降低脂肪的消耗，胰岛素起着关键性作用，通过控制摄入成分的GI，可避免胰岛素过度产生。运动饮料中多种糖源搭配有利于GI的调整。不同运动阶段对饮料GI有不同要求。运动前饮用含碳水化合物饮料可能存在两个问题：①血糖水平迅速升高，刺激胰岛素过量产生，出现低血糖；②过量胰岛素阻碍脂肪分解，降低脂肪酸供能，运动耐力减弱。所以运动前应以低GI碳水化合物为主，它们吸收虽慢，但可给肌肉提供恒定的葡萄糖，促进脂肪作为能源。运动诱导肾上腺激素分泌，肾上腺激素具有抑制胰岛素分泌的作用。因此运动中补充碳水化合物不存在胰岛素升高的情况，运动中饮料对GI无特殊要求。

运动后补充碳水化合物的目的是提高血糖水平以尽快合成糖原，补充消耗的糖原。这种情况下果糖这类低 GI 碳水化合物不能达到目的，而高 GI 碳水化合物对糖原修复更有效。但高 GI 运动饮料仅限运动后几个小时有效，随时间延长，糖原修复效果变差。一般葡萄糖含量高，GI 就高；果糖、蔗糖含量高，GI 相对就低。

3. 多种糖源复配：除有利于 GI 调整，多种糖源复配还有如下作用。①渗透压调整（相同浓度下，分子量越小，渗透压越高；分子量越大，渗透压越低。调整不同糖源的比例可调节溶液渗透压）；②风味调整；③促进碳水化合物和水分的吸收。

（三）钠含量

有效的补水不仅要求水分吸收快，还应将水分保留在体内。饮用液体被人体吸收后，又以汗液、呼吸和尿液的形式排出。汗液和呼吸有利于运动时热量的散失，但过多的尿液却对水分保持和运动不利。减少尿液产生有利于水分的保持，而饮料中钠含量与尿液产生相关，钠含量过低（≤30mEq/L）易导致体内盐分析出。另外，钠与口渴机制有关，缺钠使人不想饮水，也会降低液体摄入量。但饮料钠含量过高会影响风味。一般运动饮料钠含量为 20～25mmol/L，有时可低至 10～12mmol/L。运动前或运动中饮料钠含量达 20～25mmol/L 即可，但运动后饮料补水最重要，应适当提高钠含量（如 50mmol/L）。

（四）胃排空速率

进入胃内的液体只有进入小肠后才能被吸收，因此胃排空速率直接影响水分的吸收。一般来说，胃排空速率受以下因素的影响：①胃内液体容积，液体容积越大，排空速率越快。②饮料的能量含量，能量（主要来自饮料中的碳水化合物）含量越高，胃排空速率越慢。③饮料渗透压：渗透压越高，越不利于液体的排空。饮料渗透压高于体液渗透压时，胃排空速率降低。④饮料 pH 值，中性最好，酸度增加不利于胃排空。⑤运动强度，高强度运动可能阻碍胃排空。VO_2max 小于 70％的运动对胃排空基本无影响。饮料中含二氧化碳会引起胃充盈和不适感，降低胃的排空速率，因此，运动饮料中不宜含气。另外，冷冻的饮料会使胃排空速率下降，不利于增加饮料的摄入量。运动后体温升高，喝冷饮会刺激消化道，可能造成腹痛、腹泻，故运动饮料不宜在过低温度下保存。

（五）风味和口感

运动饮料的风味和口感是决定饮用量的主要因素。在运动饮料中加入适当的调味剂可改善其风味而增加饮用量。与普通饮用水相比，果味饮料的饮用量高出 90％。舒适的甜味和适当的咸味可增加饮料的饮用量。

第三节　运动饮料的选择和饮用方法

运动饮料的补充不仅适用于长时间、耐力性运动，也适用于短时间、大强度、间歇性运动。运动前、中、后补充运动饮料是提高运动能力、维持正常生理功能和促进恢复的有效方法。

一、运动饮料的选择

（一）不同运动时间

1. 持续时间60分钟以内的运动：普通饮用水、饮料即可，无需特别补充，但不宜选择含气饮料。

2. 持续时间60分钟及以上的运动：应补充含碳水化合物饮料；超长时间的运动，如马拉松、铁人三项等，则需补充含碳水化合物和矿物质的饮料。运动员在比赛中最好饮用平时习惯的饮料。

（二）不同渗透压的运动饮料

1. 等渗饮料（水+矿物质+6%～8%碳水化合物）：能迅速补充运动中丢失的水分，提高血糖水平。运动员多选此型运动饮料。葡萄糖是机体最容易利用的能源物质。

2. 低渗饮料（水+矿物质+少量碳水化合物）：补充丢失的水分，适合只需补充液体而无需补充糖的运动员，如赛马运动员、体操运动员。

3. 高渗饮料（含较多碳水化合物）：运动后用于日常碳水化合物的补充，以恢复肌糖原储备。高能量饮料或高渗饮料在长时间运动中饮用，可提供能量。建议在运动中与等渗饮料一起饮用，以补充水分。

二、运动饮料的饮用方法

（一）运动前

1. 不以口渴感而以尿液颜色作为需要补充液体的信号。感到口渴才喝水会导致水分过量流失，尿液清澈是运动员保持良好的水合状态的信号，尿液颜色深是尿量少、尿液浓缩的表现，也是低水合状态的明确信号。

2. 在运动前饮用足量的液体。在运动前1.0～1.5小时，应在相对较短的时间内摄入大量液体（500mL）以确保身体水分含量充足，并促使胃排空。此后至运动或比赛开始前，运动员应啜饮液体（大约每10分钟喝半杯水）以维持水合状态。在炎热的天气下，还应额外补水250～500mL。运动员应适应在尚未感到口渴时补充液体。

3. 避免进食具有利尿作用的食物和饮料，如咖啡、茶、巧克力和汽水中含有常见的咖啡因和相关物质，大量摄入可能增加排尿。

（二）运动中

运动中饮水应少量多次，间隔 20～30 分钟，每次 150～200mL。这种饮水法使水分缓慢进入体内，血容量变化不大，机体内环境较稳定，也不增加心脏和胃肠道的负担。运动中切忌一次大量饮水，因为胃肠道吸收水的速度有限，每小时最多 800mL。若一次饮水过多，过量的水潴留在胃中会产生腹胀、腹痛等不适感，妨碍机体运动。此外，大量水分骤然进入血液，使血液稀释，血容量增加，会加重心脏负担，降低运动能力。

不同运动项目或比赛中的补液时机见表 15－2。

表 15－2　不同运动项目或比赛中的补液时机

运动项目或比赛	补液时机
持续时间短于 30 分钟的项目，如短跑、跳高、投掷、体操	在运动或比赛间歇摄入液体，但不要在运动或比赛开始的 15 分钟内补充液体
持续时间不超过 60 分钟的项目，如 10km 跑、赛艇、有氧运动课、网球课、场地自行车赛	在运动或比赛间歇补充液体，赛跑运动员应至少每 5km 摄入一些液体（如果天气湿热，摄入频率应更高），进行此类运动的运动员应随身携带一个饮料瓶
耐力性运动项目，如马拉松、80km 自行车赛、铁人三项、网球比赛（5 局）	马拉松长跑运动员应至少每 5km 摄入一些液体（如果天气湿热，摄入频率应更高）；铁人三项运动员在自行车比赛中应每 10km 补充液体，长跑时应每 2～4km 补充液体；网球运动员在交换场地及第 3 局之后应尽可能多次地补充液体
超级耐力性运动项目，如超级铁人三项、横渡英吉利海峡、公路自行车赛、环法自行车赛	一有机会就应补充液体，并且制订每 10 分钟一次的补液计划；如果赛事组织方不提供液体（自行车赛中可能出现），运动员应制订补液计划并随身携带液体
持续时间约 90 分钟的团体项目，如曲棍球、篮球、橄榄球、排球、棒球、足球	在运动或比赛休息间歇补充液体，频率不应低于每 15 分钟一次；最理想的补充频率为每 10 分钟一次；休息时间较长（中场休息、两局之间及两节之间休息）时，可借机补充液体

（三）运动后

持续进行 1 小时及以上的高强度运动后摄入液体，有助于运动员在随后的训练中处于良好的水合状态。

1．在运动后即刻摄入大量液体（在身体可承受的范围内尽可能多地摄入，可多达 5L），使水的胃排空速率和小肠吸收速率提高。

2．在摄入大量液体后，应每隔 15 分钟摄入约 250mL 的液体，在 3 小时内达到 3L 左右的液体摄入量。运动员的体形越高大，在运动过程中的出汗量越大，需要摄入的液体量也越大。

3．补充的液体中同时含有碳水化合物和钠，有助于恢复到良好的水合状态。此外，饮料中含有的碳水化合物有助于恢复肌糖原储备，从而为下一次运动做好准备。饮料的含碳水化合物量可为5%～10%。

4. 通常每升运动饮料中含有10～25mmol的电解质（主要是钠），然而使液体潴留的最佳钠浓度约为50mmol/L。由于在液体中加入较多的钠会导致液体口味不佳，影响摄入量，所以鼓励运动员在训练结束即刻摄入一些咸味的零食（如咸味饼干）。

5. 运动所引起的体重下降是决定下一次训练前应补充的液体总量的关键。一般补液总量应达到体重下降量的150%。

（四）关于长时间和超长时间运动中运动饮料的安排

应按照比赛规定设置饮料站，一般是在距起跑点15km处设第一站，以后每隔5km设一站。各站最好配备各种饮料，包括特殊饮料、淡盐水（0.3%氯化钠）、清水、茶水等，随运动员选用。最好使用一次性纸杯或塑料杯，方便运动员饮用。

第十六章　兴奋剂

奥林匹克把人类在体育运动中崇尚进取的愿望集中表述为“更快、更高、更强”。然而，在科学技术高速发展、运动成绩突飞猛进的今天，有一些缺乏实力和自信，在现代高科技设备的精确测量结果和严格的比赛规则面前无法取胜的运动员，就想投机取巧，把获胜希望寄托在使用兴奋剂（dope）上。使用兴奋剂，违背了公平比赛原则，损害了运动员的心身健康，遭到体育界和运动医学界的强烈反对。1964 年，国际奥委会（International Olympic Committee，IOC）正式做出禁止使用兴奋剂的规定。1968 年，国际奥委会在格勒诺布尔冬季奥运会上将禁用兴奋剂列入章程，并进行兴奋剂检测。其在随后的历届冬季、夏季奥运会上都进行了兴奋剂检测。各种国际单项运动会、洲际以上的大型运动会也相继制定了兴奋剂检测条例，并例行进行兴奋剂检测。反兴奋剂斗争任重而道远。

第一节　兴奋剂概述

一、兴奋剂的概念

兴奋剂原意为“供赛马使用的一种鸦片麻醉混合剂”。医学上原指刺激神经系统，使人产生兴奋从而提高功能状态的药物。因为运动员为提高成绩最早服用的药物大多属于中枢兴奋药物，所以尽管后来被禁用的其他类型药物并不都具有兴奋性（如利尿剂），有的甚至还具有抑制性（如 β－阻断剂），但国际上对禁用药物仍沿用“兴奋剂”这一称谓。因此，如今所说的兴奋剂不仅仅指那些起兴奋作用的药物，而是指世界反兴奋剂机构（World Anti－Doping Agency，WADA）制定、公布和修订的年度《国际反兴奋剂条例国际标准　禁用清单》（以下简称《禁用清单》）所列的禁用物质和禁用方法。

国际奥委会医学委员会规定：“竞赛运动员使用任何形式的药物或以非正常量，或通过不正常途径摄入生理物质，企图以人为的不正当手段提高他们的竞赛能力，即为使用兴奋剂。”使用兴奋剂包括使用属于禁用药物类的有关物质和使用各种禁用方法。由于使用兴奋剂严重损害运动员的身心健康，有悖于公平竞争的奥林匹克体育精神，因此国际奥委会明令禁止使用兴奋剂并规定：只要从运动员体内检出禁用物质，或能证明其使用了禁用手段，就视为兴奋剂阳性进行处罚，不管其是有意使用还是不慎误用。

2021年1月1日开始施行的《反兴奋剂规则》规定，兴奋剂违规是指以下一项或多项情形或行为：

1. 检测结果阳性。
2. 使用或企图使用兴奋剂。
3. 拒绝、逃避或未能完成样本采集。
4. 违反行踪信息管理规定。
5. 篡改或企图篡改兴奋剂管制环节。
6. 持有兴奋剂。
7. 从事或企图从事兴奋剂交易。
8. 对运动员施用或企图施用兴奋剂。
9. 共谋或企图共谋兴奋剂违规。
10. 违反禁止合作规定。
11. 阻止举报或报复举报人。

二、兴奋剂的分类

WADA的2023年《禁用清单》（表16−1）把兴奋剂分为禁用物质和禁用方法两大类，又根据使用场合分为所有场合（包括赛内和赛外）都禁用的物质和方法，以及仅在赛内禁用的物质和方法。

表16−1　2023年《禁用清单》中的禁用物质和禁用方法

禁用物质			禁用方法
所有场合禁用	赛内禁用	特殊项目禁用物质	—
S0 未获批准的物质	S6 刺激剂	P1 β−阻断剂	M1 篡改血液和血液成分
S1 蛋白同化制剂	S7 麻醉剂	—	M2 化学和物理篡改
S2 肽类激素、生长因子、相关物质和模拟物	S8 大麻（酚）类	—	M3 基因和细胞兴奋剂
S3 β2 激动剂	S9 糖皮质激素	—	—
S4 激素及代谢调节剂	—	—	—
S5 利尿剂和掩蔽剂	—	—	—

注：所有场合禁用，即该物质或方法在《世界反兴奋剂条例》定义的赛内和赛外均禁用。

赛内禁用：赛内原则上是指从运动员计划参赛的前一天晚11：59开始，直至该比赛和与之相关样本采集程序结束为止的一段时间，除非WADA为某一特定运动项目批准了不同的时间段。

有的物质必须定量检测，尿样浓度超过上限才构成违禁（表16−2）。

表 16−2　必须定量检测的物质及其尿样浓度上限

物质	尿样浓度上限
四氢大麻酚酸 （大麻、大麻酯和四氢大麻酚类的代谢产物）	150ng/mL
去甲伪麻黄碱（d−型）及其 l−型异构体	5μg/mL
麻黄碱	10μg/mL
甲基麻黄碱	10μg/mL
伪麻黄碱	150μg/mL
福莫特罗	40ng/mL
吗啡	1μg/mL
沙丁胺醇	1μg/mL
绒毛膜促性腺激素	5IU/L（使用免疫分析法检测） 2IU/L［使用液相色谱−串接质谱联用（LC−MS/MS）方法检测］

三、兴奋剂与运动能力

使用兴奋剂能否提高运动能力，因运动员个体差异和运动项目不同尚无定论。目前一致认为：

1. 兴奋剂具有一定生理药理效应，特别是在营养充足和高强度训练条件下，可能增强运动员的体能，或对某些专项运动表现有一定的提高或辅助作用。然而这种作用是单项性的，不具有协调性和整体性，如某种兴奋剂对某一种体能有正向作用，但对另一种体能则有负向作用。而运动成绩的提高有赖于几种体能协调所表现出的整体能力。

2. 兴奋剂的心理作用大于生理作用。双盲实验证明，无药理作用的安慰剂和兴奋剂同样能达到增强运动员体能的效果。许多兴奋剂促进体能发挥时，不能排除心理因素的影响。

3. 兴奋剂对运动员体能的正向作用是暂时的，只出现在用药后的一定阶段，而其不可避免的副作用却是长期的、恶性的，对运动员的远期体能和健康的影响甚至是摧毁性的。

四、禁止使用兴奋剂的原因

（一）使用兴奋剂有损健康

研究证明，使用兴奋剂危害人的身心健康。不同种类和不同剂量的兴奋剂对人体的危害程度不同。一般说来，使用兴奋剂的主要危害如下：

1. 出现严重的性格变化。
2. 产生药物依赖性。
3. 导致细胞和器官功能异常。

4. 产生过敏反应，损害免疫力。

5. 引起各种感染（如病毒性肝炎和艾滋病）。

（二）使用兴奋剂有悖体育运动公平竞争的原则

现代体育运动强调公平竞争的原则，公平竞争意味着“干净的比赛”、正当的方法和光明磊落的行为。使用兴奋剂是一种欺骗行为，既违反体育法规，又有悖于公平竞争的原则。

五、兴奋剂检测

（一）定义

兴奋剂检测（doping control）是指赛前、赛后甚至平时，各级体育组织派专门的检测人员对运动员进行检测，以确定其是否使用了禁用物质或禁用方法。

兴奋剂检测是一项难度很高、责任十分重大的工作。其难度表现在以下几个方面：①药物及其代谢物种类多、变化大，禁用的百余种药物以原体或以一个或多个代谢产物的形式存在于人体体液中，需要检测和确证的化合物多达几百种，用药后不同时间这些化合物的浓度不断变化，直至排出体外。②药物在体液中的浓度很低，常常是纳克（十亿分之一克）或更低水平，因此对检测的灵敏度要求很高。如同在一个 25m×50m 的标准游泳池中加入一勺糖，要求在泳池的任何一处都可以测到糖的存在。③准确定量及判断兴奋剂是否超出允许水平，是一项难度较大的工作。检测工作不能有丝毫疏漏和差错，因为兴奋剂检测关系到运动员的运动生命。

（二）常用检测方法

兴奋剂检测的常用方法包括尿样检测和血样检测。自国际奥委会在 1964 年东京奥运会上首次试行兴奋剂检测以来，国际上一直采用尿样检测。直到 1989 年，国际滑雪联合会才在世界滑雪锦标赛上首次进行血样检测。迄今为止，尿样检测仍是主要方式，血样检测只作为一种辅助手段，用于在尿样中难以检测的禁用物质和禁用方法。例如 1994 年利勒哈默尔冬奥会实施的血样检测主要针对异体输血。

1. 尿样检测：尿样是兴奋剂检测的理想样本。其优点在于取样方便，对人体无损害，尿液中的药物浓度高于血液中的药物浓度，尿液中其他干扰因素少。尿样检测大体分为筛选和确认两个阶段。筛选指对所有的样本进行过筛，当发现某样本可能含有某种药物或其代谢产物时，再对此样本进行该药物的确认分析。在进行药物的确认分析时，尿样要重新提取，此提取过程与空白尿和阳性尿同时进行，以保证确认万无一失。尿样进入实验室，首先进行尿样 pH 值和尿比重测定，然后通过化学提取和仪器分析对所有样本进行筛选分析，并由计算机打出检测报告。

2. 血样检测：主要是弥补尿样检测的不足，目前仅用于血液回输、红细胞生成素、生长激素、绒毛膜促性腺激素、睾丸酮等的检测。

（三）检测程序

1. 选定接受检测的运动员：在体育竞赛开始前，检测机构应同有关单项体育联合会和竞赛组委会进行磋商，确定接受检测运动员的数量及挑选受检运动员的方法。选定受检运动员一般以比赛名次、是否破纪录或抽签结果作为取舍标准，也可根据特殊情况任意选择运动员接受检测。通常采用以下办法：①获得各项目第一名或前几名的运动员必须受检；②获得各项目第一名者必须受检，第二至第八名抽查；③从各项目的优胜者（如决赛前八名）中以抽签方式决定抽查 1 至数人；④从各项目的全体参赛者中，以抽签方式决定抽查 1 至数人；⑤在集体项目中，从各队中以抽签方式决定各抽查 1 至数人；⑥在有纪录的竞赛项目中，凡破世界纪录、洲纪录、全国纪录或运动会纪录者必须受检。

兴奋剂检测机构和有关单项体育联合会的医务代表根据竞赛过程中出现的情况，如怀疑某运动员服用了兴奋剂，或对那些成绩异常提高、被人揭发服用兴奋剂或有其他特殊情况者，有权在赛后立即指定其接受检测。

在平时，兴奋剂检测机构还要选择一些运动员进行赛外检测。

2. 采取检样：采取尿样的程序规定得极为周密、严格，最多可列出约 30 款细则。其主要步骤和过程大致如下：检测人员将检查通知单交给被选定接受检测的运动员。运动员在通知单（一式两份）上签名确认后，必须在 1 小时内携带身份证明到指定的兴奋剂检测中心报到。在此期间运动员由检测人员陪同，不得排尿，候检室里应备有足够的密封饮料供运动员饮用。运动员到达检测中心的时间及个人情况需要登记在记录单上。运动员还需申报自己最近 3 天来是否服用过任何药物，并由兴奋剂检测人员登记在记录单上。

运动员自己挑选一个干净的留尿杯，当着一名同性检测人员的面，留取至少 75mL 的尿量，取尿时不得有其他人在场。运动员自己从几套未使用过的、有号码的密封样品瓶（A 瓶和 B 瓶）中挑选一套，先将留尿杯中的尿液倒入 A 瓶 50mL，再倒入 B 瓶 25mL。检测人员检测留尿杯中残留的尿，若尿比重低于 1.010 或 pH 值不在 5～7 之间，则运动员必须留取另一份尿样。运动员盖紧并加封 A 瓶和 B 瓶后，将瓶子号码和包装运输盒密封卡号码记录在兴奋剂检测正式记录单上，然后将 A 瓶和 B 瓶装入包装盒并在盒上插入防拆密封卡。运动员本人、兴奋剂检测人员和有关体育组织的医务代表均需在兴奋剂检测正式记录单上签字，以证明上述留尿过程是按规定准确无误地进行的。

装有尿样的包装盒必须由指定的监护人运送，监护人和兴奋剂检测中心的负责人应在运送单上签名。尿样包装盒送到实验室后，必须由专门的负责人检查有无破损和偷换，核对运送单与盒内尿样的号码，签字验收，然后才能送交检测分析。

3. 样品分析：兴奋剂检测实验室收到尿样后应尽快完成检测分析。样品分析严格采用经国际奥委会医学委员会批准的技术方法。

如果 A 瓶尿样的分析结果为阳性，必须立即书面报告有关当局。兴奋剂检测机构人员在检查核对后，应立即书面通知有关单项体育联合会，然后再按规定程序通知运动员及其代表团的成员，并尽快进行 B 瓶尿样的检测分析（复检），在同一个实验室进行，但由不同的人操作。反兴奋剂机构、有关单项体育联合会和运动员所属代表团均可派人监督检测分析过程。

如果 B 瓶的检测分析结果仍为阳性，则该运动员的兴奋剂检测结果即被判定为阳性。

《反兴奋剂规则》规定，有下列情形之一的，属于兴奋剂违规：运动员的 A 样本中检测到禁用物质或其代谢物或标记物，而运动员放弃检测 B 样本，且 B 样本未检测的；或者 B 样本被检测，检测结果证实了 A 样本中发现的禁用物质或其代谢物或标记物的；或者 A 样本或 B 样本被分装成两个部分，对分装样本的确证部分的检测证实了在前一部分中发现的禁用物质或其代谢物或标记物；或者运动员放弃对该确证部分的检测。

（四）赛外检测

赛外检测亦称飞行药检，指在非比赛期间进行的不事先通知的突击性兴奋剂检测。

最早的兴奋剂检测都是在比赛期间进行的，即赛内检测。某些运动员为了逃避兴奋剂检测，采取平常训练时用药，赛前停药的方式使用兴奋剂，这是因为蛋白同化制剂和肽类激素等药物有促使运动员增长肌肉块及其他生理效应，并在停药后相当长时间内仍能维持药效。为了防止运动员以上述方式使用兴奋剂，国际奥委会增加了赛外检测，即在运动员平时训练时间内，随时对选定对象进行兴奋剂检测。如今，绝大多数国际体育组织和国家都已开始实施赛外检测计划。考虑到各类药物的功能和使用可能性，赛外检测仅对《禁用清单》中的部分物质进行检测。例如，赛外检测不检测赛内禁用的刺激剂和麻醉剂，因为刺激剂在非比赛期间使用无益于提高运动成绩，所以，只要运动员比赛时体内已没有禁用的刺激剂，那么无论是在比赛的前一天还是比赛结束一天后，即使在运动员的尿样中发现禁用的刺激剂也不构成违规。

赛外检测可在一年中的任何时间和任何地点进行，检测重点一般都放在训练阶段，特别是非赛季的训练阶段，因为运动员最有可能在训练阶段为增加肌肉力量、加速消除疲劳而使用禁用物质或禁用方法。

赛外检测的对象主要是优秀运动员和在短时期内成绩异常提高的运动员，所以运动水平越高、优秀选手越多的国家受到赛外检测的频率就越高。有些国际体育组织（如国际泳联）要求各国定期提供其优秀运动员（如成绩排在世界前 50 名者）最新的训练场所地址、宿舍地址和常驻地地址，以便随时进行突击性赛外检测。

执行赛外检测的有关体育组织代表、取样人员和监察员可在未通知任何人的情况下，突然来到受检运动员的训练场所、宿舍或常驻地，要求进行赛外检测。任何人都不得以任何理由拒绝或拖延接受检测。取样人员和监察员应出示自己的身份证明或反兴奋剂委员会的任命书。任何被突然传唤的运动员如未在限定时间内到场接受兴奋剂检测，或者拒绝提供尿样，都将被看作拒绝接受检测，会受到处罚或被宣布为兴奋剂检测结果阳性。

（五）兴奋剂检测机构

为了保证兴奋剂检测结果的准确性和可靠性，避免在检测过程中出现误差，从 20 世纪 80 年代初开始，国际奥委会医学委员会逐步建立起实验室考核系统。每个新成立的实验室必须通过一系列的严格考核，才能获得国际奥委会医学委员会授予的国际检测资格。在取得这一资格后，机构每年还必须参加一次复试，才能取得当年的国际检测资格。

目前国际上共有 29 个兴奋剂检测实验室，但每年都有实验室因不能顺利通过复试而被降级或取消资格。由于科学技术的进步，进行兴奋剂检测的技术难度很大、要求极高。在过去的 10 年中，有 20 多个实验室未通过复试。

中国兴奋剂检测中心成立于 1987 年，1989 年正式通过了国际奥委会医学委员会的资格考试，取得国际检测资格，是国际 A 级检测实验室。2007 年 11 月 13 日，中国兴奋剂检测中心与其他部门联合组建为中国反兴奋剂中心。

第二节　禁用物质

一、未获批准的物质

《禁用清单》对“未获批准的物质”的解释是：《禁用清单》各节均未涉及且目前尚未获得任何政府健康管理部门批准用于人体治疗的任何药理学物质（例如，处于临床前或临床开发中或已终止临床试验的药物、设计药物，仅被批准用于兽医的物质），在所有场合都禁用。

2010 年 WADA 发现有运动员使用未获批准上市、正在临床试验的药物，故在 2011 年《禁用清单》中新增了“未获批准的物质”。2022 年《禁用清单》专家组根据最新的评估结果，第一次给出了“未获批准的物质”示例 BPC－157。

BPC－157（body protection compound）中文译为“机体保护化合物”，是由 15 个氨基酸组成的多肽，又称十五肽（pentadecapeptide），在人体胃液中被发现并分离。动物实验中发现其可以增加生长激素受体活性，促进成纤维细胞的生长，促进皮肤、肌肉、骨骼、韧带、肌腱和神经等不同组织的愈合，还可改善消化系统功能，具有抗溃疡和保护肝脏的作用。

目前，利用生物技术人工合成 BPC－157 很容易，尽管生产企业都在产品上标明“仅供实验用”，但在漫长的临床试验过程中难免有运动员为了利益铤而走险。BPC－157 的基本作用机制尚未完全阐明，也未获任何正式临床用药批准，WADA 将其列入 2022 年《禁用清单》。

二、蛋白同化制剂

（一）作用特点

蛋白同化制剂是一类具有蛋白同化作用的药物，以雄激素及其衍生物为主。雄激素的生理作用是促进和维持男性性征的发育和成熟，以及促进蛋白质合成、骨骼生长和红细胞生成。

这类药物的主要生理作用：①促进生长、性器官和第二性征的发育，并维持男性性功能；②促进蛋白质合成，减少蛋白质分解，使肌肉发达和体重增加，但这需要以摄入适量的蛋白质为条件；③促进红细胞生成；④增强免疫功能。

运动员使用这类药物的结果是体重增加，特别是瘦体重明显增加；肌肉增粗并力量增长；使“心理身体状态”感觉良好，精神愉快，运动员耐受力增强，激发比赛中的竞争性。运动员滥用这类药物的主要目的是利用其增加蛋白质合成，促使肌肉发达，增强力量和耐力。

（二）危害

1. 生殖系统功能紊乱：女性服药后引起男性化特征，长胡须，体毛增多，乳房缩小，子宫萎缩，月经减少或停经，性欲增加，攻击心理加强。有些男性化变化是不可逆的。合成类固醇对男性生殖系统的影响主要表现在使睾丸缩小、精子生成及功能障碍。15 名服用“大力补”的运动员用药 2 个月后，精子数量减少 73%。长期用药，可出现男性女性化。研究发现，长期大剂量用药，血浆中外源性雄激素明显增多，造成对下丘脑－垂体轴持续的负反馈抑制，导致睾丸萎缩和自身睾酮分泌减少。青少年运动员如服用了此类药物，则停止长高。

2. 损害肝脏：有人调查了 149 名使用合成类固醇的运动员，其中 70 人肝功能异常。若长期用药，还会引起肝脏严重的并发症，如紫癜性肝炎和肝癌。

3. 增加心血管系统疾病的发病风险：合成类固醇降低血中 HDL－C 水平，而升高甘油三酯水平和 LDL－C 水平，因而增加冠心病的发病风险。合成类固醇还可引起水钠潴留，导致水肿，引起高血压。

4. 心理与行为异常：大剂量服用常导致易怒、暴力倾向等躁狂行为，以及神经系统障碍和失眠。少数人出现幻觉，许多人患妄想症和精神病。滥用此类药物者性格变化极大。

5. 其他：使用合成类固醇，韧带和肌腱失去弹性易撕裂，肌肉变硬甚至痉挛。

6. 停药综合征：滥用药物者停止用药几天或几周后，即可出现停药综合征，心理方面出现神经质、焦虑不安、感觉不适、嗜睡、注意力不集中、性欲减退、沮丧、自杀意念，甚至出现自杀行为。在此阶段，运动员很容易成为其他成瘾药物依赖者。身体方面出现自感无力，工作和训练能力下降，睾丸萎缩和阳痿，肌肉和关节出现不适和疼痛。

（三）禁用的蛋白同化制剂（2023年《禁用清单》）

1. 蛋白同化雄性类固醇，外源性摄入时禁用，包括但不限于：

1－雄烯二醇（5α－雄甾－1－烯－3β,17β－二醇）；1－雄烯二酮（5α－雄甾－1－烯－3,17－二酮）；1－雄酮（3α－羟基－5α－雄甾－1－烯－17－酮）；1－表雄酮（3β－羟基－5α－雄甾－1－烯－17－酮）；1－睾酮（17β－羟基－5α－雄甾－1－烯－3－酮）；4－雄烯二醇（雄甾－4－烯－3β,17β－二醇）；4－羟基睾酮（4,17β－二羟基雄甾－4－烯－3－酮）；5－雄烯二酮（雄甾－5－烯－3,17－二酮）；7α－羟基－普拉睾酮；7β－羟基－普拉睾酮；7－羰基－普拉睾酮；甲基环硫雄醇；19－去甲雄烯二醇（雌甾－4－烯－3,17－二醇）；19－去甲雄烯二酮（雌甾－4－烯－3,17－二酮）；雄甾－4－烯－3,11,17－三酮（11－羰基－4－雄烯二酮，肾上腺雄甾酮）；雄诺龙（5α－双氢睾酮，17β－羟基－5α－雄烷－3－酮）；5－雄烯二醇（雄甾－5－烯－3β,17β－二醇）；4－雄烯二酮（雄甾－4－烯－3,17－二酮）；勃拉睾酮；勃地酮；1,4－雄烯二酮（雄甾－1,4－二烯－3,17－二酮）；卡芦睾酮；氯司替勃；达那唑（［1,2］噁唑［4′,5′：2,3］孕甾－4－烯－20－炔－17α－醇）；去氢氯甲睾酮（脱氢氯甲睾酮，4－氯－17β－羟基－17α－甲基雄甾－1,4－二烯－3－酮）；去氧甲睾酮（17α－甲基－5α－雄甾－2－烯－17β－醇和17α－甲基－5α－雄甾－3－烯－17β－醇）；屈他雄酮；表雄酮（3β－羟基－5α－雄烷－17－酮）；表双氢睾酮（17β－羟基－5β－雄烷－3－酮）；表睾酮；乙雌烯醇（19－去甲孕－4－烯－17α－醇）；氟甲睾酮；甲酰勃龙；夫拉扎勃（17α－甲基［1,2,5］噁二唑［3′,4′：2,3］－5α－雄烷－17β－醇）；孕三烯酮；美雄诺龙；美睾酮；美雄酮（17β－羟基－17α－甲基雄甾－1,4－二烯－3－酮）；美替诺龙；美雄醇；甲基屈他雄酮（17β－羟基－2α，17α－二甲基－5α－雄烷－3－酮）；甲基－1－睾酮（17β－羟基－17α－甲基－5α－雄甾－1－烯－3－酮）；甲基氯司替勃；甲二烯诺龙（17β－羟基－17α－甲基雌甾－4,9－二烯－3－酮）；甲诺睾酮（17β－羟基－17α－甲基雌甾－4－烯－3－酮）；甲睾酮；美曲勃龙（甲基群勃龙，17β－羟基－17α－甲基雌甾－4,9,11－三烯－3－酮）；米勃酮；诺龙（19－去甲睾酮）；诺勃酮；诺司替勃（4－氯－17β－醇－雌甾－4－烯－3－酮）；诺乙雄龙；羟勃龙；氧雄龙；羟甲睾酮；羟甲烯龙；普拉睾酮（脱氢表雄酮，3β－羟基雄甾－5－烯－17－酮）；前列他唑（17β－［（四氢吡喃－2－基）氧］－1′氢－吡唑［3,4：2,3］－5α－雄烷）；奎勃龙；司坦唑醇；司腾勃龙；睾酮；四氢孕三烯酮（17－羟基－18a－增－19－去甲基－17α－孕甾－4,9,11－三烯－3－酮）；替勃龙；群勃龙（17β－羟基雌甾－4,9,11－三烯－3－酮）；以及具有类似化学结构或类似生物效应的其他物质。

2. 其他蛋白同化制剂包括但不限于：依诺波沙、LGD－4033、RAD140、S－23和YK－11、泽仑诺和齐帕特罗。

三、肽类激素、生长因子、相关物质和模拟物

此类药物均为氨基酸组成的多肽激素，因而被归并成一类，但其生理功能和作用各不相同。其主要包括促性腺激素、促肾上腺皮质激素、生长激素、促红细胞生成素等。

（一）作用特点

1. 促性腺激素：广义的促性腺激素包括由垂体前叶分泌的卵泡刺激素（follicle stimulating hormone，FSH）和黄体生成素（pituitary and synthetic gonadotrophins，LH），以及妇女妊娠时胎盘组织分泌的人绒毛膜促性腺激素（human chorionic gonadotrophin，hCG）。作为运动兴奋剂使用时，hCG 似乎比前两种更为普遍。hCG 和 LH 刺激睾丸间质细胞合成睾酮（T）和表睾酮（E）而不影响 T/E 比值。hCG 具有合成代谢作用，可增加肌肉块和力量（胰岛素样生长因子是其发挥功能的介导物质）。

2. 促肾上腺皮质激素（adrenocorticotropic hormone，ACTH）：可刺激肾上腺皮质产生更多的皮质醇等糖皮质激素。糖皮质激素可减轻肌腱和关节的炎症，具有镇痛和消炎的作用，并刺激肾上腺分泌雄激素。运动员使用促肾上腺皮质激素可减轻运动损伤或疼痛，提高运动成绩。

3. 生长激素（growth hormone，GH）：促进物质代谢与生长发育，对机体各个器官和组织均有影响，对骨骼、肌肉及内脏器官的作用尤为显著，因此也称为躯体刺激素。生长激素常被一些力量型运动员，如举重、投掷以及健美运动员用以增大肌肉的体积和力量。

4. 促红细胞生成素（erythropoietin，EPO）：一种主要由肾脏分泌，调节红细胞生成的特异性较强的激素。其促进骨髓的原始血细胞加速增殖、分化和成熟，还可通过促进骨髓内铁的摄取和利用，加速血红蛋白的生成，从而提高有氧运动能力，提高长跑、游泳、自行车等耗氧项目的成绩。

总的来说，肽类激素都是人体自身分泌、发挥重要生理作用的内源性物质。运动员滥用的目的是通过其增强蛋白质合成、提高携氧能力等。滥用这些物质必然会扰乱人体自身的内分泌平衡，引发各种疾病。

（二）危害

1. 促性腺激素：长期大剂量应用促性腺激素的运动员，睾丸或卵巢合成与分泌性激素受抑制，会引起睾丸和卵巢萎缩和反应性低下，分泌功能降低或停止。

2. 促肾上腺皮质激素：长期大剂量使用促肾上腺皮质激素的运动员，垂体合成与分泌促肾上腺皮质激素受抑制，引起肾上腺皮质萎缩和反应性低下，分泌功能降低或停止。如突然停药，可出现糖皮质激素不足而危及生命。

3. 生长激素：对发育期的青少年来说，过量的外源性生长激素会导致巨人症。成人过量使用会引发冠心病和外周神经系统疾病，并可能引起不可逆的心血管和肌肉骨骼病症。过量使用外源性生长激素，还可引起人体产生对生长激素的抗体反应，从而影响内源性生长激素的活性及导致激素分泌紊乱。其长期副作用是不可逆的，甚至是致命的。

生长激素还可降低胰岛素敏感性，引起糖耐量异常，血糖水平升高，引发糖尿病。有报道，80%使用生长激素者患糖尿病，需要胰岛素治疗。

生长激素的其他副作用包括月经失调、性欲减退和阳痿等。

4. 促红细胞生成素：运动员滥用可严重威胁健康，由于额外增加了血液中的红细胞数量，可使血黏度增加，血流量减少，凝血时间缩短，易引起血栓形成，引发高血压、心脏病、脑血管疾病发作，严重危及生命。

（三）禁用的肽类激素、生长因子、相关物质和模拟物（2023 年《禁用清单》）

1. 促红细胞生成素类以及影响红细胞生成的制剂包括但不限于：

（1）促红细胞生成素受体激动剂，如达促红素类（dEPO）、促红素类（EPO）、基于促红素类分子结构的构建物［如促红素融合蛋白（EPO－Fc）、培促红素 β（CERA）］、促红素模拟物及其构建物［如促红素模拟肽融合蛋白（CNTO－530）、培尼沙肽］。

（2）缺氧诱导因子（HIF）激活剂类，如钴化合物、达普司他（GSK1278863）、脯氨酰羟化酶－2（PHD2）抑制剂（IOX2）、莫立司他（BAY 85－3934）、罗沙司他（FG－4592）、伐达度司他（AKB－6548）、氙气。

（3）GATA 抑制剂，如 K－11706。

（4）转化生长因子－β（TGF－β）信号传导抑制剂，如罗特西普、索特西普。

（5）先天修复受体激动剂类，如唾液酸促红素、氨甲酰促红素（CEPO）。

2. 肽类激素及其释放因子：

（1）男性禁用 CG、LH 及其释放因子，如布舍瑞林、地洛瑞林、戈那瑞林、戈舍瑞林、亮丙瑞林、那法瑞林、曲普瑞林。

（2）促皮质素类及其释放因子，如可的瑞林。

（3）生长激素及其类似物和片段，包括但不限于：

生长激素类似物，如隆培促生长素、帕西生长素、曲更生长素。

生长激素片段，如 AOD－9604 和人生长激素 176－191（hGH 176－191）。

（4）生长激素释放因子包括但不限于：

生长激素释放激素（GHRH）及其类似物，如 CJC－1293、CJC－1295、舍莫瑞林和替莫瑞林。

生长激素促分泌素及其模拟物（GHS），如来诺瑞林（葛瑞林）、阿那瑞林、伊帕瑞林、马昔瑞林和他莫瑞林。

生长激素释放肽类（GHRPs），如艾瑞莫瑞林、生长激素释放肽－1（GHRP－1）、生长激素释放肽－2（普拉莫瑞林）、生长激素释放肽－3（GHRP－3）、生长激素释放肽－4（GHRP－4）、生长激素释放肽－5（GHRP－5）、生长激素释放肽－6（GHRP－6）和艾莫瑞林。

3. 生长因子以及生长因子调节剂包括但不限于：

（1）成纤维细胞生长因子类（FGFs）。

（2）肝细胞生长因子（HGF）。

（3）胰岛素样生长因子－1（IGF－1）及其类似物。

（4）机械生长因子类（MGFs）。

（5）血小板衍生生长因子（PDGF）。

（6）胸腺肽－β4 及其衍生物，如 TB－500。

（7）血管内皮生长因子（VEGF）。

（8）任何影响肌肉、肌腱或韧带组织的蛋白质合成或分解、血管形成、能量利用、再生能力或纤维类型转换的生长因子或生长因子调节剂。

四、β2 激动剂

（一）作用机制

β2 激动剂为非儿茶酚胺类药物，能选择性兴奋支气管、子宫和骨骼肌血管平滑肌 β2 受体，并能有效地解除支气管痉挛，发挥支气管舒张作用，在临床上已成为治疗哮喘的主要支气管舒张药物。此外，该类药物还能增加气道内黏液运输速度，因而有助于分泌物的清除。大剂量使用 β_2 激动剂可以增加肌肉/脂肪比并提高肌肉力量，还对呼吸系统和神经系统有兴奋作用，故被运动员用作蛋白同化制剂和刺激剂。

（二）危害

β2 激动剂可能引起心率加快及心律失常、肌肉震颤，增加酮症酸中毒或乳酸酸中毒的发生风险，也可引起电解质紊乱，出现低钾血症。

（三）禁用的 β2 激动剂（2023 年《禁用清单》）

所有选择性和非选择性 β2 激动剂，包括所有光学异构体，均禁用。

1. 包括但不限于：阿福特罗、非诺特罗、福莫特罗、去甲乌药碱、茚达特罗、左沙丁胺醇、奥达特罗、丙卡特罗、瑞普特罗、沙丁胺醇、沙美特罗、特布他林、曲托喹酚、妥洛特罗、维兰特罗。

2. 以下情况例外。

（1）吸入使用沙丁胺醇，多次吸入使用时，从任意剂量开始的 8 小时内不超过 600μg，且 24 小时总吸入量不超过 1600μg。

（2）吸入使用福莫特罗，24 小时内最大摄入剂量不超过 54μg。

（3）吸入使用沙美特罗，24 小时内最大摄入剂量不超过 200μg。

（4）吸入使用维兰特罗，24 小时内最大摄入剂量不超过 25μg。

3. 注意：若尿液中沙丁胺醇浓度超过 1000ng/mL，或福莫特罗浓度超过 40ng/mL，不符合该物质的治疗用途，将被视为阳性检测结果。除非运动员通过受控的药代动力学研究，证明该异常结果是由治疗性吸入上述最大剂量药物所致。

五、刺激剂

（一）作用特点

刺激剂的作用为暂时性提高体能、消除不安、增强爆发力。运动员比赛中使用刺激剂的目的是产生兴奋，提高机能状态，延缓疲劳的产生。同时，刺激剂还能提高使用者的警觉性，增强主动性和自信心，使其产生战无不胜的假象。早期运动员使用的兴奋剂多属于刺激剂。

1. 作用于中枢神经系统的刺激剂，如苯丙胺和可卡因等，主要作用是靠抑制身体的自然警报系统和减轻“过度用力”引起的疼痛感来增强自信心和进取心，增强耐力和力量，其他作用还包括增加心率、血压和能量代谢。

2. 主要作用于心血管系统和呼吸系统的刺激剂，如肾上腺素、麻黄素和咖啡因，其作用是增加心率、血压和肌肉血流量，扩张呼吸道，增加肺通气量。

（二）危害

刺激剂的危害很明显，可导致过度兴奋与焦虑，影响判断力；心率和血压的急速上升则可能造成脱水、脑卒中及心脏病发作；抗疲劳的假象令使用者消耗更多体力，易达到危险的极度疲劳状态，且可卡因及苯丙胺类药物还具有成瘾性，用药者还会产生一种危险的精神状态，增加敌意和攻击性，造成人身伤害。

（三）禁用的刺激剂（2023 年《禁用清单》）

所有刺激剂，包括所有光学异构体（如 d－型和 l－型）均禁用。

1. 非特定刺激剂：阿屈非尼、安非拉酮、苯丙胺、安非他尼、阿米苯唑、苯氟雷司、苄基哌嗪、布罗曼坦、氯苄雷司、可卡因、克罗丙胺、克罗乙胺、芬咖明、芬乙茶碱、芬氟拉明、芬普雷司、芳妥西坦［4－苯基吡拉西坦（卡非多）］、呋芬雷司、利右苯丙胺、美芬雷司、美芬丁胺、美索卡、甲基苯丙胺（右旋）、对－甲基苯丙胺、莫达非尼、去乙芬氟拉明、苯甲曲秦、芬特明、普尼拉明、普罗林坦。本节未明确列出的刺激剂均为特定物质。

2. 特定刺激剂包括但不限于：3－甲基己烷－2－胺（1,2－二甲基戊胺）、4－氟哌醋甲酯、4－甲基己烷－2－胺（甲基氨基己烷）、4－甲基戊烷－2－胺（1,3－二甲基正丁胺）、5－甲基己烷－2－胺（1,4－二甲基戊胺，1,4－DMAA）、苄非他明、去甲伪麻黄碱、卡西酮及其同系物（如 4－甲基甲卡西酮、4－甲氧基甲卡西酮、α－吡咯烷基苯戊酮）、二甲基苯丙胺、麻黄碱、肾上腺素、香草二乙胺、哌醋乙酯、乙非他明、依替福林、泛普法宗、芬布酯、芬坎法明、辛胺醇、羟基苬（苬醇）、羟苯丙胺（对－羟基苯丙胺）、异美汀、左去氧麻黄碱、甲氯芬酯、N－甲基亚甲二氧基苯丙胺、甲基麻黄碱、萘乙酸甲酯［（±）－甲基－2－（萘－2－基）－2－（哌啶－2－基）乙酸酯］、哌甲酯、尼可刹米、去甲苯福林、奥托君（1,5－二甲基己胺）、奥克巴胺、奥洛福林（甲基辛弗林，又译名甲昔奈福林）、匹莫林，戊四氮、苯乙胺及其衍生物、芬美曲秦、苯丙甲胺、丙己君、伪麻黄碱、司来吉兰、西布曲明、索安非托、士的宁、替苯丙胺（亚甲二氧基苯丙胺）、异庚胺，以及具有类似化学结构或类似生物效应的其他物质。

3. 以下情况例外。

（1）可乐定。

（2）皮肤、鼻腔、眼科或耳科使用的咪唑啉衍生物（如溴莫尼定、氯萘唑啉、非诺唑啉、茚唑啉、萘甲唑啉、羟甲唑啉、四氢唑啉、赛洛唑啉）和列入2023监控程序的刺激剂。

（3）丁胺苯丙酮、咖啡因、尼古丁、去氧肾上腺素、苯丙醇胺、哌苯甲醇和昔奈福林被列入2023监控程序，不属于禁用物质。

六、麻醉剂

（一）作用特点

麻醉剂在临床上用于减轻疼痛，吗啡及其衍生物是这类药物的代表，常被使用的有吗啡、海洛因、哌替啶（杜冷丁）等。这些药物能产生欣快感，造成战无不胜的假象和超越运动员自身能力的幻觉。它们具有很强的镇痛作用，抑制痛觉中枢，使痛感减轻或药效期间内无痛感，导致运动员在比赛中感觉不到伤痛。运动员由于伤病无法参加正常训练或比赛时，可能会使用这类药物来缓解疼痛和放松。

（二）危害

1. 药物作用掩盖了病情：用药后的欣快感和心理刺激使运动员产生超越自身能力的错觉，从而置严重伤病于不顾，继续参加运动，很容易造成更严重的伤害。

2. 不良反应：麻醉剂存在严重的不良反应，急性中毒时表现出昏迷、呼吸深度抑制、瞳孔极度缩小、血压下降和体温降低，可引起休克、循环衰竭、死亡。

3. 成瘾性：反复使用这类药物会成瘾，停药时会产生很强的戒断症状，引发更严重的生理和心理问题。

（三）禁用的麻醉剂（2023年《禁用清单》）

禁用的麻醉剂：丁丙诺啡、右吗拉胺、二醋吗啡（海洛因）、芬太尼及其衍生物、氢吗啡酮、美沙酮、吗啡、尼可吗啡、羟考酮、羟吗啡酮、喷他佐辛、哌替啶。

由于吗啡具有很强的镇咳及镇痛作用，在许多镇咳和镇痛药物中均含有吗啡，因此有定量要求。

七、利尿剂和掩蔽剂

（一）作用特点

1. 利尿剂：利尿剂是一类可以促进排尿的药物。常用的利尿剂有利尿酸、呋塞米（速尿）、螺内酯（安体舒通）等。其主要通过影响肾脏的尿液形成过程而增加尿液排泄。这类药物的滥用可以根据目的不同分为以下情况：①借助其利尿作用稀释尿液，使其他禁用兴奋剂在尿中的浓度减小而不易被检出，从而掩盖其他兴奋剂的使用；②运动员参加有体重级别限制的比赛时，利用利尿剂快速脱水，迅速减轻体重，以达到体重要求；③预防和改善急性高原病症状。

2. 掩蔽剂：这类药物本身并不增强运动能力，但它们能够影响其他禁用物质的排泄，或掩盖其他禁用物质的使用。例如使用表睾酮可以降低 T/E 值，掩蔽睾酮的检出；利尿剂可加快禁用物质的排泄，稀释尿样中物质的浓度，使物质难以被检出；丙磺舒可抑制禁用物质的排泄，使其可能不被检出；血浆膨胀剂可以扩充血容量，稀释血液，进而改变红细胞比容等血检指标。

（二）危害

利尿剂的危害主要是引起电解质紊乱，进而导致恶心、呕吐、腹胀、肌无力及心律失常等症状。

几乎所有利尿剂都可引起低血钾。低血钾会产生疲劳、无力、肌痛、痉挛、麻痹甚至肌肉坏死；影响糖代谢，可减少胰岛素分泌，使血糖水平升高，糖耐量下降，还可增强糖原分解和抑制糖原异生，使糖原再储备受阻，影响运动能力。

其他危害有听力受损，利尿酸可引起永久性耳聋，还可引起消化性溃疡。

（三）禁用的利尿剂和掩蔽剂（2023 年《禁用清单》）

禁用的利尿剂和掩蔽剂包括但不限于：去氨加压素；丙磺舒；血容量扩充剂类，如静脉输入白蛋白、右旋糖酐、羟乙基淀粉和甘露醇；乙酰唑胺；阿米洛利；布美他尼；坎利酮；氯噻酮；依他尼酸；呋塞米；吲达帕胺；美托拉宗；螺内酯；噻嗪类，如卞氟噻嗪、氯噻嗪以及氢氯噻嗪；托拉塞米、氨苯蝶啶和伐普坦类，如托伐普坦；以及具有类似化学结构或者类似生物效应的其他物质。

以下情况例外：

1. 屈螺酮、巴马溴以及眼科局部用药的碳酸酐酶抑制剂（如多佐胺和布林佐胺）。
2. 牙科局部麻醉中使用的苯赖加压素。

注意：如在运动员任何场合或赛内检测的样本中（视情况而定）检测出利尿剂或掩蔽剂（除了碳酸酐酶抑制剂的眼部局部给药，或苯赖加压素在牙科麻醉中的局部给药）的同时，检出任意浓度的以下阈值物质，福莫特罗、沙丁胺醇、去甲伪麻黄碱、麻黄碱、甲基麻黄碱和伪麻黄碱，将视为阳性检测结果，除非运动员已经获得该阈值物质以及利尿剂或掩蔽剂的治疗用药豁免（TUE）批准。

八、其他禁用物质

（一）激素及代谢调节剂

调节各组织细胞的代谢活动来影响人体生理活动，包括机体的代谢、生长、发育、繁殖和性活动等，具有舒张呼吸道、提高肌肉力量、兴奋呼吸系统和神经系统的作用。

所有场合（赛内和赛外）禁用下列激素及代谢调节剂。

1. 芳香酶抑制剂包括但不限于：2－雄烯醇（5α－雄甾－2－烯－17－醇）、2－雄烯酮（5α－雄甾－2－烯－17－酮）、3－雄烯醇（5α－雄甾－3－烯－17－醇）、3－雄烯酮（5α－雄甾－3－烯－17－酮）、4－雄烯－3,6,17－三酮（6－氧代）、氨鲁米特、阿那罗唑、雄甾－1,4,6－三烯－3,17－二酮（雄三烯二酮）、雄甾－3,5－二烯－7,17－二酮、依西美坦、福美坦、来罗唑、睾内酯。

2. 抗雌激素作用物质［抗雌激素和选择性雌激素受体调节剂（SERMs）］包括但不限于：巴多昔芬、氯米芬、环芬尼、氟维司群、奥培米芬、雷洛昔芬、他莫昔芬、托瑞米芬。

3. 激活素受体ⅡB活化抑制剂类包括但不限于：

（1）激活素A中和抗体类。

（2）激活素受体ⅡB竞争剂类，如伪激活素受体类（ACE－031）。

（3）激活素受体ⅡB抗体类（比马鲁人单抗）。

（4）肌抑素抑制剂类，如肌抑素表达消减剂类、肌抑素结合蛋白类（如卵泡抑素、肌抑素前肽）、肌抑素或其前体的中和抗体类（如阿匹特古单抗、多古珠单抗、兰度古珠单抗、司他利尤单抗）。

4. 代谢调节剂：

（1）AMP激活的蛋白激酶（AMPK）激动剂，如阿卡地新（AICAR）、SR9009。

（2）过氧化物酶体增殖物激活受体δ（PPARδ）激动剂。

（3）胰岛素类以及胰岛素模拟物类。

（4）美度铵。

（5）曲美他嗪。

（二）大麻（酚）类

大麻中主要的生理活性物质是四氢大麻酚（THCs），能改变使用者的主观感受，使其体验到安泰和松弛，对声光色彩感受敏感性增加，长期使用会产生依赖性。所有天然和合成的大麻（酚）类均赛内禁用，如大麻成分（大麻脂、大麻）和大麻制品、天然和合成的四氢大麻酚、模拟四氢大麻酚效果的合成大麻酚（素）类。大麻二醇为例外。奥运会进行大麻（酚）类的检测，以尿中四氢大麻酚酸（11－去甲基－9－羧基－△9－四氢大麻酚）的含量超过150ng/mL为阳性。

（三）糖皮质激素

糖皮质激素是肾上腺皮质分泌的激素之一，生理作用广泛而复杂。它能提高中枢神经系统的兴奋性，因此禁止口服、直肠给药、静脉注射或肌内注射等全身性给药。同时，它又具有强大的抗炎作用，能对抗各种因素（如物理因素、化学因素、生物因素、免疫因素等）引起的炎症。因此如为正当的医学治疗需要，局部和关节内注射糖皮质激素是允许的，但需要呈交用药报告（取决于各单项体育联合会的要求）。赛内禁用的糖皮质激素包括但不限于：倍氯米松、倍他米松、布地奈德、环索奈德、可的松、地夫可特、地塞米松、氟可龙、氟尼缩松、氟替卡松、氢化可的松、甲泼尼龙、莫米松、泼尼松龙、泼尼松、曲安奈德。

注意：在生产商许可剂量和治疗适应证范围内其他给药途径（包括吸入使用和外用，如牙科根管内、皮肤、鼻内、眼科、耳科和肛周）不禁用。

第三节　禁用方法

一、篡改血液和血液成分

1. 向循环系统内注入或回输任何来源及任何数量的自体、同种异体（同源）或异源血液或血红细胞制品。

血液兴奋剂（blood doping）的不良反应是输血使人体内的血量突然增加，会引起血压升高，加重心脏负担，造成心力衰竭或代谢性休克。血红细胞增多，使血液黏稠，血流速度减慢；异体输血则会出现过敏反应或因血型不合引起急性溶血反应，存在传染性疾病（如病毒性肝炎和艾滋病）的危险，还可导致静脉血栓形成、静脉炎和败血症的发生。

2. 人为提高氧气摄入、输送或释放的方法，包括但不仅限于：使用全氟化合物、乙丙昔罗（RSR13）及经修饰的血红蛋白制剂（如以血红蛋白为主剂的血液替代品、微囊血红蛋白制剂等）。以吸入的方法补充氧气不禁用。

3. 通过物理或化学手段，以任何形式向血管内输送全血或血液成分。

二、化学和物理篡改

1. 在兴奋剂检测过程中，禁止篡改或企图篡改样本的完整性和有效性的行为包括但不仅限于：置换样品和（或）变更样品，如向样品中添加蛋白酶。

2. 在 12 小时内，静脉输液和（或）静脉注射剂量不得超过 100mL，但在医疗机构进行的合理治疗、手术治疗或临床诊断检查过程中的正当使用除外。

三、基因和细胞兴奋剂

基因和细胞兴奋剂指非治疗目的使用，能提高运动员能力的基因、遗传构件和（或）细胞。2003 年基因和细胞兴奋剂首次进入《禁用清单》。以下具有潜在提高运动能力的手段禁用：

1. 使用核酸或核酸类似物，可以改变基因组序列和（或）通过任何机制改变基因表达。其包括但不限于：基因编辑、基因沉默和基因转移技术。

2. 使用常规或经基因修饰的细胞。

第四节　特殊项目禁用的物质

β一阻断剂对运动的促进作用不很明显，不良反应也相对较弱，因此只在特定运动项目中禁用，禁用与否取决于各单项体育联合会。

一、β一阻断剂的作用特点

临床上β一阻断剂用于降低血压和心率，治疗心绞痛。因其具有镇静作用，可被射击、射箭等对稳定性要求较高的项目运动员滥用，以稳定神经，改善机体的协调性，并提高成绩。但β一阻断剂会降低机体的有氧和无氧能力，大部分项目运动员使用β一阻断剂反而产生负面影响。因此只有射击、射箭等项目赛内禁用β一阻断剂。

β一阻断剂的不良反应主要与其阻断作用有关。心功能异常者可出现心功能抑制和继发性充血性心力衰竭。因其可导致突发性气管痉挛，哮喘患者禁用β一阻断剂。普萘洛尔（心得安）容易通过血一脑屏障引起中枢神经系统症状，如失眠、噩梦和抑郁。使用β一阻断剂还会引起恶心、呕吐、轻度腹泻等。

二、禁用β一阻断剂的项目

1. 所有场合禁用的项目：射箭（国际射箭联合会）、射击（国际射击联盟、国际残奥委会）。

2. 赛内禁用项目：汽车运动（国际汽车运动联合会）、台球（所有项目，世界台球联盟）、飞镖（世界飞镖联合会）、高尔夫（国际高尔夫联合会）、迷你高尔夫（世界迷你高尔夫联合会），滑雪/单板滑雪运动C跳台滑雪、自由式滑雪空中技巧/U形场地、单板滑雪U形场地/大跳台（国际滑雪联合会），以及水下运动中的自由潜水、水下渔猎和目标射击的所有分项（世界水下运动联合会）。

三、β一阻断剂范例

β一阻断剂包括但不仅限于：醋丁洛尔、阿普洛尔、阿替洛尔、倍他洛尔、比索洛尔、布诺洛尔、卡替洛尔、卡维地洛、塞利洛尔、艾司洛尔、拉贝洛尔、美替洛尔、美托洛尔、纳多洛尔、氧烯洛尔、吲哚洛尔、普萘洛尔、索他洛尔、奈必洛尔、噻吗洛尔。

主要参考文献

［1］中国营养学会. 中国居民膳食营养素参考摄入量：2023版［M］. 北京：人民卫生出版社，2023.

［2］孙长颢. 营养与食品卫生学［M］. 8版. 北京：人民卫生出版社，2017.

［3］张立实，吕晓华. 基础营养学［M］. 北京：科学出版社，2018.

［4］杨月欣，葛可佑. 中国营养科学全书［M］. 2版. 北京：人民卫生出版社，2019.

［5］希瑟·R. 曼吉利. 青少年运动员营养指南［M］. 周芳菲，赵晓锋，译. 北京：人民邮电出版社，2020.

［6］丹·贝纳多特. 高级运动营养学［M］. 2版. 周帆扬，安江红，刘勇，等，译. 北京：科学技术出版社，2019.

［7］Louise Burke，Vicki Deskin. 实用运动营养学［M］. 5版. 常翠青，艾华，译. 北京：科学出版社，2019.

［8］中国营养学会. 中国居民膳食指南（2022）［M］. 北京：人民卫生出版社，2022.

［9］中国医疗保健国际交流促进会营养与代谢管理分会，中国营养学会临床营养分会，中华医学会糖尿病学分会，等. 中国糖尿病医学营养治疗指南（2022版）［J］. 中华糖尿病杂志，2022，14（9）：881－933.

［10］柴小林. 体力活动金字塔与锻炼方法［J］. 中国学校体育，2001（3）：54－55.

［11］屠用利. 浅谈运动饮料及其配方设计［J］. 食品工业，1997（2）：33－34.